中華譯學館

中華譯學館之宗旨

以中華為根 譯與學并重
弘揚優秀文化 促進中外交流
拓展精神疆域 驅動思想創新

丁酉年冬月 許鈞撰 羅衛東書

中華譯學館 · 中华翻译家代表性译文库

许 钧 郭国良 / 总主编

董秋斯 卷

胡开宝 杜祥涛 / 编

ZHEJIANG UNIVERSITY PRESS
浙江大学出版社

总　序

考察中华文化发展与演变的历史,我们会清楚地看到翻译所起到的特殊作用。梁启超在谈及佛经翻译时曾有过一段很深刻的论述:"凡一民族之文化,其容纳性愈富者,其增展力愈强,此定理也。我民族对于外来文化之容纳性,惟佛学输入时代最能发挥。故不惟思想界生莫大之变化,即文学界亦然。"[①]

今年是五四运动一百周年,以梁启超的这一观点去审视五四运动前后的翻译,我们会有更多的发现。五四运动前后,通过翻译这条开放之路,中国的有识之士得以了解域外的新思潮、新观念,使走出封闭的自我有了可能。在中国,无论是在五四运动这一思想运动中,还是自1978年改革开放以来,翻译活动都显示出了独特的活力。其最重要的意义之一,就在于通过敞开自身,以他者为明镜,进一步解放自己,认识自己,改造自己,丰富自己,恰如周桂笙所言,经由翻译,取人之长,补己之短,收"相互发明之效"[②]。如果打开视野,以历史发展的眼光,

①　梁启超.翻译文学与佛典//罗新璋.翻译论集.北京:商务印书馆,1984:63.
②　陈福康.中国译学理论史稿.上海:上海外语教育出版社,1992:162.

从精神深处去探寻五四运动前后的翻译,我们会看到,翻译不是盲目的,而是在自觉地、不断地拓展思想的疆界。根据目前所掌握的资料,我们发现,在 20 世纪初,中国对社会主义思潮有着持续不断的译介,而这种译介活动,对社会主义学说、马克思主义思想在中国的传播及其与中国实践的结合具有重要的意义。在我看来,从社会主义思想的翻译,到马克思主义的译介,再到结合中国的社会和革命实践之后中国共产党的诞生,这是一条思想疆域的拓展之路,更是一条马克思主义与中国革命相结合的创造之路。

开放的精神与创造的力量,构成了我们认识翻译、理解翻译的两个基点。在这个意义上,我们可以说,中国的翻译史,就是一部中外文化交流、互学互鉴的历史,也是一部中外思想不断拓展、不断创新、不断丰富的历史。而在这一历史进程中,一位位伟大的翻译家,不仅仅以他们精心阐释、用心传译的文本为国人打开异域的世界,引入新思想、新观念,更以他们的开放性与先锋性,在中外思想、文化、文学交流史上立下了一个个具有引领价值的精神坐标。

对于翻译之功,我们都知道季羡林先生有过精辟的论述。确实如他所言,中华文化之所以能永葆青春,"翻译之为用大矣哉"。中国历史上的每一次翻译高潮,都会生发社会、文化、思想之变。佛经翻译,深刻影响了国人的精神生活,丰富了中国的语言,也拓宽了中国的文学创作之路,在这方面,鸠摩罗什、玄奘功不可没。西学东渐,开辟了新的思想之路;五四运动前后的翻译,更是在思想、语言、文学、文化各个层面产生了革命性的影响。严复的翻译之于思想、林纾的翻译之于文学的作用无须赘言,而鲁迅作为新文化运动的旗手,其翻译动机、翻译立场、翻译选择和翻译方法,与其文学主张、文化革新思想别无二致,其翻译起着先锋性的作用,引导着广大民众掌握新语言、接受新思想、表达自己的精神诉求。这条道路,是通向民主的道路,也是人民大众借助掌握的新语言创造新文化、新思想的道路。

回望中国的翻译历史,陈望道的《共产党宣言》的翻译,傅雷的文学翻译,朱生豪的莎士比亚戏剧翻译……一位位伟大的翻译家创造了经典,更创造了永恒的精神价值。基于这样的认识,浙江大学中华译学馆为弘扬翻译精神,促进中外文明互学互鉴,郑重推出"中华译学馆·中华翻译家代表性译文库"。以我之见,向伟大的翻译家致敬的最好方式莫过于(重)读他们的经典译文,而弘扬翻译家精神的最好方式也莫过于对其进行研究,通过他们的代表性译文进入其精神世界。鉴于此,"中华译学馆·中华翻译家代表性译文库"有着明确的追求:展现中华翻译家的经典译文,塑造中华翻译家的精神形象,深化翻译之本质的认识。该文库为开放性文库,入选对象系为中外文化交流做出了杰出贡献的翻译家,每位翻译家独立成卷。每卷的内容主要分三大部分:一为学术性导言,梳理翻译家的翻译历程,聚焦其翻译思想、译事特点与翻译贡献,并扼要说明译文遴选的原则;二为代表性译文选编,篇幅较长的摘选其中的部分译文;三为翻译家的译事年表。

需要说明的是,为了更加真实地再现翻译家的翻译历程和语言的发展轨迹,我们选编代表性译文时会尽可能保持其历史风貌,原本译文中有些字词的书写、词语的搭配、语句的表达,也许与今日的要求不尽相同,但保留原貌更有助于读者了解彼时的文化,对于历史文献的存留也有特殊的意义。相信读者朋友能理解我们的用心,乐于读到兼具历史价值与新时代意义的翻译珍本。

许 钧

2019 年夏于浙江大学紫金港校区

目　录

上编　长篇小说

中编　中短篇小说

下编　传记与社科著作

导　言

一、董秋斯生平简介

1. 学生时代

董秋斯,原名董绍明,号景天,字秋士,天津市静海县刘祥庄人,1899年6月14日出生,1969年12月31日去世,享年70岁。

董秋斯出身于农民家庭,从小好学,酷爱读书,1916年考入天津南开中学。在南开读书期间,他接触到进步的民主思想和革命思想,参加了五四运动。1920年,董秋斯从南开中学毕业,1921年考入燕京大学文理科,后转至哲学系学习。为摆脱父亲为他安排的婚姻,他半工半读,不要家里的任何资助。大学读书期间,董秋斯表现突出,担任燕京大学学生会主席,兼任校长办公室秘书。他与同学刘谦初合作,主编《燕大周刊》,确立办刊宗旨为"以科学的精神讨论学术"。该刊后来逐步发展成为文艺刊物。董秋斯在该刊发表了多篇文章,宣传进步思想,倡导文学革命。

1925年,五卅运动爆发。董秋斯与刘谦初等进步青年一起积极参与这场运动,并作为学生领袖,组织燕京大学学生参加了该运动。1926年,董秋斯参加了"三一八"爱国运动,与燕京大学的广大学生一起到段祺瑞执政府请愿,惨遭反动军阀的镇压。几十名青年学生被打死打伤。董秋斯从死人堆里爬了出来,逃过了这场劫难。经过五四运动、五卅运动和"三一八"爱国运动的洗礼,董秋斯坚定地认为只有中国共产党才能救中国。他大量阅读马克思主义著作和苏联文学作品,思考中国未来发展,并最终走上了革命道路。

2．革命生涯

1926 年,董秋斯从燕京大学哲学系毕业,应聘到广州协和神学院任教。当时,广州是中国革命的策源地。在那里,他接触到一些马克思主义书刊,结识了很多进步青年。12 月初,他和刘谦初、孟用潜以及妻子蔡咏裳一起来到武汉,加入国民革命军第十军政治部,从事宣传工作,以极大的热情参与了北伐战争。他主编《血路》月刊和专供士兵阅读的《壁报》,宣传反帝反封建思想与革命主张。

大革命失败后,董秋斯于 1928 年夏秋之交,从武汉来到上海。经在上海中共中央秘书处工作的同学张采真的推荐,他接手编辑出版中国共产党的外围刊物《世界月刊》,公开宣传中国共产党的方针政策。该刊最先刊登了《田中奏折》,向世人揭露了日本帝国主义侵略中国的野心。从此,董秋斯以刊物为阵地,以笔为武器,宣传革命思想,与日本帝国主义和国民党反动派做斗争。

1929 年,董秋斯与美国革命作家史沫特莱相识并成为好朋友。他经常陪同史沫特莱拜访鲁迅,并做他们的临时译员。1930 年,董秋斯参加了鲁迅领导的中国左翼作家联盟和中国社会科学家联盟。他在王学文、朱镜和彭康等的协助下主编月刊《国际》。不过,由于《国际》的进步政治倾向,该刊出版一期之后不得不停刊。

1931 年,通过史沫特莱的介绍,并征得中共地下党的同意,董秋斯与其爱人蔡咏裳一同加入第三国际东方局(亦称苏联红军总参情报部东方局),从事秘密工作。第三国际东方局当时与中共中央特科直接联系,帮助中国共产党和工农红军。1938 年,董秋斯被派往香港工作。

1939 年,由于健康原因,经组织同意,董秋斯正式退出第三国际东方局。同年秋天,董秋斯由香港返回上海,参加上海地下党工作。1946 年,经上海地下党负责人潘汉年介绍,他正式加入中国共产党。

1945 年 10 月 13 日,《民主》周刊创刊。董秋斯担任该刊编委,多次在该刊上发表文章和译作,抨击国民党独裁统治。他在《民主》周刊第 6 期发表题为《论新闻自由运动》一文,揭露国民党当局在上海对新闻自由的控制,指出"战争已停止了快三个月,我们上海人还没有资格享受这一自由(指思想自由及言论自由)"①。同年年底,上海成立中国民主促进会。董秋斯是发起人之一。他被选举为全国代表大会代表、中央委员兼宣传部长。

1949 年 5 月,上海解放后不久,董秋斯发起成立上海市翻译工作者协会,并担任主席。同年 9 月 1 日,由上海市翻译工作者协会创办的《翻译》月刊正式创刊。该刊由董秋斯担任主编,专门介绍社会主义国家的文学成就,广泛传达党在文化方面的方针、政策。正如孙思定在"发刊词"中所言:"中国的翻译工作找到了一条道路,介绍马克思列宁主义,介绍无产阶级革命理论,介绍俄国十月革命的经验,介绍俄国文学,甚至介绍弱小民族文学,成了翻译工作的新方向。"②

1950 年,董秋斯奉调去京,先后担任出版总署编译局主办的《翻译通报》主编和中国作家协会《译文》月刊副主编。1959 年,《译文》改名为《世界文学》。1964 年,该刊划归中国社会科学院外国文学所。

"文革"期间,董秋斯遭到"四人帮"爪牙的迫害。1969 年 12 月 31 日晚,他心脏病复发,但未获准就医,最终含冤辞世。1979 年,董秋斯终获平反昭雪。中国社会科学院为他召开追悼会。在悼词中,中国社会科学院给予他高度评价,认为他几十年来,"一贯忠于党,忠于人民……是好党员,好干部"。

3. 翻译人生

如果说用两个词语来概括董秋斯一生,那么一个词语就是"革命",董秋斯的一生是革命的一生。另一个词语则非"翻译"莫属。

董秋斯青年时期受五四新文化运动的影响,曾有过创作的梦想。不

---

① 转引自:赵文娟. 追忆《民主》周刊编委董秋斯. 民主,2019(12):42.
② 孙思定. 翻译工作的新方向—代发刊词. 翻译,1949(1):3.

过,由于鲁迅对他的影响,董秋斯放弃了创作的梦想,转而从事翻译。20
世纪 30 年代,一批年轻人经常拜访鲁迅。他们希望鲁迅能够创作反映革
命斗争的作品。鲁迅认为自己对劳动阶级不太了解,别的方面知道得也
很少,因而没有创作这类作品,但十分重视翻译。在鲁迅的影响下,董秋
斯决意从事翻译。谈及鲁迅对自己的影响时,董秋斯说道:"内心交战的
时候,便想起鲁迅先生'不知道所以不能写'的话,也想到先生怎样重视翻
译,于是埋头起来弄翻译了。"①

　　1928 年,董秋斯来到上海。工作之余,他一方面阅读马克思主义文
献,一方面阅读苏联文学作品。他读到苏联作家革拉特珂夫的长篇小说
《士敏土》,深为书中人物与情节所感动。这部小说描述苏联向社会主义
建设过渡所面临的诸多重大问题,以及这些问题逐步被解决的过程。董
秋斯决定将这部小说的英文版翻译成汉语。这是他翻译的第一部长篇小
说。1928 年年底,他和妻子蔡咏裳合作翻译这部小说。经过两年的努力,
他们完成这部小说的翻译,译作最终得以出版,并获得好评。1931 年 11
月,董秋斯的挚友刘谦初在就义前几个月读了这部译作,从狱中写信给董
秋斯。他在信中写道:"这本书我是这样读的。我在模拟书中的描写和对
话,指手画脚地读,难友们便都围着我身边听。每读到一个紧张的地方,
我们常是一起低声喊起来——因为这里是不准大声的啊! 这样经过几天
的工夫,才把这本书读完。我们简直忘记了一切。眼前但愿有所庄严灿
烂的士敏土工厂!"②

　　1934 年,董秋斯因严重肺结核病在北京协和医院做了胸廓成型手术,
被截去八根肋骨,右肺完全被压缩。所幸的是手术很成功。此后,在疗养
期间,在开展地下工作之余,他将大部分时间都用于翻译工作。自 1934
年至 1969 年,董秋斯先后翻译并出版或发表译作 47 部。1938 年,董秋斯
开始翻译托尔斯泰的《战争与和平》,从英国翻译家茅德夫妇(Louise and

---

① 转引自:凌山.一个翻译家的脚印——关于董秋斯的翻译.上海文学,2004(3):83.
② 邵华,张升善.刘谦初.北京:中共党史资料出版社,1990:247.

Aylmer Maude)翻译的英文版译出,1949 年出版上半部,1958 年出版下半部。该译本出版后得到茅盾的好评。茅盾认为同旧译本相比,"还是董秋斯从英文转译而来的本子好些"①。1950 年,董秋斯所译的苏联作家列昂诺夫的《索特》由上海三联书店正式出版。该小说描写 20 世纪 20 年代苏联人民在索溪的原始森林怎样和大自然做斗争,建起一座大型造纸厂的动人故事。除上述俄苏小说之外,董秋斯还翻译了其他国家的优秀作品,如英国查尔斯·狄更斯(Charles Dickens)的长篇小说《大卫·科波菲尔》、美国爱尔文·斯通(Irving Stone,现译为欧文·斯通)的《马背上的水手:杰克·伦敦传》、保加利亚艾林·彼林的《安德列希科》、以色列罗丝·吴尔(Rose Wuhl)的《安静的森林》等。

此外,董秋斯在投身于翻译实践的同时,十分重视翻译理论研究。他先后发表《论翻译原则》《关于间接翻译》和《翻译的价值》等文章。这些文章从不同角度对翻译原则、翻译价值、翻译批评以及翻译理论的建构等做了较为全面、深入的研究。在《论翻译理论的建设》一文中,他提出建立中国翻译学的主张,指出翻译理论建设应当完成两本书的编写,即《中国翻译史》和《中国翻译学》,认为"这两部大书的出现,表明我们的翻译工作已经由感性认识的阶段达到了理性认识的阶段,实践了'翻译是一种科学'这一个命题"②。在担任《翻译通报》主编期间,董秋斯曾经组织关于翻译界批评与自我批评的讨论。他呼吁应当出版一个提供高质量译文的刊物,并向翻译界推荐泰特勒在《翻译原则论》一文中提出的三项原则,即翻译应当充分传达原著的思想、译作应当与原著具有同一性质的风格、译作应当具有原著所有的流畅。③ 董秋斯指出,"我们翻译出来的东西不是给自己看的,是给众多的读者(尤其是青年学生)[看的]。想到一种错误的歪曲的翻译所能发生的坏影响(使人憎恶翻译是其一端),我们不能不对

① 茅盾.茅盾文艺评论集.北京:文化艺术出版社,1981:761.
② 董秋斯.论翻译理论的建设.翻译通报,1951(4):4.
③ 董秋斯.论翻译原则.新文化,1946(2):24.

潦草的不负责任的态度提出控诉"①。在他看来,"译者删改原作,即使他的态度是大公无私的,他的学识修养是相当老到的,他将被认为剥夺了读者的权利,而使认真的读者异常感觉不快的"②。

二、董秋斯主要翻译作品

董秋斯自 1928 年便开始翻译不同国家、不同类型的著作。他翻译了苏联(俄国)、英国、美国、土耳其、以色列等 15 个国家的作品,总字数达 400 万字以上。他秉承为人生而艺术的艺术观和翻译观,选择对社会发展具有启示意义的作品来翻译,所翻译的作品大致分为现实主义文学作品和与马克思主义相关的作品。

1. 董译《士敏土》

《士敏土》由董秋斯与妻子蔡咏裳根据 1929 年出版的 A.S. 亚瑟(A. S. Arthur)和 C.C. 艾什莉(C. C. Ashleigh)所译、苏联作家革拉特珂夫(F. V. Gladkov)所著《士敏土》的英译本(*Cement*)转译而来。该书于 1929 年 11 月由上海启智书局出版[署名董绍明(译)]。1932 年 7 月,新生命书局再版该书的修订版。鲁迅将自己翻译的苏联戈庚教授《伟大的十月》一书的部分内容作为该书的"代序",还把自己珍藏的德国画家斐梅的十幅版画作为译本的插图,并作"图序"。

2. 董译《索溪》

《索溪》是苏联最早一部以第一个"五年计划"为题材的作品,由董秋斯根据苏联作家列昂诺夫(Leonid Leonov)原作的英文版翻译而成。该书原名为《索特》,1950 年由上海三联书店正式出版,1956 年由新文艺出版社再次出版,更名为《索溪》。当时,我国正处于大规模社会主义建设时期,在董秋斯看来,翻译这部作品对于正在建设社会主义的中国人民有着

---

① 转引自:董之林.余情别叙.南京:南京师范大学出版社,2012:12-13.
② 狄更斯.大卫·科波菲尔 上.董秋斯,译.北京:中央编译出版社,2010:1.

现实意义和教育意义。

3. 董译《战争与和平》(上、下)

董译《战争与和平》译自英国翻译家路易斯·茅德和艾尔默·茅德翻译的俄国作家托尔斯泰《战争与和平》的英译本,前后耗时十余年,总字数达 130 多万字。1949 年,该书上半部由上海书报杂志联合发行所出版,下半部于 1958 年由人民文学出版社出版发行。书中有 57 幅插图,系根据苏联画家马连诺夫原作的照片绘制。这些图片均为冯雪峰在苏联搜集的图片。冯雪峰是我国著名诗人和文艺理论家,1903 年 6 月 2 日出生,1976 年 1 月 31 日去世。他曾先后担任上海市文联副主席、人民文学出版社社长兼总编、《文艺报》主编、中国作协副主席、党组书记等职。

4. 董译《大卫·科波菲尔》

董译《大卫·科波菲尔》由董秋斯译自英国作家狄更斯的作品 David Copperfield,1947 年由上海的骆驼书店分上下两册出版。之后,该书于 1950 年、1958 年和 1978 年、2004 年分别由生活·读书·新知三联书店、人民文学出版社及中国人民大学出版社再版重印,是再版重印次数较多的版本之一。与其他版本相比,董秋斯译本更强调对原文的忠实,故而往往呈现出较为显著的异化趋势。《大卫·科波菲尔》是狄更斯的一部自传体写实小说,描述了英国社会小人物通过个人奋斗实现人生价值的艰苦历程。董秋斯高度赞扬狄更斯是"反抗上层阶级压迫的下层阶级保卫者,谎言和伪善的指斥者"①。该作品的出版在当时具有很强的现实意义。

5. 董译《跪在上升的太阳下》

董译《跪在上升的太阳下》译自美国作家 E. 加德维尔(E. Caldwell)所编短篇小说集 Kneel to the Rising Sun,1949 年由生活·读书·新知上海联合发行所出版。该书收录了 6 位作家的 13 篇短篇小说,描写了美国有色人种、弱势群体的悲惨境遇,描述了"美国型"的犯罪故事,折射了美

---

① 转引自:董之林.余情别叙.南京:南京师范大学出版社,2012:10.

国生活方式的阴暗面。

6．董译《红马驹》

董译《红马驹》译自美国作家约翰·斯坦倍克(John Steinbeck,现译为约翰·斯坦贝克)所著中篇小说 *The Red Pony*,1948 年由骆驼书店出版。该书讲述了一个小男孩成长的故事。这也是关于一匹小马的故事。没有离奇的情节,没有乐观的结尾,没有道德的说教,只是把生活真实地描述出来,在美国深受青少年读者喜爱。董秋斯之所以翻译这部作品,是因为该作品在美学诗学层面上是经典、优秀的文学作品。

7．董译《杰克·伦敦传》

董译《杰克·伦敦传》,又称《马背上的水手:杰克·伦敦传》,译自美国作家爱尔文·斯通所著 *Sailor on Horseback : Jack London*,1948 年由上海的海燕书店出版。该书还于 1959 年和 2004 年分别由中国青年出版社和中国人民大学出版社再版。杰克·伦敦是美国著名作家,是一位传奇式人物。他是个私生子,出身贫寒,当过报童、水手、苦力,当过乞丐、流浪汉,甚至当过海盗。他靠自学走上文学创作道路。他的小说以自己的亲身经历为背景,粗犷有力,开美国文坛一代新风。爱尔文·斯通在写这部传记时,强调写作的真实、详尽、客观,尊重杰克·伦敦的性格,因此,这部传记的主人公是一个有血有肉、性格鲜明的人。

8．董译《性教育新论》

董译《性教育新论》译自德国布士克(Abraham Buschke)和雅各生(F. Jacobson)的德文著作的英译本,1946 年由上海生活书店出版,1991年更名为《性健康知识》,由生活·读书·新知三联书店再版。该书是一部有关性学和性教育观点的译著,"目的不仅在于传播关于性生活的正确知识",同时也在于"希望可以借此减少自然冲动和自然行为所受冤枉的责难"①。

三、董秋斯的翻译思想及其时代意义

董秋斯在长期翻译实践中积累了关于翻译本质、翻译价值和翻译策略与方法等方面的心得和体会,逐渐形成了在当时乃至当代具有重要意义的翻译思想。总体而言,董秋斯翻译思想主要包括他的翻译理论建设观、翻译批评理论和文学翻译观。

1.翻译理论建设观

1951年,董秋斯在《翻译通报》上发表《论翻译理论的建设》一文,系统阐述了其翻译理论建设观。② 在他看来,无论是翻译工作的开展,还是翻译工作的领导作用和批评作用,都离不开翻译理论的建设。一方面,翻译是一种科学。把一种文字译成另一种文字,在工作过程中,有一定的客观规律可以遵循。要发现这些规律,就需要做一番调查研究工作。有了完整的翻译理论体系,初学翻译的人不必再浪费很多时间和精力去摸索,从事翻译批评的人也有一个可靠的标准。他指出很有必要通过实践形成理论,反过来指导实践。如若不然,翻译工作即使有进步,也只是相当缓慢的进步。另一方面,要为全国翻译界指出翻译工作的正确方向,有待于翻译理论的建设。他认为,我们过去缺乏翻译理论建设的条件,不过目前已具有建设翻译理论的条件。他强调我国翻译理论的建设应当以传统译论作为基础。他指出,"用正确的历史观点,总结东汉以来一千几百年的翻译经验,从发展的过程中,把握正确的方向和法则"③。翻译理论建设工作可分两个步骤进行。首先,就翻译工作中的一些重要问题,如直译和意

---

① 布士克,雅各生.性教育新论.董秋斯,译.北京:生活·读书·新知三联书店,2014:1.
② 董秋斯.论翻译理论的建设.翻译通报,1951(4):4.
③ 董秋斯.论翻译理论的建设.翻译通报,1951(4):4.

译、译文的标准等形成方案,作为翻译工作者临时的"共同纲领"。其次,有关翻译工作的领导机关应组织专家开展以下工作:1)编写"中国翻译史";2)搜集并编译各国翻译理论和翻译制度的论著,作为建设翻译理论和制度的借鉴;3)用科学的语言学方法,比较中外语文特点和发展方向;4)加强翻译批评工作,广泛寻找典型,优良的加以推荐,粗滥的加以批评;5)动员译者和译校人员总结经验,相互切磋;6)办好翻译刊物;7)完成《中国翻译史》和《中国翻译学》两部著作的撰写。《中国翻译史》和《中国翻译学》两部著作的出版,表明翻译工作由感性认识上升到理性认识,实践了"翻译是一种科学"这一命题。在他看来,翻译理论的建设基础包括正确的科学方法、广泛的调查和深入的研究。翻译理论有普遍性和特殊性,因而,翻译理论的建设既要符合普遍的科学法则,又要具有鲜明的时代特征和地域特征。翻译理论的建设要参考前人和其他国家的理论和经验。①

2. 翻译批评理论

董秋斯先后在《翻译通报》上发表了《怎样建立翻译界的批评与自我批评》《翻译界应坚持批评》《翻译批评要掌握的原则》《翻译批评的标准和重点》等文章,从建设性翻译批评、翻译批评的重点和原则,以及翻译批评的目的等视角出发,建构了自成一体的翻译批评理论。他认为翻译批评不仅能够提高译者的积极性,有助于促进团结、纠正不正之风,而且也能给翻译理论的建设提供丰富的实例。② 针对文人相轻和个人主义导致的失败的批评,董秋斯提出了建设性翻译批评的概念和内涵,指出翻译批评首先要分清对象,找到重点,应区别对待成名译者和翻译新手,选择那些影响大的译本重点批评;其次应掌握原则,推荐成功经验,纠正不良作风,批评错误和表扬优点缺一不可,避免敷衍塞责的现象;最后应建立正确的理论,端正批评态度。③ 根据董秋斯的观点,翻译理论是开展翻译批评工

① 董秋斯.论翻译理论的建设.翻译通报,1951(4):6.
② 董秋斯.论翻译理论的建设.翻译通报,1951(4):6.
③ 董秋斯.怎样建立翻译界的批评与自我批评.翻译通报,1950(2):5.

作的基础,没有翻译理论为指导,翻译批评会变得是非不明。翻译批评者应实事求是、与人为善,尽量做到公正、客观。他认为翻译批评应有"临时标准"和"最高纲领"。前者是最好的翻译和最坏的翻译之间的折中线。最高纲领是指在完备的翻译理论体系指导下形成的翻译批评标准。在他看来,翻译批评的重点包括译者和译书出版者的作风、影响较大的经典文献和供多数人学习的理论书,以及难译的文句。他认为,之所以将难译的文句作为重点,主要是由于中外语文的构造差别太大,作者的风格独特,以及含义深远,不易表达。① 他认为,正确的翻译批评"既不同于吹毛求疵的校词,也不同于但求快意的打击,必须使认真工作的人能得到鼓励,粗制滥造的人受到警诫,初学者有了指引,所有过去的翻译批评的流弊都可以避免了"②。根据董秋斯的观点,翻译批评绝对不是为了个人的利益,而是为了广大读者的利益,也是为了被批评者的利益。对读者来说,翻译批评的目的是使他们能够得到更多的优良读本,并非弄得他们无书可读。对被批评者来说,批评他,绝对不是要打倒他,而是相反,要扶起他来。③

3.文学翻译观

董秋斯的文学翻译观主要包括董秋斯对文学翻译的价值和文学翻译本质的看法和认识。董秋斯指出,文学翻译的价值在于文学翻译可以使我们学习外国文学,滋养我们自己的文学。在他看来,中国的文学传统与我们所要求的新文学中间有一段很远的距离,不多介绍先进国家的名著,供中国青年作家取法,中国的新文学不会凭空产生出来。关于文学翻译的本质,董秋斯则认为文学翻译是一门不可缺少的再创作的艺术。文学翻译不再是把一种文字译成另一种文字,而是用本国文字把那些具体形象表现出来。在他看来,一个负责任的译者,不但要通晓语文,还要具有与原作者同等的或相近的想象力或表达力。就这一点来说,翻译就是创

---

① 董秋斯.翻译批评的标准和重点.翻译通报,1950(4):3.
② 董秋斯.翻译批评的标准和重点.翻译通报,1950(4):4.
③ 董秋斯.怎样建立翻译界的批评与自我批评.翻译通报,1950(2):4.

作。他还强调,文学翻译既是一门艺术,又是一门科学。可以通过科学的阐述和研究,从中找出规律性的东西,应该用集体的力量把移植的成果加以搜集、整理、提炼,总结出一套完整的翻译理论来。

4.董秋斯翻译思想的时代意义

长期以来,国内翻译学界一直重视西方翻译理论的译介和应用,常常依据这些理论来分析外汉/汉外翻译现象,在一定程度上推动了我国翻译学研究。然而,国内翻译学界往往过分强调西方翻译理论的应用,对于中国传统译论的研究与应用关注不够,结果导致我国翻译研究的原创性不尽如人意,迄今为止尚未形成翻译学的中国学派或中国翻译学。然而,根据董秋斯的观点,我国翻译理论的建设既要利用西方译论和西方语言学的理论资源,也要利用我国传统译论资源。[①] 只有如此,方能建设中国翻译学。毋庸讳言,董秋斯关于建设中国翻译学的主张无论是在当时还是在当下都具有很强的指导意义。事实上,只有立足于本民族的语言文化传统,在消化吸收中国传统译论的基础上,充分借鉴与应用西方译论资源,才能创建中国翻译学或中国特色翻译理论,从而改变我国翻译理论研究在国际翻译学研究领域的"失语"局面。

还应指出,近几十年来,我国翻译批评实践及其研究取得了快速发展,一大批翻译批评研究论著先后出版,翻译批评的范围逐步扩大,翻译批评方法日趋多元化,翻译批评的理论水平不断提升。不过,遗憾的是,目前翻译批评也存在许多问题,其中最突出的问题莫过于批评精神的缺失和翻译批评标准的缺乏。这些问题需要翻译学界引起高度重视并加以解决。

学界普遍认为,目前许多翻译作品质量粗劣,翻译错误百出。不过,对于这些问题,无论是翻译学界还是有关协会和政府主管机构都未曾给予充分关注,也未能采取有效措施予以解决。许多翻译批评要么过分强调"与人为善",一味赞美译者与译作,为了"赞美"而"批评",要么以偏概

---

① 董秋斯.论翻译理论的建设.翻译通报,1951(4):3.

全,将客观的批评变成私愤的宣泄。尤其令人担忧的是,翻译批评尚未建立普遍认可的标准。① 然而,早在20世纪50年代初,董秋斯就敏锐地察觉到翻译批评领域存在的上述问题,提出了建设性翻译批评理论。根据董秋斯的观点,翻译批评不仅要推荐优秀译作,也要批评翻译错误;既不要吹毛求疵,也不要追求快意的打击。在他看来,翻译批评应当依据一定的标准进行,不但要分析翻译作品存在的问题,而且也要考察译者和出版社的作风。② 从这个意义上讲,董秋斯的建设性翻译批评理论对当代翻译批评实践和翻译批评研究具有很强的指导意义。

四、董秋斯译作选编说明

本书依据以下原则选编董秋斯译作:1)入选的译作涵盖董秋斯翻译选材的主要来源,包括译自原作英译本的转译译本和直接译自英文原著的译本。2)入选的译作涉及不同体裁,既有文学作品,也有非文学作品。入选的文学作品包括长篇小说、中篇小说、短篇小说和文学传记,非文学作品包括医学教育书籍。3)入选的译作较受学界关注,多次再版,并对中华人民共和国成立初期的思想文化建设产生过深远影响。笔者调查了中国知网、读秀等数据库所收录的对董秋斯译作进行分析与评鉴的论文,统计出受学者们关注频次较高的译作并优先选入。调研发现,《大卫·科波菲尔》《战争与和平》《杰克·伦敦传》《红马驹》《跪在上升的太阳下》等译作,所受关注度均位居前十。4)原作的影响力与知名度较高,存在其他译本。

对于长篇小说、中篇小说、传记和社科著作译著,我们选取了作品开头、中间和结尾的若干完整章节;对于短篇小说集译作,我们以短篇小说为单位进行选取。

---

① 董秋斯.翻译批评的标准和重点.翻译通报,1950(4):2.
② 董秋斯.翻译批评的标准和重点.翻译通报,1950(4):3.

需要说明的一点是,董秋斯所处时代语言文字的许多使用习惯到如今已有了不少变化。较为明显的,如当年的"做出""做什么"写成"作出""作什么","这么""那么"写作"这末""那末","年轻"写作"年青","峡谷"写作"狭谷","发现"写作"发见","照相"写作"照像","想象"写作"想像","像……"写作"象……","姿势"写作"姿式","的确"写作"底确","凋谢"写作"雕谢","偶尔"写作"偶而","账单"写作"帐单","歇斯底里"写作"歇斯迭里","精彩"写作"精采","浏览"写作"流览","桑葚"写作"桑椹"。还有一些表述,原先往往有两种甚至更多可以随意通用的写法,书中最典型的如"一圆"和"一元"。

另外,董秋斯原来翻译时使用的一些人名、地名等专有名词和现代通行的译法也有较大差异,如"洛杉矶"译作"落杉矶","阿拉伯"译作"阿剌伯","歌德"译作"哥德"。

对上述词语,考虑到原来的表述对当今读者的阅读理解并不会造成大的困难,但有助于读者更贴近当时的文化原貌,认识那一段离我们渐行渐远的历史,对于历史文献的存留更有着特殊的意义,所以我们对这些词语和专有名词基本上都保留了原貌。

另外,董秋斯所处时代的标点符号用法也与和现代通行规范有一些差异,在不影响理解的情况下,我们对其进行了保留。但需要说明的一点是,本书所选《杰克·伦敦传》原译文中所有作品名或期刊名均用引号标注,如"大西洋报""海狼",考虑到现代读者的阅读习惯,我们按照现代标点符号用法规范,将作品名均改用书名号标注,如改为《大西洋报》《海狼》。

最后,本书的编撰参阅了以下版本:《战争与和平》(中央编译出版社,2015 年 10 月第 1 版)、《大卫·科波菲尔》(人民文学出版社,1958 年 4 月第 1 版)、《跪在上升的太阳下》(生活·读书·新知上海联合发行所,1949 年 7 月初版)、《红马驹》(骆驼书店,1948 年 4 月初版)、《马背上的水手:杰克·伦敦传》(中国青年出版社,1959 年 1 月新 1 版)、《性教育新论》(生活·读书·新知三联书店,2014 年 1 月第 1 版),特此致谢。

上　编

长篇小说

战争与和平(节选)

[俄]列夫·托尔斯泰

第一卷

第一章

"Eh bien, mon prince. Gênes et Lucques ne sont plus que des apanages, des 私产, de la famille Bonaparte. Non, je vous préviens, que si vous ne me dites pas, que nous avons la guerre, si vous vous permettez encore de pallier toutes les infamies, toutes les atrocités de cet Antichrist (ma parole, j'y crois)je ne vous connais plus, vous n'êtes plus mon ami(哈,王爵,看样子热那亚和卢加现时简直是布昂纳拔①家的私产了。不过我警告您,假如您不对我说这就是战争,假如您还想替那个基督的敌人——我真相信他是基督的敌人——的胡作非为辩护,我就要同您断绝关系,您也就不再是我的朋友),vous n'êtes plus(不再是)我'忠实的奴隶',comme vous dites(像您自称的那样)! 不过您好吗? Je vois

---

① 即波拿巴,拿破仑的姓,解说见卷首的注释。——译者注

que je vous fais peur(我知道我吓坏了您),坐下吧,把所有的消息通通告诉我。"

这是在 1805 年 7 月,说话的人是著名的安娜·巴甫罗夫娜·舍雷尔,是马利亚·斐奥朵洛夫娜皇后的女官和宠臣。她用这几句话来接待首先来赴会的官高位重的伐西里王爵。安娜·巴甫罗夫娜咳嗽了几天。如她所说,她在患 la grippe(流行性感冒);grippe 当时在圣彼得堡是一个新名词,只有 élite(上流人物)才使用。

她的全部请帖一律是用法文写的,在那一天早晨,由一个穿红制服的听差送出,其中写道:

"Si vous n'avez rien de mieux à faire, M. le comte(或王爵),et si la perspective de passer la soirée chez une pauvre malade ne vous effraye pas trop, je serai charmée de fous svoir chez moi entre 7 et 10 heures. Annette Scherer(假如您没有更好的事可做,伯爵(或王爵),假如和一个可怜的病人度一个晚上不太可怕,我很高兴在今晚七至十时之间见您——安娜·舍雷尔)。"

"Dieu,quelle virulente sortie(哎呀! 多么厉害的话)!"王爵回答道,一点也未因这接待失去常态。他刚刚进来,穿着绣花朝服、长袜、浅鞋,胸前悬有一些勋章,扁平的脸上现出一种泰然自若的神情。

他说话时用了我们祖父们不仅用来说也用来想的优美的法文,也用了社会和宫廷的要人所常有的那种温和的蔼然可亲的腔调。他走向安娜·巴甫罗夫娜,把他那洒了香水的闪光的秃头俯向她,吻过她的手,然后从容不迫地坐在沙发上。

"Avant tout dites moi, comment vous allez, chère amie(第一件事,亲爱的朋友,告诉我您好不好),使您的朋友好放心哪。"他不变腔调地说道,从那腔调的客气和装出来的同情下面,可以觉出冷淡甚至嘲弄的意味来。

"一个在道德方面感受痛苦的人能觉得好过吗? 一个多少有些感情的人在这样的时代能觉得平静吗?"安娜·巴甫罗夫娜说道,"您整晚上都留在这里吧,我希望。"

"还有英国大使家的庆祝会呢? 今天是星期三。我必须去那里露一露面啊,"王爵说道,"我女儿就要来找我,陪我去那里了。"

"我还以为今天的庆祝会已经取消了呢。Je vous avoue que toutes ces fêtes et tous ces feux d'artifice commencent à devenir insipides(老实说,所有这些庆祝会和放焰火变得讨厌起来了)。"

"假如他们知道了您的心愿,那个宴会准会延期的喽!"王爵说道。正如开足发条的钟表,由于习惯的关系,他说一些他甚至不愿有人相信的话。

"Ne me tourmentez pas. Eh bien, qu'a-t-on décidé par rapport à la dépêche de Novosilzoff? Vous savez tout(不要开玩笑吧! 得,关于诺伏西尔柴夫的火急公文做了什么决定呢? 您是无所不知的呀)。"

"关于那件事,怎么对您说呢?"王爵用一种冷淡的无精打采的声调说道,"Qu'a-t-on décidé? On a décidé que Buonaparte a brûlé ses vaisseaux, et je crois que nous sommes en train de brûler les nôtres(做了什么决定? 他们已经决定了,布昂纳拔已破釜沉舟,我相信我们也有那样做的准备了)。"

伐西里王爵永远慢吞吞地说话,好像一个演员背诵一段不精彩的台词。安娜·巴甫罗夫娜跟他相反,虽然是四十岁的年纪,却是生气洋溢和容易冲动的。作一个热心家,已经成了她的社交天职,有时甚至当她不喜欢那样时,她也要表示热心,免得使认识她的那些人失望。那压下去的笑容,虽然与她那衰老的面貌不相称,却永远在她的嘴周围闪动,表示她,好像一个惯坏了的孩子,对她那可爱的缺点,有一种经常的自觉,那缺点是她既不愿、也不能、也不认为有必要来改正的。

在谈到政治问题时,安娜·巴甫罗夫娜突然激昂慷慨起来:

"噢,不要对我谈奥国吧。或许是我不懂事。不过奥国从来不愿意打仗,现在也不愿意打仗。她在出卖我们哪! 只有俄国必须拯救欧洲。我们仁慈的元首知道他那高尚的天职,并且要忠于他的天职。这是我唯一信得过的事哟！我们善良出众的元首必须执行世界上最高尚的任务，他是那么圣德，那么高尚，上帝不会抛弃他的。他要尽他的天职，打倒革命那九头怪，那怪物已经现身为这个杀人犯和恶棍，比先前更加可怕了！我们一国必须为那个被杀害的正人报仇……我问您，我们能信赖谁呢？商人头脑的英国不会也不能了解亚历山大皇帝灵魂的高尚。它已经拒绝退出马尔太。它过去要发现，现在依然要寻求，我们行动中某种秘密的动机。诺伏西尔柴夫得到了什么答复呢？什么也没有。英国人不曾也不能了解我们皇上的自我牺牲精神，我们皇上自己一无所求，只谋求人类的利益。他们应许过什么呢？一无所有！就连他们应许过的那一点点他们也不会实行哟！普鲁士一贯地宣传，布昂纳拔是百战百胜的，全欧洲在他面前是无能为力的……我也不相信哈登堡①所说的任何一句话，豪格维兹②的话也是一样。Cette fameuse neutralité pruissienne, ce n'est qu'un piège（这著名的普鲁士中立只是一个圈套）。我只相信上帝和我们可敬的皇上的皇运。他就要拯救欧洲了！"

她突然停下来，笑她自己的激动。

"我以为，"王爵含笑说道，"假如派您去，不派我们亲爱的温曾格洛德去，您一定可以强迫普鲁士王答应下来了。您是这么能说善辩哪。您可以给我一杯茶吗？"

"就来了。顺便告诉您，"她往下说道，她又平静下来了，"今天晚上我这里要来两个很有趣的人，le vicomte de Mortemart, il est allié aux Montmorency par les Rohans（一个是摩德马子爵，通过了法国最上等的家庭之一的洛翁家，他跟芒牟伦西家有了瓜葛亲）。他是真正的émigris（法国革命后亡命国外的贵族）中的一个，那些好的里边的一个。l'abbé Morio（另一个是摩力奥长老）；您认识那个高深的思想家吗？皇帝已经接见过他了。您听说过了吗？"

---

① 普鲁士的首相。——译者注
② 普鲁士的外交大臣。——译者注

"我很喜欢见他们。"王爵说道。"不过告诉我,"他往下说道,他的话似乎是不经意的,刚刚想起的,实际上是经过考虑的,他所要问的问题乃是他这次造访的主要动机,"听说 l'impératrice-mère(太后)要把芬奇男爵派作驻维也纳的一级书记官,真的吗? C'est un pauvre-sire, ce baron, à ce qu'il paraît(不论从哪一方面来看,男爵都是一个不中用的人哪)。"

伐西里王爵希望为他儿子弄到这个差事,但是别的人们却想通过马利亚·斐奥朵洛夫娜太后弄给男爵。

安娜·巴甫罗夫娜几乎闭上了眼睛,表示太后愿意的或喜欢的事,她或任何别人都没有批评的权利。

"Monsieur le baron de Funke a été recommandé à l'impératrice-mère par sa soeur(芬奇男爵已经由太后的妹妹举荐给太后了)。"她用一种冷淡的悲哀的声调说到这里就不说下去了。

提到太后的时候,安娜·巴甫罗夫娜的脸上突然现出混合着哀愁的深厚而诚恳的忠心和敬意,一提到她那显赫的恩主,她就是这样子。她又说,太后已经对芬奇男爵表示 beaucoup d'estime(重用之意)了,于是她的脸又为哀愁所笼罩了。

王爵不作声,露出冷淡的神情。但是,由于她所特有的那女性的和女官的敏捷和圆通,安娜·巴甫罗夫娜既要惩戒他(因为他胆敢那样谈论一个举荐给太后的人),同时又要安慰他,因此她说道:

"Mais à propos de votre famille (现在谈谈您府上的事吧),"她说道,"您知道吗? 自从令媛露面以来,fait les délices de tout le monde. On la trouve belle, comme le jour(每个人都被她弄得神魂颠倒了。他们说,她美得惊人呢)。"

王爵鞠了一躬,表示他的敬意和谢意。

"我时常想,"她略一停顿后继续说道,一面移近王爵一点,一面向他蔼然微笑,好像表示,政治话题和交际话题已经终结,到了谈心的时候了——"我时常想,人生乐趣有时分配得多么不公平。命运为什么给了你两个那么出色的儿子? 我不谈阿纳托尔,您那最小的一个。我不喜欢他。"她提着眼眉用不许答辩的声调往下说道，"两个那么可爱的孩子。实际上您不像别人那么赏识他们，所以您不配做他们的父亲。"

于是她露出她那陶醉的笑容。

"Que voulez-vous? Lafater aurait dit que je n'ai pas la bosse de la paternité(我无可奈何呀，拉伐特一定会说我没有做父亲的骨相了)。"王爵说道。

"不要说笑话，我要同您谈正经的呢。您知道我不满意您的小儿子吗？ 不要给外人知道，"(她脸上做出忧郁的神情)"有人在太后处提到他，也觉得您可怜呢……"

王爵不出一声，但是她意味深长地看他，等待一个答复。伐西里王爵皱起眉头来。

"您要我怎么办呢？"他终于说道，"您知道啦，我为他们的教育尽了一个父亲所能做的一切，而他们两个结果却都变成了 des imbéciles(傻瓜)。希波力提至少是一个安静的傻瓜，阿纳托尔却是一个好动的傻瓜呢。这是他们两个之间唯一的分别。"他说这几句话时脸上现出比平时更自然更有生气的笑容，因此他嘴周围的皱纹把一种意外粗暴意外不愉快的东西很清楚地显露出来。

"为什么孩子们要出生在您这样人的家里呢？ 假如您不是一个父亲，我就没有什么可责备您的了。"安娜·巴甫罗夫娜一面说，一面沉思地向上看。

"Je suis votre(我是您的)忠实奴隶，et à vous seule je puis l'avouer(我可以对您一个人老老实实地承认)，我的孩子们 ce sont les entraves de mon existence(是我一生的祸害)。这是我不得不背的十字架。我就是这样来对自己解说的。Que voulez-vous(这是无可奈何的哟)！"

他不再说下去，只用一种姿势表示他由着残酷的命运去摆布。安娜·巴甫罗夫娜默想下去。

"您从来不曾想到为您那个浪子阿纳托尔娶亲吗？"她问道。"人们说，老处女 ont la manie des mariages(有一种好做媒的癖好)，虽然我还不觉得自己有那种弱点,我却认识一个同她父亲处得很不快活的 petite personne(小人儿)。她是您的一个亲戚,玛丽·包尔康斯加亚王爵小姐。"

伐西里王爵未回答,不过,凭借通达世故的人具有的敏捷的记性和悟性,他用头部的一种动作表示他在考虑这意见。

"您知道吗?"他终于说道,显然无法抑制他那忧愁的思潮。"阿纳托尔每年用掉我四万卢布。""那,"他略一停顿后往下说道,"假如他照这样子过下去,五年以后会怎样呢?"他随即补上一句道:"Volià l'avantage d'être père(这是我们做父亲的好处)。……您这位王爵小姐有钱吗?"

"她父亲很有钱,也很吝啬。他住在乡间。他就是先帝治下不得不退伍的著名的包尔康斯基王爵,他的绰号是'普鲁士王',他很聪明,但是很怪僻,也是一个讨厌的人物。La pauvre petite est malheureuse, comme les pierres(那个可怜的姑娘很不快活)。她有一个哥哥;我以为您认识他,他最近娶了丽莎·弥伊年。他是库图左夫那里的传令官,今天晚上也要来这里。"

"Econtez, chère Annette(听清楚,亲爱的安妮),"王爵说道,突然握起安娜·巴甫罗夫娜的手来,为了某种理由,向下一拉,"Arranger-moi cette affaire et je suis votre(为我安排那门亲事吧,我要永远做您)最忠实的奴隶,comme mon 庄头 m'écrit des 报告(像我的一个庄头在报告中写的)。她有钱,出身又好,我所要求的也不过如此。"

他用他特有的熟练而潇洒的动作把那位女官的手举到嘴前,吻了一下,然后一面把那只手摆来摆去,一面眼看着别的方向靠在扶手椅子上。

"Attendez(等一下),"安娜·巴甫罗夫娜沉吟着说道,"就在今天晚上,我要对 La femme du jeune 包尔康斯基(小包尔康斯基的太太)丽莎说,或许这件事可以布置起来。Ce sera dans votre famille, que je ferai mon apprentissage de vieille fille(我就要为了您府上开始我做老处女的学徒生涯了)。"

第二章

　　安娜·巴甫罗夫娜的客厅渐渐地被填满了。彼得堡上流社会的人物——一些年龄和性格差异很大而所属的社会圈子却完全一样的人们都聚在那里。伐西里王爵的女儿,美丽的爱伦,来接她父亲去赴大使的宴会了;她穿了一身舞服,佩戴着女官的徽章。以 la femme la plus séduisante de Pétersbourg(彼得堡最迷人的女儿)著称的年轻的小包尔康斯加亚王爵夫人也来了。她在去年冬季结了婚,因为怀了孕,不去任何大的集会,不过还参加小的招待会。伐西里王爵的儿子希波力提已经跟摩德马一同来了,摩德马就是由他带来的。摩力奥长老和许多别的人也都来了。

　　安娜·巴甫罗夫娜对每一个新来的人说道:"您还未见过 ma tante(我的姑母)呢!"或:"您不认识我的姑母吧?"于是很郑重地把他或她领到一个帽子上带着大缎条蝴蝶结子的小老太婆面前。那个小老太婆,在客人们开始到来的时候,就从另一个房间大模大样地进来了。安娜·巴甫罗夫娜缓缓地把她的眼光从客人转向她的姑母,说出每一个人的名字,然后离开他们。

　　所有客人中没有一个认识这个老姑母,没有一个要认识她,也没有一个关心她,但是每一个都来问候一通;安娜·巴甫罗夫娜怀着悲哀而严肃的兴趣和默默的赞许监视着那仪式。那个姑母对他们每一个人说同样的话,谈他们的健康、她自己的健康,以及皇太后的健康。"感谢上帝,她老人家今天好一点了。"出于礼貌,每一个客人都不便表示不耐烦,但是当尽了一种讨厌的义务以后,总怀着一种轻松之感离开那个老太婆,整晚上不再回她那里去。

　　小包尔康斯加亚王爵夫人在一只绣金的天鹅绒手提包里带来一种手工。她那生有仅仅可以看得出的细黑毫毛的好看的小上嘴唇,短得遮不住牙齿,不过翘起来就更加可爱,在偶尔伸下来碰下嘴唇时,那就格外迷人了。正如通体漂亮的女人常有的情形,她的缺点——她那太短的上唇和半开的嘴——似乎是她自己特有的难得的美的形态。这个那么快就要做母亲、那么充满生命和健康、那么轻松地负起她的担子的漂亮少妇，每个人一见到她就快活起来了。老年人和无精打采的青年人，一经同她接近，同她谈过一小会儿，都觉得好像他们也变得像她一样，充满生命和健康了。每一个同她谈过话、见过她每说一句话时那爽朗的笑容和经常闪光的雪白牙齿的人，都觉得他们那一天的心情特别和蔼。

小王爵夫人，臂上悬着手工袋，迈着快速的摇摆的小步子，绕过桌子，愉快地摊开衣服，坐在靠近银茶炊的沙发上，仿佛她所做的一切，对她自己，对她周围的一切人，都是 partie de plaisir（一种快乐）。

"J'ai apporté mon ouvrage（我带来了我的手工品）。"她一面举起她的手提包，一面用法国话对所有在座的人说道。"听清楚，安娜，ne me jouez pas un mauvais tour（我希望你不会拿我开玩笑）。"她转向她的女主人说道，"Vous m'avez écrit, que c'était une toute petite soirée; voyez comme je suis attifée（你的信上说，这是一个很小的晚会，看我穿得多么坏呀）。"于是她伸开两臂，露出她那腰身很短的镶边的紧贴着胸下系有一条宽缎带的精美的灰色衣服。

"Soyez tranquille, Lise. Vous serez toujours la plus jolie（你放心好啦，丽莎。你总是比任何别人都好看）。"安娜·巴甫罗夫娜回答道。

"Vous savez（您知道吗）？"王爵夫人依旧用法国话和同一腔调转向一位将军说道，"mon mari m'abandonne, il va se faire tuer. Dites moi, pourquoi cette vilaine guerre（我的丈夫就要抛下我了。他就要去送命了。告诉我，这可恶的战争是为了什么呢）？"她对着伐西里王爵往下说道，随后不等回答就转过去对伐西里王爵美丽的女儿爱伦说话了。

"Quelle délicieuse personne que cette petite princesse（这个小王爵夫人是一个多么可爱的女儿）！"伐西里王爵对安娜·巴甫罗夫娜说道。

紧随着小王爵夫人来的人们中，有一个胖大壮健的青年人，短头发，戴眼镜，穿着当时流行的浅色短裤，很高的皱领，褐色的燕尾服。这个胖大的青年人是别竺豪夫伯爵的私生子。别竺豪夫是叶卡捷琳娜女皇时代著名的贵族,这时躺在莫斯科快要死了。这个青年人还不曾服武官役或文官役,因为他刚刚从外国受教育回来,这是他第一次在交际场中露面。安娜·巴甫罗夫娜照对待她客厅中最低一级客人的样子对他点了点头。尽管这礼节是最低级的,但是她一看见彼尔进来,脸上就现出一种提心吊胆的神情,好像看见一种太大的跟那地方不适合的东西。虽然彼尔确实比室内别的人们大一点,不过她的不放心却只由于他那虽羞怯而聪明、既细心又自然、跟那个客厅中一切别人不同的表情。

"C'est bien aimable à vous, monsieur Pierre, d'être venu voir une pauvre malade(您太好了,彼尔先生,来看一个可怜的病人)。"安娜·巴甫罗夫娜说道,她领他去见她的姑母的时候,跟她姑母交换了一下吃惊的眼色。

彼尔嘟囔了一些莫名其妙的话,然后好像寻找一件东西一般继续向周围看。在他走向那位姑母的途中,他好像对熟人一样带着满足的笑脸向小王爵夫人鞠了一躬。

安娜·巴甫罗夫娜的恐慌是有理由的,因为彼尔不等听那位姑母谈完皇太后的健康,就从她身边转开去了。安娜·巴甫罗夫娜慌慌张张地用下面的话拦住他:

"你认识摩力奥长老吗? 他是一个很有趣的人呢。"

"是的,我已经听到他那个谋求永久和平的计划,实在很有趣,不过难以实行。"

"你那样想吗?"安娜·巴甫罗夫娜接过来说道,本来想说一点什么就离开去尽她做主人的责任,但是彼尔这时犯了一种不合礼法的颠倒错误。方才那位姑母还没对他说完话,他就离开她,这时他又对另一位想要离开的女主人继续说话。他低着头,又开两只大脚,开始解说他把那位长老的计划看作空想的理由。

"我们以后再谈吧!"安娜·巴甫罗夫娜含笑说道。

既然已经摆脱这个不懂事的青年人,她恢复了做主人的职务,继续一面听,一面看,准备在谈话可能消沉下来的地方加以援助。正如纺纱厂里的工头,分派工人们上工以后,要去各处察看,这里一个纺锤停止了动作,那里一个咯吱咯吱地响,或发出不应有的喧声,于是赶忙去检查那台机器,或加以调整。安娜·巴甫罗夫娜照这样在她的客厅里各处走动,时而走向不出声的一群,时而走向吵得太过的一群,用一句话或轻微的调动,使那台谈话的机器保持平稳的、适当的、正常的活动。但是在这些照料的过程中,她显然特别担心彼尔。他走向围绕摩德马的一群,听那里所谈论的是什么,然后转向以那位长老为中心的那一群,这时她总提心吊胆地注意他。

彼尔一向在国外受教育,安娜·巴甫罗夫娜家的这次招待会是他在俄国参加的第一个。他知道所有彼得堡有名的知识分子都聚在那里了,于是,像在玩具店里的孩子一样,不知向哪一方看好,唯恐错过可以听到的任何聪明谈话。眼见在场的人们脸上那自信的、风雅的表情,他总在期望听到一种特别深奥的东西。他终于走到摩力奥那里。这里的谈话似乎有趣,于是他站在那里,正如一般青年人所喜欢的那样,等机会发表他自己的意见。

第二卷

第六章

库图左夫向维也纳退却,破坏身后印河(在布兰诺)和特劳温河(在林茨附近)上的桥。10 月 23 日,俄国军队在跨过恩斯河。正晌午的时候,俄国的辎重车、炮队、一队一队的兵士在桥两侧成单行地穿过恩斯市。① 这是一个温暖的多雨的秋天。在驻有守桥的俄国炮队的冈子前,那一片旷野时时被透明的斜挂的雨幕遮起,然后突然间在阳光中展开,遥远的物体清楚可见,仿佛新涂上漆一般闪光。在下面,可以看见有红屋顶的白房子、礼拜堂和桥梁的小市镇,桥的两侧行进着大量拥挤的俄国军队。在多瑙河转弯处,可以看见一些船,一个岛子,还有一个被恩斯和多瑙两河交流的水所环绕的一个带花园的城堡,也可以看见多瑙河左边的岩石岸,上面覆有松林,神秘的后方有碧绿的树顶和淡蓝的狭谷。一座修道院的一些角楼从一片荒野的原生的松林后面耸起,在恩斯河对岸的远处,可以看出敌人的马哨。

在山额上的野战炮中间,后卫指挥官带着一个参谋将校站在那里,从望远镜里察看那地方。在他们后边一点,被总司令派来后卫的涅斯菲兹

---

① 本章到第九章叙述的军事形势如下:墨克投降以后,库图左夫开始向维也纳退却,一面走,一面打退缪拉率领的法国前卫。旧历 10 月 23 日,他们跨过湍急的恩斯河。缪拉整天逼迫巴格拉齐昂率领的军队,想把他切断,使他不能过河。这计划未实现,他几乎与巴格拉齐昂同时来到河边,想争取那座桥。如本书所写,俄国军队过桥以后,巴夫罗格拉德骠骑兵设法把桥烧掉了。

本书中屡次提到的缪拉,是一个旅店主人的儿子,当兵出身。他在 1795 年葡萄月(现历 9 月 22 日到 10 月 21 日)13 日帮助拿破仑平定一场贵族暴动,凭借拿破仑的提拔,官位很快地升迁。在意大利战役中立功以后,他伴同拿破仑去埃及,成为优秀的骑兵领袖。跟拿破仑同回法国,率领六十名精兵,于 1799 年雾月(现历 10 月 22 日到 11 月 21 日)18 日解散五百人院;结果使拿破仑成为执政。1800 年,缪拉与拿破仑的妹妹加罗林结婚。1804 年,他以巴黎总督的身份指定一个委员会,审判并枪决了翁季昂公爵。他在 1805 年的德国战役中又立过功。1808 年,拿破仑立他为那不勒斯王,他在那里建造了一座奢华的宫殿,因这一"猴子戏"受到皇帝的申斥。他在 1812 年指挥拿破仑攻俄的骑军,但是在 12 月辞了职,回那不勒斯去了。1813 年,他停止拥护拿破仑,想借奥国的援助来维持他的王位。1814 年,他受了废黜,逃避吐伦附近,被悬赏捉拿。滑铁卢战役后,他企图恢复他的王国,但被捕获,经过军法审判,受了枪决。他虽有过人的精力和不避险阻的勇气,但是智力却有限,他的头脑被胜利冲昏了。托尔斯泰屡次指出他的短处,爱好虚饰、华美的衣服,以及滑稽的举动。——茅德英译本注

董译《战争与和平》系从英国翻译家茅德夫妇的英译本译出,书中所有茅德英译本注亦均为译者译出。——编者注

基,坐在一辆炮车尾上。一个跟随他的哥萨克递给他一个行囊和一个水瓶,于是涅斯菲兹基用馅饼和真正双料古麦尔①招待一些军官。军官们欢欢喜喜地聚在他周围,有一些跪着,有一些照土耳其人的样子蹲在湿草上。

"是的,建造那个城堡的奥国王子不是傻瓜。那是一个好地方! 你们为什么不吃呀,诸位?"涅斯菲兹基说道。

"多谢您呀,王爵。"军官中的一个说道,同这样尊贵的参谋将校谈话,因而觉得很满足。"这是一个可爱的地方! 我们贴近花园经过,看见两头鹿……多么好的房子!"

"看哪,王爵。"另一个说道,这人原来很想再拿一个馅饼,不过觉得难为情,因此假装在观察地形。"看,我们的步兵已经到了那里。看那里村后的草地上,他们有三个在拉什么东西。他们就要搜索那座城堡了。"他怀着鲜明的赞许的意味说道。

"他们会那样的。"涅斯菲兹基说道。"不,不过我倒很想,"他那湿润的俊秀的嘴里嚼着一块饼加上一句道,"溜到那里边去呢。"

他含笑指一座带角楼的女修道院,他的眼睛半闭起来放光了。

"那一定很好呢,诸位!"

军官们大笑起来。

"逗弄逗弄那些修女。他们说,其中还有意大利少女呢。说实话,我肯为这个坐五年牢!"

"她们一定也觉得闷得慌了。"比较大胆的一个军官笑着说道。

这时站在前面的参谋将校指给将军一种东西,将军从望远镜里望去。

"是的,不错,不错。"将军愤愤地说道,放低望远镜,耸了耸肩,"不错!他们要在渡河的时候受到炮轰了。可是他们为什么在那里浪费时间呢?"

在对面,敌人是肉眼也看得见了,从他们的炮队中腾起一团乳白色的云。随后传来一响遥远的射击声,也可以看见我们的军队向渡口奔走。

---

① 用葛缕子调味的甜酒。——译者注

涅斯菲兹基喘着气站起来,含笑走向那位将军。

"大人不喜欢吃点儿点心吗?"他说道。

"这不妙。"将军说道,未回答他,"我们的军队浪费了时间。"

"我好不好骑马去那边,大人?"涅斯菲兹基问道。

"是的,请去吧。"将军回答道,于是他重申那道已经一度详细发出的命令:"吩咐骠骑兵最后渡河,然后依照我先前的命令把那座桥烧掉;桥上的引火物必须重新检查一遍。"

"是,是。"涅斯菲兹基回答道。

他叫过牵马的哥萨克,吩咐他收起行囊和水壶,然后轻轻地把他那沉重的身体跨上马鞍。

"我真要去造访那些修女了。"他对那些含笑看他的军官们说道,他顺着下山的弯曲小径骑着马走了。

"那,让我们看一看可以射多远,队长。试一试!"那个将军转向一个炮兵军官说道。"开个小玩笑来消遣一下吧。"

"弟兄们,准备!"军官发令道。

不一会儿炮兵们愉快地从营火处跑来,开始装炮。

"一!"传来一声命令。

一个炮手赶快跳开。那尊炮以震耳欲聋的金属轰隆声响了,一只尖叫的炮弹从山下我们军队头上飞过,落得离敌人很远,一小股烟指出炮弹爆炸的地方。

官兵们听到那声音,脸上露出了喜色。人人站起来,开始看下面我们军队的移动,仿佛只有掷石之遥一般清楚可见,也看更远处开过来的敌军的行动。同时太阳从云后完全出现了,那响亮的一下炮声和耀眼的太阳光混合成一个单一的、活泼的、强烈的印象。

第七章

敌人的炮弹有两发已经飞过桥,桥上挤成一团。桥半腰站有涅斯菲兹基王爵,他已经下了马,他的大身体被挤在栏杆上。他笑着回头看那握着两匹马的缰绳站在他后面几步远的哥萨克。每一次涅斯菲兹基想往前走,兵和车子就把他又推回来,挤在栏杆上,他只有含笑了。

"你这是什么样子,朋友!"那个哥萨克对一个赶着一辆车向聚在附近的步兵硬挤的护送兵说道。"什么样子!你不能等一会儿!你没看见这位将军要过桥吗?"

但是那个护送兵并不注意"将军"两个字,一味对挡住他的路的兵士们吆喝。

"喂,弟兄们!靠左边!等一下。"

但是那些肩并肩聚在一起的兵士,刺刀交锁着,成堆地移过桥去。从栏杆上向下看,涅斯菲兹基王爵看见恩斯河迅疾的喧哗的小浪头,绕着桥柱泛着涟漪,洄漩着,相互追逐下去。向桥上看,他看见兵士、肩章、蒙布的军帽、行囊、刺刀、长毛瑟枪、军帽下有着阔颧骨凹面颊无精打采的疲乏的表情的脸,以及从桥板上的粘泥中走过的脚等等一模一样的活的浪头。有时,在那人类的单调的浪头中间,像恩斯河的浪头上的一点白沫,一个脸型跟兵士不同的穿外套的军官,挤了过去;有时,像一片在河里旋转的木屑,一个徒步的骠骑兵,一个勤务兵,或一个市民,在这步兵的浪头中浮过;有时,像一段漂下河去的木头,一辆军官们的或队伍的皮篷行李车,堆得高高的,四面八方包围着,从桥上移过去。

"好像一道堤开了口子。"那个哥萨克无可奈何地说道,"你们还要来很多吗?"

"一百万差一个!"一个穿破外套的滑稽的兵士眨着眼回答道,随即走过去了,后面跟着另一个兵士,一个老头子。

"假如他(他指敌人)这时轰起桥来,"那个老兵狼狈地对一个弟兄说道,"你就忘记抓痒了。"

那个兵士走过去了,他后面来的是坐在一辆行李车上的另一个。

"裹腿究竟塞到哪里去了?"一个勤务兵说道,一面在车子后面跑,一面向车子后部摸索。

他也随着车子过去了。随后来的是一些显然喝过酒的快活的兵士。

"于是,老朋友,他用枪托子朝着牙齿给了他一下……"一个把军大衣高高卷起的大摇大摆的兵士愉快地说道。

"是的,火腿真好吃……"另一个高声笑着回答道。

于是他们也过去了,所以涅斯菲兹基不曾听说谁的牙被打掉了,以及火腿与这个有什么关系。

"呸!他们是多么慌张。他不过发了一炮,他们就以为他们都要被打死了呢。"一个中士愤愤地责备道。

"那东西飞过我身边的时候,老爹,我说的是炮弹哪。"一个生有一张大嘴的忍不住笑的年轻兵士说道,"我吓得好像要死了。说实话,我给吓坏了!"他说道,仿佛在夸耀他给吓坏了呢。

那一个也过去了。随后是一辆跟先前过去的都不相同的车子。这是一辆由一个日耳曼人率领的双马拉的日耳曼货车,似乎载有全副的家私。一头大乳房的好看的斑纹牛拴在车后面。一个带有一个未断奶的婴儿的女人,一个老女人,还有一个生有通红的双颊的健康的日耳曼少女,坐在一些羽毛被褥上。显然这些难民是得到通过的特许的。所有兵士的眼睛都转向那些女人,当那辆车以步行的速度通过时,所有兵士的议论都跟那两个年轻的有关。每一个脸上几乎含有同一的笑容,表现了同那两个女人有关的不正当的思想。

"看看吧,日耳曼腊肠也在逃走了!"

"把太太卖给我吧。"另一个兵士对那个日耳曼人说道,日耳曼人既愤慨,又恐慌,低着眼睛大踏步走下去。

"看她把自己修饰得多么整齐哟!噢,乖乖!"

"喂,菲多托夫,应当让你住在他们家!"

"我过去也见识过了,朋友!"

"你们去什么地方啊?"一个正在吃一只苹果的步兵军官问道,他看那个漂亮少女的时候,也有一半含笑了。

那个日耳曼人闭上他的眼睛,表示他不懂。

"你喜欢就拿去吧。"军官说道,递给那个少女一个苹果。

那个少女含笑接过来。涅斯菲兹基同桥上别人一样,在那些女人过去以前,眼睛不曾离开她们。他们走过以后,说着同类话的同一兵士的大流接上来,最后全体停止了。正如常有的情形,几匹拉一辆护送车的马在桥末端不肯前进,于是全体人群不得不等待了。

"他们为什么打住呢? 没有应有的秩序!"兵士们说道。"你向哪里撞啊? 该死! 你不能等一下? 假如他轰桥,那就更坏了。看,这里也挤住一个军官呢。"——不同的声音从人群中发出来,这时人们互相打量,一齐从桥上挤向出口。

涅斯菲兹基正在向下看桥下的恩斯河水,突然听见一种他觉得异样的声音,一种迅速地到来的东西的声音……一种投入水中的大东西的声音。

"看它射到什么地方啦!"附近一个兵士听见那声音向周围张望着严肃地说道。

"鼓励我们快点走呢。"另一个不安地说道。

人群又向前移动了。涅斯菲兹基知道那是一颗炮弹。

"嘿,哥萨克,我的马!"他说道。"那,你呀! 让开! 让路!"

他经过很大的困难才来到他的马旁边,然后继续叫喊着前进。兵士们挤在一起,让路给他,但是又被挤了过来,夹住他的腿。那些最挨近他的人们是怪不得的,因为为他们自己被后面的人挤得更厉害呢。

"涅斯菲兹基,涅斯菲兹基! 你这个呆子!"他后面传来一个人的沙哑的声音。

涅斯菲兹基回头一看,于是看见了面红耳赤、蓬头散发的伐斯加·捷尼索夫,帽子戴在他那黑头顶的后方,斗篷很神气地披在肩头上,大约在十五步以外,但是被移动的步兵那活的体积隔开来了。

"吩咐这些恶神,这些恶鬼,让我过去!"捷尼索夫显然在怒气发作中喊道,他挥舞像他的脸一样红的未戴手套的小手里的带鞘的佩刀,他那带充血的眼白的煤黑色的眼睛随着闪耀,转动。

"啊,伐斯加!"涅斯菲兹基喜欢地回答道,"你怎么啦?"

"骑兵中队不能过呀。"伐斯加·捷尼索夫喊道,一面凶狠地露出他的白牙齿,一面踢他那纯种的黑阿拉伯马。那匹马在刺刀触到时扭动耳朵,喷鼻子,从嚼子上喷出白沫,用蹄子踏桥板,假如它的主人许可的话,它似乎情愿跳过栏杆去了。

"这是什么东西? 他们像羊! 完全像羊! 让开! ……让我们过去! ……停在那里,你这该死的赶车的! 我就要用佩刀砍你!"他喊道,果真从鞘里拔出佩刀来挥舞了。

兵士们觑着惊慌的脸色互相拥挤,于是捷尼索夫跟涅斯菲兹基会合了。

"你怎么今天未喝醉呀!"涅斯菲兹基在对方骑着马来到他身边的时候说道。

"他们连喝酒的时间也不给!"伐斯加·捷尼索夫回答道。"他们整天把联队拖来拖去。假如他们要打仗,那就让我们打好啦。但是谁也不知道这是什么事。"

"你今天是多么考究的花花公子哟!"涅斯菲兹基看着捷尼索夫那新斗篷和新鞍褥说道。

捷尼索夫含笑了,从佩囊里拿出一条发散香水气味的手巾,举在涅斯菲兹基的鼻子前。

"当然啦。我就要打仗了! 我已经刮过脸,刷过牙,洒过香水。"

随有哥萨克的涅斯菲兹基的魁伟身形,一面挥舞佩刀一面发狂一般吆喝的捷尼索夫的决心,发生了效果,他们终于挤到桥那一头,把步兵拦住。在桥旁边,涅斯菲兹基找到那个接受命令的上校,传过命令以后,他就骑着马回去了。

既然已经开辟出路来,捷尼索夫停在桥头。他不经意地勒住他那叫着踏着急于会同类的公马,守候开过来的骑兵中队。随后,好像几匹跑着的马的马蹄声从桥板上发出来,于是那个骑兵中队,军官在前,兵士四人一排,在桥上展开,开始在他这一端出现。

被拦下的步兵聚在桥旁践踏过的烂泥中,怀着不同兵种的部队时常用来互相对待的那种恶意、疏远、轻蔑的特殊感情,看从他们旁边整齐地走过的清洁的漂亮的骠骑兵。

"漂亮后生们! 只好用来赛会!"一个说道。

"他们有什么用处? 他们不过是领出来装门面的!"另一个说道。

"不要惹是非,你这个步兵!"一个骠骑兵打趣道,他那匹跳跃的马已经把烂泥溅到一些步兵的身上去了。

"我但愿叫你背着行囊行两天军! 你那漂亮裤子就要磨坏一点了。"一个步兵用袖子擦着脸上的泥说道,"落在那里,你不大像一个人,倒像一头鸟呢。"

"喂,齐金,他们应当把你放在一匹马上。你的样子就好看了。"一个排长嘲笑一个被行囊压得弯下来的瘦小的兵士道。

"拿一根棍子夹在腿中间,那就够你当马骑的了!"那个骠骑兵还嘴道。

第八章

末尾的步兵匆匆忙忙地过桥,他们上桥的时候,好像通过一个漏斗一般,挤在一起。最后行李车也都过去了,不像先前那么拥挤了,最后的大队也上了桥。只有捷尼索夫的骠骑中队面向着敌人留在桥对面。敌人是可以从对岸山上看见,不过还不能从桥上看见,因为从河水流过的山谷看到的地平线是由半里外隆起的地面形成的。山下平铺有一片荒地,我们几群哥萨克侦察兵在那上面活动。突然间,在高地顶点的大路上,穿蓝色制服的炮队和骑兵出现了。这是法军。一群哥萨克侦察兵快步退到山下去。捷尼索夫骑兵中队的全体官兵,虽然尽可能谈别的事情,看别的方向,却总在想冈子顶上是什么,也不断地看地平线上出现的黑点子,他们知道那是敌人的部队。天气从正午时起又晴了,太阳灿烂地落在多瑙河及其周围的黑色山上。风平浪静,每隔一些时候就从冈子上传来敌人的号角声和呐喊声。这时在中队和敌人中间,除了少数散开的前哨外,就没有人了。他们相隔不过是一片七百来码的空地。敌人停止射击,那条分隔敌对两军的、冷酷的、吓人的、不能接近、不可触知的界限显得非常清楚了。

"那一道好像划分生死的界限,越过一步就是悬悬不安,痛苦,死亡。越过那片田、那株树、那个被太阳照亮的屋顶,那里有什么? 那里有谁? 没有人知道,但是都愿意知道。你怕跨过那道线,但是也想跨过,更知道早晚必须跨过,你到时就要不得不发现那里有什么,正如你到时就要不可避免地知道死后有什么一样。不过你是强壮的、健康的、快活的、紧张的,被其他非常兴奋的健康的人们围绕起来。"任何望见敌人的人都这样想,或至少这样感觉,那感觉又赋予那时发生的一切事一种特殊的魔力和可喜的强烈印象。

在敌人所在的高地上,一尊炮的烟腾起来,一颗实心炮弹尖叫着从那个骠骑中队的头顶上飞过。先前站在一起的军官们驰向各自的地点去。骠骑兵开始仔细地把他们的马排齐。全中队静寂无声。大家都在看前面的敌人,看那个中队司令,等候命令。第二颗和第三颗炮弹飞过去了。显然他们在向骠骑兵开炮,但是那些炮弹带着迅速而有节奏的啸声从骠骑兵头顶上飞过,落在他们后方什么地方去了。骠骑兵并不回头看,但是听到每次的射击声,正如听到了命令,有着一排一排很相同而又很不相同的脸的全中队,炮弹飞过的时候,屏着气从踏蹬上腾起,然后又落下。头不转动的兵士们互相斜视,想知道他们弟兄们受到的影响。每一张脸,从捷尼索夫的那个号手的,在下颌和嘴周围,都出现一种矛盾、激动、紧张的共同表情。军需官皱起眉来,看那些兵士,仿佛正在用处罚来恐吓他们。见习军官米洛诺夫每当一颗炮弹飞过时就闪避一下。左翼上的劳斯托夫,骑着他的陆克——一匹虽有一条瘸腿却英俊可观的马——露出在大庭广众前应考的具有成功自信的小学生的快活神气。他带着一种明朗的愉快表情看每一个人,好像请他们看他多么平静地坐在炮火下。但是违反了他的本意,在他的脸上,在他嘴的周围,也出现那种新的严肃的东西的同一痕迹。

"那里鞠躬的是谁呢？见习军官米洛诺夫！那不可以呀！看我吧。"捷尼索夫叫道，他不能在一个地点上停留不动，继续不断地在中队前旋转他的马。

伐斯加·捷尼索夫那多毛的扁鼻子的黑脸，他那短小精悍的身体，他那握有出鞘的佩刀的有力的毛手和短粗的手指头，完全像平时的样子，特别是傍晚喝光第二瓶时的样子；他不过比平时更红一点罢了。像喝水时的鸟一般向后仰着蓬松的头，无情地向他的好马彼多温两侧压着马刺，仿佛倒向后方一般骑在鞍子上，他跑向中队的另一翼，用沙哑的声音吩咐兵士们注意他们的手枪。他骑向吉尔斯丁去。那个上尉参谋骑着他的宽背的安稳的母马从容不迫地上前来迎他。他那生有长胡子的脸像往常一样严肃，不过他的眼睛比往常更光亮。

"喂，怎么样？"他对捷尼索夫说道，"不会打起来的。你就要知道——我们就要退了。"

"谁也不知道他们要怎样！"捷尼索夫嘟囔道。"啊，孚斯托夫，"他看见那个见习军官光辉的脸时大叫道，"你终于等到手了！"

于是他赞许地微笑，显然很满意那个见习军官。劳斯托夫觉得十分快活。就在那时，司令在桥上出现了。捷尼索夫驰向他去。

"大人！让我们进攻他们吧！我一定把他们赶跑。"

"进攻，诚然！"上校用厌倦的声音说道，仿佛赶走一只讨厌的苍蝇一般皱起眉头来。"可是您为什么停在这里呢？您没看见前哨正在退却吗？率领中队后退吧。"

骑兵中队过了桥，退出射程以外，未损失一个人。到过前线的第二中队跟随他们过去，最后一批哥萨克也离开河对岸。

那两个巴夫罗格拉德骑兵中队，过桥以后，一个随一个地退上山去。

他们的上校加尔·波格达尼契·舒勃特①来到捷尼索夫的中队,在离劳斯托夫不远的地方骑着马徐步走过,完全不去注意他,虽然这是他们为了帖力牙宁冲突以来第一次相遇。劳斯托夫觉出他是在前线,在他冒犯(他这时承认了)过的人的权力下,眼睛离不开上校那运动家的背脊、覆有纤毛的颈背和红色的脖子了。劳斯托夫觉得,波格达尼契不过装作不注意他,他这时的全部目的是试验那个见习军官的勇气,所以他抖擞起来,快活地向周围看。随后,他觉得,波格达尼契骑着马来得这么近,目的在把他的勇气显示给他。其次他想,他的仇人会把那个中队派去从事冒险的攻击,只为了责罚他——劳斯托夫。随后他想象,在攻击以后,波格达尼契会来看受伤倒地的他,会宽大地伸出和解的手。

谢尔珂夫那高肩头的身形(巴夫罗格拉德的人们熟悉这身形,因为他最近才离开他们的联队)朝上校骑去。在他从司令部被开除以后,谢尔珂夫没有留在联队中,他说,他既然可以在参谋部中一事不做得到更多的报酬,偏要在前线当奴隶,他不是那样的傻瓜,于是他依附巴格拉齐昂王爵做了一名传令官。他这时带着后卫司令官一道命令来见他先前的上司了。

"上校,"他带着沉闷的庄重神气,看着周围的老同事们,对劳斯托夫的仇人说道,"有一道停下来把桥烧掉的命令呢。"

"一道给什么人的命令?"上校阴沉地问道。

"我自己也不知道'给什么人',"传令官用严肃的声调回答道,"不过王爵吩咐我'去对上校说,骠骑兵必须赶快转回去,把桥烧掉'。"

一个侍从军官接着谢尔珂夫向骠骑兵上校传递了同一命令。在他后面,胖大的涅斯菲兹基骑着一匹哥萨克马疾驰而来,那匹马几乎载不起他的重量了。

"这是什么意思,上校?"他在来近的时候喊道,"我告诉过您,把桥烧

---

① 这是一个俄国籍的日耳曼人,俄军中有很多这样的人,托尔斯泰以说很坏的俄国话来表现他。——茅德英译本注

掉,现在不知什么人搞错了。他们那边都发了狂,什么也不明白了。"

上校从容不迫地止住联队,然后转向涅斯菲兹基。

"您对我提到引火物,"他说道,"但是您可不曾说烧掉它呀。"

"但是,我的亲爱的先生,"涅斯菲兹基在来到近前的时候,摘下帽子,用短粗的手抚摩着汗湿的头发说道,"我不是对您说过,引火物装好的时候,把桥烧掉吗?"

"我不是您的'亲爱的先生',参谋官先生,您不曾对我说把桥烧掉!我懂得公事,严格地遵守命令是我的习惯。您说过桥要烧掉,但是谁把它烧掉呢,我天理良心不知道!"

"啊,总是这样的!"涅斯菲兹基挥了一下手说道。"你怎么来这里?"他转向谢尔珂夫说道。

"为了同一件事。不过你头发湿了!让我来帮你拧干吧!"

"您先前说,参谋官先生……"上校用受了委屈的腔调继续说道。

"上校,"侍从军官插嘴道,"您必须快干了,否则敌人会架起炮来用霰弹了。"

上校默默地看那个侍从军官,看那个胖大的参谋官,看谢尔珂夫,然后皱起眉来。

"我一定烧掉桥。"他用庄重的腔调说道,仿佛声明,虽然有他不得不忍受的一切不快意的事,他依旧要做正经事。

好像一切都是他的马的错儿一般,上校用他那长而有力的腿拍着马跑到前边,命令劳斯托夫所属的捷尼索夫指挥的第二中队回桥那里去。

"得,正跟我想过的相合。"劳斯托夫自言自语道,"他想考验我了!"他的心脏收缩了,血冲到他脸上来。"教他看看我是不是一个胆怯的人!"他想道。

在骑兵中队那些光辉的脸上,又出现在火线下时那种严肃的表情。劳斯托夫仔细看他的仇人——上校,想从他脸上证实他自己的揣测,但是上校一次也不看劳斯托夫,只表现出他在前线时常有的庄重的冷静的神情。随后命令发出来了。

"注意！注意！"他周围几个人的声音重复道。

他们的佩刀和缰绳纠缠着,他们的马刺叮叮当当地响着,那些骠骑兵匆匆忙忙地下了马,不知道要做什么。兵士们在画十字。劳斯托夫不再看上校,他没有时间了。他恐怕落在骠骑兵后面,怕得他的心脏停止了动作。当他把马交给一个勤务兵保管的时候,他的手颤抖了。他觉得血液扑通一声冲入他的心脏。捷尼索夫骑着马从他旁边走过,向后仰着在喊什么。劳斯托夫只看见马刺磕碰着、佩刀噼啪响着的骠骑兵们在他周围跑,此外再看不见别的什么了。

"担架！"他后边什么人喊道。

劳斯托夫不去想喊担架的意义;他向前跑,一味想跑在别人前头;但是刚到桥边,因为不看地面,他踏上一些粘脚的践踏过的烂泥,跌了一跤,两手着了地。别的人们越过他去了。

"靠两边,队长。"他听见上校的声音。本来骑着马跑在前头的上校,已经带着得意的高兴的脸色在桥边勒住马。

劳斯托夫一面在裤子上擦他那双泥手,一面看他的仇人,并且就要跑上去了,他以为向前方跑得越远越好。但是不曾看劳斯托夫也未认出他的波格达尼契对他喊道:

"在桥中间跑的是哪个？靠右边！回来,见习官！"他愤愤叫道。然后转向为了夸示勇气骑着马上桥的捷尼索夫:

"为啥子冒险,队长？您应当下马。"他说道。

"哎,每一颗枪弹都是有眼睛的哟。"伐斯加·捷尼索夫从鞍子上转过身来回答道。

这时涅斯菲兹基、谢尔珂夫,还有那个侍从军官一同站在射程以外,一会儿看聚在桥边的戴黄军帽、穿有镶绦子的暗绿上衣和蓝骑马裤的一小群人,一会儿看从对方远处走来的什么——蓝制服和一群一群带马的人,很容易看出是炮队。

"他们会不会把桥烧掉呢？谁先到那里呢？是他们到那里把桥烧掉呢,还是法军来到霰弹射程以内把他们消灭掉呢？"这是驻在桥上高地的军队每一个人怀着沉重的心情不自觉地问自己的问题——眼看着明朗的夕阳中的桥、骠骑兵,以及从对方带着刺刀和枪炮前进的蓝制服。

"唉! 骠骑兵就要大吃苦头了!"涅斯菲兹基说道,"他们现在在霰弹射程以内了。"

"他不应当带那么多人。"侍从军官说道。

"诚然,"涅斯菲兹基回答道,"两个精明人同样可以完成那一项任务嘛。"

"啊,大人。"谢尔珂夫插嘴道,他的眼睛盯在那些骠骑兵身上,但是他依旧带有那种天真的神气,使人无法知道他是在说笑话呢,还是在说正经的。"啊,大人! 您这是什么看法! 派两个人? 那么谁肯给我们伏拉季米尔奖牌和勋章呢? 但是现在,纵然他们受到扫射,那个中队可能受到保举,他也可能得到一个勋章呢。我们的波格达尼契知道公事要怎样办。"

"那!"侍从军官说道,"那就是霰弹。"

他指向法国的大炮,炮前车正在卸下,匆匆忙忙地移开去。

在法军方面,在一群一群带炮的人中间,一股烟冒出来,随后第二股和第三股几乎同时出现,在第一次炮声传来时,第四股又出现了。随后两声相继而来,然后是第三声。

"啾! 啾!"涅斯菲兹基抓着侍从军官的胳膊仿佛在剧痛中一般呻吟。"看! 一个人已经倒下去了! 倒下去了,倒下去了!"

"两个,我以为。"

"假如我是沙皇,我永远不肯打仗。"涅斯菲兹基转过身子去说道。

法军的大炮快速重装起来。穿蓝制服的步军跑步向着桥推进。烟又冒出来,但是间隔并不匀,霰弹在桥上发出噼里啪啦的声音。但是这一次涅斯菲兹基看不见那里的情形了,因为有一团浓烟从桥上腾起。骠骑兵已经把桥点上火,于是法国炮队向他们放射起来,不再是要阻止他们,不过因为炮已经调好,就得射击什么人罢了。

法军在那些骠骑兵回到马旁以前来得及射出三发霰弹。两发未中,射得太高了,但是最后一发落在一群骠骑兵中间,打倒其中的三个。

劳斯托夫一心想他同波格达尼契的关系,停留在桥上,不知道做什么好。那里既没有人可以砍杀(如他时常想象的战争情形),也不能帮助烧桥,因为他不曾像别的兵士们那样带引火的草。他站在那里向周围看,突然间他听见桥上哗啦一声,仿佛撒出一些胡桃,最靠近他的骠骑兵哎哟了一声歪在栏杆上。劳斯托夫和别的人们跑向他去。什么人又喊道:"担架!"四个人抓住那个骠骑兵,开始抬起他来。

"噢——!请不要动我吧!"那个伤兵叫道,但是他们依旧把他抬起,放在担架上。

尼古拉·劳斯托夫转过身子去,仿佛找什么东西一般,看远处,看多瑙河的水,看天空,看太阳。天空的样子是多么美丽,多么蔚蓝,多么平静,也多么深!下沉的太阳是多么光辉,多么灿烂!远处的多瑙河的水闪出多么柔和的光彩。在河、修道院、神秘的狭谷、连顶笼罩在雾中的松林……以外,遥远的蓝色的大山更加美观了。那里有平安和幸福……"只要我在那里,我就什么也不希望了。什么也不希望了。"劳斯托夫想道,"在我独自一个人的内心里,在那阳光里边,有那么多的幸福;但是这里……呻吟、痛苦、恐怖,以及这种不安和匆忙……在那里——他们又叫喊了,又都向后方什么地方跑了,我也要同他们跑了,在这里,在我上方和周围,是死亡……再过一刹那,我就要永远不再看见太阳,这片水,那道狭谷了!……"

就在那一刹那,太阳开始藏到云后去,其他的担架在劳斯托夫面前出现。对死亡和担架的惧怕,对太阳和生命的爱好,一切混合成一种令人恶心的激动之感。

"噢,主上帝!那个天国里的您,救我,饶恕我,保护我吧!"劳斯托夫低声说道。

骠骑兵跑回牵马的人们那里;他们的声音越来越高,也越来越平静了,担架从眼界中消失了。

"喂,朋友?你算是嗅到火药气了!"伐斯加·捷尼索夫在他的耳朵上方喊道。

"一切都过去了；不过我是一个胆怯的人——是的，一个胆怯的人！"劳斯托夫想道，他深深地叹着气，从勤务兵手中牵过他那提着一只脚的马——陆克，然后开始上马了。

"那就是霰弹吗？"他问捷尼索夫道。

"是的，一点也不错！"捷尼索夫叫道，"你像真正老手一般干事，这是一种讨厌的事啊！进攻才是愉快的呢！砍杀那些狗！但是这种事就很讨厌，由着他们把你当靶子射击。"

于是捷尼索夫骑向停在劳斯托夫附近的一群人，其中有那个上校、涅斯菲兹基、谢尔珂夫，还有那个侍从军官。

"哈，好像不曾有人注意。"劳斯托夫想道。这是真的。谁也没有注意，因为大家都知道第一次上火线的见习军官有过的感觉。

"有一件可报告的事了。"谢尔珂夫说道，"看我能不能升少尉吧。"

"报告王爵，把桥烧掉了！"上校得意扬扬地说道。

"假如他问到损失呢？"

"小得很。"上校用他的低音说道。"两个骠骑兵受伤，一个阵亡。"他补上一句道，无法抑制一种愉快的笑容，用响亮的清楚的声音发出"阵亡"两个字。

第三卷

第二章

1805年11月，伐西里王爵必须去四个不同的省份视察了。他为自己弄到这个差事，以便同时去看他忽略了的田产，去他儿子阿纳托尔的联队驻扎的地方，带他去见尼古拉·包尔康斯基王爵，使他跟那个富有的老头子的女儿结婚。但是在离家从事这些新事务以前，伐西里王爵必须解决彼尔的问题,彼尔近来诚然整天在家,就是说,在他居住的伐西里王爵家,而且在爱伦面前也出现糊涂、兴奋、愚蠢的状态(情人应有的状态),但是他还不曾向她求婚。

"Tout ça est bel et bon, mais il faut que ça finisse(这一切都很好,不过事情应当定局)。"一天早晨,伐西里王爵叹了一口伤心的气,自言自语道,觉得受过他那么多恩惠的(但是不必提那个了)彼尔,在这件事上的行为不大好。"青年,不定性……得,上帝保佑他。"他玩味着他自己的好心肠想道,"mais il faut que ça finisse(但是这问题应当告一段落呀)。后天就是洛丽亚①的命名日了。我一定请两三个人,假如他不懂他应当做什么,那么那就是我的事了——是的,我的事了。我是她父亲哪。"

在安娜·巴甫罗夫娜的"招待会"六个星期以后,在他已经决定娶爱伦是一种不幸、他应当避开她走掉、那失眠的一夜以后,彼尔空有那决定,并未离开伐西里王爵家,并且恐慌地觉得,在人们眼中,他同她的关系一天比一天密切,他无法恢复他先前对她的看法,他不能摆脱她,尽管是一件可怕的事,他也不能不把他的命运同她的结合起来。倘若没有下面的情形,他或许可能把自己解放出来:伐西里王爵(先前很少请客)这时几乎没有一天不举行晚会,除非彼尔愿意扫大家的兴,使所有的人失望,他就不得不在场。伐西里王爵在他那种不常有的在家的时候,顺便握起彼尔的手,向下一拉,或心神恍惚地把他那起皱的刮光的脸伸给彼尔吻,并且说道:"等到明天吧";或者说:"一定在家里用晚饭,否则我就看不见你了";或者说:"我为了你留在家里呢";诸如此类。虽然伐西里王爵,在他为了彼尔的缘故留在家里(依他说)的时候,几乎同他说不上两句话,彼尔也觉得不可以使他失望。他每天对自己说同一件事:"是我懂得她、认清她的真相的时候了。是我先前错了呢,还是我现在错了? 不对,她并不蠢,她是一个出色的少女。"他有时自言自语道,"她从来不犯错误,从来不说一句套话。她说得很少,不过她的话总是清楚的,简单的,所以她并不

---

① 爱伦的昵称。——茅德英译本注

蠢。她从来不羞怯,现在也不羞怯,所以她不会是一个坏女人!"他已经开始时常在她身旁发呆或自言自语,她或用简短而适当的话——表示她对那个不感兴趣——来回答他,或回报他默默的一眼和一笑,那比任何别的都更明显地把她的优越表示给彼尔。比起那一笑来,她把一切争论看作胡闹是对的了。

她总用容光焕发的色魂授予的笑脸对着他,这笑脸是专给他一个人看的,比起平时那普通的满面春风的笑脸来,其中含有更多的意义。彼尔知道,人人在等待他说一句话,跨过一定的界限,他也知道他早晚要跨过去,但是一想到那可怕的步骤,他就感到一种莫名其妙的恐怖。在他觉得越来越接近那可怕的深渊的一个半月内,彼尔有一千次自言自语道:"我在干什么呀? 我需要决心。难道我就没有决心?"

他愿意做一种决定,但是他不安地觉出,在这问题上,他缺乏他过去觉得有也实在有的意志力。有一些人只在他们觉得自己清白无辜的时候才有力量,彼尔就是其中的一个,他在安娜·巴甫罗夫娜家俯在鼻烟匣上的时候,被一种欲望征服,从那一天起,那种欲望的不自觉的罪过感瘫痪了他的意志力。

在爱伦的命名日,伐西里王爵家举行了一个全是他们自家人的——如他的太太所说——小小的晚餐会。所有这些朋友和亲戚都已经受到暗示,那个少女的命运要在那一晚上决定。客人们就了座。库拉金娜王爵夫人,一个一度漂亮过的大块头女人,坐在餐桌的上端。她的两边坐有比较重要的客人们——一个老将军和他的夫人,还有安娜·巴甫罗夫娜·舍雷尔。另一端坐有比较年轻的次要的客人们,也坐有家里人,彼尔和爱伦并肩坐在那里。伐西里王爵并不用晚餐:他怀着愉快的心情围着桌子转,一会儿坐在这个客人旁边,一会儿坐在另一个旁边。他对他们每一个人说几句随便的可喜的话,但是把彼尔和爱伦除外,他好像未看见他们在那里。他鼓起全体人的兴致。蜡烛辉煌地燃烧,银器和玻璃器放光,太太小姐们的装饰和男人们的金银肩章也放光;穿红制服的听差们围着桌子奔走,碟子、刀子、杯子的声音,与几组热烈谈话的嗡嗡声混合起来。在餐桌的一端,听见一个老侍从大臣对一个老男爵夫人说明他热烈地爱她,她听了大笑起来;在另一端,可以听见某玛丽·菲克托洛夫娜或别人的不幸的故事。在餐桌中央,伐西里王爵引起每个人的注意。他脸上带着诙谐的笑容,对太太小姐们谈上星期三枢密院开会的情形,在会议中,新任彼得堡总督谢尔盖·库兹米契·甫亚兹米丁诺夫接到了亚历山大皇帝从军队中发给谢尔盖·库兹米契当时著名的上谕,加以宣读,皇上在上谕里说,他从各方面接到人民尽忠的宣言,彼得堡的宣言使他格外欢喜,他以做这样一个国家的元首自豪,也要努力做到无愧于国家的地步。这一道上谕用下面的话开端:"谢尔盖·库兹米契,据各方呈报。"等等。

"哈,那么他就永远停在'谢尔盖·库兹米契'上吗?"太太小姐之一问道。

"不错,一头发丝也不多,"伐西里王爵笑着回答道,"'谢尔盖·库兹米契……据各方……据各方……谢尔盖·库兹米契……,可怜的甫亚兹米丁诺夫再也读不下去了。他把那道上谕一次一次地从头读起,但是一读到'谢尔盖',他就抽搭了,'库——兹——米——契',流泪了,'据各方',哭得不能出声了,于是他读不下去了。于是再一次用他的小手巾,再一次:'谢尔盖·库兹米契,据各方,'……于是眼泪又来了,终于请别人读下去,然后告一段落。"

"库兹米契……据各方……于是眼泪。"什么人笑着学舌道。

"不要刻薄。"安娜·巴甫罗夫娜从餐桌的她那一端伸着一根手指头恐吓地叫道,"C'est un si hrave et excellent homme notre bon Viasmitinoff(他是一个非常有价值的好人,我们亲爱的甫亚兹米丁诺夫)……"。

大家笑了一大阵。在餐桌的上端,贵宾们坐的地方,人人似乎都很高兴,受了种种令人兴奋的事件的影响。只有彼尔和爱伦并肩默默地坐在几乎是桌子末端的地方,两个脸上都现出一种压下去的笑容,一种与谢尔盖·库兹米契完全无关的笑容——一种为他们自己的感情害羞的笑容。但是,尽管所有别人大笑、谈话、打趣,尽管他们享受他们的莱茵酒、炸野味、各种冷食,尽管他们不看那年轻的一对,似乎不注意他们,不留心他们,从他们那偶然一闪的眼光上,就可以觉出,关于谢尔盖·库兹米契的故事、大笑、食物,都是一种装潢,那些人的全部注意力都集中在这一对——彼尔和爱伦身上。伐西里王爵模仿谢尔盖·库兹米契的呜咽,同时他的眼睛瞥向他的女儿,他大笑的时候,他脸上的表情清清楚楚地说道:"是的……有了苗头,一切都要在今天决定了。"安娜·巴甫罗夫娜为了"我们亲爱的甫亚兹米丁诺夫"恐吓他,伐西里王爵从她瞥了一下彼尔的眼睛里看出对他将来的女婿和他女儿的幸福的贺意。老王爵夫人给坐在她旁边的老夫人敬酒,恨恨地看了她女儿一眼,同时悲哀地叹了一口气,她的叹气似乎说道:"既然青年人们这样大胆的使人生气的幸福时刻已经到了,你我除了喝甜酒以外没有别的剩下来了,我的亲爱的。""我说的这一切话是多么无聊!"一个外交家看着那两情人的幸福面孔想道,"那才叫幸福呢!"

一双健康的俊秀的青年男女相互吸引的单纯感情,已经侵入了维系那个宴会的无意义的、琐细的、虚伪的兴趣。于是这一人类感情压倒一切别的东西,超出他们那一切矫揉造作的闲谈之上。笑话没有了味道,新闻没有了趣味,兴致显然是勉强的。不仅客人们,连在餐桌旁伺候的跟班们也似乎觉出这一点,看了容光焕发的美丽的爱伦和彼尔那红润的、宽阔的、虽快活而不安的脸,他们也忘记了他们的职务。好像连蜡烛的光也只照那两张幸福的脸呢。

彼尔觉出他是这一切的中心,这情形既使他高兴,又使他不安。他像一个完全萦心于一种工作的人。他对任何事都看不清楚,听不明白,也懂不透彻。现实世界的零碎观念和印象只能时时出乎意外地透入他的头脑。

"如此看来,一切都完了!"他想道,"这一切都是怎样发生的呢?多么快呀!现在我知道,不仅为了她,也不仅为了我,乃是为了大家,这件事定而不可移地要来。他们都在期望这件事,他们对要发生的事是那么有把握,我不能,我不能使他们失望。但是这件事会怎样呢?我不知道,不过这件事一定要发生!"彼尔想道,看了看那双挨近他的眼睛的令人眼花缭乱的肩头。

随后他忽然间不知为什么害起羞来。他觉得，引起大家的注意，被人看作幸运的人，并且，以他那不漂亮的脸，被人当作占有海伦的巴黎斯①来看，是一种难为情的事。"不过，没有疑问，这件事从来是这样，必须这样！"他安慰自己道，"况且，这是由我弄成的吗？这是怎样开始的呢？我同伐西里王爵从莫斯科来这里。那时什么都没有。那么我为什么不应当住在他家呢？随后我同她斗牌，拾起她的手提袋，跟她坐车出去玩。那是怎样开始的呢，这一切是什么时候发生的呢？"于是在这里，他以未婚夫的身份坐在她旁边，看、听、感觉她的亲近，她的呼吸，她的动作，她的美丽。随后他忽然觉得，那么异乎寻常的漂亮的不是她，乃是他，所以他们都那样看他，受了这一致的赞美的鼓励，他挺起胸来，抬起头来，为了他的好运气欢喜。忽然间他听见一个熟悉的声音第二次对他说一点什么。但是彼尔是那么聚精会神，他听不懂说的是什么了。

"我在问你上次接到包尔康斯基的信是什么时候呢。"伐西里王爵第三次说道，"你是多么心神恍惚啊，我的亲爱的朋友。"

伐西里王爵含笑了，于是彼尔看出每一个人都对他和爱伦含笑了。"得，假如你们大家都知道了，那又有什么关系呢？"彼尔想道，"有什么关系呢？这是事实呀！"于是他自己也现出和蔼的孩子气的笑容，爱伦也含笑了。

"你什么时候接到那封信哪？是从奥里密兹来的吗？"伐西里王爵又说一遍道，他作出想知道这个来解决一场争论的样子。

"人怎么能谈或想这一类的琐事呢？"彼尔想道。

"是，从奥里密兹。"他叹了一口气回答道。

晚餐以后，彼尔同他的对手随着别人进入客厅。客人们开始散去了，

---

① 希腊神话：特洛伊王的儿子帕里斯，拐走了墨涅拉俄斯的老婆美丽的海伦，引起特洛伊战争。——译者注
此处脚注中"帕里斯"应为本书所参考译文版本的刊印错误，实为"巴黎斯"。——编者注

有一些未向爱伦告辞。有一些好像不愿分散她在重要事务上的注意，来她那里一会儿，就赶快走开，不让她送行。那个外交家离开客厅时保持一种悲哀的沉默。他想象他的外交前程，比起彼尔的幸福来，是何等空虚。那个老将军在他太太问他腿好不好的时候就对她发起牢骚来。"噢，老蠢货。"他想道，"人家爱伦王爵小姐到五十岁也依旧会漂亮的。"

"我以为我可以向您道喜了。"安娜·巴甫罗夫娜结结实实地吻着老王爵夫人低声说道，"假如我没有这个头痛的毛病，我一定多留一会儿。"

老王爵夫人未回答，她女儿的幸福使她嫉妒得难过。

客人们告辞的时候，彼尔独自和爱伦在他们所坐的小客厅里留了很久。在过去六个星期内，他时常独自同她在一道，但是从来不曾对她谈过爱情。现在他觉得这是无法避免的了，但是他不能决心采取最后的步骤。他觉得惭愧；他觉得他在爱伦身边占了别人的地方。"这不是你应享的幸福。"一种内在的声音对他低声说道，"这是心里没有你心里所有的东西的那些人应享的幸福。"

但是因为他不得不说一点什么，他用问她是否满意这宴会来引头。她用她平时的简洁态度回答说，她这个命名日乃是从来最愉快的一个。

一些最近的亲戚还未离开。他们都坐在大客厅里。伐西里王爵迈着疲倦的脚步来到彼尔那里。彼尔站起来，说时候不早了。伐西里王爵投给他一种严厉的质问的眼光，仿佛彼尔刚说过的话是那么奇怪，令人无法理解。但是随后那严厉的表情改变了，他把彼尔的手向下一拉，使他坐下来，然后亲热地笑了笑。

"喂，洛丽亚?"他忽然转向他的女儿问道，他用了从小宠爱儿女的父母习惯了的、热情的、不经意的腔调，不过这只是伐西里王爵从别的父母那里模仿来的。

随后他又转向彼尔。

"谢尔盖·库兹米契，据各方……"他解着背心顶端的纽扣说道。

彼尔含笑了，但是他的笑容表示，他知道伐西里王爵当时关心的不是谢尔盖·库兹米契那个故事，伐西里王爵也知道彼尔知道这一点。他突然嘟囔了一点什么,就走开去了。彼尔觉得连王爵也是心绪不安的。那个世故老人的烦恼相感动了彼尔,他看了看爱伦,她也似乎心绪不安,她的神情似乎说道:"得,这是你自己的错儿啊。"

"那步骤必须采取,但是我不能,我不能!"彼尔想道,于是他又开始谈不相干的事,谈谢尔盖·库兹米契,同那故事的要点,因为他不曾好好地听。爱伦含笑回答说,她也不曾听呢。

伐西里王爵回到客厅的时候,王爵夫人,他的太太,正在低声对一个老女人谈彼尔。

"当然,c'est un parti très brilliant, mais le bonheur, ma chère(这是很好的一对,不过幸福,我的亲爱的)……"

"Les mariages se font dans les cieux(婚姻是天定的)。"那个老女人回答道。

伐西里王爵似乎不要听女人们的话,走过去,坐在客厅另一角的沙发上。他闭上眼睛,似乎要打盹。他的头垂向前方,随即提起精神。

"阿林妮,"他对他的太太说道,"allez voir ce qu'ils font(去看看他们干什么啦)。"

王爵夫人走到门口,带着一种尊严的冷淡的神气走了过去,向小客厅里看了一眼。彼尔和爱伦依旧像先前一样坐在那里谈话。

"还是那样。"她对她丈夫说道。

伐西里王爵皱起眉头,扭着嘴,两颊颤抖,他脸上现出他特有的那种粗暴的不愉快的表情。他抖擞着站起来,头仰向后方,迈着坚决的步子,经过那两个女人,走进小客厅。他迈着快步欢欢喜喜地走到彼尔那里。他的脸是那么得意,彼尔一看见就慌慌张张地站起来了。

"谢上帝!"伐西里王爵说道,"内人已经把什么都告诉我了!"他用一条胳臂搂住彼尔,用另一条搂住他的女儿。"我的亲爱的孩子……洛丽亚……我非常非常高兴。"他的声音颤抖了。"我爱你的父亲……她要做你的好太太……上帝保佑你们!……"

他拥抱他的女儿,然后又拥抱彼尔,然后用他那喷臭气的嘴吻他。眼泪真的湿了他的两颊。

"王爵夫人,来这里呀!"他喊道。

老王爵夫人走了进来,也哭了。那个老女人也在用小手巾擦眼。彼尔被他们吻过,他也把美丽的爱伦的手吻了好几次。过了一会儿,又剩下他们两个了。

"这一切只好这样,不能有另外的样子。"彼尔想道,"所以问好不好是没有用处的。它好,因为它是确定的,使人摆脱旧日恼人的怀疑。"彼尔默默地握住他的未婚妻的手,看她那美丽的一起一伏的胸膛。

"爱伦!"他高声说到这里就顿住了。

"这种时节总要说一点特别的话。"他想道,不过记不起人们说的是什么了。他看她的脸。她靠近他一点。她脸红了。

"噢,摘去那个……那个……"她指着他的眼镜说道。

彼尔摘去眼镜,他的眼睛不仅现出刚摘去眼镜的眼睛的怪样子,也现出一种吃惊的探问的神情。他正要俯在她手上去吻,但是她赶快几乎是凶野地一摆脑袋,截住他的嘴,用她自己的嘴迎了上去。她脸上那改变了的紧张得令人不愉快的表情,使彼尔吃了一惊。

"现在已经太晚了,全完了;而且我也爱她。"彼尔想道。

"Je vous aime(我爱你)!"他说道,记起这种时候不得不说的话,但是他的话说得那么怯弱,他觉得惭愧。

六个星期后他结了婚,住在别竺豪夫伯爵新装修的彼得堡的大房子里,如人们所说,幸福地拥有一个著名美人的太太和成百万的家当。

第九章

检阅后的那一天,包力斯穿着他最好的制服,带着他的同事柏喜祝他成功的好意,骑马去奥里密兹见包尔康斯基了,希望利用他的友情,为自己弄到他可能弄到的最好的位置——情愿做某要人的副官,一种他觉得最有吸引力的军队中的位置。"劳斯托夫有一个一次寄给他一万卢布的父亲,他当然可以说不愿意巴结任何人,不做任何人的听差,但是我除了我的脑筋以外一无所有,不得不弄一个前程,绝对不要错过机会,而要利用机会!"他寻思道。

他那一天不曾在奥里密兹找到安德列王爵,但是司令部、外交使团和两国皇帝及其侍从、眷属、朝臣所在的市镇的外形,只有加强他加入那个高级世界的愿望。

他不认识一个人,尽管他穿的是漂亮的近卫军制服,但是那些带着羽毛、绶带、勋章,坐着考究的马车,在街上经过的贵人们,有朝臣,有军人,比起他这个近卫军小军官来,似乎是那么高不可攀,他们不仅不愿意,也简直不能注意他的存在。他去库图左夫总司令的驻处打听包尔康斯基,那里所有的副官,甚至传令兵们,都瞪着眼看他,仿佛要他知道,许许多多像他这样的军官时常来这里,而且每个人都从内心里憎恶他们。尽管是这样,或者不如说为了这个,第二天,11 月 15 日,午饭以后,他又去奥里密兹,走进库图左夫住的房子,打听包尔康斯基。安德列王爵在家,于是包力斯被领进一间先前大致用来跳舞的大厅,但是现在里边摆有五张床,以及各式各样的家具:一张桌子,几张椅子,还有一张翼琴,最靠近门口那里有一个传令官,穿着波斯化装外衣,坐在一张桌子旁写字。另一个,红红胖胖的涅斯菲兹基,头枕着两臂躺在床上,正同一个坐在他旁边的军官大笑。第三个正在翼琴上弹一支维也纳的华尔兹舞曲。第四个则躺在翼琴上唱那个调子。包尔康斯基不在那里。这些人见了包力斯没有一个起身。正在写字的那一个,也就是包力斯所问的那一个,不高兴地转过来,对他说,包尔康斯基正在值班,假如他希望见他,应当穿过左首的门,进接待室去。包力斯谢了谢他,然后走向接待室去,他发现那里有十来个军官和将军。

他走进去的时候,安德列王爵眼睛傲慢地朝下看着(带着那种特有的客气的疲倦表情,似乎明明白白地表示:"假如不是我的职责所在,我一会儿也不肯同你谈"),倾听一个戴有若干勋章的俄国老将军,后者站得笔直,几乎是踮着脚了,紫色脸上带着一个军人的逢迎神情,在报告一点什么。

"很好,那么,请等一等吧。"安德列王爵用带法国腔调的俄国话对那个将军说道,每当他要表示轻蔑的时候,他就作出那种腔调。一看见包力斯,安德列王爵就不再注意那个跟在他后面跑,求他再听下去的将军了,于是带着愉快的笑容点头,转向包力斯。

就在那一刹那,包力斯清清楚楚地证实他先前的推测,就是,除了他和别人在联队中晓得的军事法规所规定的服从和纪律以外,有另一种更重要的从属关系,使得这个扎紧腰带的紫脸将军恭恭敬敬地等候,而上尉安德列王爵却偏要由着自己的意思跟德鲁别慈考伊中尉闲谈。包力斯比先前更加决心在将来不依照成文法服务,只依照这一不成文法服务。他这时觉得,仅仅因为被人介绍给安德列王爵,他已经升得比那个将军高,那个将军在前线上具有消灭他这个近卫军中尉的权力呢。安德列王爵走过来,握起他的手。

"昨天失迎,我很抱歉。我整天同那些日耳曼人缠着。我们同威洛德去视察部署。日耳曼人认起真来,就没有个完!"

包力斯露出笑容,仿佛他懂得安德列王爵所指的是一种众所周知的事。但是,他听到威洛德的名字,或甚至"部署"这个名词,这还是第一次。

"得,我的亲爱的朋友,那么您依旧要做一个副官吗?我一直在考虑您的问题呢。"

"是的,我过去想求一求总司令。"——为了某种理由,包力斯不禁脸红了——"他已经收到库拉金王爵一封提到我的信。我想求一求,不过因为我怕近卫军不会上阵罢了。"他好像辩解一般加上一句道。

"好的,好的。我们要谈一谈,"安德列王爵回答道,"不过得让我把这位先生的公事报告上去,随后我就可以供您调遣了。"

安德列王爵去报告那个紫脸将军的公事了,这时那位先生——显然没有采用包力斯那种不成文法的服从规律的便利的观念——那么固定地看那个妨碍他对传令官说完他必须说的话的狂妄的中尉,使得包力斯觉得不安了。他转开去,焦躁地等候安德列王爵从总司令室内回来。

"您知道,我的亲爱的朋友,我一直在考虑您的事呢。"他们走进翼琴所在的大房间以后,安德列王爵说道,"您去总司令那里没有用处。他可以说许多好话,请您吃饭。"("就那个不成文法来说,那也不坏呀。"包力斯想道。)"不过再也不会有别的结果。我们这些传令官和副官很快就要有一大队了!不过我们要这样办:我有一个好朋友,一个参将,也是一个极好的人,朵尔果卢珂夫王爵;虽然您可能不知道,事实是,现在库图左夫和他的参谋人员和我们全体都做不得主。现在一切集中在皇帝周围。所以我们要去朵尔果卢珂夫那里;不论如何我得去那里,我也已经对他谈过您了。我们就可以知道,他能不能把您留在他那里,或为您在近太阳的什么地方找一个位置。"

安德列王爵在他必须指导一个青年人、帮助他得到尘世上的成功的时候,他从来格外热心。由于自尊心,他自己从来不接受这一类的帮助,凭借替别人取得这种帮助的口实,他经常跟给人成功的也吸引他的那个圈子维持关系。他很情愿地揽下包力斯的事,与他一同去见朵尔果卢珂夫了。

他们走进两国皇帝及其扈从所在的奥里密兹的皇宫的时候,天色已经很晚了。

就在那一天,开过一次军事会议,所有军事参议院的人和两国皇帝都参加了。会中推翻了库图左夫和式法曾堡两位老将的意见,决定立刻进攻,对波拿巴作战。安德列王爵带着包力斯来到皇宫找朵尔果卢珂夫的时候,军事会议刚刚开过。司令部里每一个人依旧被当天的会议弄得神魂颠倒,少壮派在会议中得到了胜利。那些主张从缓、主张在进攻前等待一点别的什么的人的声音,那么彻底地被压下去,他们的论据被关于进攻利益的那么确凿的证据驳倒,使得会议中讨论的东西——就要来到的战斗以及必然得到的胜利——似乎不再是将来的事而是过去的事了。一切优势都在我们一方面。我们的庞大军队(没有疑问胜过拿破仑的)集中在一个地方,受了御驾亲临的感动的队伍希望作战;奥国将军威洛德十分熟悉作战地带的战略形势;机缘凑巧,去年奥国军队刚好在法军这时就要挨打的地方操演过;附近的地方也是熟识的,而且详详细细地载在地图上,显然削弱了的波拿巴却一点准备也没有。

朵尔果卢珂夫,是主张攻击最热心的人们中的一个,刚开过会议回来,精疲力竭,但是对已经得到的胜利觉得兴奋和骄傲。安德列王爵介绍了他所照顾的人,朵尔果卢珂夫王爵客客气气地用力握他的手,但是不对包力斯说话,显然不能抑制当时在他脑子里最占优势的思想,对安德列王爵说起法国话来。

"啊,我的亲爱的朋友,我们打了一场什么样的胜仗!但愿将来由此得到的胜利是同样的成功!不过,我的亲爱的朋友,"他突然热情地说道,"我应当承认,过去误解了奥国人,特别是误解了威洛德。多么正确,多么精细,对地形有多么好的知识,对每一种结局、每一种可能性,甚至对最小的事项,有多么好的先见!没有了,我的亲爱的朋友,想不出比我们现在更好的条件了。奥国人的精细和俄国人的勇敢相结合——还能希望别的什么呢?"

"那么攻击是定而不移地决定了?"包尔康斯基问道。

"您知道吗,我的亲爱的朋友,我觉得波拿巴一定发了昏,您知道,今天接到他给皇上的一封信。"朵尔果卢珂夫意味深长地笑了。

"真的吗?那么他说什么呢?"包尔康斯基问道。

"他能说什么呢?特啦——滴里——滴啦,诸如此类……不过拖延时间。我对您说,他已经落在我们手心里,那是一定的!但是最有趣的事,"他突然愉快地笑着往下说道,"是,我们想不出回信怎样称呼他!假如不称作'执政',当然也不称作'皇帝',我觉得应当称作'波拿巴将军'了。"

"不过,在不承认他是皇帝和称他为波拿巴将军之间,是有一点分别的。"包尔康斯基说道。

"正是那样。"朵尔果卢珂夫赶快笑着插嘴道,"您认识毕利彬吧——他是一个很聪明的人。他提议称他作'篡位的奸臣和人类的公敌'呢。"

朵尔果卢珂夫快活地大笑起来。

"就是那样吗?"包尔康斯基说道。

"找到一个适当称呼的终归是毕利彬。他是一个聪明的乖巧的人。"

"那是怎样的呢？"

"法国政府首脑鉴……Au chef du gouvernement français①,"朵尔果卢珂夫带着认真满意的神气说道,"好,是不是？"

"不错,不过他会极端不喜欢呢。"包尔康斯基说道。

"噢,不错,非常！家兄认识他,他在巴黎不只一次同他——现在的皇帝——一道吃饭,他对我说,他从来不曾遇见一个更狡猾或更机警的外交家——您知道,法国圆滑和意大利演技的结合体！您知道他同马可夫伯爵的故事吗？马可夫伯爵是唯一知道怎样对付他的人。您知道那个小手巾的故事吗？很有趣！"

于是饶舌的朵尔果卢珂夫,一会儿转向包力斯,一会儿转向安德列王爵,叙述波拿巴怎样想试探我们的大使马可夫,故意把一条小手巾落在他前面,然后站在那里看马可夫,大致希望马可夫给他拾起来,于是马可夫立刻把他自己的小手巾落在那一条旁边,然后拾起来,却不碰波拿巴的。

"Charmant(有趣)！"包尔康斯基说道,"不过,王爵,我是代表这个青年人来向您请愿呢。您知道……"但是安德列王爵还未说完,就有一个传令官进来召朵尔果卢珂夫去见皇帝了。

"噢,多么讨厌。"朵尔果卢珂夫说道,赶快站起来,握了握安德列王爵和包力斯的手。"您知道我很愿意为您和这位可爱的青年人尽力。"他又带着一种和蔼的、诚恳的、热烈的轻浮表情握了握后者的手。"但是您看……别的时候吧！"

包力斯被当时自觉非常接近高级人物那念头激动起来。他觉出他在这里接触了发动庞大集团活动的发条,联队中的他乃是那个集团一个细小的服从的不重要的原子。他们随着朵尔果卢珂夫王爵进入走廊,遇见——从皇帝卧室的门内走出,朵尔果卢珂夫就从那个门走进——一个穿文官服的矮子。这人生有灵活的脸和锋锐地突出的下颌。他的下颌并

① 法文：与上面一句话意义相同。——译者注

未带坏他的脸,却赋给他一种特有的活泼和随机应变的表情。这个矮子像对一个密友一般对朵尔果卢珂夫点了点头,然后冷冷地看着安德列王爵一直向着他走去,显然希望他鞠躬或让路。安德列王爵既不鞠躬,也不让路:一种憎恶的神情现在他脸上,对方转过身子,沿着走廊边走过去了。

"那是谁呀?"包力斯问道。

"他是最显赫的人物中的一个,不过我觉得他是一个最讨厌的人——外交大臣亚当·沙托里斯基王爵。决定各国命运的就是像他这样的人。"他们走出皇宫的时候,包尔康斯基加上一句道,禁不住叹了一气。

第二天军队开拔了,一直到奥斯特里齐战斗的时候,包力斯再也没有见到安德列王爵或朵尔果卢珂夫,只好暂时留在伊斯马依罗夫联队里了。

第十章

11 月 16 日天亮的时候,巴格拉齐昂王爵分队里尼古拉·劳斯托夫供职的捷尼索夫骑兵中队,从过夜的地方依照计划前进,在别的纵队后面走了一俄里左右,就被拦阻在大路上。劳斯托夫看见,哥萨克们、第一第二骠骑纵队、步兵大队和炮队依次走过,随后是巴格拉齐昂和朵尔果卢珂夫两将军带同他们的副官们骑着马走过。所有他像先前一样经验过的开战前的恐惧,所有克服那恐惧的内部斗争,所有他以道地骠骑兵的身份在这一战斗中立功的梦想,都已经白费了。他们的中队留作后备,尼古拉·劳斯托夫怀着沉闷的恶劣的心情度过那一天。早晨九点钟,他听见前线上的射击声和呜啦声,看见运到后方来的伤员(人数并不多),最后他看见一整个法国骑兵分队被一个哥萨克中队押解回来。显然战事过去了,虽然不大,却是成功的。回来的兵士们和军官们谈论辉煌的胜利,谈论维斯绰镇(一个日耳曼小镇)的占领,谈论整个法国骑兵中队的被俘。天气经过一夜的严寒以后是晴朗的,愉快的秋光与胜利的消息很调和。那些消息不仅由来来去去经过劳斯托夫那里的参加过战事的人们的故事传说出来,也由兵士们、长官们、将军们、副官们脸上快活的神情表现出来。徒然忍受战斗前的恐怖、白白度过那个快活的日子的劳斯托夫,格外觉得消沉了。

"来呀,孚斯托夫①。让我们喝一杯来借酒浇浇愁吧!"已经带着一瓶酒和若干食物坐在路旁的捷尼索夫喊道。

军官们聚在捷尼索夫的饭盒周围,一面吃,一面谈。

"那! 他们又带来一个了!"军官中的一个指着一个由两个哥萨克押解来的徒步的法国龙骑兵俘虏叫道。

他们中的一个牵着一匹从那个俘虏那里夺过来的高大的法国骏马。

"把那匹马卖给我们吧!"捷尼索夫对那两个哥萨克招呼道。

"只要您喜欢,大人!"

军官们站起来,聚在那两个哥萨克和他们的俘虏周围。那个法国龙骑兵是一个用日耳曼腔调说法国话的年轻的亚尔萨斯人。他激动得喘不过气来,他的脸是红的,他一听见有人说法国话,就立刻开始对军官们说话了,先对第一个说,然后对另一个说。他说,他本来不会被俘虏,这不是他的错误,这是那个派他去取马被的伍长的错误,他已经告诉他俄军在那里了。他说一句话,就加上一句:"Mais qu'on ne fasse pas de mal à mon petit cheval(不过不要糟蹋我的小马哟)!"随即拍一拍那匹马。显然他不十分明了他是在什么地方。他一会儿为他的被俘辩解,一会儿想象他在自己长官们面前强调他那军人的服从性和从军的热情。他把我们觉得十分陌生的法国军队全部活泼气氛带到我们后卫里来。

两个哥萨克把那匹马卖了两块金币②,由劳斯托夫买下来。劳斯托夫收到家里的钱以后,成为军官中最富有的了。

"Mais qu'on ne fasse pas de mal à mon petit cheval(不过不要糟蹋我的小马哟)!"马移交给劳斯托夫的时候,那个亚尔萨斯人温和地对他

---

① 此处"孚斯托夫"应为本书所参考译文版本的刊印错误,实为"劳斯托夫"。——编者注

② 价值三块金卢布。——茅德英译本注

说道。

劳斯托夫含着笑叫那个龙骑兵放心，把钱给了他。

"阿列伊！① 阿列伊！"那个哥萨克一面说，一面碰俘虏的胳膊，叫他向前走。

"皇上！皇上！"突然在骠骑兵中间喊出来。

全体开始奔走，忙乱，劳斯托夫看见他后面有几个帽子上带白羽毛的骑马的人走到大路上来，一会儿的工夫，每个人都回了原位，在等待。

劳斯托夫不知道也不记得他怎样跑回原来的地方上了马。他那惋惜不曾参加战斗的心情和在他所厌倦的人们中间的沮丧心情立刻消失了，一切关于他自己的思想立刻没有了。他心中充满接近皇帝的幸福之感。他觉得这一接近就补上了那一天的损失。他快活得像盼望中的会晤时刻到来时的情人。他不敢回头看，也就没有回头看，他如狂似醉地觉出他的临近。他觉出这一点，不仅由于越来越近的那一队人马的马蹄声，乃由于他的临近使他周围的一切更光明，更快乐，更有意义，也更可庆祝。那个太阳越来越接近劳斯托夫，在周围洒下一道一道温和的庄严的光线，他已经觉得自己被包裹在那些光线里，他听见了他的声音，那和蔼、平静、威严而又那么质朴的声音！好像和劳斯托夫的心情相符，那里是一片死一般的寂静，其中传来皇帝的声音：

"Les hozards de Pavlograd(巴夫罗格拉德骠骑兵吗)?"他问道。

"La réserve, sire(后备兵，陛下)!"一个人的声音回答道，比起先前说"Les huzards de Pavlograd(巴夫罗格拉德骠骑兵吗)"那个声音来，这是一种很平凡的声音。

皇帝来到跟劳斯托夫并排的地方，停下来。亚历山大的脸比三天前检阅时更美了。那个脸放射出那样快活和青春的光，那样天真的青春的光，使人想到一个十四岁的少年人的生气，不过这依旧是尊严的皇帝的脸

---

① Alley——本应作 Allez，是法文的"走"字，俄国兵士读音不正，故有此误。——译者注

呢。皇帝的眼睛观察那个中队的时候偶然遇见劳斯托夫的眼睛,在上面停留了不超过两秒钟。不论是否皇帝懂得了劳斯托夫灵魂里的变化(劳斯托夫觉得他什么都懂),总之他的蓝眼睛把劳斯托夫的脸看了两秒来钟。一种高尚的温和的光从那里边射出来。随后他忽然提起眼眉,突然用左脚碰一下他的马,跑下去了。

年轻的皇帝按捺不住上战场的愿望,于是,不顾朝臣们的谏诤,在十二点钟离开他所在的第三纵队,驰向前卫去。在他追上骠骑兵以前,几个副官迎面带来战事胜利结束的消息。

这一场俘获一个法国骑兵中队的战斗,被宣扬作打败法国人的辉煌胜利,因此皇帝和全军,特别是在战场上烟雾迷离的时候,相信法国人已经败了,正在被迫退却中。皇帝过去了几分钟以后,巴夫罗格拉德师奉令前进。在维斯绰镇上,劳斯托夫又看见了皇帝。在市场上,在皇帝到来以前,有过相当严重的射击,躺着几个未来得及搬开的死伤的兵士。文武侍从围绕下的皇帝,骑一匹剪尾栗色母马,一匹跟检阅时骑过的不同的马,向一边俯着身子,文绉绉地把一支金柄眼镜放在眼前,看一个俯在地上的光头上带血的兵。那个伤兵是那么污秽,那么难看,那么使人恶心,他跟皇帝接近都使劳斯托夫吃惊。劳斯托夫看见,皇帝那微微驼着的肩头抖了一下,好像一阵寒战溜了下去,他的左脚开始用马刺痉挛地踢马肚子,那匹训练有素的马漠然地向后看了看,并不动地方。一个副官下了马,把那个兵抱起来,放在已经抬来的担架上。那个兵呻吟了。

"轻一点,轻一点! 你不能放得更轻一点吗?"皇帝说道,似乎比那个要死的兵更痛苦,他随即骑着马走了。

劳斯托夫看见皇帝眼中满含眼泪,也听见他走开时对沙托里斯基说道:

"战争是多么可怕的事呀,多么可怕的事呀! Quelle terrible chose que la guerre!①"

---

① 法文:意思与上面一句话相同。——译者注

前卫部队驻在维斯绰镇前望见敌军哨兵线的地方。敌军整天一经射击就让地方给我们。皇帝对前卫宣布了谢意,应许了奖赏,兵士们领双份的烧酒。营火噼啪,兵士们的歌声比前一夜更唱得快活。捷尼索夫庆贺他升到少校级,酒已经喝得很多的劳斯托夫,在宴会末尾提议为皇帝干杯。"不是'我们的元首,皇帝',如他们在官场宴会里所说。"他说道,"而是祝我们的元首,那个善良的、可爱的、伟大人物的健康! 让我们为他的健康和法军注定的失败干杯!"

"假如我们过去作战,"他说道,"不放过法军,像在申·格拉本那样,现在,他在前线上的时候,我们有什么办不到的呢? 我们要全体高高兴兴地为他死! 不是这样吗,诸位? 或许我说得不对,我已经喝了很多酒——不过我是这样觉得,你们大家也这样! 祝亚历山大一世健康! 呜啦!"

"呜啦!"军官们发出热情的声音。

老骑兵队长吉尔斯丁热烈地喊叫,并不比二十岁的劳斯托夫缺少诚意。

军官们把他们的杯子喝干,打破,吉尔斯丁斟满别的杯子,然后穿着衬衫和短裤,手里拿着酒杯,走向兵士们的营火,披着长长的两撇灰白胡子,从敞开的衬衫下露着雪白的胸膛,摆着一种庄严的姿势,站在营火光中,挥舞他那上举的胳膊。

"小子们! 为我们的元首,皇上,和战胜敌人干一杯! 呜啦!"他用他那勇敢的年老的骠骑兵的上低音大叫道。

骠骑兵们聚在周围,热诚地用高声叫喊响应。

夜深时,大家都散开以后,捷尼索夫用他那短小的手拍了拍他所宠爱的劳斯托夫的肩头。

"因为行军中没有人可爱,你就爱上了沙皇。"他说道。

"捷尼索夫,不要拿这个来开玩笑!"劳斯托夫叫道,"这是那么崇高的、美好的一种感情,那么……"

"我相信,我相信,朋友,我同意,也赞成……"

"不对,你不懂!"

于是劳斯托夫站起来,梦想着死是多么幸福——并非要救皇帝的性命(那是他连梦也不敢做的呀),只要死在他眼前——在那些营火中间徘徊。他真的爱上了沙皇,爱上了俄军的光荣,爱上了将来胜利的希望。在奥斯特里齐战事前那些可纪念的日子,感到那种心情的不止他一个;俄国军队中十分之九的人当时都爱上了他们的沙皇和俄国武装的光荣,不过不那么如狂似醉罢了。

第十七章

在我们由巴格拉齐昂指挥的右翼,九点钟的时候战斗还不曾开始。巴格拉齐昂王爵不愿意附和朵尔果卢珂夫开始行动的要求,又想从自己身上卸掉责任,于是对朵尔果卢珂夫提议派人去请示总司令。巴格拉齐昂知道,两翼相距六里多路,就算送信的人不被打死(那是很可能的),而且找到总司令(那是很难的),在天黑以前他也不可能回来。

巴格拉齐昂用他那没有表情的睡昏昏的大眼睛浏览他的侍从,于是被兴奋和希望弄得不能出气的劳斯托夫那孩子气的脸首先捉住他的眼光。他派了他。

"假如我在遇见总司令以前,遇见了皇上呢,大人?"劳斯托夫行着举手礼说道。

"您可以把信交给皇上。"朵尔果卢珂夫连忙拦着巴格拉齐昂说道。

劳斯托夫交卸了放哨的任务,在天亮以前睡过几个钟头,因而觉得高兴、勇敢、坚决、动作自如,对他的好运气怀有信心,总而言之,具有使一切好像都成为可能的、愉快的、容易的那种心情。

他的一切愿望都要在那一早晨实现了:就要有一场由他来参加的全面会战,此外,他是最勇敢的将军的传令官,并且,他就要去送信给库图左夫,甚至可能送给皇帝本人。那个早晨是明朗的,他骑的是一匹好马,他的心中充满了快乐和幸福。一接到命令他就放开马缰,沿战线跑下去。一开始他沿巴格拉齐昂的队伍走,那个队伍还不曾出发作战,一动不动地停在那里;随后他来到乌伐洛夫骑兵所在的地带,在这里他看出准备作战的激动和迹象;越过乌伐洛夫的骑兵以后,他清楚地听见他前面的大炮声和步枪声。射击声越来越高。

在那新鲜的早晨空气中,不再像先前那样,先有间隔不匀的两三下步枪射击声,然后是一两下大炮声,这时从普拉岑前面的山坡上传来一阵一阵步枪射击的隆隆声,中间杂有那么密的大炮声,有时其中有几响分不清楚,合成一片总的轰隆声。

他看得见山坡下一阵一阵好像互相追逐的枪烟,以及翻滚着、伸展着、彼此混合着的一团一团的炮烟。借着透过烟雾的刺刀光,他也可以看出移动的步兵队伍和带着绿色弹药车的一窄行一窄行的炮兵。

劳斯托夫在一个小丘上把马勒住一会儿,想知道进行中的情形;但是尽管他聚精会神,他一点也不能了解或辨出眼前的情形:在烟雾中,什么人在动来动去,在前后方,有一行一行的军队移动;但是为什么,去什么地方,他们是些什么人,就无法知道。这些景象和声音在他身上并不发生压抑或恐吓的作用,它们反而激发他的精力和决心。

"打下去呀!打下去呀!打他们哪!"他在内心里对这些声音叫道,然后又沿着战线跑下去,越来越深入军队已经交战的地方了。

"那里会怎样,我不知道,不过一切会顺利的!"劳斯托夫想道。

经过一些奥国队伍以后,他看出,前线的次一部分(近卫军)已经在作战。

"不要紧!我要去近处看。"他想道。

他几乎在沿着前线走了。有一小伙人向着他飞跑过来。这是我们乌拉队的官兵,队伍散乱着从攻击中退下来。劳斯托夫让开路,无意中看见他们里边有一个正在流血,他飞跑下去了。

"那不关我的事。"他想道。他走了不上几百码,就看见他左边,漫过野地的全部宽度,有一大群骑兵,穿着鲜明的白制服,骑着黑马,一直向着他快步走来,从他的路上跨过去。劳斯托夫使他的马用全速度飞跑,为这些人让路,假如他们保持原来的速度,他本来可以完全让开了,但是他们不断地增加速度,因此其中有一些马已经飞跑起来了。劳斯托夫听见他们马蹄子的哒哒声和兵器的叮当声,他们的马,他们的身形,甚至他们的脸,也越来越看得清楚了。他们是我们的骑卫军,前去攻击迎上来的法国骑兵。

骑卫军飞跑起来,但是依旧勒住他们的马。劳斯托夫已经可以看见他们的脸,听见"冲呀"的命令,由一个催着骏马用全速度飞跑的军官发出来。劳斯托夫恐怕被撞倒,或被卷进对法军的攻击中,于是尽着马的力量沿前方飞跑,但是依旧来不及避开他们。

骑卫军的最后一个,一个麻脸的大个子,一看见他前面的劳斯托夫,就愤愤地皱起眉来,他一定要同他撞在一起了。假如不是劳斯托夫忽然想起在骑兵的马眼前挥了一鞭子,这个骑兵一定把劳斯托夫和彼多温撞翻了(比起这些高大的人马来,劳斯托夫觉得自己很渺小,很软弱)。那一匹十六掌幅①高的大黑马向后抿着耳朵避开来;但是那个麻脸的骑兵凶猛地用他那大马刺踢去,于是那匹马摇着尾巴伸着脖子跑得更快了。骑卫军刚从劳斯托夫身边跑过,他就听见他们喊道:"呜啦!"回头一看,他看见他们最前端的队伍跟一些戴红肩章的外国骑兵,大概是法军了,混杂起来。他再不能看见别的了,因为紧跟着大炮从什么地方开始射击了,于是烟把一切包裹起来。

在那一刹那,在骑卫军从他身边过去、消失在烟中的时候,劳斯托夫踌躇起来,是跟他们跑好呢,还是去派他去的地方。这是连法军也惊奇的辉煌的骑卫军冲锋。劳斯托夫后来听说,在那一大群高大英俊的士兵中,在那骑着价值一千卢布的马跑过他的全体显赫的、富有的、年轻的军官和见习军官中,冲锋以后,只有十八个人剩下来,这消息使他战栗了。

"我何必妒忌他们呢?我的机会并没有失掉,我可能立刻见到皇上呢!"劳斯托夫想道,随即跑下去了。

来到步卫军齐头处的时候,他看见,他们附近,他们周围,有炮弹飞

---

① 每一掌幅约四寸。——译者注

过。他知道有炮弹,与其说因为他听见了声音,不如说因为他看见兵士们脸上的不安,以及将官们脸上那不自然的军人的严肃。

在一个步卫联队的一排人后面经过的时候,他听见有人叫他的名字。

"劳斯托夫!"

"什么呀?"他答应道,并未认出包力斯来。

"我说,我们已经上过前线了! 我们的联队进攻过了!"包力斯带着初次到过火线的青年人脸上那种快活的笑容说道。

劳斯托夫停下来。

"你们进攻过啦?"他说道,"哦,情形好吗?"

"我们把他们赶回去了!"包力斯满怀兴奋地说道,变得健谈起来。

"你想听吗?"于是他开始叙述,近卫军开进阵地以后,看见他们前面的军队,以为是奥军,忽然间从那些队伍发出的炮弹使他们知道,他们已经在前线上,出乎意外地作起战来。劳斯托夫不等包力斯说完就催动他的马了。

"你去哪里呀?"包力斯问道。

"送信给陛下。"

"他在这里啦!"包力斯以为劳斯托夫说的是"殿下",于是指着大公爵说道。大公爵耸着两肩,皱着双眉,戴着窄边盔,穿着骑卫服,站在离他们一百步的地方,正对一个苍白的穿白制服的奥国军官叫喊什么。

"这是大公爵呀,我要见的是总司令或皇上呢。"劳斯托夫说道,就要催马前进了。

"伯爵! 伯爵!"从另一边跑来像包力斯一样热情的柏喜喊道。"伯爵! 我的右手受了伤(于是他举起他那用手巾缠起的流血的手),我留在前线上。我用左手拿刀,伯爵。我们全体家族——封・柏喜族——都是武士啊!"

他又说了一点什么,但是劳斯托夫不等来听,骑着马走了。

走过近卫军,又穿过一片空地,为要避免像骑卫军冲锋时那样又走到第一线前面,劳斯托夫循着后备军的行列,远远地绕过传来最激烈的步枪声和炮击声的地方。突然间他听见他前面和我们的队伍后面有很近的步枪射击声,他怎么也不会料到这地方有敌人。

"这会是什么呢?"他想道,"敌人在我们军队的后方? 不可能!"突然间他为自己也为整个战局感到一阵恐慌。"但是不管怎样,"他估量道,"现在是绕不过去了。我必须在这里找总司令了,假如一切都失败了,我要同别人一道毁灭。"

劳斯托夫突然感到的恶兆,他越走进普拉岑村后的地带,越得到证实,村中充满了各式各样的队伍。

"这是什么意思呢? 这是什么呢? 他们在对谁射击呢? 谁在射击呀?"劳斯托夫遇见混乱的一群一群从他的路上逃过的俄奥两国兵士时不断地问道。

"谁也不知道! 他们已经把我们都打垮了! 现在什么都完了!"他从逃亡的人群得到俄、德、捷克三国话的回答,那些人像他一样不明了当时的情形。

"杀日耳曼人!"一个人喊道。

"但愿他们遭殃——奸细们!"

"Zum Henker diese Russen(这些该死的俄国人)!"一个日耳曼人嘟囔道。

几个受伤的人沿大路走过,咒骂、叫喊、呻吟,混成一片喧声,随后射击停止了。劳斯托夫后来听说,俄奥两国兵士曾经互相射击。

"我的上帝! 这都是什么意思呀!"他想道,"在这皇上随时可以看见他们的地方……不过,不要紧,这一定只是少数坏蛋。不久就要过去了,不会是那个,不会的! 快一点,快一点走过他们去就是了!"

败仗和逃跑的念头不能进入劳斯托夫的头脑。虽然就在他奉令去找总司令的普拉岑高地上,他看见了法国大炮和法国军队,他不能,也不愿,相信那个。

第十八章

劳斯托夫奉令去普拉岑村附近找库图左夫和皇帝。但是那里既没有他们，也没有一个司令官，只有一群一群解了体的各式各样的队伍。他催着他那已经疲乏了的马赶快走过这些人群去，但是他越向前走，他们就越纷乱了。他来到的大路上塞满低轮轻马车，各式各样的马车，俄奥两国各兵种的兵士，有一些受了伤，有一些未受伤。这一大堆人，在驻在普拉岑高地上的法国炮队射出的炮弹可怕的影响下，乱糟糟地说话，拥挤。

"皇上在哪里？库图左夫在哪里？"劳斯托夫不断地问他拦得下的每一个人，但是从任何人那里都得不到回答。

后来他捉住一个兵士的领口，强迫他回答。

"呃，老兄！他们好久以前都溜走了！"那个兵士说道，一面为了某种理由大笑，一面挣开去。

离开那个显然喝醉了的兵士，劳斯托夫拦住某重要人物的一个跟班或马弁的马，然后开始盘问他。那个人说，沙皇大约在一个钟头前被一辆马车用全速度从那条大路上运走了，他受了很重的伤。

"不会的！"劳斯托夫说道，"那一定是别的什么人。"

"我亲眼看见他。"那个人带着一种自信的嘲讽笑容回答道。"我现在应当认得皇上了，我在彼得堡见过他好几次。我像看见你一样看见他……他坐在马车里，苍白得像什么似的。他们怎样赶那四匹黑马飞跑啊！哎呀，他们的的确确咕隆过去了！是我认得御马和伊利亚·伊凡尼契的时候了。我以为伊利亚除了沙皇以外不给任何人赶车。"

劳斯托夫放开那匹马，就要骑着马走下去了，这时一个路过的受伤的军官对他说道：

"你找谁呀？"他问道，"总司令吗？他被一颗炮弹打死了——在我们联队前面，打进了胸膛。"

"未打死——受了伤!"另一个军官纠正他道。

"谁呀? 库图左夫吗?"劳斯托夫问道。

"不是库图左夫,不过他的名字是什么呢——得,没有关系……活下来的没有多少了。朝那边走,去那个村子,所有司令官都在那里了。"那个军官指着何斯吉拉德克村说道,说完就走下去了。

劳斯托夫用步行的速度骑着马走下去,既不知道他这时为什么去,也不知道他要去见谁了。皇帝受了伤,仗是打败了。这时无法怀疑了。劳斯托夫朝指给他的方向走去,他看见那里有一些塔楼和一所教堂。何必忙呢? 就算沙皇和库图左夫还活着,也没有受伤,他这时去对他们说什么呢?

"走这条路吧,大人,在那边你会立刻被打死呢!"一个兵士对他喊道,"他们会把你打死在那里呢!"

"嗷,你说的是什么?"另一个说道,"他要去哪里呀? 那条路比较近。"

劳斯托夫考虑了一下,然后朝他们说他会被打死的方向走。

"现在一切都一样了。假如皇上受了伤,我还想保全自己吗?"他想道。他骑向最大多数人从普拉岑逃亡时被打死的地带。法军还不曾占领那地带,俄军——未伤的和轻伤的——早已离开那里了。在那一片野地上,像料理得很好的熟田上一堆一堆的肥料,每几亩里横有十个到十五个死者和伤员。受伤的人们三三两两地爬在一起,可以听见他们的叫喊声或呻吟声,有时是假装的——或劳斯托夫觉得是那样。他使他的马小跑起来,免得看这所有受苦的人们,他觉得害怕——不是为了他的性命,而是为了他所需要的勇气,他知道他的勇气受不住这些不幸者的景象。

法军本来已经停止射击这一片散布有死者和伤员、不再有人可以射击的野地,一见到在上面骑行的传令官,就调过一尊炮来,朝他开了几炮。那些可怕的呼啸声和他周围的尸体所引起的激动,在劳斯托夫的心中混成一种单纯的恐慌和自怜的感情。他记起他母亲最后一封信。"假如她这时看见我在这一片有大炮朝我瞄准的野地上,"他想道,"她会觉得怎样呢?"

在何斯吉拉德克的村子里,有从战地上退下来的俄国队伍,虽然依旧有一点混乱,不过不那么没有纪律了。法军的大炮达不到那里,步枪射击声离得很远了。这里每一个人清清楚楚地知道,也说出,仗打败了。劳斯托夫问到的人都不能对他说皇帝或库图左夫在什么地方。有一些人说,皇帝受伤的消息是可靠的,另一些说,那是不可靠的,并且解说,皇帝的马车的的确确从战场上跑过,车上还载有随皇帝其他侍从来战地的、苍白的、慌张的二级宫内大臣托尔斯泰伯爵,谣言就是由这事实传开来的。一个军官对劳斯托夫说,他在村后左首见过一个司令部里的人,于是劳斯托夫就骑马去那里,并不希望找到什么人,但求安慰他的良心。他骑行了两里来路,越过了最后的俄国队伍,然后看见,在围着一道沟子的菜园子附近,有两个面对着沟子的骑马的人。一个帽子上插有一只白羽毛,劳斯托夫觉得面熟;另一个骑着一匹好看的栗色马(劳斯托夫以为他先前见过这匹马),骑到沟子前,用马刺踢他的马,解开缰绳,轻轻地跳过去。岸上只有一点点土被马的后蹄子辗碎。他陡然拨转马头,又跳过沟子这边来,恭恭敬敬地转向那个带白羽毛的骑马的人,显然在提议,他可以照样办。那个骑马的人(他的身形劳斯托夫觉得熟悉,不知不觉地吸住他的注意)用头和手做了一个拒绝的姿势,从那个姿势上劳斯托夫立刻认出他那可悲可敬的君王来了。

"不过不会是他呀,独自在这一片空地上!"劳斯托夫想道。就在那一刹那,亚历山大转过头来,于是劳斯托夫看见那在他的记忆上刻得那么深的可爱的面貌。皇帝是苍白的,两颊下陷,两眼发呆,但是他的面孔的吸引力和温柔感更来得大了。证实皇帝受伤的谣传是假的,使劳斯托夫快活。他看见了他也很快活。他知道他可以,甚至应当,一直走过去,把朵尔果卢珂夫的信递上去。

但是,正如一个恋爱中的青年,一旦渴望的时候到来,他单独地会见她了,却失去了勇气,不敢说出他想了若干夜的念头,一味向周围寻求援助,或寻求一个迁延和逃避的机会,劳斯托夫也是这样,既然得到他的爱胜过世间一切的东西,竟不知道怎样去接近皇帝了,他想出了一千种那样做不合宜、不得体、不可能的理由。

"什么！好像我喜欢利用他在孤独和绝望中的机会了！在这悲哀的时刻，他可能觉得一个生面孔是不愉快的或痛苦的呢；此外，在这一见到他我的心脏就衰弱、我的嘴就发干的时候，我能对他说什么呢？"他在想象中构成无数对皇帝说的话，这时一句也记不起来了。那些话都是用在完全不同的场合的，大部分要在胜利和凯旋时说，要在他因伤将死、君王致谢他的英勇行为时说，要在临死发表他的行为所证明的爱情时说的。

"此外，既然时候将近四点钟，仗已经打败了，我怎能请皇帝发布关于右翼的训令呢？不可以，我绝对不可以走近他，我不应当搅扰他的沉思默想。死掉一千次也比冒那受到他的疾言厉色的脸色的危险好呢。"劳斯托夫打定了主意，于是他悲哀地带着一颗充满失望的心一面骑马走开去，一面继续不断地回头看那依旧踌躇不决的沙皇。

就在劳斯托夫像这样同自己争论着悲哀地骑马走开去的时候，封·陶尔队长碰巧骑马来到同一地点，一见到皇帝，他立刻过来，献上他的殷勤，帮助他徒步跨过沟子去。皇帝想休息一下，也觉得不舒服，坐在一棵苹果树下，封·陶尔就留在他旁边。劳斯托夫怀着嫉妒和懊悔从远处看封·陶尔怎样长久而热烈地对皇帝说话，显然哭着的皇帝怎样用手蒙住眼，握起封·陶尔的手。

"我本来可以处在他的地位呀！"劳斯托夫想道，于是强忍着他同情皇帝的眼泪，怀着绝顶的失望，他骑马走了下去，既不知道他现在去哪里，也不知道为什么了。

因为觉出他自己的软弱是他的悲哀的原因，他的失望就更大了。

他本来可以……不仅可以，而且应当，去君王那里。这是他对皇帝表示忠诚的一个绝妙的机会，他竟不曾加以利用……"我做的是什么事？"他想道。于是他转过来，跑回他见过皇帝的地方，但是这时沟子那边没有人了。只有一些行李车和马车在经过。他从车夫中的一个听说，库图左夫的参谋部离这里不远，在那些车子要去的村子里。劳斯托夫跟了他们去。他前面走着库图左夫的牵着盖马被的马的马夫。随后跟来一辆行李车，车后面走有一个戴尖顶帽、穿羊皮袄、八字脚的老家奴。

"季塔！我说，季塔！"马夫说道。

"什么呀？"那个老头子心不在焉地回答道。

"去，季塔！去打一打！"①

"嗷，你这个傻瓜！"老头子愤愤地吐着唾沫说道。沉默了一些时候，随后那同一玩笑又来了。

晚上五点钟以前，战事完全失败了。一百尊以上的大炮已经落入法军手中。

普尔切比斯齐夫士基同他的部队已经放下武器。别的纵队损失了一半人以后乱糟糟地成群退下来。

朗格龙和朵赫图洛夫混合队伍的残余，聚在奥格斯德村附近的池塘的水坝和堤岸周围。

五点钟以后，只有奥格斯德水坝那里还可以听见强烈的炮轰（由法军单方面发出的），来自排列在普拉岑高地的斜坡上的无数炮位，朝我们退却的队伍射击。

在后卫中，朵赫图洛夫和别的人们，集合了一些大队，继续对追逐我们队伍的法国骑兵用步枪射击。天色暗下来。在那道狭窄的奥格斯德水坝上，多少年来那个老磨房主人习惯戴着有穗的帽子坐在那里安静地钓鱼，他的孙子卷着衬衫袖子把跳动的银色鱼放进浇水罐里；在那个水坝上，多少年来摩拉维亚人戴着皮帽子穿着蓝短衣安静地赶他们装有小麦的两匹马的车子，然后身上蒙着染白他们的车子的面粉回来——就在那道狭窄的水坝上，在运输车和大炮中间，在马蹄子底下，在车轮中间，怕死怕得变眉变色的人们这时聚在一起，互相压挤着，在将死者身上践踏着，互相杀害着，不过走上几步，他们自己照样也被杀掉了。

每隔十秒钟，就有一颗炮弹排挤着空气飞来，或有一颗开花弹在那稠密的人群中爆炸，炸死一些人，把血溅在他们附近的人身上。

---

① 注见本卷第十二章。——译者注

朵罗豪夫——现在是军官了——臂上受了伤，徒步走着，连同骑马的联队长和他那一中队的十来个人，合成全联队的全部残余。在人群的推动下，他们挤到水坝前，在四面八方的阻塞下，他们停下来，因为前面有一匹马倒在一尊大炮下面，人群正在拉它出来。一颗炮弹打死他们后面一些人，另一颗落在前面，把血溅在朵罗豪夫身上。不顾一切向前推动的人群挤成一团，移动了几步，就又停下来。

"走上一百码，我们一定得救，再在这里留上两分钟，那就一定得死。"每个人想道。

杂在人群中间的朵罗豪夫，推倒两个兵士，挤向水坝边，然后跑上蒙在磨房水塘上面的光滑的冰。

"这边来呀！"他一面喊，一面跳上在他下面咯咯吱吱响的冰；"这边来呀！"他对那些带炮的人们喊道，"禁得住呢！……"

冰禁得起他，但是又颤动，又发出断裂声，显然不仅在一尊炮或一群人下面要塌，就是在他一个人的重量下面也很快就要塌。人们都看他，挤到岸上来，迟疑不敢跨到冰上去。水坝前骑马的将军，举起手来，张开嘴要对朵罗豪夫说话。突然间一颗炮弹唰的一声在人群上面飞过，飞得非常低，每个人都爬下了。那颗炮弹噗的一声打进一种潮湿的东西里，于是那个将军从马上跌进一个血洼子里。没有人看他一眼或有意把他扶起来。

"到冰上去，冰上去！走啊！转弯！你听不见吗？走啊！"在那颗炮弹打中将军以后，无数的声音突然叫起来，那些人自己也不知道他们叫的是什么或为什么叫。

正要上水坝的最后方那些炮里的一尊转到冰上来。水坝上一群一群的兵士开始跑上结了冰的水坝。冰在最前面的兵士里的一个下面塌了，于是一条腿滑到水里去。他想挣扎起来，反而陷到齐腰深了。最近处的兵士们缩回去，炮车夫勒住他的马，但是后方依旧传来叫喊声："到冰上去，你们为什么打住？走啊！走啊！"人群里发出恐慌的叫喊声。贴近大炮的兵士们抡胳臂，打马，使它们转过来，向前走。那几匹马离开了塘岸。先前禁得起那些徒步的人们的冰，成大块地塌下去，冰上面的四十来个人乱冲起来,有一些向前,有一些向后,互相推到水里去。

炮弹依旧一声接一声地嗖嗖地响,落在冰上和水里,大多数时候落在遮满水坝、池塘、塘岸的人群中间。

第十九章

在普拉岑高地上,安德列·包尔康斯基王爵躺在他手拿着旗杆跌倒的地方,大量地流血,不自觉地发出一种柔和的、可怜的、孩子一般的呻吟。

傍晚时他停止了呻吟,变得完全不响不动了。他不知道他的知觉失去了多久。突然间他又觉出他还活着,为了头上火烧刀劈一般的痛楚难过。

"在哪里啦,我以前不知道、今天才看见的那个崇高的天空?"是他第一个念头。"我以前也不知道这难过。"他想道,"是的,这以前我不知道任何什么,完全不知道什么。但是我在哪里啦?"

他留心听,于是听见临近的马蹄声,还有说法国话的声音。他睁开眼。他上面又是那同一崇高的天空,有一团一团的云在更高的地方飘浮,云中间闪现蔚蓝的无穷空间。他不转动他的头,也不去看那就马蹄声和说话声来判断已经在他旁边停下来的人们。

这是由两个侍从伴随的拿破仑。骑着马经过战场的波拿巴已经发出对奥格斯德水坝加强炮击的最后一道命令,正在看留在战场上的死者和伤者。

"De beaux hommes(好兵)!"拿破仑看着一个阵亡的俄国掷弹兵说道,那个掷弹兵脸埋进地里去,露出变黑的颈背,远伸着一只已经变硬的胳臂,肚子着地躺在那里。

"Les munitions des pièces de position sont épuisées, sire(阵地炮的弹药已经用完了,陛下)。"一个从轰击奥格斯德的炮队那里来的传令官说道。

"Faites avancer celles de la réserve(从后备队取一些来)。"拿破仑说道,走过几步以后,他停在仰卧着的安德列王爵前边,旗杆已经落在身旁了(旗已经被法军取去做战利品了)。

"Voilà une belle mort(死得好)!"拿破仑看着包尔康斯基说道。

安德列王爵知道这是说他,也知道说这话的是拿破仑。他听见说话的人被称作陛下。不过他听这句话像听苍蝇嗡嗡差不多。这句话不仅未引起他的兴趣,他也未加以注意,立刻就忘记了。他的头在灼痛,他觉得他就要流血流死了,他看见他上面那遥远的、崇高的、永在的天空。他知道那是拿破仑——他的英雄——但是在那一刹那,比起那时在他内心和上面飘浮着云团的崇高的无限的天空中间的变化来,他觉得拿破仑是一个非常渺小的不重要的生物。在那一刹那,不管站在他上方的是谁,不管说他什么,他都觉得毫无意义;他只喜欢人们站在他身旁,只希望他们会援助他回生,他这时觉得生命是那么美好,他今天才学会那么不同地去理解它。他集结他所有的力量,动一动,作一作声。他衰弱地动了一下他的腿,发出一声引起他自己怜悯的软弱无力的呻吟。

"啊!他活着呢,"拿破仑说道,"把这个青年人抬去裹伤站。"

说过这句话以后,拿破仑骑着马去迎兰元帅,后者恭敬地含着笑骑到皇帝面前,对他庆贺胜利。

安德列王爵再也不记得别的了:由于抬上担架时可怕的痛楚,抬走时的颠动,他的伤口在裹伤站受到的刺探,他失去了知觉。到了晚上,他同别的伤者和被俘的俄国军官被送去医院,直到那时,他才恢复了知觉。在搬运中,他觉得强壮一点了,可以看一看周围,甚至可以说话了。

他恢复知觉的时候首先听到的是一个法国护送官的话,那人很快地说道:

"我们得停在这里:皇上立刻要经过这里了;见一见这些上流俘虏,会使他欢喜呢。"

"今天有那么多俘虏,几乎是全部俄军,他大致已经看得不耐烦了。"另一个军官说道。

"那也没有关系！他们说,这一个是亚历山大皇帝全部近卫军的司令官呢。"第一个人指着一个穿骑卫军白制服的俄国军官说道。

包尔康斯基认出他在彼得堡社交界遇见过的列普宁王爵。他旁边站着一个十九岁的小伙子,也是骑卫军受伤的军官。

波拿巴骑着马飞跑过来,然后勒住马。

"哪一个是高级将校?"他看见那些俘虏的时候问道。

他们举出上校列普宁王爵的名字。

"您就是亚历山大皇帝骑卫联队的队长吗?"拿破仑问道。

"我指挥一个中队。"列普宁回答道。

"你们的联队光荣地尽了职。"拿破仑说道。

"一个伟大统帅的称赞是一个军人最高的酬报啊。"列普宁说道。

"我高兴给您,"拿破仑说道,"还有您旁边那个青年人是谁呀?"

列普宁王爵举出苏荷帖林中尉的名字。

看过他以后,拿破仑笑了。

"他参与我们的事未免太年轻了。"

"Il est venu bien jeune se frotter à nous(年轻并不妨碍勇敢哪)。"苏荷帖林用衰弱的声音嘟囔道。

"答得妙!"拿破仑说道,"Jeune homme(青年人),你前程远大!"

安德列王爵也被抬到皇帝眼前,用以结束那个俘虏展览,他不能不引起拿破仑的注意。拿破仑似乎记起在战场上见过他,于是对他又用起在他的记忆中跟安德列王爵相关的形容词"青年人"来了。

"哈,还有您,青年人,"他说道,"您觉得怎样,mon brave(我的勇士)?"

虽然五分钟以前安德列王爵已经可以对抬他的兵士们说几句话,这时却眼睛直瞪着拿破仑,他不出一声了……在那一刹那,比起他先前看见的懂得的那崇高的、公平的、仁慈的天空来,他觉得拿破仑所萦心的一切兴趣是那么不足取,他的英雄自身怀着他那无聊的虚荣心和得胜的快乐显得那么下流,他不能回答他了。

比起失血后的软弱、痛苦、死的临近在他心中引起的那一串严肃的庄严的思想来，一切都似乎非常没有价值，没有意义。直瞪着拿破仑的眼睛，安德列王爵想到伟大性的无谓，无人能懂的生命的不重要，死的更加不重要，没有一个活人能理解或说明死的意义。

皇帝不等回答就转身走开去，一面走，一面对军官中的一个说道：

"照顾这些先生，带去我的露营；叫我的御医拉雷检查他们的伤口。Au revoir（再见），列普宁王爵！"于是他催动他的马跑开去了。

他脸上放出满足和欢喜的光彩。

抬安德列王爵的兵士们已经注意到玛丽王爵小姐挂在她哥哥脖子上的小金神像，并且已经拿了去，但是见到皇帝对那些俘虏表示的好意，他们这时赶快交还那个圣像。

安德列王爵不知道那东西是怎样归还的，也不知道是由谁归还的，不过那个戴细金链的小神像突然在他的制服外面胸前出现了。

"假如一切都像玛丽觉得的那么简单明了就好了。"安德列王爵看着他妹妹怀着那么大的热情和敬意挂在他脖子上的神像想道。"若知道今生去哪里求援助，死后在坟墓那边有什么指望，该多么好啊！假如我这时能说：'主啊，怜悯我吧！'我应当是多么幸福和平安……但是我对谁那样说呢？不是对一种不可说不可解的力量，一种我不仅不能称呼甚至不能用话来表达的东西——伟大的万有或一无所有——说。"他对自己说道，"就是对玛丽缝在这个护身符里的神说了！除了我所了解的一切东西的不重要外，除了某种不可解但十分重要的东西的伟大外，没有一样东西是确定的，完全没有。"

抬担架的人们走下去。每一颠动使他又感到无法忍受的痛苦，他的热度增加，他渐渐地神志昏迷了。他的父亲、太太、妹妹、将来的儿子的影子，以及交战前那一夜他感到的柔情，渺小的拿破仑的影子，尤其是那个崇高的天空，形成他那昏迷的幻想主题。

童山那安静的家庭生活和平安的幸福在他的心目中显现。他享受那种幸福，那个小拿破仑就带着他对别人的苦难没有同情的眼光、短浅的欢喜神气突然出现,于是怀疑和痛苦跟着来了,只有天空给了和平的希望。将近天亮的时候,这所有的梦都融解了,合成不知不觉的混乱和黑暗,据拿破仑的医生拉雷看来,这状况的结果大致是死,很少痊愈的可能。

"C'est un sujet nerveux et bilieux(他是一个神经过敏、胆汁太旺的家伙)。"拉雷说道,"il n'en rechappera pas(不会好的)。"

于是安德列王爵,连同别的受了致命伤的人们,被留给本地人民照顾了。

第四卷

第二章

尼古拉·劳斯托夫从军队中回到了莫斯科,受到他的家属的欢迎,被看作最好的儿子,一个英雄,他们亲爱的尼古连加;受到他的亲属的欢迎,被看作迷人的、惹人爱的、彬彬有礼的青年;受到他的相识者的欢迎,被看作骠骑军的英俊的中尉,优良的舞蹈家,也是城内最好的对象之一。

劳斯托夫家认识莫斯科所有的人。老伯爵那一年有宽裕的钱,因为他又把所有的地产抵押出去了,因此尼古拉得到一匹自用的跑马,一条莫斯科还不曾有人穿过的最新式的骑马裤,一双带非常尖的靴尖和小银马刺的最新式的靴子,他过得很快活。用了一个短时期来适应那个旧生活状况,尼古拉随即觉得回到家中是很愉快的。他觉得他已经长大了,也成熟了很多。他那因《圣经》考试不及格而有的失望,向加夫力尔借钱给橇夫,偷偷地吻桑妮亚——他这时回忆起来,都看作远远地遗落在背后的孩子行为了。他这时是一个骠骑军中尉,穿的是镶银边的制服,带的是赏给作战勇敢的军人的圣乔治十字勋章,正在同著名的、年长的、受尊敬的赛马家训练一匹自有的用来比赛的走马。他在一条林荫路上结识了一位小姐，有一天晚上去看她。他在阿尔哈洛夫家的舞会中领导马竺尔加舞①，同加敏斯基陆军元帅谈论军事，参加英国俱乐部②，跟捷尼索夫介绍给他的一个四十岁的上校交往。

他对皇帝的热情在莫斯科已经冷下一点来了。但是，因为他看不见他，也没有看见他的机会，他依旧时常谈到他，谈到他对他的爱心，使人领会他不曾全部说出，在他的感情中对皇帝有一种并非人人可以了解的东西，他也全心怀有当时莫斯科流行的、对被人唤作"天使化身"的皇帝的崇拜。

劳斯托夫回军队以前在莫斯科逗留的短期间，不曾亲近桑妮亚，而疏远了她。她很漂亮，很可爱，也显然深深地爱上了他，但是，在他那青春时期，他觉得要做的事情很多，没有时间做那一类的事，他怕受束缚，重视他用来做许多别的事的自由。在莫斯科停留的时期，一想到桑妮亚，他就自言自语道："啊，在将来，在现在，什么地方还有许多那一类我还不认识的少女呢。到我要想恋爱的时候，有的是时间，不过现在我没有时间。"此外，他觉得女人的社会对他那男子气概颇有妨害。他带着一种违反本意的神气出入舞会和妇女界。赛马，英国俱乐部，同捷尼索夫拼命喝酒，造访某一家——那是另外一回事，完全适合一个勇敢的骠骑军的事呀！

一进3月，伊利亚·劳斯托夫伯爵就忙着在英国俱乐部安排筵宴，为巴格拉齐昂王爵接风。

伯爵穿着睡衣在大厅里走来走去，对俱乐部的膳务员，对俱乐部的厨

---

① 一种波兰舞。——译者注

② 莫斯科的英国俱乐部仅有英国之名。从叶卡捷琳娜女皇时代起，到1917年革命止，那是莫斯科的富翁、权贵、士绅会聚之所。这地方在政治上没有多大作用，它所有的影响一年比一年衰减；但是，因为在宫廷失宠的或不满意宫廷的名人总要避开彼得堡，也因为莫斯科是另一个首都，英国俱乐部碰巧成了非正式的反对派——仅能安然存在的一种——一个集合点。摆给巴格拉齐昂的宴席表明这个俱乐部在政治活动上的限度，大吃一顿以后，随兴之所至批评一下政府。——茅德英译本注

子头著名的费奥克提斯特,发关于宴席用的龙须菜、胡瓜、杨梅、小牛肉、鱼的命令。从俱乐部创立的日子起,伯爵就是会员和委员。俱乐部把招待巴格拉齐昂的典礼委托他来布置,因为很少人那么清楚地知道怎样安排一场阔绰的周到的宴席,更少人那么能也那么肯用自己的资产来弥补为了宴会的成功可能需要的东西。俱乐部的厨子和管事满脸欢喜地听伯爵的命令,因为他们知道,若在别人的管理下,他们就不能从价值几千卢布的一餐中那么容易地为他们自己取得一笔厚利呢。

"那么,得,野鸡汤中一定要有鸡冠哪,你们知道啦!"

"那么,我们要有三样冷菜吧?"厨子问道。

伯爵考虑了一下。

"我们不能再少了——是的,三样……蛋黄酱,是一样。"他屈着一个指头说道。

"那么我可以去定大蝶鲛了吧?"管事问道。

"是的,假如他们不肯少要钱,也就只好那样了。啊,哎呀! 我几乎忘了。我们还得有一道开味菜呢。啊,天哪!"他抓脑袋了。"谁去给我弄花呢? 德米特力! 呃,德米特力! 赶快去我们莫斯科的庄子。"他对应声出现的打杂说道,"赶快去吩咐花匠马克西姆,督促农奴们工作。叫把暖房里的一切东西,用毛毡包好,运到这里来。我这里星期五一定要有二百盆。"

又发过几道命令,刚要去"小伯爵夫人"那里休息,但是记起另一件要事,他又回来了,叫回厨子和俱乐部管事,又发起命令来了。门外传来轻快的脚步声和叮当的马刺声,小伯爵随即走进来,俊秀,红润,留有黑色小胡子,显然已经休息过来,而且被他在莫斯科的舒服生活弄得更细腻了。

"啊,我的孩子,我的头都晕了!"老头子含笑说道,仿佛他在儿子面前感到一点不安。"现在你肯帮一点忙就好了! 我还得找歌手呢? 我要用我自己的乐队,不过我们还要不要找吉卜西歌手呢? 你们军人喜欢这一套啊。"

"真的,爸爸,我相信巴格拉齐昂王爵在申·格拉本的战事以前还没有您现在那么发愁呢?"他儿子含笑说道。

老伯爵假装出发怒的样子。

"是的,你会说,不过你自己来试试看吧!"

于是伯爵转向那个厨子,厨子带着乖巧的、恭敬的神气细心地同情地看那两父子。

"青年人们近来变成什么样子了,呃,费奥克提斯特?"他说道,"嘲笑我们老头子!"

"是这样啊,大人,他们只知道吃一顿好饭,至于筹备和布置,那就不是他们的事了!"

"是这样,是这样!"伯爵大叫道,于是愉快地抓住他儿子的两手喊道,"我可捉住你了,立刻套上两匹马的雪橇,去别竺豪夫家,对他说,伊利亚伯爵派你来要杨梅和鲜菠萝。我们从别人那里弄不到这种东西。他自己不在家,你就得进去问那些王爵小姐;然后从那里去拉斯古力亚伊——车夫伊巴特加认得——带吉卜西伊流希加来,在奥尔罗夫伯爵家跳过舞的那一个,你记得,穿白色哥萨克衣服的,把他带给我。"

"我还要带几个吉卜西姑娘来吧?"尼古拉笑着问道。"哎呀,哎呀!……"

就在那时,安娜·米哈伊罗夫娜迈着无声的步子,带着认真的、专心的以及永不离脸的谦卑的基督徒神气,走进来了。虽然她天天撞见穿睡衣的伯爵,他却一成不变地觉得不安,求她原谅他的装束。

"完全没有关系,我的亲爱的伯爵。"她谦卑地闭着眼睛说道,"不过我就要亲自去别竺豪夫家。彼尔已经到了,我们可以从他的暖房里取我们所要的任何东西。我无论如何非见他不可。他已经把包力斯来的一封信转给我。感谢上帝,包力斯现在做了参谋啦。"

安娜·米哈伊罗夫娜亲自负起他的一项委托,使伯爵觉得开心,于是吩咐为她套带篷的小马车。

"教别竺豪夫来吧。我要记下他的名字。他太太同他一道吗?"他问道。

安娜·米哈伊罗夫娜抬起眼睛，脸上现出深刻的悲哀。

"啊，亲爱的朋友，他非常不幸呢。"她说道，"假如我们所听见的是真的，那就很可怕了。我们正在庆祝他的幸福的时候，何尝梦见这一类的事呀！像小别竺豪夫那样高尚的完美的灵魂！是的，我从内心里怜悯他，要尽可能给他安慰。"

"什——什么事？"老少两个劳斯托夫问道。

安娜·米哈伊罗夫娜深深地叹了一口气。

"朵罗豪夫，玛丽·伊凡诺夫娜的儿子，"她用一种神秘的低声说道，"据说，已经完全把她拖下水。彼尔援助他，请他去他彼得堡的家，而现在……她已经来这里，那个不怕死的鬼也跟了来！"安娜·米哈伊罗夫娜说道，她本想对彼尔表示同情，但是，因为她那不由己的腔调和似笑不笑的神情，却把她对那个"不怕死的鬼"（她这样称呼朵罗豪夫）的同情泄露出来了。"他们说，彼尔完全被他的不幸给毁了。"

"哎呀，哎呀！不过依旧教他来俱乐部吧——那都会忘记的。这是一个了不得的宴会呀。"

第二天，3 月 3 日，刚过一点钟，英国俱乐部两百五十个会员和五十个客人都在等候那位上宾和奥地利战役的英雄巴格拉齐昂王爵来赴席了。

奥斯特里齐战事的消息乍一到，莫斯科一度不知所措。当时俄国人是那么习惯于胜利，听到战败的消息，有一些人简直不肯相信，另一些人对这非常稀奇的事件寻求一种不平常的解释。在聚有所有显赫的、重要的、消息灵通的人们的英国俱乐部中，12 月间的消息开始传来的时候，没有一句话谈到战争和上一场战事，好像大家商量好不作声。左右谈话风气的人们——劳斯托普钦伯爵，伊乌力·朵尔果卢珂夫王爵，伐鲁耶夫，马可夫伯爵，还有弗牙柴木斯基王爵——并不在俱乐部露面，只在关系密切的私人家庭中碰头，于是随声附和的莫斯科人——伊利亚·劳斯托夫是其中之一——有一些时候对战争问题没有确定的意见，也没有领袖。莫斯科人觉得有一点儿不妥，讨论坏消息是困难的，所以最好是沉默。但是，过了一些时候，好比陪审官出了议事室一般，那些领导俱乐部舆论的显贵们又出现了,每个人都开始明白而确定地说话了。他们替俄国吃了败仗那无法令人相信的、闻所未闻的、不可能的事件找到了理由,一切都变得明白了,开始在莫斯科各角落谈起同样的话来。这些理由是:奥国人的失信,兵站部的失机,波兰人普尔切比斯齐夫士基和法国人朗格龙的变节,库图左夫的无能,以及(这是要低声说的)信任无价值的、不足取的人们的元首的年轻和缺少经验。至于军队,俄国的军队,每个人都说非常好,已经成就了威武的奇迹。兵士们、官长们、将军们都是英雄。但是英雄里的英雄是以申·格拉本事件和从奥斯特里齐撤退显名的巴格拉齐昂王爵,只有他一个把他的纵队完整无损地从奥斯特里齐撤退,而且整天击退两倍于他的实力的敌军。巴格拉齐昂所以被选为莫斯科英雄,也由于他在市内没有交游而是一个陌生人这事实。由他表明,受欢迎的是一个没有门路、也没有阴谋的、简单的、富于战斗精神的俄国军人,也是一个因为意大利战役的回忆与苏沃洛夫的名字有关的人。此外,对巴格拉齐昂表示这样的欢迎,乃是对库图左夫表示不满和憎恶的最好方法。

“假如没有巴格拉齐昂,il faudrait l'inventer(那就必须把他创造出来)。”俏皮话家辛辛模仿着伏尔泰的话说道。有一些人低声辱骂库图左夫,叫他作宫廷风信鸡①和老色鬼,此外就没有人提到他了。

全莫斯科传诵朵尔果卢珂夫王爵的话:“智者千虑,必有一失。”意在用过去胜利的回忆来慰解我们的失败;也传诵劳斯托普钦的话,法国兵作战,必得用大话来鼓动,日耳曼兵呢,要用逻辑的道理证明给他们,逃跑比进攻更危险,至于俄国兵,就只需要加以抑制和阻止了!关于我们的官兵在奥斯特里齐所表现的一个一个英勇的例子,新鲜的佳话从四面八方传来。这一个救回一面军旗,另一个杀死五个法国人,第三个独自装了五尊大炮。不认识柏喜的人,说他右手受了伤,左手拿着刀,冲到前方去。关于包尔康斯基,没有一句话说,只有那些深知他的人们,惋惜他死得那么年轻,把怀孕的太太抛给他那怪僻的父亲。

---

① 等于说他没有操守。——译者注

第三章

3月3日,英国俱乐部各房间都充满谈话的嗡嗡声,好像春天结队离巢的蜜蜂的嗡嗡声。俱乐部的会员和来宾这里那里地荡来荡去,或坐,或立,或聚合,或分散,有的穿军装,有的穿晚服,这里那里有几个撒发粉穿俄国加浮坦①的人。穿制服、撒发粉的听差,穿着带扣的鞋子和漂亮的袜子,站在各个门口,留心着客人们的每一动作,以便献上他们的殷勤。在场的大多数人是生有宽阔的自信的脸、肥胖的手指头、坚定的姿态和声音的年纪大的受尊敬的人。这一级客人和会员坐在一定的老地方,聚在一定的老圈子里。在场的少数人是不常来的客人——主要是青年人,其中有捷尼索夫、劳斯托夫、朵罗豪夫——后者这时又是谢茂诺夫联队的一个军官了。这些青年人的脸上,特别是那些军人的脸上,对他们的长辈现出迁就的敬意,似乎对那老一代说道:“我们有意尊敬你们,欢迎你们,不过你们依旧要记住,将来是属于我们的。”

涅斯菲兹基以俱乐部老会员的身份到场。在太太吩咐下留长了头发、也摘去了眼镜的彼尔,在各房间走来走去,穿着很入时,不过样子是悲哀的,沉闷的。在这里,正如在一切别的地方,他被巴结他的财富的气氛包围起来,由于凌压这些人的习惯,他用神不守舍的轻蔑态度对待他们。

论他的年纪,他本来应当属于青年的一群,但是论他的财富和门第,他却属于年老的受尊敬的客人们,因此他来往于两群人之间。最重要的老年人中间有一些是几个人群的中心,连陌生的人们都去那里恭恭敬敬地听那些名人的声音。最大的几个人群围绕着劳斯托普钦伯爵、伐鲁耶夫、纳黎希金形成了。劳斯托普钦正在叙述俄军怎样受逃跑的奥军拖累,以致不得不用刺刀从他们中间冲出去。

伐鲁耶夫正在机密地说,乌伐洛夫已经从彼得堡奉派来调查莫斯科

_____

① 一种土耳其长衫。——译者注

对奥斯特里齐的想法了。

在第三个圈子里,纳黎希金正在谈奥国军事参议院的会议,苏沃洛夫在会议中回答奥国将军们的胡说八道,像一头公鸡一般地叫。站在旁边的辛辛,想开一个玩笑,于是说,库图左夫显然连像公鸡叫这么简单的本领也未跟苏沃洛夫学会,但是那些老辈严厉地看了那个俏皮话家一眼,使他觉出,在那样的地方,在那样的日子,像那样议论库图左夫是不得体的。

慌慌张张、恍恍惚惚的伊利亚·劳斯托夫伯爵,穿着软靴子,匆匆忙忙地在餐厅和客厅中间走来走去,对他无一不认识的重要的和不重要的人们打招呼,好像他们都是同等的,他的眼光一发现他那英俊的年轻的儿子,就停在他身上,对他欢喜地挤眼睛。小劳斯托夫和他新结识的也十分重视的朵罗豪夫站在一个窗子旁。老伯爵走过去,跟朵罗豪夫握手。

"请过来看我们……您认识我勇敢的儿子……一道在外边……一同逞英雄……啊,伐西里·伊格纳托维契……您好,老朋友?"他转向正走过的一个老头子说道,但是他还未打完招呼,就起了一阵骚动,一个跑进来的听差满面惊慌地宣布道:"他已经到了!"

铃子响起来,管事们向前边跑,于是——像铲子里被摇成一堆的黑麦——先前散在不同房间的客人们都过来了,聚在大客厅里,舞厅的门旁。

巴格拉齐昂在前厅的门前出现,未戴帽子,也未带刀,依照俱乐部的习惯,他已经把刀交给了门房。他头上没有羔皮帽,肩上也没有装铅鞭,不像劳斯托夫在奥斯特里齐战事前夕见他时的样子,他只穿一套贴身的新制服,上面悬有俄国的和外国的勋章,左襟上是圣乔治宝星勋章。显然他在赴宴前刚修理过头发和胡子,这一修理使得他的外表更难看了。他脸上有一种天真的欢喜意味,与他那坚定的雄赳赳的身形结合起来,给了他一种很可笑的表情。和他同到的别克列勺夫和提奥多·乌伐洛夫停在门前,让上宾身份的他先进去。巴格拉齐昂觉得为难,不愿接受他们的客气,因此在各门口延迟了一下,但是究竟他终于先进去了。他从接待室那镶花地板上羞怯地拙笨地走过,不知怎样处置他那一双手;像过去他在申·格拉本率领库尔斯克联队那样,在炮火下从犁过的野地上走过,他觉得更加习惯——他也一定觉得比较容易呢。委员们在第一道门前迎接他,他们一面表示他们得见这样一位贵宾的欢喜,一面宛然占领了他,不等他回答,就包围起他来,领他到客厅。会员们和客人们互相拥挤着想越过彼此的肩头好好地看一看巴格拉齐昂,仿佛他是一头稀奇的动物,因此一开始无法走进客厅的门。伊利亚·劳斯托夫伯爵笑着翻来覆去地说着:"让一让,哎呀!让一让,让一让啊!"比任何人更顽强地挤过人群,把客人们领进客厅,让他们坐在中央的沙发上。要人们,俱乐部最受尊敬的会员们,把新来的人们包围起来。伊利亚伯爵又冲出人群,走出客厅,一分钟后同着另一个委员回来,带来一个大银盘子,献给巴格拉齐昂王爵。盘子上放着为那位英雄写作、印刷的几首诗。巴格拉齐昂一看到那个盘子,就慌张地向周围看,好像在求救。但是所有的眼睛要求他应当受下。一觉出自己是在他们的势力之下,他断然用双手接过那个盘子,然后严峻地责难地看把那东西献给他的伯爵。什么人不得不从巴格拉齐昂手中接过那个盘子(否则他似乎要把那东西一直拿到晚上,然后带着它去入席了),教他注意那几首诗。"得,那么我一定读!"巴格拉齐昂似乎说道,于是他那疲倦的眼睛盯在纸上,开始带着一种僵硬的严肃的表情来朗诵了。但是作者自己拿过诗来,高声诵读起来。巴格拉齐昂低下头来听:

> 光荣归皇朝①,
>
> 忠心保圣主。
>
> 居家乃善人,
>
> 战地如猛虎。
>
> 天骄拿破仑,
>
> 知难不敢侮……

但是他还未读完,一个高嗓门的管事就宣布,宴席摆好了! 门敞开

---

① 这次宴会中读的和唱的诗,都是用很坏的俄文写的,译文仅存其大意。——茅德英译本注

来,餐厅里传来波兰舞曲洋洋盈耳的旋律：

> 胜利的快乐的雷声响了，
>
> 欢呼吧，勇敢的俄国人！

于是劳斯托夫伯爵愤愤地看了那个继续读诗的作家一眼，向巴格拉齐昂鞠了一躬。人人都站起来，觉得饮食比诗更重要啊，于是巴格拉齐昂又在全体人前面领头入席。他被让进上宾的座位，两边的人都叫亚历山大——别克列勾夫和纳黎希金——这是对元首的名字有意的暗示。三百个人按照他们的品级和重要性在餐厅里就了座：就像地方最低的水流得最深一般自然，重要性越大的离上宾越近。

在快要吃饭的时候，伊利亚·劳斯托夫伯爵把他的儿子介绍给巴格拉齐昂，后者认出他来，对他说了几句话，正如他那一天所说的一切话，凌乱而且拙笨。伊利亚伯爵在巴格拉齐昂对他儿子说话的时候得意地骄傲地向周围看。

尼古拉·劳斯托夫同捷尼索夫和他的新交朵罗豪夫几乎坐在餐桌的中部。他们对面，在涅斯菲兹基王爵旁边，坐有彼尔。伊利亚·劳斯托夫伯爵同委员会其他人员坐在巴格拉齐昂对面，代表莫斯科礼贤好客的精神，对那位王爵致敬。

他的努力不曾落空。荤素两种菜都非常好，不过他在吃完以前不能十分安心。他对茶房使眼色，对听差们低声指示，怀着多少不安等待每一样要来的菜。每一样东西都非常好。在上第二道菜大蝶鲛时（一看见那东西，伊利亚·劳斯托夫就被自觉的欢喜涨红了脸），跟班们开始开瓶子，斟香槟杯。在引起相当激动的那道鱼以后，伯爵跟别的委员们交换眼光。"要有许多干杯呢，是开始的时候了。"他低声说道，于是拿着杯子站起来。大家都不出声，等待他要说的话。

"祝我们的元首皇上健康！"他叫道，这时他那仁厚的眼睛被欢喜和热情的眼泪浸湿了。乐队立刻奏起"胜利的快乐的雷声响了……"全体站起来，喊："呜啦！"巴格拉齐昂也站起来，用他在申·格拉本战地上所用的完全相同的声音喊:"呜啦!"小劳斯托夫那陶醉的声音盖过别的三百个人。他几乎哭起来了。"祝我们的元首皇上健康!"他喊道,"呜啦!"一口喝干他的杯子,然后把杯子摔在地板上。有许多人学他的榜样,于是那高亢的喊声继续了很长时间。喊声低下去的时候,跟班们扫除破玻璃,于是人人又都坐下,对他们发出的喧声含笑,也交谈几句。老伯爵又站起来,看了一眼碟子旁边的条子,然后提议:"祝我们上次战役的英雄彼得·伊凡诺维契·巴格拉齐昂王爵健康!"于是他的蓝眼睛又潮湿了。"呜啦!"三百个人的声音又叫道,不过这次歌队代替了乐队,开始唱保罗·伊凡诺维契·库图左夫①作的一首曲体歌:

> 俄国人!破万难而前进!
>
> 勇敢保证了胜利;
>
> 我们不是有巴格拉齐昂?
>
> 他使敌人膝着地……

歌唱一过,就一次又一次地干杯,伊利亚·劳斯托夫伯爵也越来越感动了,杯子摔得更多,喊声也来得更高了。他们分别为别克列勺夫、纳黎希金、乌伐洛夫、朵尔果卢珂夫、阿普拉克辛、伐鲁耶夫干杯,为委员会干杯,为俱乐部全体会员和全体来宾干杯,最后为宴会筹备人伊利亚·劳斯托夫伯爵干杯。在那一次干杯时,伯爵拿出他的小手巾,干脆蒙着脸哭起来了。

---

① 这个库图左夫不是做总司令的那一个,不可相混。——茅德英译本注

第九卷

第一章

从 1811 年年终起,西欧军队开始加强武装和集中,到了 1812 年,这些军队——与运输和供应军队的人员合计起来有几百万人——自西而东,移向俄国边境;从 1811 年起,俄国军队同样移向那里去了。1812 年 6 月 12 日,西欧军队跨过俄国边界,于是战争开始了,这就是说,一个违反人类理性和人类天性的事件发生了。几百万人相互犯了多少世纪内世界所有法庭的记录不能尽载的无数罪行,欺诈、背叛、抢掠、作伪、发行伪币、偷盗、放火、杀人,但是那些犯罪的人当时并不把这些看作罪行。

什么东西造成这一非常的变故呢? 它的原因是什么呢? 历史学家们怀着天真的自信心告诉我们,它的原因是加在奥尔顿堡公爵身上的损害、大陆制度的破坏①、拿破仑的野心、亚历山大的固执、外交家们的错误,等等。

因此,只要梅特涅、卢米炎柴夫或塔雷龙,在一次朝会或晚会中间,费一番苦心,写一个比较巧妙的通牒,或者由拿破仑写信给亚历山大道:"Monsieur, mon frère, je consens à rendre le duché au duc d'Oldenbourg(我的可敬的兄弟,我答应把公爵领土还给奥尔顿堡公

---

① 1806 年,拿破仑发了一道禁止与英国通商、不准英国船进入欧洲一切口岸的命令。他强迫他的同盟国遵守这一对许多国家不利的政策。这政策大大地妨害了商业,也引起很多走私;违反制度的事时常发生,连拿破仑自己也离不开英国货物,时时许可英国货物运入法国。俄国格外觉得这个制度讨厌。拿破仑把俄国的不遵守制度看作违反条约,再加上一些别的原因,拿破仑就在 1812 年进攻俄国了。——茅德英译本注

爵)"——于是就不会有战争了。

我们可以了解,当时的人们认为问题似乎是那样的。拿破仑自然认为,战争是由英国的阴谋引起的(事实上,他在圣海伦娜岛上这样说过)。英国国会议员们自然认为,战争的原因是拿破仑的野心;奥尔顿堡公爵认为,战争的原因是加在他身上的暴行;商人们认为,战争的原因是损害欧洲的大陆制度;将军们和老军人们认为,战争的主要原因是需要给他们职业;当时的正统派认为,那原因是需要重建 les bons principes(好的原则);当时的外交家们认为,一切由于 1809 年俄奥联盟未曾充分瞒过拿破仑,也由于第一七八号备忘录上的拙劣的措辞。当时的人们持这一些和别的不计其数的无穷无尽的(数目由无限不同的观点来定)理由是很自然的;但是我们认为,我们这些观察事物的全面并且了解其显明而可怕的意义的后代人认为,这些原因是不充分的。我们认为,几百万信基督教的人们互相残杀、互相迫害,是由于拿破仑有野心,或由于亚历山大很固执,或由于英国的政策很狡猾,或由于奥尔顿堡公爵受了委屈,这说法是不可理解的。我们捉摸不出。那样的事情与实际的屠杀和暴行的事实有什么关联:何以那个公爵受了委屈,成千上万的欧洲另一边的人就来杀戮和毁灭斯摩棱斯克和莫斯科的人,也被那些地方的人杀掉呢?

我们这些后代人不是历史学家,不迷恋于研究的过程,因而可以用不受蒙蔽的常识来看那事件,我们看见了不计其数的原因。我们寻求这些原因时探索得越深,我们发现的原因就越多。我们觉得,每一个别的原因或整串的原因,就其本身来说,似乎是同等站得住的;就其与事件的总体相比而显得无足轻重来说,就其在发动事件上的无能为力(倘若没有别种同时发生的原因)来说,似乎是同等站不住的。我们认为,这个或那个法国伍长肯不肯服第二期军役,正如拿破仑不肯把他的军队撤过维斯杜拉河①并恢复奥尔顿堡公国,似乎也是一个原因;因为假如他不愿意服军役,

---

① 亚历山大要求拿破仑撤过河去,是他避免战争的最后一次努力,拿破仑的拒绝直接引起 1812 年的冲突。——茅德英译本注

假如第二个、第三个和第一千个伍长和士兵也不肯,拿破仑军队中就会减少很多人,战争也就不能发生了。

假如拿破仑不因为要求他撤过维斯杜拉河而发怒,也不命令他的军队前进,那就不会有战争;但是假如他所有的中士都不肯服第二期军役,也就不会有战争。假如没有英国的阴谋、没有奥尔顿堡公爵,假如亚历山大不觉得丢脸,假如俄国没有一个专制政府,或者法国没有一场革命以及随之而来的专政和帝国,或没有产生法国革命的一切事情,等等,也就不会有一场战争。这些原因中少了一样,什么也不会发生。因此,所有这些原因——不计其数的原因——一致造成这个结果。因此,那事件没有唯一的原因,但是它不得不发生,因为它不得不。几百万人放弃了他们的人类感情和理智,不得不从西方去东方杀他们的同类,正如几世纪前成群成伙的人从东方去西方杀他们的同类一样。

拿破仑和亚历山大(事件好像由他们的话来决定)的行为,与任何由抽签或由征募被牵入战役的兵士的行为一样不由自主。这是不能不这样的,因为要使拿破仑和亚历山大(事件好像由他们来决定)的意志得以实现,无数条件的配合是必要的,缺少其中任何一个,事件就不可能发生。手中握有真正力量的几百万人——从事射击的或运输粮草和枪炮的兵士们——要同意执行这些软弱的个人的意志,要被无数不同的复杂的原因诱去这样做,都是必要的。

我们不得不仍旧用宿命论来作不合理性的事件(就是说,我们不了解其中的理性的事件)的解释。我们越想照理性来解释这一类的历史事件,我们就越觉得这些事件不合理和不可解。

每个人都为他自己活着,用他自己的自由来达到他个人的目的,由他的全部存在感觉到,他这时能从事或避免从事这或那的行动;但是他一旦做了出来,那个在某一时机完成的动作,到时就成为不能挽回的、属于历史的,在历史中具有一种不是自由的而是命定的意义了。

每一个人的生活有两方面,一是他的个体生活,这生活的兴趣越抽象,就越自由;二是他的基本的群体生活,他在这里边不可避免地遵守为他规定下的法则。

人自觉地为自己活着,但是在达到人类历史的普通的目的上,却是一个不自觉的工具。一件做了的事是不可挽回的,而这件事碰巧与千百万别人的行为同时发生,其结果就具有一种历史的意义了。一个人在社会的等级上站得越高,他所联系的人就越多,他控制别人的势力就越大,他每一行动的宿命性和必然性就越明显。

"国王的心握在天主的手里。"

国王是历史的奴隶。

历史,就是说,人类那不自觉的总括的群体生活,把国王的生活的每一刹那用作达到它自己的目的的工具。

虽然拿破仑在那时候,在 1812 年,比往时更相信,verser ou ne pas verser le sang de ses peuples(流或不流他人民的血)——如亚历山大在写给他的最后一封信中所说——由他来决定,他却从来不曾被不可避免的法则抓得这么紧。在他自以为他在按照自己的意志行事的时候,那个不可避免的法则强迫他为群体生活——就是说,为历史——完成任何不得不完成的事。

西方的人们移向东方来杀他们的同类,由于暗合律、成千细微的原因——违反大陆制度的指责、奥尔顿堡公爵的冤枉、军队向普鲁士境内的移动(拿破仑觉得这样做的目的只是为了取得一种武装的和平),法国皇帝与他的人民意向一致的对战争的爱好和习惯,由准备工作的排场而来的诱惑,用在那些准备上的费用,要取得利益以补偿那一笔费用的需要,他在德勒斯登接受的令人陶醉的荣典①,当时人以为是诚意求和却只伤了双方的自尊心的外交谈判,以及成百万成百万适应或符合那正在发生的

---

① 1812 年 5 月,战前不久,拿破仑和他的新盟友奥国皇帝、普鲁士王、撒克逊王等等,在德勒斯登住了一个月,参加一连串堂皇的宴会和庆典,接受各方面的谄谀和敬礼。——茅德英译本注

事件的别种原因——凑合起来,联系起来,就产生了那一运动和战争。

当一只苹果熟后落下来的时候,它为什么落下来呢?因为大地的引力吗,因为它的茎子枯萎了吗,因为它被太阳晒干了吗,因为它长得重起来了吗,因为风摇动了它吗,还是因为站在下面的孩子要吃它呢?

这都不是原因。这一切只是所有重要有机的基本的事件所以发生的条件的偶合。发现苹果落下来是由于细胞组织衰退等原因的植物学家,与站在树下说苹果落下来是由于他要吃它并且祷告它落下来的缘故的孩子,是同样正确的。说拿破仑去莫斯科是由于他愿意那样的缘故,他灭亡是由于亚历山大希望他毁灭的缘故,与说一座重达一百万吨的被挖掘的小山倒下来是由于最后一个挖土工人用他的鹤嘴锄最后凿了它一次的缘故,这两个说话的人是同样正确或同样不正确。在历史事件中,所谓大人物是给事件命名的签条,也正如签条,他们与事件本身只有最细微的关联。

他们的每一行动(他们觉得好像是属于他们自己的意志的),从一种历史的意义来看,是不由自主的,是与历史的全部过程相关联的,是由无始无终注定的。

第八章

跟彼尔在莫斯科见过面以后,安德列王爵去了彼得堡,他对家里人说,是去办事,但是,实际上,是去会他觉得有决斗必要的阿纳托尔·库拉金。到了彼得堡,他打听库拉金,但是后者已经离开那里。彼尔曾经警告他的内兄说,安德列王爵正在追踪他。阿纳托尔·库拉金立刻从陆军部弄到一张委任状,去参加驻在摩尔达维亚的军队了。在彼得堡的时候,安德列王爵见到一向对他有好感的旧长官库图左夫,库图左夫劝他伴随着他去参加驻在摩尔达维亚的军队,那个老将军已经被任命为那支军队的总司令了。于是安德列王爵接到在总司令部供职的任命以后就去了土耳其。

安德列王爵认为,写信给库拉金,向他挑斗,是不妥当的。他认为,假如没有一种新的理由,就向他挑斗,可能连累年轻的劳斯托娃伯爵小姐,因此,他要跟库拉金会面,以便找一个决斗的新借口。但是在土耳其他又见不到库拉金,因为安德列王爵到后不久,后者又回了俄国。在一个新国家,在一个新环境,安德列王爵觉得生活比较容易忍受。在他的未婚妻跟他解除婚约以后——他越想掩藏这件事的影响,他就越痛切地感到它——过去他觉得快活的环境变得使他痛苦了,他过去非常重视的自由和独立变得更加使他痛苦了。他仰卧在奥斯特里齐战场上望天的时候首先发生的那些念头,也就是他后来对彼尔叙述过的那些念头,也就是在包古查洛伏以及后来在瑞士和罗马填补他的寂寞的那些念头,他不但不能去再思索,他甚至害怕去回忆这些念头以及这些念头所启示的光明的无限的眼界。他这时只关心与他过去的兴趣无关的最切近的实际问题,他越热心地注意这些问题,那些过去的兴趣就越与他隔绝了。好像过去一度高高地悬在他上面的那个崇高而无限的天空的华盖突然间变成一个压迫他的、低垂的、固体的拱顶,在那里边,一切是清楚的,不过没有一点永久的或神秘的东西。

在他所想到的各种活动中,军队工作是最简单的,也是最熟悉的。作为库图左夫司令部的值班将军,他怀着热情和毅力办事,他工作的兴致和精确使库图左夫吃惊。既然在土耳其找不到库拉金,安德列王爵并不以为有赶回俄国去追他的必要,不过他依然知道,虽然可能过很久他才遇见库拉金,虽然他看不起他,虽然他有各种理由使自己相信和他冲突是不值得的——但是他知道,他一旦遇见他,他就无法忍住不跟他决斗,比一个贪吃的人忍住不抢食物更困难。奇耻未雪、深仇未报这意识压在他心上,毒害了他那靠了坐卧不安的、辛辛苦苦的、略带虚荣心和野心的活动而在土耳其得到的人为的宁静。

1812 年,跟拿破仑开仗的消息到达布加勒斯特的时候——库图左夫已经在那里住了两个月,日夜和一个瓦拉齐亚女人鬼混——安德列王爵请求库图左夫把他调在西路军。库图左夫已经厌倦了包尔康斯基那种好像责备他自己的懒惰的活动,很痛快地放他走了,给了他一个去托利·巴克雷那里的差事。

在参加当时(5月)驻在德力萨①的西路军以前,安德列王爵探访恰好路过的离斯摩棱斯克大路只有三俄里的童山。在过去三年中间,他的生活中有那么多变化,他思想过、感觉过、看见过那么多(曾经在东西两方旅行),在到达童山的时候,却发现那里的生活方式没有变化,每一细节都保持原状,使他觉得稀奇和出乎意料。他进了带石头柱子的大门,把车子赶上通住宅的林荫路,好像他在进入一所施过魔法的睡宫。那里显示同一古老的庄严,同一清洁,同一寂静,内部有同一家具,同一墙壁、声音和气味,同一怯怯的面孔,不过多少老了一点罢了。玛丽王爵小姐依旧是那样一个怯弱的、难看的、年纪大起来的姑娘,毫无益处、毫无乐趣地在恐惧和经常的痛苦中度过她一生最好的岁月。布里恩小姐还是那样一个卖弄风情的、自满的少女,享受她生存的每一刹那,对将来满怀乐观的希望。她只是变得更有自信心了,安德列王爵认为。德塞尔,他从瑞士带回来的那个教师,穿着一件俄国式的外衣,对仆人们说着生硬的俄国话,但是依旧是那同一精细的、方正的、好卖弄学问的教师。老王爵外表上唯一的改变是掉了一个牙,在他嘴的一边留下一个显然可见的缺口;在性格方面,他像往常一样,不过对世界上发生的事显得更容易激动、更多疑罢了。只有小尼古拉一个有了改变,他已经长大了,变得比较红润了,生着鬈曲的黑头发,在高兴和大笑的时候,完全不自觉地翘起他那好看的小嘴的上嘴唇,正像小王爵夫人常有的样子。只有他一个不遵守那个施了魔法的睡宫的不变规律。但是,虽然外表上一切维持原状,所有这些人的内部关系,自从他上次离开他们以来,已经改变了。那一家人分作两个疏远的、敌对的阵营,为了他的缘故,才改变了他们的习惯,因为他在那里,才聚在一起。老王爵、布里恩小姐和那个营造师属于一个阵营;玛丽王爵小姐、

---

① 　一个坐落在德力萨河流入西杜维纳处的城市。那里建有一个防营,主要地用以防守通彼得堡的大路。——茅德英译本注

小尼古拉以及所有的保姆和使女属于另一个。

在他住在童山的期间，全家人一同吃饭，不过他们都不安心，安德列王爵觉得，他是一个客人，为了他的缘故才破了例，他的在场使他们大家都觉得不舒服。第一天吃饭时他不知不觉地感到这一点，他不出声了，老王爵也看出这一点，也闷闷地不出声，饭后立刻回到他的住处。在晚间，安德列王爵去看他，为了鼓舞他，开始对他谈小加敏斯基伯爵的出征，老王爵出乎意料地谈起玛丽王爵小姐来，责备她的迷信和她对布里恩小姐的憎恶，他说，布里恩小姐是唯一真正属于他的人。

老王爵说，假如他有病，那完全由于玛丽王爵小姐：她故意使他发愁，使他生气，她用溺爱和蠢话惯坏了小尼古拉王爵。老王爵清楚地知道，他折磨他的女儿，她的生活很苦，但是他也知道，他不能不折磨她，她分所应得。"安德列王爵知道这一点，为什么不对我谈一谈他妹妹的事呢？他以为我是一个坏人，或是一个老糊涂，毫无理由地就疏远他的女儿、而接近这个法国女人吗？他不懂，因此我应当解释，他也应当听完我的话。"老王爵想道。于是他开始解释，他为什么不能容忍他女儿的不合理的性格。

"假如您问我，"安德列王爵低着头说道（他生平第一次非难他父亲），"我过去不愿意谈这个，不过因为您问我，我就把我的意见坦白地告诉您。假如您跟玛丽中间有任何误会和不和，我一点也不能为了这个责备她。我知道她多么爱您和尊敬您。因为您问到我，"安德列王爵继续说道，变得激动起来——他近来时常容易这样——"我只能说，假如有任何误解，都是由于那个没有价值的女人引起的，她不配做我妹妹的陪伴。"

老头子一开始目不转睛地看他儿子，一个不自然的笑容露出他牙齿中间那个安德列王爵看不惯的新豁口。

"什么陪伴，我的亲爱的孩子？呃？你们已经谈过了！呃？"

"父亲，我不愿意下判断，"安德列王爵用一种强硬的怨恨的腔调说道，"不过您挑动我，我说过了，永远也要说，玛丽是无可责备的，应当受责备的那一些——应当受责备的那一个——是那个法国女人！"

"啊，他已经下了判断……下了判断！"老头子低声说道，安德列王爵觉得,他的话带着一点不安的意味,但是,随后他突然跳起来,大叫道:"滚出去! 滚出去! 不要有你一点痕迹留在这里! ……"

安德列王爵想立刻离开,但是玛丽王爵小姐劝他再住一天。那一天他没有见他父亲,他父亲不曾离开卧室,除了布里恩小姐和季杭以外,不准任何人进去,不过问了好几次他儿子走了没有。第二天,起程以前,安德列王爵去他儿子的住处。那个像母亲一样长着鬈头发的、满面红光的孩子坐在他的膝盖上,安德列王爵开始给他讲蓝胡子的故事①,但是未说完那个故事就陷入梦想中。他想的不是这个好看的孩子,他抱在膝盖上的儿子,却是他自己。他在反省是否因为惹恼了他父亲而后悔,是否因为生平第一次同他闹着别扭离开家庭而难过,使他吃惊的是,两样都没有。他觉得更可注意的是,他想从内心发现他先前对他儿子怀有的热情,也就是他希望用爱抚那个孩子并把他抱在膝盖上来唤醒的热情,但是他不曾发现。

"喂,说下去呀!"他儿子说道。

安德列王爵一声不响,把他从膝盖上放下来,走出室外去。

一旦安德列王爵丢下他的日常工作,特别是在他回到他过去觉得快活的旧生活环境中的时候,厌倦人生的心情就像先前那样强烈地征服了他,于是他赶快避而不想这些回忆,尽可能快地找点事做。

"看来你决定要走了,安德列?"他妹妹问道。

"谢谢上帝,我能够走。"安德列王爵回答,"我非常惋惜你不能够走。"

"你为什么那样说呢?"玛丽王爵小姐回答道,"你为什么那样说呢,在你要去参加这场可怕的战争、而他又这么老了的时候? 布里恩小姐说,他曾问起你呢……"

她一开始那样说,她的嘴唇就颤抖了,她的眼泪开始往下落。安德列王爵转过身子去,开始在室内踱来踱去。

---

① 法国故事,舍法雷·拉乌尔,别号蓝胡子,娶过七个老婆,杀掉其中的六个。因此,蓝胡子成为残酷的丈夫的别号。——译者注

"啊,我的上帝!我的上帝!当我们想起谁和什么东西——什么没有价值的东西——能给人们招来不幸的时候!"他怀着使玛丽王爵小姐吃惊的怨毒说道。

她了解,在他说"没有价值的东西"的时候,他指的不仅是布里恩小姐,她的不幸的原因,也是那个毁掉他自己的幸福的人。

"安德列!我求你一件事,我恳求你!"她一面说,一面摸他的臂肘,用泪汪汪的闪光的眼睛看他。"我了解你。"(她向下看)"不要画像悲哀是人造成的。人是上帝的工具。"她用人们看挂着熟悉的画像的地方那种自信的、惯有的眼光看安德列王爵头顶上稍高一点的地方。"悲哀是上帝给的,不是人给的。人是上帝的工具,他们没有责任。假如你以为什么人冤枉了你,忘记了吧,宽恕了吧!我们没有惩罚的权利呀。那时你就会知道宽恕的幸福了。"

"假如我是一个女人,我一定那样做,玛丽。那是一种女人的德性。但是一个男人不应当、也不能宽恕和忘记。"他回答道;虽然直到那时他才想到库拉金,但是他所有未发泄的怒气突然在他心中膨胀起来。

"假如玛丽已经在劝我宽恕,那就是说,我早就应当惩罚了他。"他想道。于是不给她进一步的回答,他开始想他遇见库拉金的时候那可喜的报仇雪恨的一刹那,他知道库拉金这时在军队里。

玛丽王爵小姐求他再多住一天,她说,假如安德列不跟他父亲和好就离开,她知道她父亲会多么不快活,但是安德列王爵回答说,他大概不久又可以从军队中回来,一定会给他父亲写信,但是这时他住得越久,他们的分歧就变得越痛苦。

"Adieu Andre! Rappelez vous que les malheurs viennent de Dieu, et que les hornrues ne sont jamais coupables(再见,安德列!记住不幸是从上帝那里来的,人绝对不能负责)。"这是他向他妹妹告别的时候听见她说的最后几句话。

"那么必须这样了!"安德列王爵从童山住宅坐车驰出林荫路的时候想道。"她,这个可怜的无辜的人,只好做一个老糊涂了的老头子的牺牲品了。老头子觉得他于心有愧,但是不能改变他自己。我的孩子正在长大,享受人生,在生活中,像别人一样,他会骗人或受骗。我要去参军了。为什么呢？我自己不知道。我要去会那个我看不起的人,以便给他一个机会杀掉我,嘲笑我！"

这些生活状态跟先前一样,不过过去它们都连在一起,这时它们都跌碎了。只有不连贯的、毫无意义的事物一个跟一个地在安德列王爵的头脑里出现。

第十卷

第一章

拿破仑对俄国开了仗,因为他不能不去德勒斯登,不能不因为他所受到的恭维而得意忘形,不能不穿上一身波兰制服而屈服于一个 6 月的早晨的刺激作用,也不能不在库拉金面前以及后来在巴拉谢夫面前发作怒气。

亚历山大拒绝了谈判,因为他觉得他个人受了侮辱。托利·巴克雷尽力用最好的方法指挥军队,因为他愿意尽他的责任,并且博得一个伟大司令官的名声。劳斯托夫突击法国人,因为他抑制不住飞跑过一片平原的愿望;照样,无数参加战争的人们都本着他们各自的性格、习惯、环境和目的来活动。他们被恐惧心或虚荣心所支配,他们欢喜或愤慨,他们都以为他们知道他们做的是什么,并且由着他们的自由意志来做,但是他们都是历史的不自觉的工具,进行一种他们不明白而我们却了解的工作。这就是实行家们不可避免的命运,他们在社会等级中站得越高,他们就越不自由。

1812 年的演员们早已离开那个舞台,他们的个人兴趣已经不留痕迹地消失了,那个时代,除了它的结果以外,什么都不存在了。

不过,一旦我们承认,拿破仑领导下的欧洲人不得不侵入俄国腹地,在那里灭亡,于是一切参加这场战争的人们的自相矛盾的、没有意义的、残酷的行动就成为我们可以理解的了。

天命强迫所有这些人,力求达到个人的目的,助成一种他们中间根本没有一个人——既不是拿破仑,也不是亚历山大,更不是从事实际战斗的人们中的任何一个——预料得到的重大的后果。

法国军队在1812年毁灭的原因,现在我们是明白了。没有人会否认那原因是:一方面,它在那一季很晚的时候不做任何冬征的准备就深入俄国的腹地;另一方面,那场战争因焚烧俄国城市及其在俄国人民中间引起的对敌人的仇恨而有的性质。但是当时没有一个人预先看出(现在似乎非常明显了),只有这样,才会使一支八十万人的军队——世界上最好的,而且是由最好的将军指挥的——在对像俄国军队那样一支数量有它一半那么多,而又由没有经验的司令官们指挥的不熟练的军队的战斗中被消灭。不仅没有人看出这一点,而且,在俄国一方面,却用尽一切力量来阻碍唯一可以挽救俄国的事;在法国一方面呢,虽然有拿破仑的经验和所谓军事天才,却用尽一切力量在夏季末尾推向莫斯科,就是说,做一切必然导向毁灭的事。

在叙述1812年的历史著作中,法国作家们非常喜欢说,拿破仑感到拉长战线的危险,他寻求决战,他的元帅们也劝他停在斯摩棱斯克,又喜欢作类似的叙述,以表明那时就了解那次战役的危险。俄国著作家们更加喜欢对我们说,从战争开始起,就采取了引诱拿破仑深入俄国腹地的西提亚战争计划,其中一些人把这计划归于普菲尔,另一些人归于某一法国人,另一些人归于托尔,又有一些人归于亚历山大本人——指出了含有这一战斗路线的暗示的笔记、方案和书信。但是所有这些对发生过的事的暗示,来自法国方面的也好,来自俄国方面的也好,所以被提了出来,不过因为它们与那事件贴切罢了。假如那事件不曾发生,这些暗示一定被人忘记了,正如我们已经忘记千千万万当时流行的相反的暗示和期望。我们所以忘记它们,因为事实驳倒了它们。任何事件发生,总有很多推测,不问结局如何,总会有人说:"我当时就说过,它会这样的。"完全忘记,在他们那些推测中间,有许多是站在完全相反的方面的。

说拿破仑知道拉长战线的危险,以及(在俄国方面)说诱敌深入俄国,这些推测显然都是属于那一类的,历史学家们必得加以很大的牵强附会,才能把那种想法归于拿破仑和他的元帅们,或把那种计划归于俄国司令官们。所有的事实都与那些推测截然相反。在全部战争期间,俄国方面不仅没有把法国人诱入腹地的愿望,却从他们初入俄国起,就用尽方法阻止他们。拿破仑不仅不怕拉长他的战线,却把向前推进的每一步当作一种胜利来欢迎,也不像历次战役中那样急于求战,而是非常懒于作战的。

在战争刚开始的时候,我们的几支军队被切断了,我们唯一的目的是使它们接合起来。假如我们有意撤退,把敌人诱入腹地,那么接合军队就没有好处了。我们皇帝亲临军队,鼓励它保卫俄国每一寸土地,不要后退。庞大的德力萨营地是按照普菲尔的计划建成的,并没有再向后退的意思。皇帝为了总司令们的每一步后退斥责他们。连让敌人到斯摩棱斯克这念头他也不能忍受,他更不能设想烧掉莫斯科了。在我们的军队得到会合的时候,没有在斯摩棱斯克城下打一大仗,就把那地方放弃并烧毁,使他很不高兴。

皇帝是这样想,至于俄国的司令官们和人民呢,想到我们的部队正在退入国家的心脏地区,就更加气恼。

拿破仑切断我们的几支军队后,向前深入内地,错过了好几个强迫作战的机会。8 月里,他来到斯摩棱斯克,一心想怎样进得远,虽然我们现在知道,前进对他显然是招致毁灭的。

事实清楚地表明,拿破仑并未预见到向莫斯科推进的危险,亚历山大和俄国司令官们当时也未想到诱拿破仑深入,却完全相反。把拿破仑诱入腹地,不是任何计划的结果,因为没有人相信那是可能的;那是由参加战争的那些人中间的阴谋、目的和愿望的最复杂的交互作用造成的,那些人对任何不可避免的事或拯救俄国的唯一办法都一无所知。一切遭遇都是偶然的。几支军队在战役开始时被切断了。我们努力使它们会合起来,显然是要打敌人,阻止敌人前进。由于这种集结军队的努力,同时避免与一个强大得多的敌人作战,也不得不成锐角地撤退军队——我们把法国人引到斯摩棱斯克。但是我们成锐角地撤退,并不完全因为法国人在我们两支军队中间前进;那个角变得更锐了,我们也就退得更远了,因为托利·巴克雷是巴格拉齐昂(他要由前者指挥)所不喜欢的一个不得人心的外国人,巴格拉齐昂——正在指挥第二军——尽可能拖延会师和归巴克雷指挥。虽然会师是各司令部的人们的主要目的,巴格拉齐昂却迟迟不前,因为,如他所说,照这样行军要使他的军队感受危险,他最好更向左向南撤退,从侧方和后方来骚扰敌人,并从乌克兰为他的军队取得补充;看起来好像他定下这个计划,免得归那个讨厌的外国人巴克雷节制,巴克雷的品级比他自己的低。

皇帝留在军队里,原是要鼓励士气,但是他的在场和对应取的步骤的无知,再加上许许多多的顾问和计划,破坏了第一军的战斗力,于是它退却了。

本来打算在德力萨营地狙击敌人,但是保路奇一心要做总司令,出乎意料地用他的力量影响亚历山大,于是普菲尔的全部计划都被放弃了,指挥权交给了巴克雷。但是因为巴克雷不孚众望,他的权力是很有限的。几支军队被切断了没有统一的指挥,巴克雷又不得人心;但是由于这种混乱、隔离和外国总司令的不得人心,一方面引起了犹疑不决和避免打仗(假如军队会合起来,并且有另一个人代替巴克雷来指挥,我们就不能不打),另一方面引起了不断增加的对外国人的愤恨和爱国热情的增长。

皇帝终于离开了军队,作为他离开的最适当的也实在是唯一的借口,一致决定,他有必要去鼓舞两都的人民,唤起全国从事爱国战争。由于皇帝这一次临幸莫斯科,俄国军队的力量增加了两倍。

他离开的目的原是为了不妨碍总司令对军队的统一指挥,希望从此可以采取更有决定性的行动,但是那几支军队的指挥变得更混乱更无力了。本宁森、皇太子,还有一大群高级侍从武官,留在军队中监视总司令,鼓舞他的精神，于是巴克雷觉得，在所有这些"皇帝的眼睛"的监视下，比过去更不自由了，因而对从事任何决定性的行动变得更加审慎，从而避免作战了。

巴克雷主张慎重。皇太子讽刺他变节，并且要求总攻击。鲁保米尔斯基、布朗尼兹基、乌罗奇以及那一群中别的人们，惹起那么多麻烦，使得巴克雷借口送公文给皇帝，把这些波兰武官派去彼得堡，然后投入一场对本宁森和皇太子的公开斗争中。

那几支军队终于在斯摩棱斯克会合了，虽然巴格拉齐昂很不喜欢那样。

巴格拉齐昂坐着一辆马车来到巴克雷占有的住宅前。巴克雷佩上他的绶带，走出来迎接，向他的上级军官巴格拉齐昂报告。

虽然他的品级高，为要表示气量大，巴格拉齐昂却听命于巴克雷，但是虽然服从下来，却比以往更少同他意见一致了。依照皇帝的命令，巴格拉齐昂直接向皇帝报告。他写给皇帝的心腹阿拉克齐耶夫道：

> 我的元首喜欢这样，就得这样，不过我不能同那位大臣（指巴克雷）合作。看在上帝的面上，把我派去一个别的什么地方吧，就是指挥一个联队也可以。我在这里无法忍受。司令部里的日耳曼人是那么多，一个俄国人不能立足，一切都没有道理。我原先以为我实实在在地在为我的元首和祖国服务，但是结果却变成我是在为巴克雷服务。我承认我不愿意这样。

那一群布朗尼兹基们和温曾格洛德们和他们一类的人们，使得总司令们中间的关系更坏了，更加不团结了。在斯摩棱斯克前边打法国人的准备已经做好。一个将军被派去视察阵地了。这个憎恨巴克雷的将军，骑着马去拜访他自己的一个朋友，一个兵团长，同他消磨过那一天，然后回到巴克雷那里，对他不曾见过的战地作了判断，说是从任何观点来看都是不适当的。

关于将来战地的争论和阴谋正在进行的时候，我们正在寻找已经失去接触的法国人的时候,法国人却撞上了涅维洛夫斯基那一师,而且来到斯摩棱斯克城下了。

为要拯救我们的交通线,必须在斯摩棱斯克打一场意外的仗了。仗是打了,双方都有几千人被杀掉。

违反了皇帝和全体人民的心愿,斯摩棱斯克被放弃了。但是斯摩棱斯克被在那个总督的错误领导下的本市的居民烧掉了。于是这些受难的居民,一心想念着他们自己的损失,燃烧着对敌人的仇恨,去了莫斯科,给别的俄国人立下了一个榜样。拿破仑再向前进,我们又撤退了,于是造成了使他毁灭的那一后果。

第十三卷

第十五章

10月初,另一个信使带着拿破仑一封谋和的信来见库图左夫。拿破仑在那封信上假填从莫斯科发出的日期,事实上他已经在离库图左夫不远的卡芦加大路上了。库图左夫照他回答先前劳里斯顿带来的那一封信的样子回答了这一封信,说是不能有什么讲和的问题。

那以后不久,在塔鲁提诺左方活动的朵罗豪夫的游击分队报告说,布鲁塞尔师的部队已经在伏尔闵斯克出现,因为与法国军队别的部分隔离开来,可以很容易地加以消灭。兵士们和军官们又要求行动了。参谋部的将军们,受到塔鲁提诺那容易得来的胜利的回忆和鼓励,怂恿库图左夫执行朵罗豪夫的建议。库图左夫并不以为任何攻势是必要的。结果是一种无法避免的妥协:派一个小分队去伏尔闵斯克袭击布鲁塞尔师。

由于一种奇怪的巧合,这一项任务(后来才知道,这是一项最困难最重要的任务)交给了朵赫图洛夫——就是那同一谦虚的小朵赫图洛夫,没有人对我们描写他起草战斗计划,在联队前方跑来跑去,把十字勋章洒在炮台上,等等,大家都以为,也谈论,他优柔寡断和感觉迟钝——但是我们发现,从奥斯特里齐到 1813 年,全部俄法战争期间,凡是最艰苦的阵地,都由他来指挥。在奥斯特里齐,在大家都在逃跑和灭亡、没有一个将军留在后卫的时候,他在奥格斯德水闸留到最后,激励那些联队,挽救可以挽救的东西。他带着热病率领两万人去斯摩棱斯克,保卫那个城市,抵抗拿破仑的全部军队。在斯摩棱斯克,在马拉豪夫门前,他刚在热病的发作中瞌睡下去,就被攻城的炮火惊醒了——于是把斯摩棱斯克守了一整天。在波罗狄诺战役中,巴格拉齐昂阵亡了,我们左翼十分之九的人倒下去了,法国的炮队用全力朝着它射击,这时派去那里的人就是这同一优柔寡断、感觉迟钝的朵赫图洛夫——库图左夫赶快改正了他所犯的先派别的什么人去那里的错误。于是安静的小朵赫图洛夫骑着马去那里,于是波罗狄诺成为俄国军队最大的光荣。许多英雄在诗歌和散文里受到描写,但是,关于朵赫图洛夫,几乎不曾说过一个字。

又是朵赫图洛夫,他们把他派去伏尔冈斯克,然后从那里去马罗-亚洛斯拉菲兹,去那跟法国人打最后一仗、法国军队开始显着崩溃的地方;有人把战役的那一阶段的许多天才和英雄告诉我们,但是,关于朵赫图洛夫,什么都没有说,或只说了很少的一点,而且说得含含糊糊。而关于朵赫图洛夫的这种沉默正是他的功劳的最明白的证据。

一个不懂一种机器的活动的人,把一片偶然掉在里边的、妨碍它的动作的、在里边颠来倒去的刨花,想象作它最重要的部分,乃是很自然的。那个不懂机器的构造的人,无法想象机器最重要的部分之一,是那个无声地转动的小小的联结齿轮,而不是那一片一味损害和妨碍机器的活动的刨花呢。

10 月 10 日,朵赫图洛夫走了去伏尔冈斯克的一半路,停在阿里斯托渥的村子,诚心诚意地准备执行他所接到的命令——这时全部法国军队,在它那痉挛性的动作中,显然为了进行战斗起见,已经到达缪拉的阵地,但是突然间毫无理由地向左转上新卡芦加大路,开始进入到那时为止只有布鲁塞尔到过的伏尔闵斯克。那时朵赫图洛夫所指挥的,除了朵罗豪夫的分队,还有菲格涅尔和谢斯拉芬的两个小游击分队。

10 月 11 日晚间,谢斯拉芬带着他俘虏过来的一个法国卫兵来到阿里斯托渥司令部。那个俘虏说,那一天进入伏尔闵斯克的部队是全部军队的前卫,拿破仑在那里,全部军队四天以前已经离开了莫斯科。那同一晚间,一个从保洛夫斯克来的家奴说,他见过一支庞大的军队进城。朵赫图洛夫的分队的一些哥萨克报告说,他们已经看见法国近卫军沿大路向保洛夫斯克行进。从这所有的报告来看,显然他们原期望遇见一个师的地方,这时却发现朝着一种出乎意外的方向、沿着卡芦加大路、从莫斯科来的全部法国军队。朵赫图洛夫不愿意采取任何行动,因为他不明白他这时应当做什么。他奉命袭击伏尔闵斯克,但是,当时只有布鲁塞尔在那里,而现时全部法国军队在那里了。叶尔摩罗夫想凭着他自己的判断来行动,但是朵赫图洛夫坚持他必须得到库图左夫的指示。于是决定送给总司令部一封急信。

为了这一件事,一个能干的军官包尔豪菲提诺夫被选中了,除了递送一个书面报告外,他还要口头说明全部情况。将近半夜的时候,接到那封急信和口头指示的包尔豪菲提诺夫,带着一个哥萨克和几匹替换马,飞驰向总司令部去了。

第十六章

那是一个温暖而黑暗的秋季夜间。已经下了四天雨。换过两次马,在一个半钟头内,在一条黏糊糊的泥路上,飞跑了二十英里路,包尔豪菲提诺夫在夜间一点钟后到达列塔勺夫加。在一所小屋前下了马(那里篱笆上悬着一块"总司令部"的招牌),抛下了缰绳,他走进一条黑暗的过道。

"值班将军,快! 非常重要!"他对一个已经起来、正在暗黑的过道里用鼻子吸气的什么人说道。

"他从晚上起就很不舒服,这是他未睡过的第三夜了。"那个传令兵低声恳求地说道,"您应当先叫醒上尉。"

"不过这是非常重要的,从朵赫图洛夫将军那里来的。"包尔豪菲提诺夫说着进入他在黑暗中摸到的敞开的门口。

那个传令兵已经在他前头进去了,开始叫醒什么人。

"大人,大人!一个送信的。"

"什么?什么事?从什么人那里来的?"传出一种睡昏昏的声音。

"从朵赫图洛夫那里来的,从阿列克西·彼特洛维契那里来的。拿破仑在伏尔冈斯克。"包尔豪菲提诺夫说道,在黑暗中看不出说话的是谁,但是,从声音上猜出,那不是康诺夫尼金。

被叫醒的那个人打了一个哈欠,伸了伸懒腰。

"我不想叫醒他。"他摸索着什么东西说道,"他病得很重。或许这不过是谣言。"

"公文在这里。"包尔豪菲提诺夫说道,"我奉到的命令是立刻把它交给值班将军。"

"等一会儿,我要点上一支蜡烛。你这该死的坏蛋,你总把它藏在什么地方?"伸懒腰的那个人的声音对传令兵说道(这是斯切尔比宁,康诺夫尼金的传令官)。"我找到了,我找到了!"他接着说道。

那个传令兵打了一个火①,斯切尔比宁在摸索烛台上一种东西。

"噢,腌臜东西!"他恶心地说道。

借着火花的光,包尔豪菲提诺夫看见拿蜡烛的斯切尔比宁那年轻的脸,另一个人的脸还在睡着。这是康诺夫尼金。

被火绒点着的硫黄木片的火焰亮起来,先蓝后红,这时斯切尔比宁点上那支牛油蜡(方才在咬蜡烛的一些蟑螂从烛台上逃开去),看了看那个信差。包尔豪菲提诺夫溅得浑身是泥,用袖子擦脸时把脸也弄脏了。

"谁供给的报告?"斯切尔比宁拿起信封问道。

---

① 当时没有现代的火柴,取火的方法是用火镰、火石来打火,中国过去也用这种方法取火。——译者注

"消息是可靠的。"包尔豪菲提诺夫说道,"俘虏们、哥萨克们、侦察兵们,众口一词。"

"没有别的办法了,我们只好叫醒他了。"斯切尔比宁说着站起来,走向那个盖着一件大衣躺着的戴睡帽的人。"彼得·彼特洛维契!"他说道(康诺夫尼金一动未动)。"去总司令部!"他含笑说道,知道那几个字一定叫醒他。

果然,那个戴睡帽的头立刻抬起来了。在康诺夫尼金双颊烧得通红的俊秀的坚决的脸上,暂时还留着一种脱离现状的遥远的做梦一般的神情,不过随后他突然跳起来,他脸上露出平素的镇静和坚定的样子。

"哦,什么事? 从什么人那里来的?"他立刻但并不匆忙地问道,一面对灯光眨眼。

在听那个军官报告的时候,康诺夫尼金拆开封印,读那件公文。他一读完就把他那穿着羊毛袜子的两条腿伸到泥地上来,开始穿靴子。随后他摘掉睡帽,梳了梳两鬓的头发,戴上了帽子。

"你到得快吗? 我们去见他阁下吧。"

康诺夫尼金立刻了解,带来的消息具有很大的重要性,不应当错过一点时间。他并不考虑或问他自己那消息是好还是坏。他不关心那个。他用来考虑全部战事的不是他的智力或理性,而是另外一种东西。他内心有一种深藏未露的信念:一切会变好,但是我们不应当信赖这个,更不应当加以谈论,只应当注意我们自己的工作。于是他做他的工作,把他的全部力量放在任务上。

彼得·彼特洛维契·康诺夫尼金,像朵赫图洛夫一样,似乎仅仅为了礼节上的缘故,才被列入所谓 1812 年的英雄们——巴克雷们、拉伊夫斯基们、叶尔摩罗夫们以及米罗拉道维契们的名单。像朵赫图洛夫一样,他以能力弱、见闻狭隘著称,也像朵赫图洛夫一样,他从来不订作战计划,但是总在形势最困难的场合出现。自从他被派作值班将军以来,他经常敞着门睡觉,发出每一个信差都可以叫醒他的命令。在战斗中,他经常在炮火下,使得库图左夫为这个训诫他,也怕派他去前线。像朵赫图洛夫一样,他是那些不声不响、构成机器最重要的部分的不受人注意的齿轮中的一个。

康诺夫尼金走出小屋,进入潮湿的黑夜中,皱起了眉头——部分由于头痛加重,一部分由于他想起了下面不愉快的念头:参谋部里有势力的人们的那个巢就要全部被这个消息搅动了,特别是从塔鲁提诺以来与库图左夫势不两立的本宁森,他们就要提出意见,发生争吵,发出命令,撤销命令了。这预兆他觉得是不愉快的,虽然他知道那是无法避免的。

而事实上,托尔(康诺夫尼金去向他传递那个消息)立刻对同住的一个将军开始详谈他的计划了,直到听得不耐烦的康诺夫尼金提醒他说,他们应当去见他阁下,然后才告一段落。

第十七章

库图左夫像所有老年人一样,夜间睡得不多。他时常在白天出乎意外地睡着了,但是,在夜间,他不脱衣服躺在床上,大致是醒着想事情。

他这时照样躺在床上,用他的胖手支着他那又大、又重、带疤的头,睁着他那一只眼,一面深思,一面向黑暗中张望。

既然同皇帝书信往来、比参谋部任何别人具有更大势力的本宁森开始躲避他,库图左夫对于他自己和他的部队被迫采取攻势活动的可能性就比较放心了。库图左夫痛苦地记在心里的塔鲁提诺战役及其前一天的教训,据他想,一定也在别人身上发生了一些效力。

"他们应当懂得,我们采取攻势,只能失败。忍耐和时间是我的勇士和英雄。"库图左夫想道。他知道,苹果青的时候不应当摘下来。熟了的时候,它自己会掉的,但是,假如在未熟的时候摘,苹果糟蹋了,树受了伤,你也倒了牙。好像一个老练的猎人,他知道那头兽受了伤,受了只有全部俄国的力量才能加给它的伤,但是它伤得是否致命,依旧是一个未定的问题。这时根据劳里斯顿和巴尔提列米被派来这事实,根据游击队的报告,库图左夫差不多断定那伤处是致命的。但是他需要进一步的证据,等待是必要的。

"他们要跑去看他们把它伤得怎样。等一下,我们就知道了! 不断地运动,不断地前进!"他想道,"为了什么呢? 不过为了显扬他们自己! 好像打仗是好玩的事。他们都像小孩子,关于发生过的事,我们不能从他们那里得到任何切实的报告,因为他们都要炫示他们打得多么好。不过这在现时是不必要的了。"

"他们都对我提出多么巧妙的策略哟! 他们觉得,他们想到二三偶然事件的时候(他记起由彼得堡送给他的总计划),他们已经预见一切了。但是偶然事件是无穷无尽的呀。"

波罗狄诺所给予的创伤是否致命这一未定的问题,已经有整整一个月悬在库图左夫的头上。一方面法国人占领了莫斯科。另一方面库图左夫实实在在地觉得,他和全体俄国人用上全力的那可怕的一击,一定是致命的。不过,无论如何,证据是需要的;他已经有一个月等待那些证据,他等待得越久,他就越不耐烦起来。在那些失眠的夜间,躺在床上,他做了刚好是他因此责备那些比较年轻的将军的事。正如那些年轻人,他想象各种可能的偶然事件,不过,不同的地方是,他所见到的不是两三个而是成千的偶然事件,也并不以它们作任何事的根据。他想得越久,偶然事件出现得越多。他想象拿破仑的军队各种全部的或部分的动作——进攻彼得堡,或进攻他,或包围他。他也想到这种可能性(这是他最怕的一种):拿破仑可能用他自己的武器来打他,留在莫斯科等待他。库图左夫甚至想象,拿破仑的军队可能经过米金和伊乌赫诺夫①向后转,但是,他不能预见的那一件事正是实际发生的事——拿破仑的军队在退出莫斯科后开头十一天内那疯狂的突发的溃散:使库图左夫连想也不敢想的事——法国人的完全消灭——成为可能的一种溃散。朵罗豪夫关于布鲁塞尔师的报告,游击队关于拿破仑的军队内部的困苦的报告,准备退出莫斯科的谣

---

① 这两个地方在卡芦加西北,在茂日阿伊斯克-斯摩棱斯克大路南的一条路上,后来拿破仑沿茂日阿伊斯克-斯摩棱斯克大路向西退却。——茅德英译本注

言——这一切都证实法国军队被打败并且准备逃走的那一假定。不过这些只是假定而已,觉得它们重要的,是那些比较年轻的人,但不是库图左夫。以他六十年的经验,他知道怎样估定谣言的价值,知道希望什么事的人们怎样容易把所有消息组织成可以证实他们所希望的事的样子,他也知道,在那种情形下,他们多么容易略去一切支持相反的可能性的事。于是他越那样希望,他就越不许他自己那样相信。这问题占去他的全部心力。他觉得一切别的不过是人生的常轨罢了。他和参谋人员的谈话,他从塔鲁提诺写给得·斯塔尼尔夫人的那些信①,看小说,发奖品,他和彼得堡的通信,等等,都属于那种常轨。但是,只有他一个人预见到的法国人的毁灭,乃是他心中唯一的愿望。

10 月 11 日夜间,他靠着胳臂躺在那里,想那个问题。

隔壁房间有一种响动,随后他听见托尔、康诺夫尼金和包尔豪菲提诺夫的脚步声。

"呃,谁在那里? 进来,进来! 什么消息?"那个陆军元帅对他们喊道。

一个跟班点一支蜡烛的时候,托尔就报告了消息的内容。

"谁带来的?"库图左夫问道,他的神气的严厉,在蜡烛点上的时候,使托尔吃了一惊。

"这是不能有怀疑的余地的,阁下。"

"叫他进来,叫他来这里。"

库图左夫坐起来,一条腿从床上奔拉着,大肚子放在折在身子下面的另一条腿上。他眯起他那一只看得见的眼睛,更仔细地审查那个信差,好像希望从他脸上看出盘踞着他自己的头脑的东西。

"告诉我,告诉我,朋友。"他用他那低微的年老的声音对包尔豪菲提诺夫说道,一面拢起胸前敞开的衬衫,"来近一点,近一点。你带给我什么

---

① 她是拿破仑的死敌,拿破仑却百折不挠地追求她。1812 年她在彼得堡,受到亚历山大一世的欢迎。库图左夫被任命为总司令的时候,她首先向他热烈致贺,预言他一定胜利。——茅德英译本注

消息呀？呃？拿破仑已经离开莫斯科？靠得住吗？呃？"

包尔豪菲提诺夫把他奉命报告的一切从头细说了一遍。

"说快一点，快一点！不要折磨我！"库图左夫插嘴道。

包尔豪菲提诺夫把什么都告诉了他，然后默不作声，等候指示。托尔正开始说什么，但是库图左夫拦住他，他想说一点什么，但是他的脸突然缩起来，皱起来；他对托尔挥了一下胳臂，然后转向室对面，转向被挂在那里的神像遮暗的角落。

"主噢，我的创造者，您已经答应了我们的祷告……"他合着手用颤抖的声音说道。"俄国得救了。我感谢您，主噢！"于是他哭了。

第十八章

从他接到这个消息的时候到战役结束，库图左夫全部活动的方向是，靠了威权，靠了诡计，靠了恳求，约束他的部队，避免无益的袭击、运动或与灭亡中的敌人冲突。朵赫图洛夫去了马罗-亚洛斯拉菲兹，但是库图左夫和他的主力逡巡不前，并且发出撤离卡芦加的命令——他觉得退过那个城市是十分可能的。

库图左夫处处退却，但是敌人不等待他退却，就朝相反的方向逃走了。

拿破仑的历史学家们对我们描写他在塔鲁提诺和马罗-亚洛斯拉菲兹的巧妙的运动，并且对假如拿破仑来得及突入富饶的南方各省会得到什么结果这问题作了一些推测。

但是，且不说没有什么阻止他进入南方各省那事实(因为俄国军队并未拦住他的路)，那些历史学家忘记了，没有什么东西可以挽救他的军队，因为当时它内部已经染上了必定灭亡的病菌。那个军队——在莫斯科发现了丰富的给养，不加以保存，却加以践踏，来到斯摩棱斯克的时候，不贮存粮草，而去从事抢劫——那个军队怎能在卡芦加省恢复元气呢(那地方也住着那种住在莫斯科的俄国人，那地方的火也具有烧掉那些着了火的东西的毁灭性啊）。

那一支军队在什么地方也不能恢复元气了。自从波罗狄诺战斗和抢劫莫斯科的时候起，它内部宛然带有化学的分解元素了。

一度构成一支军队的成员们——拿破仑自己和他的全体兵士——不顾去向地逃走，大家都一心想尽可能快地逃出这个地方，他们或多或少地都模糊地觉出这是个绝境了。

于是在马罗-亚洛斯拉菲兹的会议上发生了这样的事：将军们假装着共同商量发表各种意见的时候，所有的嘴都被头脑简单的军人莫顿①所发表的意见堵住了。最后一个说话的他，把他们大家感到的东西说出来了。他说，唯一必要的事是尽可能快地走掉。于是没有一个人，连拿破仑也在内，能说出一句反对他们全体公认的那一真理的话来。

但是，虽然他们都知道走掉是必要的，依旧不好意思承认他们必须逃走。需要有一种外界的震动来克服那种害羞的感情，于是这种震动在适当的时候来了。这就是法国人唤作"le hourra de l'Empereur（皇帝呜啦）②"的那件事。

马罗-亚洛斯拉菲兹会议以后的第二天，借口视察军队以及先前的和将临的战斗地点，拿破仑一清早就带着他的侍从元帅们和一队护卫，骑着马在他的军队的行列中间出发了。一些荡来荡去地搜寻战利品的哥萨克撞见那个皇帝，差一点儿俘虏了他。哥萨克们当时没有俘虏了他，搭救他的就是毁掉法国军队的那一种东西，哥萨克们所争夺的战利品。在这里，正如在塔鲁提诺，他们追求掠夺品，却把人丢开。他们不关心拿破仑，跑去追掠夺品，于是拿破仑得以逃掉了。

既然 les enfants du Don（那些顿河的孩子）③可以那么容易地把皇帝

① 这里说的罗宝伯爵莫顿将军。在那一次会议中，拿破仑最后要他发表意见。他直截了当地回答说，要紧的是，立刻，不要迟疑，由最近的路，离开那个他们已经住得太久的国家。拿破仑于是默默地宣布散会。——茅德英译本注
② "呜啦"是俄国军队突击敌人时发出的呐喊声。——茅德英译本注
③ 指哥萨克。——译者注

本人从他的军队中间捉到,显然除了尽可能快地沿最近的熟路逃走以外,没有别的办法了。生有四十岁的肚皮的拿破仑,懂得那个暗示,感觉不到他先前的精力和勇气了,在那些哥萨克给过他的恐慌的影响下,他立刻同意了莫顿的意见,发出了由斯摩棱斯克大路退却的命令——历史学家们这样告诉我们。

拿破仑同意了莫顿的意见,军队退却了,并不证明拿破仑使军队撤退,只证明左右全部军队指引它走茂日阿伊斯克(就是斯摩棱斯克)大路的那些种势力,同时也在拿破仑身上起了作用。

第十五卷

第一章

看见一头将死的动物的时候,一个人感到一种恐怖的意味:与他自己的体质相同的东西在他眼前死下去了。但是,假如将死的是一个心爱的亲密的人,除了对生命的灭亡所感到的恐怖,还有一种分离的感觉。一种精神的创伤,这一种精神的创伤,正如一种身体的创伤,有时致命,有时痊愈,但是一碰到任何外界使人烦恼的触摸,总要作痛和退缩。

安德列王爵死后,纳塔莎和玛丽王爵小姐都感到了这一点。在悬在她们头上的险恶的死亡的云雾面前,精神萎缩,闭上了眼睛,她们不敢正眼看人生了。她们小心保护她们那敞着口的创伤,不让它受到任何粗暴的痛苦的接触。每一件事:街上匆匆驰过的一辆马车,开饭的通告,使女取什么衣服的问题,更坏的是,任何不诚恳的或软弱无力的同情话,都好像是一种侮辱,痛苦地刺激那个伤口,侵犯了那种必需的安静(她们两个尽力在那里听那依旧在她们想象中震响的严肃可怕的合唱),也妨碍了她们注视那在她们面前展开过一刹那的神秘的无限的景象。

只有单独在一起的时候,她们才免掉那种侵犯的痛苦。她们彼此中间也谈得很少,谈的时候也只谈很不重要的问题。

双方都避免任何与将来有关的暗示。承认一种将来的可能性,她们觉得,就侮辱了对于他的记忆。她们更加小心地避免任何与死了的他有关的事。她们觉得,她们经历过的和体验过的事不能用话来表达,一提到他的生活细节,就破坏了在她们眼前成就的神秘事件的庄严和圣洁。

继续不断地限制说话,经常地避免一切可能引起那问题的事——那问题停留在她们可以不提的事的边界周围——使得她们两个感到的东西在她们心中变得更纯洁、更清楚了。

但是,纯粹的完全的悲哀,正如纯粹的完全的快乐,是不可能的。玛丽王爵小姐所处的地位,一方面是她自己的命运的绝对的独立的主宰,另一方面是她侄子的监护人和教师,因此她首先被人从她开头两个星期停留过的悲哀的领域中唤回人生中来。接到亲友的来信,她不得不回答;安置小尼古拉的房间是潮湿的,他咳嗽起来了;阿尔巴提契来到亚洛斯拉夫尔,带来他们的家务报告,也提出他们应当回莫斯科伏兹维仁加街住宅的劝告和意见,那所住宅不曾损坏,只需要略加修理。人生并未停止,活下去是必要的。脱出她一直住到那时候的隐居默念的领域,虽然玛丽王爵小姐觉得难过,抛下纳塔莎一个人,虽然她觉得不安,几乎是惭愧,不过生活上的事情要求她的注意,她也就不知不觉地顺从了这种要求。她同阿尔巴提契检查账目,同德塞尔商量她侄子的事情,为了去莫斯科的旅程,发命令,做准备。

纳塔莎剩下了一个人,从玛丽王爵小姐开始做启程的准备的时候起,对她也疏远了。

玛丽王爵小姐请求伯爵夫人让纳塔莎跟她去莫斯科,两父母欢欢喜喜地接受她这邀请,因为他们看见他们的女儿的体力天天衰退,以为变换一下环境,让莫斯科的医生们诊断一下,对她会有好处。

“我什么地方也不去。”纳塔莎听到这个意见的时候回答道。“不要管我好啦!”于是她勉强忍着与其说是悲哀的眼泪,不如说是烦恼和气愤的眼泪,跑到室外去了。

在她觉出自己被玛丽王爵小姐抛弃、独自留在悲哀中以后,纳塔莎的大部分时间独自在她的卧室度过,连腿带脚缩进沙发的一角坐在那里,用她那纤细的手指头撕和扭一种东西,专一地固定地看她的眼睛碰到的任何东西。这种孤独使她疲倦,也使她痛苦,但是她绝对需要它。任何人一走进来,她就赶快站起来,改变她的姿势和表情,拾起一本书或一种针线活,显然急不可耐地等待那个闯进来的人走开。

她经常觉得,好像她随时可以看穿她的精神的眼睛带着一种她力不能胜的可怕的疑问盯着的东西。

12 月将尽的一天,纳塔莎,苍白、消瘦,穿着一件黑色羊毛长袍,辫起来的头发不经意地挽成一个结子,连腿带脚蜷在沙发角上,一面烦躁不安地揉皱和抚平衣带的末端,一面看门的一角。

她在看他去了的那个方向——人生的另一边。人生的那一边,她先前从来不曾想过的,她先前觉得非常遥远的,未必有的,这时却比人生的这一边(这里的一切不是空虚和荒凉,就是痛苦和侮辱)更接近,更亲切,更可了解了。

她在看她知道他所在的地方;不过除了他先前在这里的样子,她想象不出别的样子。她这时又看见他先前在米提希契、在特洛伊查和在亚洛斯拉夫尔的样子。

她看见他的脸,听见他的声音,复述他的话和她自己的话,有时也想出他们可能说过的别的话。

他披着天鹅绒斗篷,靠在一张扶手椅里,把头靠在他那消瘦苍白的手上。他的胸膛可怕地陷下去,他的双肩耸了起来。他的嘴闭得很紧,他的眼睛放光,一道皱纹在他那苍白的前额上一来一去。他的一条腿隐约可见地扭动,但是动得很快。纳塔莎知道,他正在同可怕的痛苦斗争。"那痛苦是什么样的呢? 他为什么有那痛苦呢? 他觉得怎样呢? 那痛苦使他怎样难过呢?"纳塔莎想道。他知道她在看他,抬起眼睛,开始严肃地说道:

"有一件事是可怕的，"他说道，"把自己永远绑在一个受苦的人身上。那一定是继续不断的苦刑。"于是他搜索一般地看她。纳塔莎照往常一样，还没来得及想她要说什么就回答了。她说道："这是不会继续下去的——一定不会。你就要好了——完全好了。"

她这时又看见了他，也重新体会了她当时所感到的一切。她记起他听那几句话时的长久的、悲哀的、严厉的眼光，也懂得那延长的凝视中责难和失望的意思。

"我同意。"纳塔莎这时自言自语道，"假如他永远继续不断地受苦，那一定是可怕的。我当时那样说，不过因为那在他一定是痛苦的，但是他的了解是不同的。他以为那在我是可怕的。他当时还愿意活下去，害怕死亡。而我那么不适当地笨拙地说了那样的话！我并未说出我的本意。我想的完全不是那样。假如我要把我的本意说出来，我应当说：即使他不得不死，一点一点地在我眼前死去，比起这时的我来，也是快活的。现时一无所有了……没有人了。他知道那意思吗？不，他不知道，也永远不会知道了。因此，现时永远、永远没有加以改正的可能了。"而这时他好像又在对她说同样的话了，不过，纳塔莎这时在想象中给了他一个不同的答案。她拦住他，然后说道："在你是可怕的，但是在我并不可怕。你知道，在我，除了你以外，人生中一无所有，跟你一道受苦，在我，是最大的幸福。"于是他拿起她的手来，照他死前四天那可怕的晚间的样子，握了握她的手。于是，在她的想象中，她说了她当时就可以说而直到这时才说的别的温柔的爱怜的话："我爱你！……你！我爱，爱……"她说道，一面痉挛地握起双手，一面拼命地咬牙……

她被甜蜜的悲哀压倒了，眼泪已经涌到她的眼睛里：这时她突然问她自己，她这话是对谁说的呀？他这时在哪里，变成了什么？一切又被裹入冷酷的干燥无味的混乱中，她又用力皱着眉向他所在的那个世界张望。而这时，这时，她觉得她在看穿那个秘密……但是，就在那不可解的事正在显示给她的那一刹那，门柄非常刺耳地响了一声。她的使女杜妮亚莎迅速地突然地进入室中，她脸上带着恐慌的神气，对她的女主人并不表示关切。

"请立刻去您爸爸那里吧！"她带着一种稀奇的紧张神情说道，"一件不幸……关于彼得·伊林尼契的……一封信。"她呜咽得说不下去了。

第二章

纳塔莎除了觉得跟人人疏远之外，她觉得跟她自己家里的人们格外疏远。他们全体——她的父亲、母亲和桑妮亚——是那么接近她，那么熟悉，那么平凡，因此他们所有的话和感情，对于她近来居住过的世界，似乎是一种侮辱，她不仅对他们漠不关心，而且对他们怀有敌意了。她听见杜妮亚莎提到彼得·伊林尼契和一种不幸，但是并未领会话中的意思。

"什么不幸？他们能遇到什么不幸？他们只是过他们那陈旧的安静而平凡的生活罢咧。"纳塔莎想道。

她走进跳舞室的时候，她父亲正慌慌张张地从她母亲卧室里出来。他的脸皱起来，被泪水浸湿了。他显然是从那个卧室里跑出来，发泄一下那使他窒息的呜咽。他看见纳塔莎的时候，绝望地摆了摆两条胳膊，然后突然发出把他那柔和的圆脸扭歪的痉挛的痛苦的呜咽。

"别……别加……去吧，去吧，她……在叫……"于是他一面像孩子一般哭，一面赶快用他那软弱无力的腿向一张椅子移动，他几乎倒在椅子上，用双手蒙起脸来。

突然间好像一下电击穿过她的全部存在。可怕的苦恼袭上她的心头，她感到一种可怕的痛楚，好像她内部什么东西撕裂了，好像她就要死了。但是紧跟着来的是从那阻止她参加人生的窒息的束缚中解放出来的一种感觉。她父亲的样子，她隔着门听到的她母亲那可怕的疯狂的叫喊，使她立刻忘记了她自己和她自己的悲哀。

她跑向她父亲去，但是他无力地朝着她母亲的门口摆了摆他的胳臂。玛丽王爵小姐面色苍白，下颌颤抖，从那间卧室出来，握着纳塔莎的胳臂，对她说了一点什么。纳塔莎既未看见她，也未听见她的话。她迈着快步走进去,在门口上停了一下,好像在跟她自己斗争,然后跑向她母亲去。

伯爵夫人躺在一把扶手椅子上,姿势非常难看,伸手伸脚,向墙上撞头。桑妮亚和使女们正在拉住她的两条胳臂。

"纳塔莎! 纳塔莎! ……"伯爵夫人喊道。"那不是真的……那不是真的……他是在扯谎……纳塔莎!"她尖叫道,把她周围那些人推开去。"你们都走开;那不是真的! 打死了! ……哈,哈,哈! ……那不是真的!"

纳塔莎一只膝盖跪在扶手椅上,俯在她母亲身上,拥抱她,用意想不到的气力把她抱起来,把她的脸转向自己这方面来,然后紧紧地搂住她。

"妈妈! ……亲爱的! ……我来了,我的最亲爱的妈妈。"她不断地低声说道,一会儿也不停。

她不放开她母亲,一味亲热地跟她挣扎,要来枕头和热水,把她母亲的衣服解开,撕开。

"我的最亲爱的宝贝……妈妈,我的宝贝! ……"她不断地低声说道,一面吻她的头、她的手、她的脸,同时觉出她自己那无法制止的流下来的眼泪使她的鼻子和两颊发痒。

伯爵夫人握住她女儿的手,闭上眼睛,暂时安静下来。突然间她用不常见的速度坐起来,茫然地向她周围看,一看见纳塔莎,就用全力搂住她的头。随后她转向她女儿那正在疼得退缩的脸,对那个脸看了好久。

"纳塔莎,你爱我?"她用柔和的信任的声音说道,"纳塔莎,你不会骗我吧? 你可以把全部事实告诉我吧?"

纳塔莎用满含眼泪的眼看她,她的眼光中,除了爱和请求饶恕以外,没有别的。

"我的亲爱的妈妈!"她翻来覆去地说道,用尽全部爱力,想办法把压坏她母亲的过度的悲哀担在她自己身上。

在对现实进行的徒劳无益的斗争中,她母亲不肯相信,她的爱子在年富力强的时候被打死了,她还能活下去,于是又从现实逃进精神错乱的世界中去了。

纳塔莎不记得那一天是怎样过的,也不记得那一夜是怎样过的,也不记得第二天和第二夜是怎样过的。她不曾睡,也不曾离开她母亲。她那不屈不挠的、不厌不倦的爱心似乎随时随刻都把伯爵夫人完全包围起来,不用解释或安慰,只是叫她苏醒过来。

在第三夜上,伯爵夫人有一会儿非常安静,于是纳塔莎把头靠在椅背上,闭上眼睛,但是一听到床架咯吱声就又睁开来。伯爵夫人在床上坐起来,正在轻轻地说话。

"你回来了,我是多么高兴。你累了。你不喝一点茶吗?"纳塔莎走向她去。"你的样子变好了,长得更像个男子汉了。"伯爵夫人握着她女儿的手继续说道。

"妈妈!您在说什么呀?"

"纳塔莎,他死了,没有了!"

于是,伯爵夫人抱着她的女儿,第一次哭了起来。

第三章

玛丽王爵小姐推迟了行期。桑妮亚和伯爵都想代替纳塔莎,但是办不到。他们看出,只有她能使她母亲不陷入失去理性的绝望中。一连三个星期,纳塔莎经常留在她母亲身边,睡在她卧室里一张躺椅上,勉强她吃、喝,对她不断地说话,因为单是她那热情的抚爱的声调就能安慰她母亲。

母亲受了伤的精神不能痊愈。别加的死撕去了她一半的生命。别加的死讯到来的时候,她本来是一个活泼的、精神饱满的、五十岁的妇人,但是,一个月后,离开她的卧室的时候,她已经是一个对人生不感兴趣的无精打采的老太婆了。但是,这几乎杀掉伯爵夫人的同一打击,这第二次打击,却使纳塔莎苏醒过来。

由精神本体的破裂造成的精神的创伤,与肉体的创伤相似,虽然似乎奇怪,正如很深的伤口可以痊愈,可以封口,肉体的和精神的创伤,都要靠一种内部发出的生命力,才能完全痊愈。

纳塔莎的创伤照那样痊愈了。她以为她的生命已经完了,但是,她对她母亲的爱心,出乎意料地对她表明,生命的要素——爱——依旧在她内部活动。爱醒了,生命也醒了。

安德列王爵临终的一些日子曾经把玛丽王爵小姐和纳塔莎绑在一起;这种新的悲哀使她们彼此更亲切了。玛丽王爵小姐推迟了行期,一连三个星期照顾纳塔莎,好像她是一个病孩子。在她母亲卧室中度过的最后几个星期,已经耗尽了纳塔莎的体力。

一天下午,玛丽王爵小姐看出纳塔莎烧得发抖,就把她带进她自己的卧室,强使她躺在床上。纳塔莎躺下了,但是,在玛丽王爵小姐拉下了百叶窗、正要走开的时候,她把她叫回来。

"我不要睡,玛丽,在我旁边坐一会儿吧。"

"你累了——尽可能地睡睡吧。"

"不,不。你为什么把我带走? 她会找我呢。"

"她好多了。她今天说话非常好。"玛丽王爵小姐说道。

纳塔莎躺在床上,在卧室的半黑暗中仔细看玛丽王爵小姐的脸。

"她像他吗?"纳塔莎想道,"是的,又像,又不像。不过她是十分古怪的、生疏的、新奇的、不可知的。而她爱我。她心里有什么呢? 一切好的东西。但是怎样好法呢? 她的见解是怎样的呢? 她对我怎样想呢? 是的,她是非常好的!"

"玛丽!"她怯怯地说道,把玛丽王爵小姐的手拉过来。"玛丽,你千万不要以为我不正经。不吗? 玛丽,亲爱的,我多么爱你呀! 我们做真真正正的朋友吧。"

于是纳塔莎一面拥抱她,一面开始吻她的脸和手,她这种感情的表示,使得玛丽王爵小姐觉得害羞而又快活。

从那一天起,一种亲切的热情的友谊(只存在于女人们中间的那种友谊)在玛丽王爵小姐和纳塔莎中间建立起来了。她们不断地亲吻,互相说亲热的话,在一块儿度过大部分的时间。一个出外的时候,另一个就烦躁不安,赶快去找她。她们觉得,两个人在一起的时候,比任何一个独处的时候,感到更大的和谐。她们中间发生了一种比友谊更强烈的感情;一种只有彼此在一起才能生活的那种独占的感情。

有时她们一连几个钟头不出声;有时,在她们上了床以后,她们谈起话来,一直谈到天亮。她们谈的多半是过去很久的事。玛丽王爵小姐谈她的童年、她母亲、她父亲以及她的梦想;缺乏理解力的纳塔莎,过去看不起那种虔诚的柔顺的生活、基督教自我牺牲的诗情,这时,觉得自己被热情绑在了玛丽王爵小姐身上,于是学着也爱她的过去,了解她先前不了解的人生的一面。她并不想把柔顺和克己用在她自己的生活上,因为她习惯于寻求别种快乐了,但是她懂得了也爱上了对方身上那些先前无法理解的德行。在玛丽王爵小姐一方面,听了纳塔莎童年和少年的故事,也展开了一种新的、一向不了解的人生的一面:对人生和人生乐趣的信心。

正如先前一样,她们从来不提他,免得用话降低(她们这样想)她们的高尚的感情:但是正由于她们不提他,她们不知不觉地逐渐忘记了他。

纳塔莎已经变瘦了,变苍白了,身体方面软弱得他们都谈论她的健康,而这一点使她欢喜。但是,有时她突然害怕起来,不仅怕死,也怕病,怕衰弱,怕失去美貌,于是她不由己地仔细看她的光胳臂,惊奇它的瘦削,早晨在镜子里看到她那愁苦的她觉得可怜的脸。她觉得情形应当这样,不过非常可悲。

一天她很快地上楼,发觉自己上气不接下气。她不知不觉地立刻捏造了一个下楼的理由,于是,为了测验她的体力,又跑下楼去,观察那结果。

又有一次,她叫杜妮亚莎的时候,她的声音颤抖了,于是她又叫了一次——虽然她听得见杜妮亚莎正走过来——用她过去习惯用来唱歌的深沉胸音叫她,然后注意听她自己的声音。

她不知道,也不肯相信,遮盖她的灵魂的、她觉得无法穿透的那一层粘土下面,嫩弱的草芽已经生出来,这些新芽一面生根,一面用它们那充满生意的绿叶,把那压倒她的悲哀不久就遮盖得看不见或觉不出了。那个伤口已经开始从内部痊愈了。

1月末,玛丽王爵小姐动身去莫斯科,伯爵坚持纳塔莎与她同去就医。

第一个总结 1813—1820

第一章

七年已经过去了。那个被狂风掀起的欧洲历史的海已经在海岸以内低落,也似乎已经平静了。但是那些推动人类的神秘势力(那些势力的运动法则是我们不知道的,所以是神秘的)继续活动下去。

虽然历史的海面似乎一动不动,人类的活动却像时光的流逝一般不断地进行下去。各种人类的集团形成了,解散了。未来的王国的形成和解散、人民的移动,都在准备的过程中。

历史的海不像先前那样痉挛一般地由此岸被逐向彼岸。它在底上翻动。历史人物不像先前那样被浪头由此岸漂向彼岸。他们这时似乎在一个地点上旋转。站在军队前头的历史人物,先前用发动战争、战役和战斗来反映群众的活动,这时用政治的和外交的配合、法律和条约来反映那不安定的活动。

历史学家们把历史人物的这种动作叫作"反动"。

他们处理这一时期的时候,严厉地责备那些(据他们看来)引起他们所谓反动的东西的历史人物。所有这一时期的著名人物,从亚历山大和拿破仑到得·斯塔厄尔夫人、孚希阿斯①、谢林②、费希特③、谢多勃良④和

---

① 孚希阿斯(1792—1838),诺弗哥罗修道院院长,曾于 1820 年发动对不同教派的迫害。——茅德英译本注
② 谢林(1775—1854),日耳曼先验唯心论哲学家,先同情法国革命,后改变意见。——茅德英译本注
③ 费希特(1762—1814),日耳曼先验论哲学家。——茅德英译本注
④ 谢多勃良(1764—1848),法国著名作家和政治家。——茅德英译本注

别的人们,都在他们那严厉的法庭前经过,依照他们是对进步有贡献呢,还是对反动有贡献呢,而得到赦免或谴责。

按照他们的说法,当时俄国也有一种反动发生,而主要的罪人是亚历山大一世,据他们看来,这同一个人也就是他即位之始的自由主义运动以及拯救俄国的主要原因。

这时俄国的著作界,从初学作文的小学生到有学问的历史学家,没有一个不为了亚历山大在他那一朝的这一时期所做的错事而对他进行攻击。

"他本来应当这样做和那样做。在这件事上他做得好,在那件事上他做得不好。他即位之始和1812年间的行为很可称赞,但是坏处是给波兰一个宪法①,成立神圣同盟,信任阿拉克齐耶夫,赞助高黎津和神秘主义,以及后来的希式珂夫②和孚希阿斯。他的参与现役军队和解散谢茂诺夫联队③也是做得不好的。"

要把历史学家们根据他们那何者于人类有益的知识加于他的责难列举出来,得用去十多页的篇幅。

这些责难的意思是什么呢?

使历史学家们称赞亚历山大的那些行为(他即位之初的那些自由主义的企图,他对拿破仑的斗争,他在1812年表现的坚定和1813年的战役),不是从形成他的人格的他出生的环境、教育和生活这同一的泉源流出来的吗?使他们责备他的那些行为(神圣同盟,波兰复国,1820年及以后的反动)不也是从那同一的泉源流出来的吗?

那些责难的本质在于什么呢?

---

① 1815年维也纳会议决定成立波兰王国,制定宪法,规定以俄国皇帝为永久国王。这个宪法到1831年波兰革命时废除。——茅德英译本注
② 希式珂夫(1754—1841),曾任各种要职,他认为教农民读书,"害多利少"。——茅德英译本注
③ 谢茂诺夫近卫军,因抗议新任司令官日耳曼人施华兹的横暴,并且不服从他的命令,于1820年被解散。——茅德英译本注

在于下面的事实:一个像亚历山大一世那样站在人类权力的绝顶、受眩目的历史光线集中照耀的历史人物,一个招致最强烈的影响、与权力分不开的阴谋、谄媚和自欺的人物,一个生平时时觉得对欧洲发生的一切负有责任的人物;不是一个虚构的人物,而是一个具有他个人的习惯、感情,对善、美、真具有冲动的活人——这样一个人物——虽不缺乏美德(在这上头,史学家们并不责备他),却不像一个从青年起就专心研究学问的(就是说,专心读书和听讲的,专心在读书和听讲时作笔记的)现代教授那样,五十年前①就对人类福利具有一种概念。

不过即使我们假定,五十年前亚历山大一世对于人民福利的见解是错误的,我们也不得不假定,过了一些时候,判断亚历山大的那个历史学家对于人类福利的见解结果也是错误的。这一假定反而更自然,更不可避免,因为,观察历史的运动的时候,我们知道,对于有益于人类的事的意见,每一年,随着每一新的作家而改变;所以,一度似乎是好的事,十年以后似乎是坏的了,反过来也是一样。并且,我们对历史上的坏事和好事在同一时候发现完全相反的看法:有一些人认为,给波兰一个宪法,建立神圣同盟,是亚历山大值得称赞的地方,同时另一些人则认为这是应当受责备的。

我们不能把亚历山大的行动或拿破仑的行动唤作有益的或有害的,因为我们无法说这对什么是有益的或有害的。假如那行动使什么人不喜欢,那不过因为它不符合那个人对好事的有限的认识。不管我父亲莫斯科的住宅保全下来,或俄国军事的光荣,或彼得堡大学和别的大学的发达,或波兰的解放,或俄国的伟大,或欧洲的均势,或某种被唤作"进步"的欧洲文化,在我看来,是好的,还是坏的,我必得承认,在这些事以外,每一个历史人物的行动都具有我不能领会的、别的、更普遍的目的。

但是让我们假定,被唤作科学的东西可以调和一切矛盾,也具有一种用来测验历史人物和历史事件的不变的善恶标准:让我们说,亚历山大可

---

① 《战争与和平》完成于 1869 年。——茅德英译本注

以把一切事做成另外一种样子,让我们说——借着责备他的和自称懂得人类最后运动目的的人们的指导——他可以依照他现时的责难者给他的纲领——国籍、自由、平等和进步的纲领(我以为这些足以概括一切)——来处理问题。让我们假定,这个纲领是办得到的,当时已经制定出来,亚历山大也已经奉行了。那么所有反对当时政府中流行倾向的那些人的行动——据历史学家们看来,那行动是好的、仁慈的——会有什么结果呢?他们的行动就不会存在:就没有生命,就一无所有。

假如我们承认人类生活可以用理性来支配,生活的可能性就被破坏了。

第二章

假如我们照历史学家们的样子来假定,大人物们领导人类达到一定的目的——俄国的伟大或法国的伟大、欧洲的势力均衡、革命思想的传播、普遍的进步或任何一切别的东西——那么,不引用偶然和天才的概念,就无法解释历史的事实。

假如十九世纪初期欧洲战争的目的是俄国的扩张,那么,没有一切先前的战争,没有侵略,那个目的就可以达到了。假如那目的是法国的扩张,那么,没有革命,没有帝国,那目的就可以达到了。假如那目的是思想的传播,那么,印刷机的功用要比战争好得多。假如那目的是文明的进步,那么,显而易见,有比毁灭财富和人类生命更便利的传播文明的别的办法。

为什么它照这种样子发生,而不照别种样子发生呢?

因为它碰巧这样!"偶然创造了局势,天才加以利用。"历史说道。

但是偶然是什么呢?天才是什么呢?

偶然和天才这两个名词并未指明任何实际存在的东西,因此是不能下界说的。那两个名词只指明对现象的了解的一个阶段。我不知道某一事件为什么发生;我以为我不能知道;因此我也不想知道,于是我谈论偶然。我见到一种产生了超出普通人类行为范围之外的效果的势力；我不懂得这是何以发生的，于是我谈到天才。

在一群公羊看来，每晚牧人赶进特殊的围栏里去喂、变得比它们肥两倍的那一头公羊，似乎应当是一个天才了。而这一头公羊每晚不进入普通的羊栏，却进入特殊的有燕麦的围栏，长肥了，被宰作肉食了，这一整串非常的偶然，与天才关联起来，似乎是可惊的。

但是那些公羊只消停止设想，它们所遇到的一切，单纯为了达到它们羊的目的，它们只消承认，它们所遇到的事也可能有超出它们的知识范围以外的目的，它们就立刻可以从那头养肥了的公羊所遇到的事里面看出一种统一性和一贯性。即使它们不知道它们为了什么目的被喂肥，它们至少可以知道，那头公羊所遇到的一切并非偶然遇到的，也就不再需要偶然或天才的概念了。

只有承认我们不能了解我们当下可以领会的目的，并且承认最终的目的超出我们的知识范围之外，我们才可以看出历史人物生活中的经验的关联，才能认识他们所产生的（与普通人类才能无法比较的）效果的原因，于是偶然和天才这两个名词就成为多余的了。

我们只消承认，我们不知道欧洲动乱的目的，我们只知道这些事实——那就是首先在法国，然后在意大利、在非洲、在普鲁士、在奥地利、在西班牙以及在俄国的屠杀——我们也知道，由西而东和由东而西的运动形成这些事件的本质和目的，我们不仅不必从拿破仑和亚历山大身上发现特出的能力天才，我们也只能把他们看作像别人一样的人，我们也不必用偶然来解释使这些人成为这些人的那些小事件，所有那些小事件显然是不可避免的。

一经承认不知道最后的目的，我们就清楚地看出，正如我们想象不出比任何一种植物所产生的花和种子更适合那种植物的花和种子一样，我们也想象不出比拿破仑和亚历山大连同他们全部经历更完全更充分地适合他们必须达到的目的的任何两个人。

第三章

十九世纪初期,欧洲事件根本的、重要的意义,在于欧洲若干民族的群众自西而东的运动,后来是自东而西的运动。那运动的开始是自西而东的运动。西方诸民族要使他们那向莫斯科的军事运动成为可能,就必须(一)他们应当把自己形成一个在数量上禁得起跟东方的军事集团冲突的军事集团,(二)他们应当放弃全部旧有的传统和习惯,(三)在他们的军事行动中间,他们前头应当有一个能为运动中间一定会犯的欺骗、抢掠、屠杀等罪行替他自己和他们进行辩解的人。

从法国革命开始,那个旧的不够大的集团被破坏了,旧的习惯和传统也被破坏了,一个具有新的习惯和传统的范围比较大的集团成立了,那个站在将来的运动前头、负起一切不得不做的事的责任的人也产生出来了。

一个没有信仰、没有习惯、没有传统、没有名望,甚至不是一个法国人的人,由于似乎是最稀奇的偶然,从所有沸腾的法国政党中间出现了,而且,没有参加任何一个法国政党,就被推上一个显著的地位。

他的同事的无知,他的反对者的软弱和渺小,他的公然作伪,以及他的炫目的自以为是的狭隘性,把他提到军队的领袖地位。派去意大利的军队的兵士的辉煌品质,他的敌人的缺乏斗志,以及他自己的幼稚的大胆和自信,使他得到军事上的名望。无数所谓偶然到处伴随他。他失去法国统治者的宠爱,反而于他有利。他避免命中注定的道路的企图都不成功:他未被俄国军队收留,他希望得到去土耳其的任命①,没有结果。在意大利战争时期,他好几次临到毁灭的边缘,而每次都出乎意外地得救了。由于各种外交上的考虑,俄国军队——本来可以毁掉他的威信的俄国军

① 1795年8月,波拿巴请求法国政府的一个委员会把他派去君士坦丁改组土耳其的炮兵。——茅德英译本注

队——直到他不在那里的时候才到场。①

　　他从意大利回来的时候,发现巴黎的政府陷入解体过程中,在那个过程中,所有政府里那些人都不可避免地被清洗、被毁掉了。事出偶然,一种没有目的、没有意义的远征非洲,使他摆脱了这一危险的境遇。所谓偶然又同他结了伴。无法攻陷的马尔太岛未放一枪就投降了;他那最鲁莽的计划得到了成功的光荣。后来不让一条船通行的敌人的舰队竟让他的全部军队躲过去了。在非洲,对于几乎没有武装的居民,干下了一连串的罪行。犯罪的人们,特别是他们的首领,却使他们自己相信,这是可称赞的,这是光荣的——这是与凯撒和亚历山大相像的,因而是好的。

　　这一光荣和伟大的理想——不仅在于认定一个人所做的都是不错的,也在于以一个人所犯的每一罪行自豪,加给它一种不可理解的超自然的意义——注定指导这个人和他的伙伴的理想,在非洲有了发展的余地。他不论做什么事都成功了。瘟疫不曾染上他。屠杀俘虏的残暴行为也不归罪于他。他那轻率得幼稚的、不必要的、卑鄙的离开非洲,把他的伙伴丢在患难中,竟被看作他的光荣,而敌人的舰队第二次又让他溜过去了。在他那么成功地犯过的罪行的陶醉下,他来到巴黎,这时一年前可能毁掉他的共和政府的解体已经达到极点,作为一个与政党纠纷无关的新来者,他这时的来临只能抬高他的身价——虽然他自己并没有任何计划,他却有扮演他的新角色的充分准备了。

　　他没有计划,他什么都怕,但是那些政党抓住他,要求他参加。

　　只有他一个人——具有他在意大利和埃及发展起来的关于光荣和伟大的理想,他那疯狂的自我奉承,他的勇于犯罪和敢于说谎——只有他一个人能为不得不做的事辩护。

　　等待他的地位需要他,于是,几乎不是出于他的意志,尽管没有决心,没有计划,以及他犯的所有的错误,他被拉进一个以夺取权力为目的的阴

---

① 1798年,波拿巴坐船去埃及。苏沃洛夫在1799年率领一支俄国军队进入意大利,打败了摩罗、麦克唐纳尔和朱伯尔。——茅德英译本注

谋中,而那个阴谋得到了成功。

他被推进一个议会的会场中。他恐慌得想逃走,认为自己失败了。他假装晕倒,说了一些本应毁掉他的没有意义的话。但是一度骄傲的精明的法国统治者们,觉得他们的角色已经演完,这时比他更加手足无措,并未说他们本应说的毁掉他而保持他们的权力的话。

偶然,成百万的偶然,给了他权力。所有的人,好像商量好了的,共同承认那种权力。偶然形成法国统治者的性格,他们服从了他;偶然形成俄国保罗一世的性格,他承认了他的政府;偶然定出一个反对他的计策,那个计策不仅未能伤害他,却证实了他的权力;偶然把翁季昂公爵交在他手中,又出乎意外地使他杀了他——因而使群众比在任何别种情形下更有力地相信他有权力,因为他有力量;偶然使得他虽然用尽全力准备远征英国(那就一定毁掉他),却永远未实现那个意图,而出乎意外地进攻墨克和奥国人,他们不打一仗就投降了。偶然和天才给了他奥斯特里齐的胜利;由于偶然,所有的人,不仅是法国人,而是整个欧洲——除了未参加那就要发生的事件的英国——不顾他们先前对他的罪行所怀有的厌恶和憎恨,这时竟承认了他的威权,承认了他加给自己的称号,以及他关于光荣和伟大的理想,他们大家都觉得那个理想似乎是杰出的合理的了。

好像是在测验他们自己,也好像是为将来的运动作准备,在 1805、1806、1807、1808 等年中,西方的势力有好几次向东方推进,加强着,增长着。1811 年,在法国形成了的那个人群同中欧的一些民族合成一个大群。站在运动前头的那个人的辩解力随着人群的增加了的体积增长了。在那十年的准备期间,这个人已经同欧洲全体君王建立了关系。失去了信用的世界统治者们不能用任何合理的理想来对抗那荒谬的拿破仑式的光荣和伟大的理想。他们一个跟着一个地赶快在他前面显示出他们的渺小。普鲁士王派他的老婆去向那个大人物乞怜;奥国皇帝把这个人肯与凯撒们的一个女儿同床看作一种恩惠;教皇,各民族认为一切神圣的东西的保护者,利用宗教来为那个大人物助长声势。与其说是拿破仑准备好自己来扮演他那个角色,不如说是他周围所有的那些人替他准备好,使他对正在发生的和不得不发生的事负起全部责任。没有一种步骤,没有一种他所犯的罪行或小小的欺诈,不立刻在他周围那些人的嘴里被说成伟大的行为。日耳曼人为他想得出的最适当的节日是叶纳和奥尔斯特德的庆祝。伟大的不仅是他,也是他的祖先们,他的兄弟们,他的养子们,以及他的妹夫们。夺去他的理性的残余、使他准备好从事那可怕的角色的每一件事都做出来了。到他准备好了的时候,他的武力也准备好了。

侵略向东推进,达到它的最后目的——莫斯科。那个城市被占领了;俄国军队受到比对方军队从奥斯特里齐到瓦格拉木的战争中受过的更重的损失。但是,突然间,代替了到此为止一贯用一连串不间断的胜利把他引向命定的目的那些偶然和天才,无数相反的一连串偶然——从他在波罗狄诺感冒到使莫斯科起火的火星,还有那严寒——发生了,于是没有了天才,愚蠢和非常的卑劣却彰明昭著了。

侵略者逃走了,向后转了,又逃走了,这时一切偶然都不利于拿破仑,而经常于他有害了。

那时一种相反的自东而西的运动,一种与先前的自西而东的运动非常相似的运动,遂行了。在那个伟大的西向运动以前,有了一次一次的自东而西的运动的尝试——类似 1805 年、1807 年、1809 年等年的相反的运动;同样合成一个庞大的集团,同样有中欧人民加入那一运动,同样有中途的迟疑,同样越接近目的速度就越大。

巴黎,最后的目的,是达到了。拿破仑的政府和军队被摧毁了。拿破仑本人不再有任何重要性了;他所有的行为显然是可怜的、下贱的了,但是一种莫名其妙的偶然又出现了。同盟者都憎恶拿破仑,他们把他看作他们的痛苦的原因。被夺去了权力和威信,他的罪恶和诡计都暴露了,他们本应当看出他十年以前或一年以后的样子了——一个丧失了公权的强盗。但是,由于一种稀奇的偶然,没有人看出这一点。他的角色还未演完。那个十年以前和一年以后被看作丧失了公权的强盗的人,被送去离法国两天航程的一个岛上(为了某种理由,把那个岛献给了他,成了他的领土),给了他卫队,还给了他成百万的金钱。

二

大卫·科波菲尔(节选)

[英]查尔斯·狄更斯

第一章　我生下来了

在我自己的传记中,作主脚的究竟是我自己呢,还是别的什么人呢,本书应当加以表明。我的传记应当从我的生活开端说起,我记得(据我听说,也相信),我生在一个星期五的夜间十二点钟。据说,钟开始敲,我也开始哭,两者同时。

考虑到我下生的日子和时辰,保姆和邻居一些识多见广的太太们说(她们在无从与我会面的几个月前就聚精会神地注意我了),第一,我是注定一生不幸的;第二,我有眼能见鬼的特禀:她们相信,这两种天赋是与星期五夜半后一两点钟内降生的一切不幸的男女婴儿分不开的。

关于第一点,我用不着在这里说什么,因为预言结果是被证实了呢,还是否定了呢,没有比我的经历更能表明的了。关于本问题第二项,我只能说,要不是我早在婴儿时期就已丢光那一份遗产,那就是我还不曾承受到呢。但是我若被夺去这份财产,我一点也不怨恨;假如任何别人正在享受它,我衷心欢迎他加以保有。

我带着一层胎膜降生①,这一张胎膜,以十五基尼②的低价,在报纸上登广告出卖。是那时航海的人们缺少钱呢,还是缺少信仰、宁愿穿软木衫呢,我不知道;我只知道,一个与证券经纪业有关的辩护士递过唯一的价:两磅现款,余数用葡萄酒补足,宁愿放弃不沉水的保证,也不肯加一点价。结果广告撤回,广告费完全损失了——谈到葡萄酒,我那可怜可爱的母亲自己那时也有葡萄酒出卖呢——十年以后,那个胎膜由当地五十个人抽彩,每人出半克朗③,抽中的人出五先令。我自己也在场,像那样处置我自己身体的一部分,我记得,我觉得很不安,很难堪。我记得,那个胎膜由一个带提篮的老太太抽到手,她很勉强地从篮子里拿出规定的五先令,都是半便士的铜币,还短少两个半便士——虽然用了一大段时间和一大篇算学向她证明这一点,但是并未发生任何效果。后来她并不曾被水淹死,却以九十二岁的高龄意气扬扬地死在床上,这故事将成为那一带长久不忘的奇闻了。我已经听说,她一生最大的夸口就是,除了过桥,她生平从来不曾到过水上;在喝茶的时候(茶是她极端嗜好的),对于胆敢"荡"世界的水手们和别的人们的罪过,她一贯地表示愤慨。对她说明,有一些享受品(茶大概也在内)从这种讨厌的行为得来是没有效果的。她总归更用力更自信地说,"我们不需要荡。"

我自己现时也不要荡了,我要转回来,从我的出生写起。

我生于萨弗克的布兰德斯通,或如苏格兰人所说,"在那块儿"。我是一个遗腹子。对于现世界的光明,我父亲的眼睛闭上了六个月以后,我的眼睛就睁开了。即使在现时,一想到他从来不曾见过我,我就觉得有一点奇怪。在朦胧的记忆中,我觉得更加奇怪的,是我儿时对于墓地里他那白色墓石所起的幼稚的联想,是当我们的小客厅被火炉和蜡烛烘暖照亮、而我们家的门却把它关锁在外面时(我有时简直觉得残忍),我对于黑夜中

---

① 这是过去英国人的一种迷信。初生婴儿头上带有一层胎膜,算是一种吉兆。保存这张胎膜的人,可以终生不致淹死。——译者注

② 十八世纪英国金币,每个价值二十一先令。——译者注

③ 印有皇冠的英国货币,约值五先令。——译者注

独自躺在那里的它所感到的无限的同情。

我父亲的一个姨母,因而是我的姨婆(我后面还要谈到她),乃是我们家中主要的大人物。特洛乌德小姐——当我可怜的母亲克服了对于这可怕的人物的惧心,敢于提到她的时候(那是不常有的),总称她为贝西小姐——曾经嫁过一个比她年纪轻的丈夫。他是很俊秀的,倘非如俗语所说,"美貌在于美德",——因为他大有打过贝西小姐的嫌疑,有一次在争论日常饮食时,他甚至鲁莽到想把她抛出三层楼的窗子。这些脾气不投的事实,使得贝西小姐给他一笔钱,双方同意分居了。他带着他的资本去了印度。据我们家中一种荒诞的传说,一次有人见他在那里跟了一个大狒狒骑在一头象上;但是我想,那应当是一个贵人,或是一个公主。① 不拘怎样吧,在十年以内,他的死讯从印度传到家中。我姨婆听了这些消息作何感想,没有人知道;因为在分居以后,她立刻恢复了作女儿时的名字,在遥远的海边的小村中买了一间小屋,带着一个仆人住在那里作独身女人,大家都知道,她此后决心度与世隔绝的生活了。

我相信,我父亲一度是她所宠爱的人,但是他的婚事非常伤了她的心,因为她说我母亲是一个"蜡娃娃"。她不曾见过我母亲,但是她知道她还不满二十岁。我父亲和贝西小姐再也不曾见过面。在他结婚的时候,他两倍于我母亲的年纪,体质也不大好。他一年以后就去世了,如我前面所说,在我来到世界上以前六个月。

这就是那重大的要紧的(请恕我这样说)星期五的下午的情形。所以我不能说,在那时我已经知道情形怎样,或对下面的事有根据自己官觉的任何记忆。

我母亲正坐在火炉旁,身体软弱,精神萎靡,含着泪看火,对自己和那无父的小陌生人感到绝望。楼上抽屉中大量预言针②早已把那个小人儿

① 狒狒在英文为 Baboon,印度人称有教养的体面人为 Baboo,称回族公主为 Begum,三字读音近似。——译者注
② 想因针插上绘有"保佑孩子"一类的祝词,故名。——译者注

欢迎到世界上来,这个世界对于他的来临是一点也不惊奇的。在那明朗的有风的三月的下午,如上面所说,我母亲正坐在火炉旁,很怯弱,很忧愁,很怀疑能否度得过面前的难关,当她擦干了眼睛抬起头来望着对面的窗子时,她看见一个向花园走来的陌生女人。

再看一眼时,我母亲就有了一种确信不移的预感:那是贝西小姐。落日在花园篱笆外的陌生女人身上闪光,她摆着别人不能有的恶狠狠硬绷绷的姿态和从容不迫的神情走向门前。

当她来到宅前,她又一次证明了来的正是她本人。我父亲时常表示,她的行径不像任何普通的基督教徒;这时,她不牵铃,一直过来张望那同一的窗子,把她的鼻子尖在玻璃上压到那样的程度,我那可怜可爱的母亲时常说,有一个时候她的鼻子尖变得完全平而且白了。

她使我母亲吃了那样一惊,我一向相信,我在星期五下生,实在得力于贝西小姐呢。

我母亲慌得离开椅子,走进椅子后面的角落。贝西小姐缓缓地若有所寻地张望那个房间,从对面开始,移动她的眼睛,像荷兰钟上萨拉辛①的头一般,终于移到我母亲。这时她皱了一下眉头,像惯于教人服从的人那样,对我母亲作了一个姿势,教她来开门。我母亲过去了。

"大卫·科波菲尔太太吧,我猜。"贝西小姐说道;那加重的语音大概是指我母亲的丧服以及她的生理状态。

"是的,"我母亲有气无力地说道。

"特洛乌德小姐,"来客说道。"大概你已经听人说起过她了,我猜?"

我母亲回答说,她有过那样的荣幸。她有一种不快意的自觉,没有表现出那是一种非常的荣幸。

"现在你看见她了,"贝西小姐说道。我母亲低下了头,请她进来。

她们走进我母亲刚从里边出来的那间客厅,走廊对面最好房间的火

---

① 中世纪基督徒给伊斯兰教徒起的名字。更早,希腊人和罗马人用以称阿拉伯人。——译者注

炉未生火——实际上,从我父亲出殡的时候起就不曾生过;当她们两个都坐下来时,贝西小姐一言不发,我母亲白费力来按捺自己,随后就哭起来了。

"啾,得啦,得啦,得啦!"贝西小姐连忙说道。"不要那样! 好啦,好啦!"

但是我母亲忍不住,她一直哭到尽了兴才算完。

"摘下你的帽子来,孩子,"贝西小姐说道,"让我看看你。"

我母亲即使有意拒绝这奇特的要求,也不敢不照办,她太怕她了。因此她照所受到的吩咐办了,她的手忙乱到使她的头发(她的头发是多而且美的)全部披散到脸上来。

"嘿,我的天!"贝西小姐大叫道。"你简直是一个吃奶的孩子呦!"

没有疑问,我母亲在外表上是非常年轻的,比她的年龄还要年轻;可怜的人,她垂下头来,仿佛这是她的罪过,并且呜咽着说,她底确恐怕她是一个孩子气的寡妇,假如生产后活得成的话,还要作一个孩子气的母亲呢。随后在短短的停顿中,她恍惚地感觉到贝西小姐摸她的头发,还觉得她的手并非不柔和;但是当她怀着怯弱的希望看她时,却发现那个女人褶起衣服下摆坐在那里,双手叠在一只膝盖上,双脚放在炉栏上,向着火皱眉。

"到底是怎么一回事呀,"贝西小姐突然说道,"为什么叫鸦巢?"

"你是说这房子吗,小姐?"我母亲问道。

"为什么叫鸦巢?"贝西小姐说道,"叫厨房①才比较合式呢,假如你们两个中随便哪一个有一点实际的生活观念。"

"这名字是科波菲尔先生选定的,"我母亲回答道。"当他买房子的时候,他总以为附近有乌鸦呢。"

这时晚间的风在花园深处一些高高的老榆树中间引起一场骚动,使得我母亲和贝西小姐都忍不住向那方面看。榆树像正在低诉秘密的巨人

---

① 鸦巢在英文为 Rookery,厨房为 Cookery,读音相近。——译者注

一般相向低垂,经过了几秒钟这样的平静状态,就陷入一场狂乱中,四下里摇摆它们那狂暴的胳臂,仿佛它们方才的密语确实险恶到扰乱它们内心的和平,这时压在较高的枝子上的一些风雨摧残的旧鸦巢像狂风暴雨的海面上的破船一般摇摆。

"那些鸟在哪里啦?"贝西小姐问道。

"那些——?"我母亲正在想一些别的什么。

"那些乌鸦呀——它们怎样了?"贝西小姐问道。

"从我们住在这里的时候起就没有了。"我母亲说道。"我们想——科波菲尔先生想——这实在是一个大鸦巢呢;不过那些巢都是很旧的了,很久以前那些鸟就把它们放弃了。"

"完全像大卫·科波菲尔!"贝西小姐叫道。"彻头彻尾的大卫·科波菲尔!当附近没有一只乌鸦时,把房子唤作鸦巢,冒冒失失地相信有鸟,因为他看见了鸟的巢!"

"科波菲尔先生,"我母亲回答道,"已经死了,假如你敢对我挖苦他——"

我想,我那可怜可爱的母亲有一时想打我的姨婆,可是即使我母亲在那种交手上比那一晚间的她受过好得多的训练,我姨婆也可以用一只手毫不费力地把她制服。但是这场战斗随着她从椅子里起身的动作告终;她很柔顺地又坐了下来,晕过去了。

当她清醒过来时,或当贝西小姐使她苏醒过来时,不拘怎样吧,她发见后者站在窗子前。这时黄昏转成黑暗;她们彼此看不清楚,没有炉火的帮助,就完全看不见了。

"喂?"贝西小姐走回她的椅子时说道,仿佛她方才不过偶尔张望一下景色;"你估计在什么时候——"

"我浑身颤抖,"我母亲吞吞吐吐地说道。"我不知道是什么缘故,我就要死了,我相信!"

"不,不,不,"贝西小姐说道。"喝一点茶吧。"

"哎呀,哎呀,你想喝茶对我会有半点好处吗?"我母亲带着无可奈何的样子叫道。

"当然有好处,"贝西小姐说道。"这不过是幻想罢了。你叫你的女孩什么?"

"我还不知道是不是女孩呢,小姐,"我母亲天真地说道。

"保佑孩子!"贝西小姐叫道,不自觉地引用楼上抽屉中针插上第二句吉祥话,但是把这句话不用在我身上,却用在我母亲身上,"我不是说那个。我是说你的女佣人哪。"

"辟果提,"我母亲说道。

"辟果提!"贝西小姐忿忿地重复了一遍。"孩子,你的意思是说,居然有人进入基督教堂,给她自己取一个辟果提的教名吗?"

"这是她的姓,"我母亲怯弱地说道。"科波菲尔先生这样叫她,因为她的教名跟我的相同。"

"喂!辟果提!"贝西小姐开了客厅的门叫道。"茶。你的太太有一点不舒服。不要闲荡。"

贝西小姐带着仿佛自有本宅以来就被公认作一家之主的势派发出这一道命令,并且跟听了那陌生的声音,带着蜡烛走过廊子的吃惊的辟果提打了照面,然后又关起门来,像先前一样坐下来:双脚放在炉栏上,褶起衣服的下摆,双手叠在一只膝盖上。

"你方才说起过你要生一个女孩,"贝西小姐说道。"我一点也不怀疑,一定是女孩。我有一种一定是女孩的预感。那,孩子,从这个女孩降生的时候起——"

"也许是男孩呢,"我母亲冒失地插嘴道。

"我告诉你,我有一种一定是女孩的预感,"贝西小姐回答道。"不要拌嘴。从这女孩降生的时候起,孩子,我愿作她的朋友。我愿作她的教母,我求你叫她贝西·特洛乌德·科波菲尔。这个贝西·特洛乌德一生不应当有错误。不应当滥用她的爱情,可怜的孩子。她应当受好的教养,好的监护,使她不至愚蠢地信赖她不应该信赖的事。我一定把这个看作我的责任。"

贝西小姐每说一句话,她的头就痉挛一下,仿佛她自己的旧仇恨在她的内心作祟,她用力不使它们作任何更明显的表示。至少我母亲借了黯弱的火光观察她时这样想:因为她太怕贝西小姐了,心中太不安了,太软弱也太慌张了,什么都看不清楚,也不知道说什么好。

"大卫待你好吗,孩子?"贝西小姐静默了一会问道,她头部那些动作逐渐停止下来。"你们在一起快活吗?"

"我们非常快活,"我母亲说道。"科波菲尔先生待我只有太好了。"

"什么,他把你惯坏了吧,我相信?"贝西小姐接下去说道。

"又是孤身一人留在这艰苦的世界上,完全依靠自己,从这一方面来看,是的,我恐怕他真地惯坏了我,"我母亲呜咽道。

"够了!不要哭了!"贝西小姐说道。"你们的地位并不相当,孩子——假如任何两个人可以地位相当的话——所以我问那问题。你是一个孤儿,是不是?"

"是的。"

"也当过保姆?"

"我在科波菲尔先生造访的一个家庭当婴儿的保姆。科波菲尔先生待我很和蔼,非常注意我,非常关心我,最后他向我求婚。我答应了他。于是我们结了婚,"我母亲坦白地说道。

"唉!可怜的小孩!"贝西小姐沉思道,依然对火皱着眉。"你知道点儿什么呢?"

"我不明白你的意思,小姐,"我母亲吞吞吐吐地说道。

"例如,管理家务,"贝西小姐说道。

"恐怕不多,"我母亲回答道。"不像我所希望的那么多。不过科波菲尔先生过去正在指导我——"

("他自己懂得很多吗!")贝西小姐插进一句道。

——"我希望我应当有了进步,因为我很急于学,他很耐心教,假如他的死那大不幸"——我母亲又在这里停住,再也说不下去了。

"好啦,好啦!"贝西小姐说道。

——"我经常地记账,每夜同科波菲尔先生结算,"我母亲在另一阵悲痛中哭道,又停下来了。

"好啦,好啦!"贝西小姐说道。"不要再哭了。"

——"我敢说,我们在这方面从来不曾有过一句不同意的话,除了科波菲尔先生反对我的三和五①太相像,或在七和九上加弯曲的尾巴,"我母亲在另一阵悲痛中接续道,又停下来了。

"你就要把自己弄病了,"贝西小姐说道,"你知道,这样,对于你,或对于我的教女,都不好。好啦! 你一定不要那样了!"

这理由在安静我母亲上有一部分功效,但是她那逐渐增加的不舒服或许占更大的部分。这时是一段沉默,偶尔被贝西小姐突然发出的"唉!"声打破,她依旧把脚放在炉栏上坐在那里。

"我知道,大卫曾经用他的钱买到一笔年金,"她过了一会说道。"他怎样替你安置的呢?"

"科波菲尔先生,"我母亲有点费力地回答道,"非常体贴,非常厚道,把其中一部分年金给了我。"

"多少?"贝西小姐问道。

"一百零五镑一年,"我母亲说道。

"他大可以做得更坏呢,"我姨婆说道。

这一句话说得正合时候。我母亲的情形大大地变坏了,带着茶盘和蜡烛进来的辟果提,一眼就看出她是何等难过——假如那里有充分的光线,贝西小姐早就看出来了——赶忙把她扶到楼上她自己的卧室;立刻派她的侄子海穆·辟果提去请护士和医生。海穆已经有好几天藏在宅中,不教我母亲知道,以备紧急时作特差。

当那两个联手的重要人物在几分钟内先后到达时,发现一个面貌可怪的不相识的女人,坐在火炉前,把帽子系在左臂上,把耳朵用珠宝商的棉花塞起,他们都大吃一惊。辟果提对于她一无所知,我母亲也完全不曾

---

① 指阿拉伯字母,下同。——译者注

说起她,她在客厅中诚然是一个谜;她衣袋里藏有大量珠宝商的棉花,并且像那样把那东西塞进她的耳朵这事实,并不曾贬损她的仪态的庄严。

医生去过楼上,又下来,因为,据我猜想,既经断定这位不相识的女人和他大有面对面连坐几个钟头的可能,他就竭力作出有礼貌善交际的样子。他是他那性别中最谦逊的,小人物当中最温和的。他侧起身子出入,以便少占些地方。他走路像"哈姆雷特"①里头的鬼一样轻,而且更慢。他的头垂向一边,一部分由于谦逊地贬低自己,一部分由于谦逊地讨好任何人。若说他从来不曾对一条狗费话②,那还没有什么希奇,他甚至不能对一条疯狗费话。他可以温和地对它说一句,或一句的一半,或一句的一小部分;因为他说话像他走路一样慢;他不肯对它粗暴,他不会对它动气,不拘为了什么人世的理由。

祁力普先生,温和地看着我的姨婆,头向一边垂着,微微地向她鞠了一躬,轻轻地触了一下他的左耳,暗指着那块珠宝商的棉花,说道:

"一种局部发炎吗,小姐?"

"什么?"我姨婆回答道,把那块棉花像一个塞子一般从一边耳朵里拔出来。

祁力普先生被她的粗暴吓了一跳,——他后来告诉我母亲说——几乎弄到张皇失措了。但是他温和地重复道:

"一种局部发炎吗,小姐?"

"瞎说!"我姨婆回答道,一下子又把自己塞起来。

祁力普先生此后什么都不能做了,只好怯弱地坐在那里看她,她则坐在那里看火,直到他又被唤到楼上去。去后约有一刻钟,他回来了。

"喂?"我姨婆一面拔出离他最近的那只耳朵里的棉花,一面说道。

"喂,小姐,"祁力普先生回答道,"我们在——我们在缓缓地进行呢,小姐。"

---

① 莎士比亚的剧本。——译者注
② 是莎士比亚所作剧本"如愿"第一幕第二场第一行。——译者注

"呸～～～!"我姨婆说道,在那表示轻蔑的感叹词上用了一种纯正的颤音。又塞起自己来,像先前一样。

实在地——实在地——祁力普先生告诉我母亲说,他几乎受了惊;单从一种职业的观点上来说,他几乎受了惊。但是他依然坐在那里看她,她则坐在那里看火,差不多过了两个钟头,他又被叫出去了。去过之后,他又回来了。

"喂?"我的姨婆说道,又取出那一边的棉花。

"喂,小姐,"祁力普先生回答道,"我们在——我们在缓缓地进行呢,小姐。"

"啐～～～!"我姨婆说道。祁力普先生所受到的粗暴待遇,使他绝对不能忍受了。那真是设计了来挫折他的精神的,他后来说。在再被叫去以前,他宁愿在黑暗和寒风中坐在楼梯上了。

海穆·辟果提(他入过免费小学,长于课堂答问,所以算得是靠得住的证人)第二天报告说,在这事发生一个钟头以后,他偶尔向客厅的门口张望,立刻被当时在激动状况下走来走去的贝西小姐发觉,在他来得及逃走以前就被抓住了。他说,当时楼上一阵一阵地有脚步声和说话声,声音最高的时候,那位小姐就把他当替死鬼一把抓住,在他身上发泄她那过分的激动,从这种情况来判断,楼上的那些声音不是棉花所能挡住的。他又说,在那些时候,她捉住他的领子,不断地把他拖来拖去(仿佛他服了太多的鸦片),她摇他,弄乱他的头发,揉绉他的领口,塞住他的耳朵,仿佛把他的耳朵跟她自己的分不清楚,此外更搔他,打他。这情形有一部分由他的姑母证实,她在十二点半钟在他刚被释放的时候看见他,据说他那时像我一样红呢。

和蔼的祁力普先生假如在任何时候可以怀恶意,在那样的时候他办不到。他的事情一办完,就侧着身子走进客厅,用他那最和蔼的态度对我姨婆说道:

"喂,小姐,恭喜你。"

"为什么?"我姨婆锋利地说道。

在我姨婆极端严厉的态度下,祁力普先生又慌张起来;为要安抚她,他向她微微地鞠了一躬,对她微微地笑了笑。

"老天爷,他在干什么呀!"我姨婆不耐烦地叫道。"他不会说话吗?"

"放心吧,我的亲爱的小姐,"祁力普先生用他那最柔和的腔调说道。"再也不用着急了,小姐。放心吧。"

我姨婆竟然未去摇他,不把他必须说的话摇出来,后来被人当作一种奇迹。她只对他摇她自己的头,但是用了使他瑟缩的一种神气。

"哈,小姐,"祁力普先生一鼓起了勇气就继续说道,"恭喜您。现时一切都过去了,小姐,都妥当了。"

在祁力普先生一心发表这演说的五分来钟内,我姨婆仔细地看他。

"她好吗?"我姨婆说道,交叉起两臂,其中之一依然系有她的帽子。

"哦,小姐,她不久就十分舒服了,我希望,"祁力普先生回答道。"在这种悲哀的家庭状况下,我们对于一个青年母亲所能期望的舒服也不过如此了。你若现在去看她,不会有任何不便,小姐。或许对她有益呢。"

"她呢? 她好吗?"我姨婆锋利地说道。

祁力普先生把他的头更向一边俯下一点,像一头驯良的鸟一般看我的姨婆。

"那个小孩,"我姨婆说道。"她好吗?"

"小姐,"祁力普先生回答道,"我以为你已经知道了呢。那是一个男孩呀。"

我姨婆一言不发,径自拿起帽子上的绳,比作一个投石器的样子,对着祁力普先生的头,瞄准了一下,然后又把帽子歪戴在头上,走了出去,永远不曾回来过。她像一个失望的仙人一般,或像大家相信我有资格看见的鬼一般不见了,再也不曾回来过。

不曾。我躺在我的篮子里,我母亲躺在她的床上;但是贝西·特洛乌德·科波菲尔永远留在梦和影子的国土,留在我最近旅行过的那广大地域;我们卧室窗子上的光照在所有那样旅行者的人世归宿地上,也照在一度是没有他就不会有我的那个人的残灰和尘土上面的小丘上。

第二章　我观察

当我远向幼年的空白生活中回顾时,在我前面具有清楚的形象的第一批物体,是生有好看的头发和年青的样子的我母亲,以及完全不成样子的辟果提。辟果提的眼睛黑到仿佛使脸上全部近眼处发暗,她的双颊和两臂既硬又红,我奇怪那些鸟为什么不舍掉苹果来啄她。

我相信我记得,这两个人在相隔不远的地方俯下来或跪在地板上,使她们在我眼中变小,我则摇摇摆摆地从这一个走向那一个。对于辟果提习惯伸给我的食指的触觉,对于那被缝纫磨得像小香料①擦子一般的食指的感觉,我头脑中有一种不能与实际记忆分开的印象。

这或许是幻想,不过我相信,我们大多数人的记忆力,可以比我们许多人所假定的回溯到更远的时代;正如我相信,有许多很小的孩子的观察力在切近和正确方面是十分可惊的。诚然,我相信,关于大多数在这方面著称的成年人,说他们不曾失掉这种官能,较之说他们得到这种官能,或许更为适当;当我概括地观察那些保持一种朝气、一种厚道、一种乐观的人们时,更觉得这样,这也是他们从童年保存下来的一种遗传哪。

停下来说这个,若非借以说明下面的意思,我会悬心我是在"荡"了,我所要说的是:这些结论有一部分建立在我自己的亲身经验上;假如我在这传记中写下的东西,有什么表明我是一个具有周密观察力的孩子,或是一个对童年生活有健强记忆力的成人,我没有疑问地主张这两种特性的所有权。

如我前边说过的,回顾幼年的空白生活,我所能记起的特出于混乱事物之上的第一批物体是我母亲和辟果提。别的我还记得什么呢? 让我来看看吧。

从云雾中出现的,我们的房子——在我眼中不是新的了,但是很熟

---

① 　一种热带树的种子,可用作香料。——译者注

悉,保持最早的记忆中的样子。下层是辟果提的厨房,与后院相通;后院中央的杆子上有一个鸽子笼,其中并没有什么鸽子;角上有一个大狗窝,并没有什么狗;还有一群我觉得高得可怕的家禽,摆出吓人的凶猛的样子,走来走去。有一个飞到柱子上来啼的公鸡当我从厨房窗子看它时,仿佛格外注意我,它非常可怕,使我发抖。边门外有一群鹅,当我走过那里时,它们伸着长脖子摇摆着追我,我夜间梦见它们:正如被野兽环绕的人会梦见狮子一般。

这里是一道长廊子——在我看起来,是多么幽深哪! ——从辟果提的厨房通前门。一间暗黑的贮藏室的门开在那里,那是一个夜间走过时要加快脚步的地方;因为当那里没有一个带一盏不亮的灯的人时,我不知道在那些桶子罐子和旧茶叶箱中间会有什么。从那个门内透出一种霉湿气,其中混有肥皂、泡菜、胡椒、蜡烛、咖啡的气味。再则是两个客厅:一个是我们(我母亲和我,还有辟果提——因为当辟果提工作完毕、我们也没有客人时,她是我们真正的伙伴)晚间坐的客厅,另一个是我们星期日坐的最好的客厅;很够排场,但是不大舒服。我觉得那个房间有一种忧愁的气氛,因为辟果提曾经对我——我不知道什么时候,但是显然在许久以前——谈到我父亲的丧事,以及穿黑外套的人们。一个星期日的夜间,我母亲在那里对我和辟果提读拉撒路怎样从死人里复活①。我是那么害怕,使得她们后来不得不把我从床上抱出来,把卧室窗外安静的墓地指给我看,死者都在庄严的月光下一动不动地躺在他们的坟墓里呢。

在我所知道的不拘什么地方,没有东西有那墓地的草一半绿,没有东西有那里的树一半阴凉,没有东西有那里的墓石一半安静。在清晨,当我从母亲的卧室的套间里的小床上跪起来向外看时,有羊在那里放,我看见在日晷仪上照耀的红光,于是在内心里想,"我不知道,日晷仪是否因为它又能报时而高兴呢?"

这里是我们在教堂中的座位。多么大的高背座位呀! 附近有一面窗

---

① 见《新约·约翰福音》第十一章。——译者注

子,从窗子里可以看见我们的房子,早晨礼拜的时候,辟果提向我们的房子看了许多次,她要尽可能地明了我们的房子未遭抢劫,也不曾起火。虽然辟果提的眼睛四处徘徊,假如我的眼睛也那样办,她就非常生气,当我站在座位上时,她向我皱眉,教我看那个牧师。但是我不能永远看他——他就是不穿那件白东西,我也认识他,我害怕他会奇怪我为什么这样看他,或许停下礼拜来问我——我干什么好呢?打哈欠是很不好的,但是我必须作一点什么呀。我看我母亲,但是她装作不看见我。我看过道中的一个孩子,他向我作鬼脸。我看透过前廊从敞开的门口进来的阳光,我看见那里有一头迷路的羊——我所指的不是罪人,是羊肉的羊——颇有进入教堂的意思。我觉得,假如我把它看得更久一点,我会被它引诱得高声说一点什么;那样一来,我就要变成什么样子啦!我向上看墙上的灵牌,试着来想念本区已故的包佳斯先生,当他久受痛苦、医生束手时,包佳斯太太作何感想呢。我不知道他们曾否请祁力普先生,是否他也无能为力;假如是那样,他是否喜欢人们每星期把这件事提醒他一次。我从戴礼拜天围领的祁力普先生看到讲台;于是想,多么好的游戏场,可以弄成多么好的堡垒,由另一个孩子走上梯子来攻打,把带穗子的绒靠枕向下抛在他头上。这时我的眼睛渐渐地闭起来;起初仿佛听见牧师正在兴头上唱一支催眠的歌,后来就什么也听不见了,直到我咕咚一声跌下座位来,然后半死不活地由辟果提把我带出去。

这时我看见我们住宅的外部,卧室的格子窗敞开来,透进新鲜的空气,那些破碎的旧鸦巢依旧在前面花园深处的榆树中间摆动。现时我在后面花园中,在空鸽子笼和空狗窝所在的院子后面——一个很好的蝴蝶保育场——据我所记得的,有一道高围篱,一扇大门,还有一把钩锁;那里的果子累累地生在树上,比从来任何别的园子里的果子更多,更熟,我母亲在那里把一些果子摘进篮子,我则急急忙忙吞着偷来的莓子站在旁边,尽力作出若无其事的样子。一阵大风刮起,夏天一下子就过去了。我们在冬季的黄昏中游戏,在客厅里跳舞。当我母亲喘不过气来、在靠手椅上休息时,我看她把她那光洁的卷发绕在她的手指上,伸一伸她的腰,没有人比我知道得更清楚,她喜欢作出健康的样子来,并以长得这样美丽自豪。

那是我最早的许多印象的一部分。我们两个都有一点怕辟果提,在大多数事上都听从她的意见,这种感觉也是我从眼见的事上得出的最早的见解的一部分——假如可以说是见解的话。

一天晚上,辟果提和我一同坐在客厅里的火炉旁。我对辟果提讲鳄鱼的故事,我一定读得太清楚了,或许那可怜的人儿太感兴趣了,因为我记得,在我读完以后,她得到鳄鱼是一种蔬菜的模糊印象哩。我读得疲倦了,非常想睡;但是既已得到特许坐到去邻家消磨晚间的我母亲回来的时候(这是一种格外的优待),我宁可死在岗位上(当然啦),也不愿去睡。我已经达到那样想睡的程度,辟果提仿佛膨胀起来,变得非常大。我用两个食指把我的眼皮撑开,用力看坐在那里作手工的她,看她留来擦线的一小块蜡烛头——那东西的样子有多么旧,各方面都那么皱了! ——看码尺居住的草顶小房子,看她那绘有圣保罗教堂的(有一个红圆顶)带滑盖的手工匣,看她指头上的铜顶针,看我觉得很可爱的她本人。我觉得非常想睡,我知道,假如我有一小会儿不看见任何东西,我就不能挽救了。

"辟果提,"我突然说道,"你结过婚吗?"

"天哪,卫少爷①,"辟果提回答道。"你怎会想到结婚呢!"

她带着那样大的惊慌回答,使我完全清醒过来。于是她停下手工来看我,把她的针拉到线尽处。

"你到底结过婚吗,辟果提?"我说道。"你是一个很漂亮的女人,是不是?"

我当然觉得她跟我母亲的样子不同,我把她看作另一派美的十足的典型。在最好的客厅中有一个红绒脚凳,我母亲在上面画了一个花球。我觉得凳子的底子与辟果提的皮肤是同一的东西。凳子是光滑的,辟果提却是粗糙的,不过那没有什么关系。

---

① 原文作 Davy,是 David 的变音,用以表示亲昵。——译者注

"我漂亮,卫!"辟果提说道。"天哪,不对,亲爱的! 你到底怎会想到结婚呢?"

"我不知道! ——你必然不能同时嫁一个以上的人吧,是不是,辟果提?"

"当然不啦,"辟果提毫不踌躇地回答道。

"但是假如你嫁一个人,而那个人死了,那时你就可以嫁第二个人了,可以不可以,辟果提?"

"可以那样,"辟果提说道,"假如你愿意,亲爱的。这是一种见解问题。"

"你的见解到底怎样呢,辟果提?"我说道。

我一面问她,一面惊奇地看她,因为她非常惊奇地看我。

"我的见解是,"辟果提说道,从我身上移开她的眼睛,踌躇了一下,然后继续做她的手工,"我永远不结婚,卫少爷,我不希望结婚。我对于这问题的见解不过如此。"

"你不生气吧,我想,辟果提,是不是?"我安静地坐过一分钟以后说道:

我真以为她生气了,她对我非常冷淡;但是我完全错了:因为她把她的手工(那是她自己的一只袜子)放在一边,大张开她的两臂,围起我的生卷发的头,给了一下好挤,我知道那是一下好挤,因为她很胖,当她穿好衣服以后,任何时稍微一用力,她的长衫背后一些钮子就飞走了。我记得当她搂我时,就有两粒向客厅对面爆开去了。

"现时再让我听一点饿鱼吧,"辟果提说道,她还不能把名字完全说对呢,"因为我听了还不到一半呢。"

我不十分了解为什么辟果提的样子显得那么奇怪,为什么她那么急于回到鳄鱼身上去。不过我们回到那些怪物身上去了,我又重新清醒过来,我们把它们的卵留在沙土中,由太阳去孵;我们从它们旁边跑开,用不断的转弯来苦恼它们,由于它们那笨重的身形,它们不能很快地转弯;我们像土人一般下水去追它们,用锋利的木棒插进它们的咽喉;总而言之,我们执行了全部对鳄鱼的刑罚。至少我那么作了；不过我怀疑辟果提是否也那样，她不断地如有所思地用她的针刺她的脸和臂的各部分。

我们已经把鳄鱼收拾完，开始收拾那些鼍龙，这时花园的铃响了。我们走到大门口；我母亲在那里，我觉得她的样子比往常更漂亮，一个生有好看的黑头发黑胡子的男人跟她在一起，上星期天他曾跟我们从教堂走回家。

当我母亲在门前弯下腰来抱我吻我时，那个男人说，我是一个比皇帝更有特权的小家伙——或类似那样的话；我知道，我后来的了解力在这里帮助了我。

"那是什么意思呀？"我从她肩头上问他道。

他拍拍我的头；但是不知什么缘故，我不喜欢他或他那洪亮的声音，我嫉妒他的手在摸我时会碰到我母亲的手——他底确那么做了。我尽力把它推开。

"啊，卫！"我母亲阻止道。

"可爱的孩子！"那个男人说道。"我不会奇怪他的忠心哪！"

我先前从来不曾见过我母亲脸上那么美丽的颜色。她温和地呵斥我的粗暴；一面使我贴近她的肩巾，一面转过身去谢那位费那么多事伴送她回家的男人。她说话时向他伸出手来，当他用他的手去接时，我觉得，她看了我一眼。

"让我们说'再见'吧，我的好孩子，"那个男人说道，同时他把他的头俯在——我看见他了！——我母亲的小手套上。

"再见！"我说道。

"好啦！让我们作世间最好的朋友吧！"那个男人笑着说道。"握手吧！"

我的右手在我母亲的左手中，于是我把另一只手给他。

"嘿，不是这一只手，卫！"男人笑道。

我母亲把我的右手拉向前方，但是为了前面的理由，我打定主意不把那只手给他，我没有给他。我把另一只手给他，他亲热地握那只手，并且说我是一个勇敢的家伙,然后走了。

这时我见他在花园中转弯,用他那不吉利的黑眼睛给了我们最后一瞥,随后门就关上了。

不曾说一句话或动一个指头的辟果提,立刻把门上了锁,我们大家都走进客厅。我母亲,跟她平常的习惯相反,不走向火炉旁的靠手椅,却留在室内另一端,低声唱着坐在那里。

"——你今天晚上很快活吧,太太,"辟果提说道。她像桶子一般直地站在客厅中央,手里拿着一个蜡烛台。

"多谢你,辟果提,"我母亲用一种高兴的声音回答道,"我过了一个很愉快的晚间。"

"一个生人什么的引起一种愉快的改变,"辟果提暗示道。

"诚然是一种很愉快的改变,"我母亲回答道。

辟果提依旧一动不动地站在客厅中央,我母亲又唱起来,我睡了,但是我睡得并不熟,还能听见声音,不过不能听清她们说什么。当我从那不舒服的瞌睡中半醒过来时,我发见辟果提和我母亲一同在流泪,一同在谈话。

"不是这样一个人,科波菲尔先生一定不会喜欢的,"辟果提说道。"我这样说,我这样发誓!"

"哎呀!"我母亲叫道。"你就要把我逼疯了! 从来有像我这样被她的底下人这样糟蹋的可怜的女孩儿吗? 为什么我冤枉自己把自己唤作女孩儿呢? 我不曾结过婚吗,辟果提?"

"上帝知道你结过,太太,"辟果提回答道。

"那么你怎么敢,"我母亲说道,"你知道我的意思并不是你怎么敢,辟果提,乃是你怎么忍心——使我这样不痛快,对我说这样残忍的话,你既然十分知道,我在外边没有一个可以依靠的朋友!"

"为了这种理由,"辟果提回答道,"更加不可以。不! 不可以。不! 怎样也不可以。不!"——我觉得辟果提准会抛掉那个蜡烛台,她那样用了它来加重她的语气。

"你怎么可以这样张大其词，"我母亲说道，比先前流出更多的眼泪，"用这样不公道的态度说话！我一次一次地告诉你，辟果提，一点也不曾超过最普通的交际，你这残忍的东西，怎么说得好像一切定了局安排好了那样！你谈到追求。我有什么办法？假如人们蠢到滥用他们的感情，那是我的罪过吗？我有什么办法，我问你？你愿意我剃去头发染黑脸，或用烧伤烫伤或其他类似的办法使自己变丑吗？我猜你愿意的，辟果提。我猜你很喜欢看我那样办。"

辟果提似乎很为这句冤枉她的话伤了心，我想。

"我的亲爱的孩子，"我母亲叫道，走到我所坐的靠手椅旁边，搂抱我，"我自己的小卫！这是否对我暗示，我对我的小宝贝，从来最可爱的小人儿，缺少爱心！"

"从来没有人暗示那样的事，"辟果提说道。

"你暗示过，辟果提！"我母亲回答道。"你知道你暗示过。你所说过的话不是那样的意思，是什么意思，你这刻薄人，你像我一样知道，完全为了他的缘故，上一季我不肯买一把新阳伞，虽然那把旧的绿阳伞上面全破了，穗子也完全脏了。你知道是这样，辟果提。你不能否认。"于是，她亲热地转向我，用她的面颊靠着我的，"你觉得我是一个淘气的妈妈吗，卫？我是一个讨厌的、残忍的、自私的、不好的妈妈吗？说我是，我的孩子；说'是'，亲爱的孩子，辟果提会爱你的，辟果提的爱比我的好得多，卫。我一点也不爱你，是不是？"

说到这里，我们大家一起痛哭了。我想我是三个中哭得声音最高的，但是我相信，我们都是诚心诚意地哭。我自己是十分伤心了，恐怕在十分激动时骂过辟果提"畜生"。我记得，那个诚实的人十分痛苦，当时一定变得完全没有钮子了；因为当她跟我母亲和好以后，她跪在靠手椅旁，跟我和好，于是那些小炸弹一起爆走了。

我们非常懊丧地睡了。经过很长的时间，我的呜咽不断地把我弄醒，当一次很剧烈的呜咽把我完全从床上搅起时，我发见我母亲坐在被上，俯在我身上。在那以后，我在她怀中睡去，睡得很熟。

　　我再看见那个男人,是在下一个星期日呢,还是过了更久的时间他才再出现呢,我记不清楚了。我并不以长于记日期自许。不过他来到教堂中,后来与我们一同走回家。他也进来,看我们客厅窗子内那著名的天竺葵。我觉得他并不大注意那东西,但是在他走以前,他求我母亲给他一朵花。她请他自己选择,但是他不肯那样做——我不懂为什么——于是她为他采了一朵,交到他手里。他说,他要永远、永远不再离开这朵花;我想,他不知道一两天内花就落成一片片,他一定是一个十足的傻子。

　　辟果提开始不像先前那样每晚同我们在一起。我母亲对她非常客气——我觉得,比往常更加客气——我们是三个十分好的朋友;但是我们究竟不跟我们先前的样子相同,我们相互间不像先前那样愉快。有时我想,辟果提或许反对我母亲穿她抽屉里那些漂亮衣服,或许反对她那么常常去那个邻人家;不过,我不能彻底明白那是什么道理。

　　慢慢地,我见惯那个生黑胡子的男人了。我并不比从前喜欢他,对他怀抱同一不安的妒心;对于这问题,假如我在儿童本能的憎恶之外,在辟果提和我自然而然地重视我母亲的那种笼统概念之外,还有任何理由,当然不是我年纪大一点时所能发见的那理由。当时没有那种见解进入我的脑子,或接近我的脑子。我似乎可以一点一点地观察,但是若把这一点一点的作成一个网,把什么人捕捉在里边,那是我还办不到的。

　　一个秋天的早晨,我同我母亲在前面花园中,那时摩德斯通先生——现在我知道他叫那个名字——骑着马来了。他勒住马向我母亲行礼,并且说他要去罗斯托夫特,看几个驾游艇的朋友,并且满面春风地提议,假如我喜欢骑一次马,可以坐在他前面的鞍子上。

　　空气非常明朗可爱,那匹马自己似乎也非常喜欢让人骑,它站在那里向花园的大门口喷鼻,用足蹴,使得我十分想去了。于是我被打发到楼上辟果提那里,由她把我装扮起来;这时摩德斯通先生下了马,马缰拖在他的胳臂上,在蔷薇围篱外慢慢地走来走去,我母亲则在里边陪同他慢慢地走来走去。我记得,辟果提和我从我的小窗子里向外偷看他们;我记得,在他们散步时,他们仿佛多么细心地在察看他们中间的蔷薇;我也记得,辟果提由天使一般的脾气忽然变得暴躁起来,拼命用力梳我的头发,把它梳错了方向。

摩德斯通先生和我不久就出发了,沿着大路旁的青草地跑下去。他十分轻松地用一只胳臂揽住我,我相信我往常并不好动,但是我坐在他前面,却不能下决心不时时转过头来向上看他的脸。他生有那样一种浅浅的黑眼睛——我需要一个更好的字来说明那种看进去没有深度的眼睛——当它出神的时候,仿佛由于一种奇怪的光钱,每一斜眼就变了样。当我几次看他时,我怀着一种惧心观察那表情,也想知道他那么专心地在想什么。他的头发和胡子,从这么近看,比我过去所承认的更黑更密。他的脸的下部的方形,他每天剃光的粗硬的黑胡子的痕迹,使我想起大约半年前来我们附近展览的蜡像。这,以及他的整齐的眼眉,他的皮肤上很浓的白色,黑色,褐色——该死的他的皮肤,想起他就可恨! ——这一切使我一面悬心,一面想他是一个很漂亮的人。我相信我那可怜可爱的母亲也这样想呢。

我们来到海滨一家旅馆,那里有两个男人在一个房间相对吸雪茄烟。他们每一个人躺在至少四张椅子上,都穿着一件宽大的粗毛短衣。在一只角上是一堆外套,值勤的海军军官的斗篷,还有一面旗,都捆在一起。

当我们到达时,他们两个都懒懒地从椅子上滚了起来,并且说道,"哈娄,摩德斯通! 我们以为你死了!"

"还没有,"摩德斯通先生说道。

"这个后生是谁呀?"两人中的一个抓着我说道。

"这是卫,"摩德斯通先生回答道。

"姓什么?"那人说道。"琼斯?"

"科波菲尔,"摩德斯通先生说道。

"什么,迷人的科波菲尔太太的孩子吗?"那人叫道。"那个漂亮的小寡妇?"

"奎宁,"摩德斯通先生说道,"请你当心一点。有人很懂事呢。"

"谁很懂事?"那人笑着问道。

我赶快仰起脸来看,想知道是谁。

"不过是希菲尔的布鲁克斯罢了,"摩德斯通先生说道。

听说不过是希菲尔的布鲁克斯,我实在放了心;因为起初我真以为说的是我呢。

希菲尔的布鲁克斯先生的声名,似乎有一点很好笑的地方,因为一提到他,那两人都认真地大笑起来,摩德斯通先生也非常开心。笑过一阵以后,那个被他叫作奎宁的人说道:

"关于这一笔计划中的生意,希菲尔的布鲁克斯的意见怎样呀?"

"哼,我看不出布鲁克斯在目前对于这种事懂得很多,"摩德斯通先生回答道;"不过,我相信他并不十分赞成。"

说到这里,大家又笑起来,于是奎宁先生说,他要牵铃叫一些葡萄酒来为布鲁克斯祝福。他这样办了;当酒拿到时,他要我喝一点,吃一块饼干,在我喝下以前,要我站起来说"打倒希菲尔的布鲁克斯!"这祝福引起一大阵喝采,和那么认真的笑,使得我也笑起来了;我一笑,他们更加笑起来了。总而言之,我们都非常开心。

在那以后,我们在海滨悬崖上散步,坐在草地上,用望远镜看东西——当望远镜放在我眼前时,我什么也看不见,但是我装作能看见——随后我们回旅馆,提前用午饭。当我们在外边散步时,那两个人不断地吸烟——我想,假如我可以从他们那粗毛外套的气味来判断,从这两件外套由缝匠处拿到家中时起,他们一定就不断地吸烟了。我不应当忘记,我们去乘游艇,他们三个人走下船舱,忙着料理一些文件。当我从敞开的天窗向下望时,我看见他们很努力地工作。在这时间,他们把我交给一个很和蔼的人,这人生有红头发的很大的头,头上戴有一顶很小的闪光的帽子,身上穿着一件斜纹的衬衫或背心,胸前绣有大字母的"云雀"。我想这是他的名字;因为他住在船上,没有标榜他的名字的街门,所以他把名字摆在那里;但是当我叫他云雀先生时,他说那是那条船的名字。

据我整天的观察,摩德斯通先生比那两个人更严肃,更沉着。他们是很快活的,无忧无虑的。他们随意地互相调笑,但是很少同他调笑。我觉得他似乎比他们更聪明,更冷静,他们也似乎怀着与我相同的感觉来看待他。我看到,有一两次当奎宁先生说话时,他从眼角上看摩德斯通先生,仿佛要知道是否会惹他不高兴;有一次当巴斯尼治先生(另一个男人)兴高采烈时,他踢了踢他的脚,用眼睛偷偷地警告他,教他观察严肃地沉默地坐在那里的摩德斯通先生。我也不记得那一天摩德斯通先生究竟笑过什么,除了对那个希菲尔笑话笑过——但是说到究竟,那也是他自己的笑话呀。

我们在天黑以前回家。那是一个很晴和的晚间,我母亲同他又在蔷薇旁边散步,我被打发进去喝茶。当他去了以后,我母亲问我那一天所有的经过,他们说过什么,干过什么。我提到他们说她的话,她笑了,并且告诉我,他们都是胡说霸道的不要脸的家伙——但是我知道她喜欢他们的胡说霸道。我在当时知道得同现在一样清楚。我趁机会问她,曾否见过希菲尔的布鲁克斯先生,但是她回答了一个不字,不过她猜这人一定是制造刀叉的。①

既然,就在这时,她的脸在我面前出现,像我愿意在拥挤的街道中寻见的任何脸一般清楚,我能说她的脸——虽然我记得它改变了,虽然我知道它消灭了——不存在吗?既然,在现时,像在那一夜一样,她那天真的少女的美的气息扑上我的面颊,我能说它雕谢了吗,没有了吗?既然我的记忆使她复活过来(只能这样了),既然记忆中的青春比我或任何人一向所宝爱的青春更栩栩如生,而青春时代所珍贵的一切在记忆中永远不会消失,那么,我能说她改变了吗?

我完全照当初谈话后我上了床、她来跟我道晚安时的样子写她。她玩笑似地跪在床边,双手托着下颔,笑着,说道:

"他们说什么,卫?再告诉我一次。我不相信。"

"'迷人的——'"我开始说道。

我母亲把两只手放在我的嘴唇上,拦阻我。

---

① 希菲尔一地以产刀叉著名。——译者注

"断乎不是说'迷人的'，"她笑着说道。"断乎不会说是'迷人的'，卫。现时我知道不是这样说的！"

"是的，是这样说的。'迷人的科波菲尔太太'，"我理直气壮地复述道。"还加上'漂亮的'。"

"不，不，断乎不是'漂亮的'。不是'漂亮的'，"我母亲又把手指头放在我的嘴唇上插嘴道。

"是的，是这样说的。'漂亮的小寡妇'。"

"多么愚蠢的不要脸的人们！"我母亲笑着遮着脸叫道。"多么可笑的人们！是不是？亲爱的卫——"

"嗯，妈。"

"不要告诉辟果提；她会因为他们生气的。我自己非常生他们的气；我但愿辟果提不知道。"

我当然答应了；于是我们一次一次地互相接吻，我不久就睡实了。

相隔这么久，我觉得辟果提透露那我就要叙述的惊人的大胆的意见，仿佛是第二天的事，不过实际上大概是在两个来月后。

一个晚间，我们像先前一样，伴同袜子、码尺、蜡头、盖上画着圣保罗教堂的匣子、鳄鱼书，坐在一起（当时我母亲像先前一样不在家），这时辟果提，一连几次看我，张开嘴想说话，却又不曾说出——我当时想那不过是打呵欠，否则我一定会着慌的——最后才诱哄地说道：

"卫少爷，你喜欢同我去雅茅斯在我哥哥家过两个星期吗？那不好玩吗？"

"你哥哥是一个有趣的人吗，辟果提？"我仓卒间问道。

"噢，他是个非常有趣的人！"辟果提叫道，举着她的两只手。"那里有海；还有小船和大船，还有渔人；还有石子，还有可以一同玩耍的阿穆①——"

---

① Am 本应作 Ham，英国未受教育的人们常不发出 H 的音。原文作 Am to play，好像是英文文法中一种格式。——译者注

辟果提说的是她的侄子海穆,第一章已经提过了,但是她把他说得好像是英文法的一小部分了。

她数说这么多开心的事,使我兴奋起来,于是回答说,那真好玩,不过我母亲会说什么呢?

"我敢打一个基尼的赌,"辟果提看着我的脸说道,"她一定让我们去。假如你喜欢,她一回家,我就去问她。好呵!"

"不过我们走后她可怎么办呢?"我说道,把我的小臂肘放在桌子上来辩论这问题,"她不能独自一个人过活呀。"

假如辟果提忽然要在那只袜子的后跟上找一个洞,那必然是很小的不值得补的一个了。

"我说!辟果提!她不能独自一个人过活,你知道。"

"噢,天哪!"辟果提终于又看着我说道。"你不知道吗?她就要去同葛雷波太太住两个星期了。葛雷波太太就要请一大些客人了。"

噢!假如是那样,我就实在愿意去了。我极端耐不住地等我母亲从葛雷波太太家(这就是那个邻居)回来,决定我们能否得到实现这大理想的许可。并不像我所预期的那么惊奇,我母亲痛痛快快地答应了;当夜把一切安排好,我在旅行期间的食宿费将来照付。

我们出发的日子很快地到了。连我也觉得那日子来得快,当时我曾经怀着热烈的期待,有一点怕地震或火山,或其他自然界的大变故,会把那旅行阻挡下来。我们要乘早餐后出发的脚车。只要许我一夜不脱衣服,戴着帽子穿着靴子睡,多少钱我都肯出。

回忆我怎样急于离开我那快乐的家,怎样一点不曾疑心我竟永远离开它,虽然我漫不经意地叙述,直到现在还使我难过呢。

我喜欢回忆,当脚车停在大门前,我母亲站在那里吻我时,一种对她和我先前永远不曾离开的老地方的感激的依恋使我哭起来。我喜欢知道,当时我母亲也哭了,我觉得她的心靠着我的心跳。

我喜欢回忆,当那个脚夫开始走动时,我母亲跑出大门来,叫他停下,以便她再吻我一次。我喜欢玩味她的脸凑上我的脸吻我时所表现的亲切和热爱。

当我们丢下她一个人站在路旁时,摩德斯通先生向她走去,仿佛规戒她不要这么动感情。我绕过车篷向后望,想知道这跟他有什么关系。也从另一边向后望的辟果提仿佛非常不满意;从她带回车中的脸色可以看出来。我坐在那里,把辟果提看了一些时候,心中作这样的幻想,假如她奉命把我像童话中的孩子一般遗弃,不知我能不能沿着她落下的钮扣回家呢。

第二十一章　小爱弥丽

那一家有一个仆人,我听说,他常同斯提福兹在一起,是斯提福兹在大学里雇用的。这个仆人外表上是体面态度的一个模型。我相信,在他那地位,从来不曾有过一个更体面的人。他是寡言的,脚步轻的,态度很静的,驯顺的,细心的,需要时常在身边,不需要时永不靠近;不过他最值得重视的是他的体面态度。他没有柔顺的脸,他有很硬的脖子,很整齐很光滑的头(两边贴有短短的头发),很轻的语气,惯把 S 那个字母低声说得那么清楚,似乎他用这个字母比任何人用得多①,他使他所有的特征都体面起来。假如他的鼻子是颠倒的,他也会使它体面起来。他把自己环绕在一种体面的空气中,行动不离。他是那么彻头彻尾的体面,疑心他有什么不对的地方,几乎是不可能的。他是那么非常体面,没有人想到使他穿仆人的制服。要他做任何有伤体面的事,等于任意侮辱一个最体面的人。我看出,家里的女仆们那么自然而然地了解这一点,她们总由自己去做那样的事,他则总在食品室的火炉旁读报纸。

我从来不曾见过这样缄默的人。那性格,正如他一切别的性格,使他显得更加体面。就连没有人知道他的教名这事实,似乎也形成他的体面的一部分。大家所知道的黎提摩这个姓,没有一点可以反对的地方。彼

---

① s是斯提福兹这个姓的第一个字母。——译者注

得可以被绞死,汤姆可以被流放;但是黎提摩是十分体面的。

我相信,由于那种抽象的体面性质,使我在这人面前觉得格外年轻了。我无法猜测他自己有多大年纪——为了同一理由,这又是使他受称许的地方;因为在那体面的平静态度下,说他五十岁可以,说他三十岁也未为不可。

在早晨,在我起身以前,黎提摩就进入我的卧室,拿给我那可恨的刮脸水,把我的衣服摆好。当我拉起床帷向他看时,我看见他,保持着一种均衡的体面温度,不受一月东风的影响,连呼吸都不见白气,把我的靴子按照开始跳舞的姿势立起来,把我的衣服像一个婴儿一般放下,吹去上面的灰尘点子。

我向他问早安,同时问他几点钟。他从衣袋里掏出我从未见过的最体面的双盖表,用大指按着弹簧,不使它多张开一点,仿佛向神蠔问卜一般,向里边看了看表面,关起来,然后说道,对不起,那是八点半钟。

"斯提福兹先生乐意知道你睡得好不好呢,先生。"

"谢谢你,"我说道,"实在很好。斯提福兹先生很好吗?"

"谢谢你,先生,斯提福兹先生也还好。"他的另一特征。不用最高级的形容词。永远是冷冷的平静的中级形容词。

"还有别的事赏给我做吗,先生? 预报钟九点敲;家里人九点半用早餐。"

"没有了,我谢谢你。"

"我谢谢你,先生,对不起,"他走过床边时,微微一低头,作为纠正我的话的一种道歉,他走出去了,那么轻轻地关上门,仿佛我刚刚进入性命交关的甜蜜的睡眠。

我们每天早晨作这样恰恰相同的对话:从来不多一点,也从来不少一点;但是,不拘隔夜我被斯提福兹的友谊、或斯提福兹夫人的信任、或达特尔小姐的谈话抬高了多少,成熟了多少,一到这最体面的人面前,一定不移地,如我们那不大著名的诗人们所歌颂,我"又变成一个孩子了"。

他为我们预备马;无所不知的斯提福兹教我骑马。他为我们预备圆头剑,斯提福兹教我斗剑——他也为我们预备手套,我开始从同一教师增进拳术。在这些学科方面,斯提福兹觉得我是外行,我一点也不介意,但是在体面的黎提摩面前,显示我的拙笨,是我从来无法忍受的。我没有理由相信黎提摩自己懂得这些技术;他那体面的睫毛之一的颤动,并不足以使我作那种猜测;但是在我们练习时,只要他在那里,我就觉得我是最幼稚、最没有经验的人了。

我特别注意这个人,因为在当时他加给我一种特殊的影响,也因为后来所发生的事情。

那个星期在最愉快的心情下度过了。可以想得到,在我这样神魂颠倒的人,那个星期很快地过去了;但是那个星期给了我那么多进一步认识斯提福兹的机会,也给了我那么多在一千样事上称赞他的机会,在那个星期结束时,我觉得仿佛与他度过了长得多的时间。他把我看作玩物的那种矜夸的态度,较之他所能采取的任何种态度更合我的心意。这种态度使我想起我们旧时的友谊;仿佛这是那友谊的自然的连续部分;这种态度使我知道,他并未改变;这种态度使我在跟他比较优劣时,在用任何平等标准衡量我在他的友情上所有的权利时,减轻我所能感到的一切不安;最重要的是,这是他不对任何别人使用的一种亲昵的、不拘束的、热情的态度。因为他在学校时曾经待我跟待一切别人不同,我快乐地相信,他生平待我跟待他所有别的朋友不同。我相信,我比任何别的朋友更接近他的心,我自己的心也由于对他的敬慕而温暖起来。

他决定同我去乡间,我们动身的日期也就到了。他一开始曾经犹疑带不带黎提摩,后来决定把他留在家中。那个满足于任何命运的体面人,把我们的提包安置在载我们去伦敦的小马车上,仿佛要把它们安置得不怕世世代代的震动;然后怀着十足的镇静态度,受下我客客气气地献上的礼金。

我们向斯提福兹夫人和达特尔小姐告别,我这一方面怀着许多谢意,爱子情深的母亲方面怀着大量仁慈。我所看见的最后一件东西是黎提摩那沉静的眼光;据我幻想,其中满含那默默的信念,就是,我实在很年轻哩。

在我如此顺利地回旧日熟悉的地方时所抱的感想,我不想加以描写了。我们搭邮车前往。我记得我是那么为雅茅斯的名誉悬心,当我们经过暗黑的街道赶向旅店时,斯提福兹说,据他所能看出的,这是一个优良的新奇的偏僻的洞洞儿,我就非常高兴了。我们一到就睡了(当我们经过我的老朋友"海豚"的门口时,我看见与他有关的一双污秽的鞋子和鞋套),第二天早晨,早餐吃得很晚。精神健旺的斯提福兹,在我起身以前,已经在海滨散过步,据他说,他已经认识了当地一半的船夫。此外,他曾经从远处望见他断定是辟果提先生住宅的地方,烟囱里正冒着烟;他告诉我,他很有意思走进去,对他们发誓说,他就是长得认不出的我哩。

"你预备什么时候把我介绍到那里去呀,雏菊?"他说道。"我是听你调度的呢。随你的意思布置吧。"

"嘿,我正在想,今天晚上,当他们都坐在火炉周围时,斯提福兹,应当是一个好时候。我愿意你在那一个安乐的时候去看,那是一个非常奇妙的地方。"

"就这样吧!"斯提福兹回答道。"今天晚上。"

"我一点也不通知他们,说我们在这里,你知道,"我满怀愉快地说道。"我们应当出乎他们意外地到那里。

"噢,当然! 我们若不出乎他们意外地到那里,"斯提福兹说道,"就没有趣儿了。让我看一看本色的当地人吧。"

"不过他们究竟是你所说的那一伙人哪,"我接过来说道。

"哈! 什么! 你记起我同洛莎的冲突了吧,是不是?"他带着一种机警的样子叫道。"那个混账女孩子,我有一点怕她了。我觉得她像一个妖怪。不过由她去吧。你现在要做什么呢? 我猜,你要去看你的保姆了吧?"

"呃,是的,"我说道,"我应当先去看辟果提。"

"得,"斯提福兹看着他的表说道。"假定我把你交出去,由她守着你哭两个钟头。这时间够不够长?"

我笑着回答说,我想,我们在那时间内可以哭够了,不过他也应当去;因为他会发见,他的声望已经先他而来,他也几乎是像我一样伟大的一个人物了。

"你喜欢我去什么地方,我就去什么地方,"斯提福兹说道,"你喜欢我做什么,我也就做什么。告诉我怎样去吧;在两个钟头以后我就要随你的意思出台,不论是悲剧还是喜剧。"

我把寻找巴吉斯先生(往来布兰德斯通和其他各地的脚车夫)住址的方法仔仔细细地告诉他,然后,在这种约定下,我独自出去了。空气是十分清爽的;地面是干的;海面微皱而明朗;太阳即使不散布很多热,也散布很多光;一切是新鲜的,活泼的。在来到这里的欢喜心情下,我自己是那么新鲜,那么活泼,我真要拦住街上的人们,跟他们握手呢。

当然,街道显得小了。我们仅在儿童时见过的街道,当我们再回到那里去时,我相信,总是那样的。但是街道上的一切我都不曾忘记,在来到欧默先生的铺子以前,也找不出任何改变。过去写着"欧默"的地方,现在改作"欧默-约兰"了;但那"布商,成衣匠,服饰商,丧事用品商,等等"的字号依然如故。

在我从街对面读过这些字以后,我的脚似乎非常自然地走向铺子门口,我走过街来向铺子里面看了。铺子后部有一个好看的女人,怀里抖动着一个小孩,另一个小人儿牵住她的围裙。我既不难认出敏妮,也不难认出她的孩子们。客厅的玻璃门并未敞开;但是在院子对面的作坊中,我还能微微地听见那个老调子,仿佛从来不曾间断过。

"欧默先生在家吗?"我走进去说道。"假如他在家,我想见他一会儿呢。"

"嗷,是的,先生,他在家,"敏妮说道;"户外这样的天气不宜于他的气喘呢。乔,叫你外公来!"

牵着她的围裙的小人儿,发出那么雄壮的一声叫喊,叫喊的声音使他害起羞来,在她的称赞下,把脸埋进她的裙子里。我听见一种沉重的喘息声向我们走来,不久,比过去更加气促但样子并不老得多的欧默先生站在我面前了。

"伺候你,先生,"欧默先生说道。"你有什么吩咐,先生?"

"假如你高兴,欧默先生,你可以同我握手呵,"我伸着我自己的手说道。"你一度待我很和气,恐怕我那时未把这样的意见表示出来呢。"

"我究竟是不是那样呢?"那个老人接过来说道。"听你这样说,我很高兴,但是我不记得什么时候了。你准知道是我吗?"

"一点也不错。"

"我觉得我的记忆力已经像我的呼吸一样短了,"欧默先生看着我摇着头说道;"因为我不记得你了。"

"你不记得你去脚车旁边接我、我在这里用早餐、我们(你,我,约兰太太,还有约兰先生——他那时还不是她的丈夫呢)一同坐车去布兰德斯通吗?"

"嘿,老天爷!"欧默先生惊得咳嗽过以后大叫道,"可不是吗! 敏妮,我的亲爱的,你记得了吧? 哎呀是的——那是一位太太的丧事吧,我相信?"

"家母呵,"我回答道。

"不——错,"欧默先生用手指头摸着我的背心说道,"还有一个小孩呢! 那是两个人的丧事。小孩躺在大人旁边。那是在布兰德斯通,当然啦。哎呀! 从那时以后你过得好吗?"

"很好,"我一面谢他,一面希望他也很好。

"噢! 没有什么可怨恨的,你知道啦,"欧默先生说道。"我觉得我的呼吸愈来愈短了,不过一个人的年纪愈来愈大,呼吸是不会愈来愈长的呀。既然是这样,我就任其自然啦,尽可能地活就是了。这是最好的办法,是不是?"

欧默先生笑得又咳嗽起来了,站在他旁边、在柜台上抖动最小的孩子的他女儿帮助他平息下来。

"哎呀!"欧默先生说道,"是的,不错。两个人的丧事! 嘿,就在那一趟旅行中,假如你相信我,定出了我的敏妮和约兰结婚的日子。'千万定出来吧,你老,'约兰说道。'是的,千万,父亲,'敏妮说道。而现时他已经加入营业了。看这里! 最小的呢!"

敏妮笑了,当她父亲把一个胖指头伸进她在柜台上抖动的小孩的手中时,她抚摸两鬓结扎起来的头发。

"两个人的丧事,当然!"欧默先生回忆一般地点着头说道。"一点也不错! 约兰这时正在作一具带银钉的灰色棺材,不是这身量"——在柜台上跳动的孩子的身量——"足足大两寸呢。你要吃一点什么不?"

我一面谢他,一面推辞了。

"让我想一下,"欧默先生说道。"脚车夫巴吉斯的太太——船夫辟果提的妹妹——与你们家有过什么关系吧? 她在那里做事吧,是不是?"

我的肯定的回答给了他很大的满足。

"我相信我的呼吸随后会长的,因为我的记忆力好起来了,"欧默先生说道。"得,先生,我们这里有她一个年轻的亲戚,帮我们做事,她对成衣业有很高雅的趣味——我敢断言,我不相信英国有一个公爵夫人比得上她呢。"

"不是小爱弥丽吧?"我不知不觉地说道。

"爱弥丽是她的名字,"欧默先生说道,"而且她也是小的。不过,假如你肯相信我,她生有那样一张脸,本市半数的女人都要嫉妒得发疯呢。"

"瞎说,父亲!"敏妮叫道。

"我的亲爱的,"欧默先生说道,"我并未把你算在里边呀,"他向我使着眼色说道,"我不过是说,雅茅斯半数的女人——啊,在方圆五里以内——都要嫉妒得发疯呢。"

"那么,她就应当安分守己,父亲,"敏妮说道,"不给她们任何把柄来谈论她,她们也就不会嫉妒她了。"

"她们不会,我的亲爱的!"欧默先生回答道。"她们不会! 这就是你对人生的见解吗? 特别在另一女人的美貌问题上,什么不应当做的事那些女人不会做呀?"

我真相信,欧默先生在说过这一番讽刺的笑话以后,就一切都完结了。他咳嗽到那样的程度,他的呼吸是那么顽强地逃避他从事恢复的一切尝试,我一心等待他的头沉到柜台后面去,他那膝部饰有褪色的小缎结的黑短裤在最后无力的挣扎中颤抖着翘起来。但是,他终于好起来,不过他依然很困难地喘息,而且是那么精疲力竭,不得不坐在帐桌的踏脚凳上了。

"你知道,"他擦着头艰难地呼吸着说道,"她在这里不曾接近任何人;她也不曾对任何特殊的相识或朋友更亲近,不要说情人了。结果,竟有一种恶意的故事传播开来,说爱弥丽要作一个阔太太。我的意见是,这故事所以流传开来,主要是由于她在学校中有时说,假如她是一个阔太太,她一定为她的舅舅——你知道啦?——做这做那,买给他这样那样的好东西。"

"我可以证实你的话,欧默先生,"我急切地接过来说道,"当我们都是小孩子时,她对我那样说过。"

欧默先生一面点头,一面摩擦下颔。"正是那样。并且她能用很少的东西,你知道,比大多数别人用很多的东西打扮得更好,这就使得情形不愉快了。此外,她有一点可以说是任性。甚至我自己也把这个唤作任性,"欧默先生说道;"心思不大定;有一点娇惯;不能一下子把自己约束住。从来反对她的话不过如此吧,敏妮?"

"不过如此,父亲,"约兰太太说道。"我相信,最坏的也不过如此了。"

"所以当她得到一个陪伴一位脾气不好的老女人的位置时,"欧默先生说道,"她们相处得不大好,于是她不肯留下。她终于来到这里,约定作三年学徒。几乎有两年已经过去了,她是一个要多好有多好的女孩儿。抵得上任何六个!敏妮,她现时是否抵得上任何六个?"

"是的,父亲,"敏妮说道。"千万不要说我毁谤她!"

"很好,"欧默先生说道。"那是不错的。所以,少爷,"他又把他的下颔摩擦了一会儿,然后说道,"免得你以为我呼吸短,话头长,我相信我什么话都说完了。"

因为他们谈到爱弥丽时把声音放低,我相信她就在附近。当我问是否这样时,欧默先生点点头,并且向客厅的门点头。我连忙问可否偷看一眼,回答是请便;于是,隔着玻璃,我见她坐在那里工作。我看见她了,一个最美丽的小人儿,生有曾经窥见我的内心的明朗的蓝眼睛,笑着转向在她身边玩耍的敏妮的另一个孩子;鲜艳的脸上带着足以证实我所听见的话的任性神气;也潜伏着旧日那种难于捉摸的羞怯意味;不过,我相信,在她那好看的面貌中,没有一处不含有向善的求幸福的意思,也没有一处不保持善良的幸福的状态。

院子对面仿佛从来不曾间断过的调子——唉!那是实际上从来不曾间断过的调子呀——不断地在轻轻敲打。

"你不喜欢进去,"欧默先生说道,"跟她谈谈吗?进去跟她谈谈吧,先生!不要客气呀!"

我当时太羞怯了,不能那样做——我怕使她难为情,我也同样怕使我自己难为情;但是我记住她晚间离开的时间,以便我们按时造访;于是辞别了欧默先生,他的好看的女儿,她的小孩们,走向我的亲爱的老辟果提家了。

她正在瓦顶的厨房里煮饭呢!我一敲门,她就来开门,问我有什么事见教。我含笑看她,但是她回看时并未对我笑。我从来不曾停止写信给她,但是我们已经有七年不见了。

"巴吉斯先生在家吗,太太?"我假装着粗鲁的语气对她道。

"他在家,先生,"辟果提回答道,"不过他正躺在床上患痛风病呢。"

"他现在不去布兰德斯通了吧?"我问道。

"他病好了的时候,他去的,"她回答道。

"你去过那里吗,巴吉斯太太?"

她格外注意地看我,我看到她的两只手很快地往一起合拢。

"因为我要打听那里的一所房子,他们唤作——唤作什么?——鸦巢的一所房子呢,"我说道。

她向后退了一步,带着一种犹疑不决的吃惊的样子伸出两只手,仿佛要把我赶走。

"辟果提!"我对她叫道。

她叫道,"我的宝贝孩子!"于是我们两个都哭起来,互相搂抱在一起。

她是怎样的忘形;怎样的对我笑和哭;她显示了怎样的骄傲,怎样的快乐,怎样的悲哀(悲哀她不能拥抱俨然是她的骄傲和快乐的我);我不忍得叙述了。我也不必忧虑自己太年轻,不能反应她的感情。我相信,我一生绝对没有——连对她也没有——比那一早晨笑得更随便,哭得更随便。

"巴吉斯一定非常高兴,"辟果提用围裙擦着眼睛说道,"比几斤膏药更对他有益呢。我可以去告诉他,说你来了吗?你要上去看他吗,我的亲爱的?"

当然我要去的。但是辟果提不像她所说的那样容易走出室外,因为每当她走到门口向后看我时,她就又回来扶着我的肩头笑一阵,哭一阵。后来,为了使这问题容易解决,我跟她一同上楼;我在外边等了一分钟,让她先去通知巴吉斯先生一下,然后就在那病人面前出现了。

他怀着极端的热诚接待我。他痛得太厉害了,不能同我握手,他求我握他睡帽顶上的缨子,我就十分诚恳地照办了。当我坐在床边时,他说,仿佛他又在布兰德斯通大道上为我赶车一般,使他感到无限的好处。他躺在床上,脸朝上,全身用被盖住,似乎只剩下一张脸——像一个传说中的天使——他的样子是我从来没有见过的最奇特的东西了。

"我写在车子上的那个名字是什么呀,先生?"巴吉斯先生含着迟缓的痛风的微笑说道。

"啊!巴吉斯先生,关于那个问题,我们有过一些严肃的谈话呢,是不是?"

"我愿意过很长的一个时期吧,先生?"

"很长,"我说道。

"我并不后悔,"巴吉斯先生说道。"你有一次告诉我,她会做各种苹果饼儿,各种饭食,你还记得吗?"

"是的,记得很清楚,"我回答道。

"那是像,"巴吉斯先生说道,"蔓菁一样真的。那是像,"巴吉斯先生点着他的睡帽(那是他唯一加重语气的工具)说道,"像捐税一样真的。没有比这些更真的了。"

巴吉斯先生把眼睛转向我,仿佛要我同意他在床上思考的结果;我同意了。

"没有比这些更真的了,"巴吉斯先生重复道;"一个像我这样的穷人躺在床上时想出来的。我是一个很穷的人哪,先生。"

"我听了很觉得难过,巴吉斯先生。"

"一个很穷的人,我实在是的,"巴吉斯先生说道。

说到这里,他的右手缓缓地、软弱地从被底下伸出来,没有目的地东摸西摸,摸到松松地系在床边的一根棍子。用这东西拨了几拨以后(拨时他的脸显出各种焦躁的表情),巴吉斯先生拨到一只箱子(我过去总看见那只箱子的一端)。这时他的脸平静下来了。

"旧衣服呵,"巴吉斯先生说道。

"噢!"我说道。

"我愿意这是钱呢,先生,"巴吉斯先生说道。

"我也愿意,真的,"我说道。

"不过这不是,"巴吉斯先生尽可能睁大两只眼说道。

我表示我完全相信,巴吉斯先生更温和地把眼睛转向他的太太说道:

"她,克·辟·①巴吉斯,是最有用、最好的女人。任何人所能加给克·辟·巴吉斯的一切称赞,她都配得上,而且还不止呢!我的亲爱的,你今天要预备一顿晚饭,请客;一点好吃好喝的东西,好不好?"

倘非看见坐在床对面的辟果提极端希望我不要推辞,我一定反对这种不必要的客气表示了。于是我不出声了。

"在我身边什么地方,我有一点钱,我的亲爱的,"巴吉斯先生说道,"但是我有一点乏了,假如你和大卫先生肯出去一下,让我睡一会儿,当我醒来时,我要设法找出来。"

---

① 克拉拉·辟果提。——译者注

我们遵照他的要求离开卧室。当我们走出门外时,辟果提告诉我,现在巴吉斯先生比先前"更小气一点"了,在从他的库藏中拿出一个钱以前,总要使用这同一的计策;当他独自爬出床来、从那个不幸的箱子取钱时,他忍受闻所未闻的痛苦。事实上,我们也就听到他在发出压低了的具有最痛楚的性质的呻吟,因为这戏法牵动了他身上每一个关节;虽然辟果提的眼睛充满对他的同情,她仍然说他的宽厚动机于他有益,所以还是不去阻止的好。他像这样呻吟下去,直到他忍受着殉道者的痛楚(我相信)又爬进床去,才算告一段落;于是他唤我们进去,假装着刚从一觉恢复精神的睡眠中醒来,从枕头底下掏出一个基尼。因为他对我们进行了那巧妙的欺骗,并且保持了那箱子的不可测的秘密,他的满足似乎足以抵偿他所有的痛楚了。

我把斯提福兹的到来通知辟果提,他不久也就来了。我相信,不拘他是我的仁慈的朋友,或是她个人的恩人,对她并没有分别,不拘怎样,她会怀着绝顶的感激和忠诚来接待他。但是他那随便的活泼的好性格,他那和蔼的态度,他那俊秀的面貌,他那应付所喜欢的任何人的天才,以及当他高兴时投合各人心中主要趣味的天才,在五分钟内完全俘虏了她。单是他待我的态度就能征服她了。不过,由于所有这些结合起来的理由,我实实在在地相信,那一晚他离开那里以前,她对他怀有一种崇拜呢。

他同我留在那里吃晚饭——假如我说他愿意,还不足以表示那种高兴的一半呢。他像日光和空气一般进入巴吉斯先生的卧室,仿佛他是健康的天气一般使那个房间明朗起来,畅爽起来。在他所做的一切事上,没有声张,不费气力,没有矜持;但是在一切事上,都有一种形容不出的轻快,一种非此不可、恰到好处的意味。那种意味是那么温雅,那么自然,那么惬意,直到现在,一想起来都使我感动呢。

我们在那小客厅里说说笑笑,那一部在我读过以后未沾过手的"殉道者故事"依旧放在那里的书桌上,我现在又一页一页地翻开那些可怕的图画,重温由它们唤起的旧感觉,但是现在感觉不到了。辟果提谈到她唤作我的卧室的地方,谈到留我在那里过夜的准备,也谈到她希望我住在那里,我看了看斯提福兹,心中还在迟疑的时候,他就完全了解了。

"当然,"他说道。"在我们停留的期间,你睡在这里,我睡在旅店。"

"不过把你带到这里,"我接过来说道,"又分开来,似乎对不住朋友,斯提福兹。"

"哈,老实说,你本来属于什么地方!"他说道,"比起那个来,'似乎'又算得什么!"于是立刻决定了。

直到八点钟我们去辟果提先生的旧船时,他始终保持他所有的愉快的品质。实际上,这些品质随着时间的进行活泼地显示出来;因为我在那时就想,现在更没有疑问,他自己觉察到的在讨人欢喜方面所获得的成功,在他身上激发了一种新的体贴意味,尽管是非常难于捉摸,却使他更容易讨人喜欢了。假如,在那时,任何人告诉我,这一切都是一种漂亮的戏法,在一种轻浮的好胜心情下,在一种想获取他觉得没有价值随后就丢掉的东西的、无谓的、不关心的过程中,为了一时的兴奋,为了一时的消遣,扮演出来的:我说,假如任何人在那一夜告诉我这样一种谎话,我不知道听了以后要怎样发泄我的愤慨呢!

我怀着那种有加无已(如果增加是可能的话)的忠实感和友谊感伴同他从黑暗的寒冷的沙子上走向那条旧船,在我周围叹气的风比我第一次造访辟果提先生宅门的那一夜更加伤心地悲叹和哀鸣。

"这是一个荒凉的地方,斯提福兹,是不是?"

"在黑暗中真够凄惨呵,"他说道;"海像要吞掉我们一般吼叫。就是那条船吧,我看见那里有一道灯光呢?"

"就是那条船,"我说道。

"今天早晨我看见的就是它,"他接下去说道。"我相信是由于本能,我一直走向它去了。"

当我们走近灯光时,我们不再说话,轻轻地走向门前去。我把手放在门闩上;低低地叫斯提福兹挨近我,然后走进去。

在外边时已经听见一片嘈杂声,一到里边,就听见一阵鼓掌声:后一种声音,看见了使我惊奇,乃发自从来闷闷不乐的古米治太太。不过在那里,古米治太太不是唯一非常兴奋的人。辟果提先生,脸上带着非常的满足,用尽气力笑着,大张开他那粗壮的两臂,仿佛等待小爱弥丽投进去;海穆,脸上带着赞美、欢喜以及与他相称的笨重的羞怯的混合表情,握着小爱弥丽的手,仿佛他要把她介绍给辟果提先生;小爱弥丽自己,又羞,又怯,但是因辟果提先生的高兴而高兴(如她那欢喜的眼睛所表示的),在从海穆身边跳进辟果提先生怀抱的动作中,被我们的走进拦阻下来(因为她首先看见我们)。我们第一眼看见他们时,我们从又暗又冷的夜中走进又亮又暖的室中时,他们大家的情景就是这样;在暗中的古米治太太,像一个疯女人一般鼓着掌。

我们一进来,那一幅小图画陡然消失了,令人疑心它是否存在过。我站在那惊惶失措的家庭中间,与辟果提先生面面相对,向他伸着我的手,这时海穆大喊道:

"卫少爷呦!这是卫少爷呦!"

我们大家立刻互相握手,互相问好,互相说着多么高兴相见,大家同时说起话来。辟果提先生看见了我们两个,是那么骄傲和欢喜,他不知道说什么好,做什么好,仅只一次一次地同我握手,然后同斯提福兹握手,然后又同我握手,然后揉乱他满头蓬松的头发,然后怀着那样的欢喜和得意大笑。看见他真是一件开心的事。

"喂,你们两位先生——长大成人的先生们——今晚来这里,我十分相信,乃是我这一生从来不曾有过的一件事呵!爱弥丽,我的宝贝,来这里!来这里,我的小妖精!这是卫少爷的朋友,我的亲爱的,这就是你过去听说的那位先生,爱弥丽。在你舅舅一生空前绝后最快活的晚间(叫别的晚间滚他妈的蛋吧),他同卫少爷来看你了!"

一口气发表了这一篇演说以后,怀着非常的热情和快乐,辟果提先生欢喜地用他的两只大手夹着他的甥女的脸,吻过一打的次数,怀着温和的骄傲和爱情把她的脸靠在他那宽阔的胸膛上,然后加以拍抚;仿佛他的手是一个女人的。随后他放开她;当她跑进我往昔在那里睡过的小房间时,他轮流着看我们,由于他那非常的满足,觉得很热了,不能出气了。

"假如你们两位先生——现在长大成人的先生们,而且是这样好的先生们——"辟果提先生说道。

"他们是这样,他们是这样!"海穆叫道。"说得好! 他们是这样。卫少爷朋友——长大成人的先生们——他们是这样!"

"假如你们两位先生,长大成人的先生们,"辟果提先生说道,"听了这事的原委,不肯原谅我的心情,我一定请你们饶恕。爱弥丽,我的亲爱的! ——她知道我就要宣布了,"说到这里,他的欢喜又发作了,"所以她逃走了。可否请你这会儿去找一找她,大嫂?"

古米治太太点了点头就出去了。

"假如这不是,"辟果提先生坐在火炉旁边说道,"我一生最快活的一晚,我就是一只蛤蜊——而且是煮过的——我不能说得更到家了。这个小爱弥丽,先生,"低声对斯提福兹说道,"——就是你方才看见在这里脸红的那一个——"

斯提福兹仅仅点了点头;但是具有那样关切的、与辟果提先生同感的一种愉快表情,使得后者觉得他已经说过话一般来回答他。

"诚然,"辟果提先生说道。"那就是她,她就是那样的。谢谢你,先生。"

海穆向我点了几次头,仿佛他也要那样说。

"我们这个小爱弥丽,"辟果提先生说道,"一向住在我们家中,我相信(我是一个没有知识的人,不过那是我的信念),这个水汪汪的眼睛的小人儿是绝无仅有的了。她不是我的孩子;我从来没有过孩子;可是我把她爱到无可再爱了。你懂啦! 我无可再爱了!"

"我很懂,"斯提福兹说道。

"我知道你懂,先生,"辟果提先生接过来说道,"再谢谢你。卫少爷,他能记得她过去是什么样子,你可以随意判断她过去是什么样子;不过你们都不十分知道,在我这怜爱的心里,她过去、现在、将来是什么样子。我是粗鲁的,先生,"辟果提先生说道,"我像一条海猪一般粗鲁;不过,我相信,没有人,除非是一个女人,能知道我们的小爱弥丽在我眼中是什么样子。这里没有外人，"把声音更放低一点，"那个女人的名字也不是古米治太太，虽然她有无数的好处。"

作为他要说的话的进一步的准备，辟果提先生又用双手揉乱他的头发，然后一只手放在一只膝盖上说下去。

"这里有一个人，从我们爱弥丽的父亲淹死时就认识她，当她是一个小孩、是一个年青姑娘、是一个大人时，不断地看见她。看起来不是什么了不起的人物，他不是的，"辟果提先生说道，"有一点像我自己——粗鲁——里头有的是狂风暴雨——很痛快——不过总起来说，一个诚实的后生，心儿生在正当的地方。"

我觉得，我从来不曾见过海穆像现在对我们这样把嘴咧得那么大。

"这里这个有福气的水手不拘干什么，"辟果提先生满面春风地说道，"他的心总悬在我们小爱弥丽身上。他随从她，他作了她的跟班，他吃不下饭去，最后他使我明白是怎么一回事了。你们知道，我现在可以希望看见我们的小爱弥丽妥妥当当地结婚了。不拘如何，我现在可以希望看见她嫁给一个有权利保护她的老实人了，我不知道我能活得多久，或死得多快；不过我知道，假如任何一夜我在雅茅斯港口一阵风中翻了船，从我不能抵抗的浪头上最后一次看城市的灯光，想到'岸上有一个人，铁一般忠心于我的小爱弥丽，上帝保佑她，只要那个人活着，我的小爱弥丽不会遭遇不幸的'，我就可以比较安心地沉下去了。"

辟果提先生怀着朴实的热情摇摆他的右手，仿佛他最后一次向城市的灯光摆手，然后，同海穆交互点着头（他触到海穆的眼光）像先前一样说下去。

"得！我劝他去对爱弥丽说。他的年纪不小了，但是他比一个小孩子更怕羞，他不喜欢那样干。于是我去说了。'什么！他，'爱弥丽说道。'他这么多年来我十分熟悉，也非常喜欢！噢，舅舅！我断乎不能嫁他。他是那么好的一个人！'我吻了她一下，我只好说道，'我的亲爱的，你老实说出来是对的，由你自己去选择吧，你是像一头小鸟一般自由的。'于是我去他那里，我说道，'我但愿能成事实，但是不能。不过你们可以像先前一样,我告诉你的是,要像以前那样待她,作一个光明正大的人。'他握着我的手对我说,'我一定!'他说道。一连两年过去了,他果然那样——光明正大——我们家里完全像先前一样。"

随叙述不同阶段而变异其表情的辟果提先生的脸,现在恢复了所有先前的得意扬扬的神气,他把一只手放在我的膝盖上,一只手放在斯提福兹的膝盖上(先把它们湿过,以加重那动作,)然后对我们两个说了下面的话:

"突然间,一个晚上——原来就是今天晚上——小爱弥丽下工回来了,他也跟她来了! 你会说,这也没有什么稀奇呀。诚然,因为他像一个哥哥一般照顾她,在天黑以后,也在天黑以前,在所有的时候。但是这个小水手,他一面捉住她的手,一面高高兴兴地对我叫道,'看! 她就要作我的小太太了!'于是她半勇敢半羞怯、半笑着半哭着说道,'是的,舅舅! 只要你高兴。'只要我高兴!"辟果提先生欢喜得颠着头叫道;"天哪,好像我应当不高兴呢! ——'只要你高兴,我现在是坚定一点了,我也想得更清楚了,我要尽可能作他一个好的小太太,因为他是一个可爱的好人!'这时古米治太太,她像做戏一般鼓掌,你们就进来了。那! 水落石出了!"辟果提先生说道,"你们进来了! 这就是此时此地发生的事;这就是等她学徒期满时与她结婚的那个人。"

作为亲信和友好的表记,欢喜不尽的辟果提先生给了海穆一拳,简直使得海穆站立不稳了;但是由于感到有对我们说一点什么的必要,他带着很大的困难断断续续地说道:

"她过去并不比你高,卫少爷——当你第一次来的时候——那时我想她要长成什么样子呢。我见她——先生们——像一朵花一般长大了。我愿意为她舍命——卫少爷——噢! 十分满意,十分高兴! 我觉得她——先生们——我觉得她胜过我所能要求的一切,胜过我从来——胜过我从来所能说的。我——我真爱她。在所有的陆地上——连同所有的海洋上——没有一个男人能爱他的女人胜于我爱她,虽然有许多平常人——会把他们的意思——说得更好听。"

眼见像海穆现在这样一个强壮的家伙,因了对于赢得他的心的那个好看的小人儿所抱的感情而颤抖起来,我觉得这是令人感动的。辟果提先生和他对我们所怀抱的天真的信任的本身,我也觉得是令人感动的。我被这全部故事感动了。我的感情有多少受了童年的回忆的影响呢,我不知道。我在那里时是否怀有我依然爱小爱弥丽那残余的幻想呢,我不知道。我只知道,我心中为这一切充满了快乐;不过,在一开始,我的快乐是无法形容的脆弱,差一丁点就要变成痛苦了。

因此,假如要靠我来弹奏那流行在他们中间的调子,我一定弹不好。不过这是靠斯提福兹的;他却弹得那么娴熟,在几分钟内,我们大家就都要多么随便有多么随便,要多么快活有多么快活了。

"辟果提先生,"他说道,"你是一个彻头彻尾的好人,你今晚的快乐是你应得的。我来保证! 海穆,恭喜恭喜,老兄。我也来保证! 雏菊,拨一拨火炉,使它旺盛起来! 辟果提先生,除非你能把你的甥女劝导回来(我为她留出这一个角上的座位),我就要走了。在这样一个晚上,在你们的火炉旁,即使为了印度群岛的财富,我也不肯弄出任何一个空位——尤其不肯弄出这样一个空位。"

于是辟果提先生走进我的旧卧室去找小爱弥丽了。一开始小爱弥丽不喜欢出来,于是海穆也去了。不久他们就把她带到火炉前,很不安,很羞怯——但是当她发现斯提福兹怎样温和怎样客气地对她说话时,她不久就大胆一点了;他怎样巧妙地避免任何使她不安的事;他怎样对辟果提先生谈小船,谈大船,谈潮汛,谈鱼;他怎样对我谈在萨伦学堂见辟果提先生的时候;他怎样喜欢船和船上的一切东西;他怎样轻松地、流畅地说下去,直到他一步一步地把我们引进一个迷人的圈子,我们大家就都无拘无束地谈起来了。

诚然,小爱弥丽那一整晚说得很少;但是她看,她听,她的脸兴奋,她是可爱的。斯提福兹说了一个悲惨的沉船故事(这是从他和辟果提先生的谈话中引起来的),仿佛他看见那一切就在他眼前——小爱弥丽的眼睛也不断地盯在他身上,仿佛她也看见了。作为一种排遣,他告诉我们一个关于他自己的有趣的冒险故事,他那么愉快地说来,仿佛那个故事对于他正如对于我们一样新鲜——小爱弥丽笑得使那只船里充满了音乐的声音,我们大家也对那非常愉快非常开心的事怀着不可抗拒的同情大笑起来(斯提福兹也笑了)。他使辟果提先生唱,或简直是喊,"当暴风一定要刮一定要刮一定要刮的时候";他自己也唱了一支水手歌,唱得那么动人,那么美好,我几乎幻想,那悲切地绕屋爬行的、在我们沉默中低语的真正的风也在那里听呢。

至于古米治太太,他在鼓舞那个灰心丧气的人方面,得到老头子死后任何人不曾得到的成功(辟果提先生这样告诉我)。他使她很少有空闲来发愁,她第二天说她觉得她一定着了魔。

但是他不垄断大家的注意,也不垄断大家的谈话。当小爱弥丽变得更勇敢起来、隔着火炉对我谈(不过依然是羞怯的)我们旧日在海滩上散步拾贝壳石子的情景时,当我问她是否还记得我一度怎样对她倾倒时,当我们回顾着现在看起来非常虚幻的那快乐的旧时代一面笑一面脸红时,他是静默的,注意的,而且若有所思地观察我们。这时,这一整晚,她总坐在她靠火炉的小角落的旧箱子上——海穆坐在她旁边我先前坐过的地方。她十分挨近墙,避开他,是由于她自己那小小恼人的态度呢,还是由于一种在我们面前的少女的顾忌呢,我不能断定;不过我看出,那一整晚,她总这样做。

据我所记得的,当我们告别时,已经几乎夜半了。我们用饼干和干鱼作晚餐,斯提福兹从衣袋里掏出一满瓶荷兰酒来,我们男人(我现在可以不脸红地说我们男人了)把它喝光。我们高高兴兴地分别;当他们都聚在门口周围、尽可能地为我们照路时,我看见小爱弥丽从海穆身后张望我们的那双可爱的蓝眼睛,也听见她叫我们当心我们的路途的柔和的声音。

"一个最迷人的小美人!"斯提福兹挽着我的胳臂说道,"哈!这是一个奇怪的地方,他们是一伙奇怪的人,跟他们混在一起实在是一种新感觉。"

"我们也多么幸运哪,"我接过来说道,"赶上看他们订婚时的快乐!

我从来未见过这么快乐的人们,像我们这样来看一下,分有他们这诚实的喜庆,是多么开心哪!"

"那是一个很蠢的家伙,配不上那个女孩子;是不是?"斯提福兹说道。

他过去对他、对他们所有的人是那么亲热,我从这意外的冷淡的回答中感到一种震惊。但是当我很快地转向他、看出他眼中一种笑意时,我大大地安心了,于是回答道:

"啊,斯提福兹! 你是有资格嘲笑穷人的! 你尽管同达特尔小姐交锋,或者想对我用玩笑掩饰你的同情,不过我知道你更多。当我见你怎样透彻地了解他们、怎样巧妙地体察这些老实渔人的幸福、或怎样迁就我的老保姆的爱心时,我知道,这些人没有哪一种快乐或悲哀,没有哪一种感情,你会觉得无动于中的。我为了这个,斯提福兹,加二十倍地崇拜你、爱你呢!"

他停下来,看着我的脸说道,"雏菊,我相信你是诚实的,善良的。我但愿我们都是!"随后,他快活地唱起辟果提先生的歌来,同时我们用快步走回雅茅斯。

第二十六章　我陷入了情网

直到艾妮斯离城时,我才又见到尤利亚·希普。我去票房向她道别和送行;他也在那里,预备搭同一辆车回坎特布雷。眼见他备穿的短胴、高肩、深紫色的外套,连同一把像小天幕一般的伞,高高地放在车顶后座边上,我感到一种小小的满足;艾妮斯当然坐在车里边了。不过,在艾妮斯眼前,我所作的跟他维持友好关系的努力,或许应当得到那小小的报酬了。在车窗前,正如在餐桌旁,他像一头兀鹰一般没有片刻间断地在我们附近翱翔;饱听我对艾妮斯或艾妮斯对我所说的每一个字。

他在我火炉旁的谈话,把我投入一种苦恼境界。在那境界中,我把艾妮斯论合伙的话想过许多。"我做我希望是对的事呀。既然料定,为了爸爸的平安,这牺牲是必须做的,我只好劝他去做了。"为了他的缘故,不惜作任何牺牲,她会对这同一感情让步,她会用这同一感情来支持她自己,这一种悲惨的预兆不断地压迫我。我知道她怎样爱慕他。我知道她的性格是怎样的诚挚。我从她自己嘴里知道,她把自己看作并非出于本心的造成他做的谬误的原因,她也认为她欠他一笔大债,她热诚地想归还。眼见她跟这个穿深紫色外套的可憎的鲁弗斯①非常不同,我得不到任何安慰,因为我觉得最大的危险就在他们中间的不同上,在她那纯洁灵魂的无我和他那卑污灵魂的自私上。没有疑问,他彻底知道这一切,并且,以他那样狡诈,已经考虑得很清楚了。

不过,我是那么确切地知道,作这样一种牺牲的前途必然毁掉艾妮斯的幸福;我也那么确切地从她的态度上知道,她在当时还未见到这一点,这件事的暗影还未投在她身上;我若把这将要到来的事对她作任何警告,即刻会伤害她。因此我们不作任何解释就分别了:她从车窗中摆着手含着微笑作别;她那附身的恶魔在车顶上扭来扭去,仿佛他已经把她攫在掌握中,得胜而回了。

我有好久不能忘怀与他们分别时的情形。当艾妮斯写信告诉我,她已经平安到家,我是像见她离开时一样悲哀。任何时我陷入沉思境界,这问题一定出现,我所有的不安一定加多一倍。几乎没有一夜我不梦见这件事。这件事已经成为我的生活的一部分,像我的头一般不能与我的生命分开了。

我有充分的闲暇来琢磨我的不安:因为据斯提福兹来信说,他在牛津,当我不在博士院时,我觉得非常寂寞。我相信,我这时对于斯提福兹有一种潜伏的不信任。我回他信时写得极端热情,但是我觉得,总起来说,我喜欢他那时不能来伦敦。我疑心事实是,艾妮斯的影响留在我身上,不会为了想与他见面而动摇;并且,因为她在我思想中和兴趣中占那么大的一部分,她的影响在我身上更加有力了。

①　意为"赤发鬼",英王威廉二世(1056－1100)的绰号。其人像貌奇丑,性情残酷,为英国历史上有数昏君。——译者注

就在这时,一天一天和一星期一星期溜走了。我作了斯本罗-约金士事务所的学徒。我每年从我姨婆得到九十镑(我的房租和零用等费在外)。我的寓所定了十二个月的约:虽然我依然觉得那地方晚间是可怕的,晚间是长的,但是我可以在一种均衡的无精打采的心情下安定下来,一味地喝咖啡;回想起来,在这一时期,我所喝下去的咖啡,似乎得以加伦计呢。也是在这时候,我得到三种发见:第一,克鲁普太太患了一种唤作"金兰病"①的怪病,大致与鼻子发炎相伴而来,需要不断地用薄荷来治;第二,我的食器室中的温度有一点奇怪,使得白兰地瓶子炸裂了;第三,我在世界上是孤独的,时常把那种情形用故事诗的片断记下来。

在我定约作学徒的那一天,除了用夹心面包和葡萄酒在事务所款待那些书记们、夜间独自去戏院以外,未举行任何祝典。我去看博士院式的戏剧"陌生人"②,受了那么可怕的刺激,当我到家时,我几乎在我自己的镜子里认不出自己来了。当我们订完契约时,斯本罗先生说,因为他的女儿就要从巴黎受完教育回来,他家里的布置有一点纷乱,否则他一定喜欢我去他在诺乌德的住宅,庆祝我们的新关系。不过,他表示,当她到家时,他希望有机会招待我。我知道他是有一个女儿的鳏夫,于是表示了我的谢意。

斯本罗先生是守约的。在一两个星期内,他提到这约会,并且说,假如我肯在下星期六赏光,留到星期一,他就极端快活了。我当然说我肯赏光;他决定用他的四轮马车把我载了去,然后送回来。

当那一天到来时,连我的毡提包也成为雇佣书记们崇拜的对象了,他们觉得诺乌德宅邸是一个神秘的圣地。其中一个告诉我,他听人说,斯本罗先生完全用银杯和名磁饮食;另一个说,依照普通用淡啤酒的习惯,经常用桶子供给香槟。戴假发的老书记(他的名字是提菲先生)生平有几度

---

① 痉挛病的误读。——译者注
② 原名《厌世与忏悔》,十八世纪德国戏剧家科策布(Kotzebue)所著,由谢立敦(Sheridon)改编。——译者注

去过那里,每次深入到晨餐厅。他把那里形容作最奢华的地方,并且说,他曾在那里喝过东印度的褐色葡萄酒,那酒贵重到使一个人睁不开眼睛。

那一天,我们宗教法庭中有一个延期的案件——把一个在教区委员会反对修路捐的面包匠革出教会的案件——因为,据我所作的估计,那证据的冗长两倍于"鲁滨孙漂流记",结束时已经很晚了。不过,我们判定他出教六个星期,罚以无限的讼费;然后那个面包匠的代诉人、法官、两造的律师(他们的关系都很密切)一同出城,斯本罗先生也和我坐着那辆四轮马车走了。

那辆四轮马车是一种很精巧的玩艺儿;两匹马拱起脖子,抬起腿,仿佛它们知道它们属于博士院一般。在博士院中,在各种排场上,有许多竞争,因而制出一些很精致的车子。不过我从来不断地认为,将来也要不断地认为,我那时代的伟大竞争品是浆硬的衣服:我相信,代诉人们把浆硬的衣服穿到人类天性所能容忍的极度了。

我们一路驰去,非常愉快。斯本罗先生对于我的职业作了一些指示。他说,这是世界上最上流的职业,断不可以同律师职业混为一谈:因为这完全是另外一回事,更多专门性质,更少机械意味,也更多利益。他说,我们在博士院中比在任何别的地方都轻松得多,这情形使我们成为一个特权阶级了。他说,我们主要地受雇于律师们,这不快意的事实是无法隐讳的;但是他教我了解,律师们是一个劣等人种,普遍地受一切代诉人的轻视。

我问斯本罗先生,他认为最好的业务是什么?他回答说,一个发生争议的遗嘱案,案中有价值三四万镑的小财产,或许是最好的了。在那种案件中,他说,不仅在辩论的每级程序上,有很好挑眼的机会,在质问和反质问上,有无穷无尽的证据(不要说先后上诉于代表法庭和上议院了);而且也因为讼费最后必然出自财产上,双方只顾热烈地争讼,费用是在所不计的了。随后,他对博士院开始作总的颂赞。博士院中格外值得称赞的(他说)是它的周密。这是世界上组织得最适当的地方了。这是周密观念的完美代表。一句话可以说尽。例如:你把一件离婚案或一件赔偿案提交宗教法庭。很好。你在宗教法庭中审理它。你在一个家庭集团中间安安静静地斗小罗圈牌,你从容不迫地把它斗完。假如你不满意宗教法庭,那你怎样办呢? 当然,你走进拱形法庭。什么是拱形法庭呢? 同一法庭,在同一房间,具有同一被告席,同一律师们,但是另一个法官,因为宗教法庭的法官可以在任何开庭日以辩护士的身分出庭。得,你又来斗你的罗圈牌了。你依然不满意。很好。那你怎样办呢? 当然,你去见代表们。谁是代表们呢? 嘿,教会代表就是一些没有任何职务的辩护士。当上述两院斗罗圈牌时,他们都旁观过,也看过洗牌、分牌、斗牌,也跟所有斗牌的人们谈过,现在重新以法官的身分出现,来把这问题作使每一个人都满意的解决了! 斯本罗先生庄严地作结论说,不知足的人们会谈论博士院的腐败,博士院的闭塞,以及改良博士院的需要;但当每斛小麦①的价格最高的时候,博士院也是最忙的;一个人可以把手按在心上,对全世界说道——"碰一碰博士院,国家也就衰落了!"。

我聚精会神地听这一番话;虽然,我应当说,我怀疑国家是否如斯本罗先生所说那样感激博士院,但是我恭敬地服从他的意见。至于每斛小麦的价格,我谦卑地觉得不是我的力量所能及,于是完全解决了那个问题。直到今天,我永远不会战胜过那一斛小麦。在我这一生,在各种问题上,它总要出现来毁灭我。现在,我不十分知道,在无限不同的时机上,它与我有什么关系,或它有什么压倒我的权利;但是任何时我看见我的老朋友斛硬插进来(我觉得他总是那样的),我就在一个问题上认输了。

这是一段离了题的话。我不是那个去碰博士院使国家衰落的人。我用缄默来谦卑地表示,我同意年龄和学问都高过我的人所说的一切话。我们也谈"陌生人",谈戏剧,谈那两匹马,一直谈到我们来到斯本罗先生的大门前,才算告一段落。

① 十九世纪初,英国国会通过入口谷类课税法令,造成严重饥荒。此法令终于在一八四六年废除。狄更斯此书成于一八五〇年,当时小麦问题还被一般人注意。遇有一切不近情理的事,往往用小麦的价格来打圆场,例如,既然每斛小麦的价格是最高的,这个也只好这样了。——译者注

斯本罗先生的住宅有一个可爱的花园。虽然那不是一年中赏玩花园的最好的季节,但是那花园收拾得那么美丽,我十分着了迷。那里有一片可爱的草地,有一丛一丛的树,有我在黑暗中仅能辨得出的配景的小径,上面架有拱形的格子棚,棚上生有在草木发育季节生长的花草。"斯本罗小姐独自在这里散步,"我想道。"哎呀!"

我们进入灯烛辉煌的住宅,进入悬有各种高帽、扁帽、外套、格子纹呢衣、手套、鞭子、手杖的穿堂。"朵拉小姐在哪里啦?"斯本罗先生对仆人说道。"朵拉!"我想道。"多么美的名字!"

我们转入附近的一个房间(我想那就是以褐色东印度葡萄酒著称的晨餐厅了),于是我听到一个声音说,"科波菲尔先生,小女朵拉,小女朵拉的密友!"没有疑问,这是斯本罗先生的声音,但是我认不出了,我也不关心那是谁的了。刹那之间一切都过去了。我已经应验了我的命运。我是一个俘虏、一个奴隶了。我爱朵拉·斯本罗爱到失了神!

我觉得她不是一个凡人。她是一个仙女,一个西尔妩①,我不知道她是什么——没有人见过的什么,人人想要的什么。我立即陷入了爱情的深渊。在深渊的边上,没有停留;没有向下看,没有向后看;我还没有来得及对她说一句话,就头朝下跌进去了。

"我,"当我鞠过躬哼过一句什么时,一个很熟悉的声音说道,"先前已经见过科波菲尔先生了。"

说话的人不是朵拉。不;是那个密友,摩德斯通小姐呀!

我不相信我那时很吃惊。据我最可靠的判断,我不再有吃惊的本能留下来了。在物质世界中,除了朵拉,一切令人吃惊的东西都不足道了。我说道,"你好吗,摩德斯通小姐? 我希望你很好。"她回答道,"很好。"我说道,"摩德斯通先生好吗?"她回答道,"舍弟是壮健的,我谢谢你。"

斯本罗先生见我们互相认识,我相信,已经纳了罕,这时才得插嘴。

"科波菲尔,"他说道,"见你和摩德斯通小姐早已认识,我很高兴。"

---

① 希腊神话中的气仙,西方文学家常用以比方美丽的少女。——译者注

"科波菲尔先生和我,"摩德斯通小姐带着严肃的镇静态度说道,"是亲戚。我们有一度略略相识。那是在他的童年。从那时起,境遇就把我们分开。我几乎认不出他来了。"

我回答说,不论在什么地方,我总认得她。那是千真万确的。

"承摩德斯通小姐的好意,"斯本罗先生对我说道,"接受作小女朵拉的密友的职务——假如我可以这样说。小女朵拉不幸没有母亲,多谢摩德斯通小姐,来作她的伴侣和保护人。"

我当时起了一个短暂的念头,我觉得摩德斯通小姐,正如那藏在衣袋里的唤作防身器的暗器,与其说用来保护,不如说用来攻击。但因除了朵拉以外,对于任何问题,我只有短暂的念头,我赶快来看她,我觉得我看出,在她那可爱的任性态度中,她并不大想同她的伴侣和保护人格外亲密。就在这时,我听到一次钟响。斯本罗先生说,这是第一次晚餐钟。于是我去换衣服了。

在那种恋爱心情下,换衣服或从事什么活动的念头,未免有一点太可笑了。我只能咬着毡提包的钥匙坐在火炉前,想那迷人的稚气的眼睛明亮的可爱的朵拉了。她生有多么好的身段,她生有多么好的面庞,多么文雅、多么变幻莫测、多么迷人的态度呦!

钟又那么快地响了,不容我像在那情形下所希望的那样仔细打扮一下,只好慌慌张张地换上衣服,走下楼梯去了。那里有一些客人。朵拉正在和一个生有白发的老头子谈话。他虽然是白发的——据他说,也是一个曾祖父——我依然疯狂地妒嫉他。

我陷人怎样一种心境! 我妒嫉每一个人。我不能忍受任何人比我更熟悉斯本罗先生那念头。听他们谈我不曾参加的事情,使我觉得痛苦。当一个生有非常光滑的秃头的极端温和的人,隔着餐桌问我,是否第一次来本宅时,我真想对他使出一切野蛮的报复行为。

除了朵拉以外,我不记得谁在那里。除了朵拉以外,我一点也不知道我们吃的是什么。我的印象是,我把朵拉完全吞到肚子里去,有半打碟子原封不动地撤去了。我坐在她旁边。我跟她谈话。她有最悦耳的小声音,最有趣的小笑容,使一个着了迷的青年成为死心塌地的奴隶的最愉快最动人的小动作。她一切都是小的。愈小愈可爱,我觉得。

当她同摩德斯通小姐(宴会中没有别的女人)走出室外时,我沉入一种幻想,唯一扰乱这幻想的就是摩德斯通小姐会对她毁谤我这残酷的忧虑了。那个生有亮光的脑袋的温和的人告诉我一个长故事,我想是关于种园子的。我觉得,我听他几次说,"我的园丁"。我作出十分注意他的样子。但是我始终和朵拉在一个伊甸园①里游玩呢。

当我们走进客厅时,摩德斯通小姐那残酷的冷淡的神色,又引起我的忧虑,怕我在我所爱的对象前受到毁谤。但是我在一种出乎意外的情形下释去这些忧虑。

"大卫·科波菲尔,"摩德斯通小姐一面说,一面把我招向一个窗口去。"一句话。"

我跟摩德斯通小姐单独相对了。

"大卫·科波菲尔,"摩德斯通小姐说道,"我不需要多谈家务。那不是什么使人喜欢的题目。"

"一点也不是,你老,"我回答道。

"一点也不是,"摩德斯通小姐同意道。"我不愿意记起过去的不同的意见,或过去的横暴的行为。我受过一个人——一个女人,为了我们女人的名誉,我提起来未免抱歉——的横暴待遇,提起她来,就觉得憎恶和恶心;所以我也不要提她。"

我为了我姨婆的缘故觉得很冒火;但是我说,假如摩德斯通小姐喜欢,不提她当然更好。我附加说,我听见人家不客气地提到她,就不能不用一种斩钉截铁的腔调发表我的意见。

摩德斯通小姐闭起眼睛,轻蔑地低下头;随后,慢慢地睁开眼睛,继续说道:

"大卫·科波菲尔,我不想隐藏这事实,在你的童年,我对于你有一种

---

① 即所谓"乐园",见《旧约·创世记》。——译者注

不满意的见解。这见解或许是错误的,你或许已经改好。现时,在我们中间,这是不成问题的了。我相信,我属于一个以坚定著称的家庭;我不是那种由环境造成的人,或可以改变的人。我对于你可以有我的见解。你对于我可以有你的见解。"

这次轮到我低头了。

"不过,这些意见,"摩德斯通小姐说道,"在这里发生冲突,是没有必要的。在目前的情形下,不拘从哪一方面看,最好没有。人生的机会既然使我们又到一起,在别的时候还可以使我们到一起,我提议,让我们在这里以远亲相待吧。家庭的情形使得我们只好这样,我们彼此都完全不必拿对方作话题。你赞成这意见吗?"

"摩德斯通小姐,"我回答道,"我觉得,你同摩德斯通先生很残酷地待我,很恶劣地待我母亲。我只要活一天,我就这样觉得一天。不过我完全同意你的提议。"

摩德斯通小姐又闭起眼睛,低下头。随后,仅用她那冰冷棒硬的手指头触了触我的手背,她就调整着她手腕上和脖子上的小锁链走开去了。这些小锁链似乎就是我前一次见她时的那一副,样子完全相同。这些锁链,参照着摩德斯通小姐的性格,使我想起监狱门上的锁链;使一切看见的人从外边就能想到里边的情形。

那一晚间我所知道的不过是,我听我心上的皇后拿着一个像六弦琴的辉煌的乐器用法国话唱迷人的小调。歌词的大意是,不管三七二十一,我们应当不断地跳舞,嗒啦啦,嗒啦啦! 我陷入幸福的陶醉状态。我拒绝吃点心。我的灵魂格外怕见加料酒。当摩德斯通小姐把她拘捕起来、带她离开时,她微笑了,伸给我她那芬芳的手。我在一面镜子里看了自己一眼,样子完全是白痴的,愚蠢的。我带着一种极端酣醉的精神状态入睡,在一种脆弱的迷恋心情下起了身。

那是一个晴明的早晨,也很早,我觉得我应当去那些有拱形格子棚的小径之一散一散步,玩味玩味她的影子。当我走过穿堂时,我碰见她的小狗。狗的名字是吉普——吉卜赛的缩称。我柔和地走向它去,因为我连它也爱了。但是它露出全副牙齿,钻到一把椅子底下,大声吠叫,一点也不肯受爱抚。

花园是清凉的,寂静的。我一边走,一边想,假如我一旦跟这个亲爱的宝贝订了婚,我会幸福到怎样的地步。至于结婚,财产,诸如此类,我相信我那时像我爱小爱弥丽时一样天真无邪。许称呼她"朵拉",写信给她,爱她,崇拜她,使我有理由相信,当她与别人在一起时,依然想念我,我觉得那是人类野心的绝顶了——我相信那是我的野心的绝顶了。毫无疑问,我是一个多愁善感的小情痴;不过在这一切上面,我依然有一个纯洁的心,回想起来,虽然可笑,却不至于有轻视的意味。

我走了没有多久,就在转角时遇见她。当我记起那个角落时,我又从头到脚震动起来,我手里的笔也颤抖了。

"你——出来得——早呵,斯本罗小姐,"我说道。

"在家里是那么无聊,"她回答道,"而摩德斯通小姐又是那么荒谬!她胡说什么要等天气干一干我才好出来。干一干!(说到这里,她用最悦耳的声调笑了。)在一个星期日的早晨,在我不练习音乐的时候,我必得作一点什么呀。所以我昨晚告诉爸爸,我必须出来。况且,这是全天最光明的时候。你不这样想吗?"

我不顾一切地说(不无结结巴巴),我觉得当时是很光明了,不过前一分钟却是很黑暗呢。

"你这是一种客套呢?"朵拉说道,"还是天气真变了呢?"

我比先前更加结结巴巴地回答说,这不是客套,乃是明明白白的事实;虽然我未觉出天气有过什么变化。我羞怯地附加了一句话来帮助说明:这变化是在我自己的情感状态上。

她把她的卷发摇下来,遮起她那羞红的脸,我从来不曾见过那样的卷发——我怎能见过呢,因为从来没有那样的卷发呀!至于卷发顶上的草帽和蓝结子,假如我能把它悬在布京汉街我的卧室中,它将成为怎样一件无价之宝呵!

"你刚从巴黎回来吧?"我说道。

"是的,"她说道。"你去过巴黎吗?"

"未去过。"

"噢!我希望你不久就要去了。你一定非常喜欢它的!

潜伏的悲哀的痕迹显现在我的脸上。她竟希望我肯走,她竟以为我能走,这是无法忍受的。我看不起巴黎;我看不起法国。我说,在目前的情形下,为了人世间的任何理由,我也不肯离开英国。什么也引诱不动我。简而言之,她又在摇那些卷发,这时那头小狗沿路跑来解救我们了。

它非常妒嫉我,不断地向我叫。她把它抱在怀中——噢,我的天!——爱抚它,但是它依然不断地叫下去。当我想摸它时,它不肯让我摸;于是她打它。看她拍它那感觉迟钝的鼻梁来处罚它,它则闭起眼睛,舐她的手,依然像一个小低音琴一样在腹内吼叫,大大地增加了我的痛苦。它终于安静下来了——头上靠着她那有酒涡的下颔,它自然要安静了!——于是我们走开去看一所温室。

"你跟摩德斯通小姐并不很亲密,是不是?"朵拉说道。——"我的宝贝!"

(末后一句话是对狗说的。噢,但愿这句话是对我说的呵!)

"不,"我回答道。"一点也不亲密。"

"她是一个讨厌的人,"朵拉噘着嘴说道。"我想不透,爸爸选这样一个恼人的东西作我的陪伴是什么意思?谁需要一个保护人?我断乎不需要一个保护人。吉普可以保护我,比摩德斯通小姐好得多——是不是,吉普,亲爱的?"

当她吻它那圆球一般的头时,它只懒懒地眨眼。

"爸爸把她叫我的密友,但是我敢断言,她不是那种东西——是不是,吉普?我们不会信任那种性情乖戾的人,吉普和我。我们喜欢信任谁就信任谁,我们要寻找我们自己的朋友,我们不要他们替我们寻找,是不是,吉普?"

吉普作了一种舒服的噪音来回答,有一点像沸鸣时的小茶壶,对于我,每一个字是一堆加在旧锁链上的新锁链。

"这是令人很难过的,因为我们没有一个慈爱的妈妈,我们就得有一个像摩德斯通小姐那样怪僻的闷气的老东西时时跟随我们——是不是,吉普?不要紧,吉普。我们不要信任她,不管她怎样,我们要尽可能地使自己快活,我们要捉弄她,不要巴结她——是不是,吉普?"

假如像这样再继续下去,我相信,我一定要跪在石子路上,或膝行下去,或被立刻赶出宅外。不过,幸而温室离我们不远,我们也就到了。

温室中陈列有许多美丽的天竺葵。我们在天竺葵前徘徊,朵拉时时停下来赞美这一盆或那一盆,我也停下来赞美同一盆。朵拉笑着稚气地把狗举起来嗅那些花。假如不是我们三个都在仙境,我是一定在那里了。直到今天,天竺葵叶的气息,使我对于刹那间所起的变化,发生一种半玩笑半认真的惊奇;那时我看见,在层层叠叠的花儿和闪光的叶子前,有一顶草帽和蓝结子,大量的卷发,还有一头抱在秀美的两臂中的小黑狗。

摩德斯通小姐已经在找我们。她在这里找到我们;于是把她那令人不愉快的面颊,面颊上用发粉填平的小皱纹,献上来,教朵拉亲吻。然后她挽起朵拉的胳臂,率领我们进去用早餐,仿佛那是一个军人的送葬行列。

因为茶是朵拉泡的,我喝了多少杯呢,我不知道了。但是我完全记得,我坐在那里,拼命地喝茶,一直喝到我的全部神经系(假如那些日子我有一个神经系的话)破产的地步。过了不久,我们去礼拜堂了。在家族席中,摩德斯通小姐坐在朵拉和我中间;但是我听见她唱诗,全会堂的人都不存在了。会中有一篇说教——当然是关于朵拉的——我恐怕,关于那一次礼拜,我所知道的不过如此了。

我们安安静静地过了一天。没有客人,只有一次散步,一席四个人的家庭晚餐,一个流览书画的晚间。摩德斯通小姐面前摆着一本讲道书,眼睛看着我们,从事聚精会神的监守。啊!在那一天晚餐后,斯本罗先生头上盖着他的小手巾坐在我对面,不曾想到我在幻想中以女婿的身份怎样热烈地拥抱他呀!当我夜间向他告别时,他也不曾想到,在我的幻想中,他已经完全允许我与朵拉订婚,我正在为他祝福呢!

我们在清早就动身了，因为我们海军法庭正在审理一件救船的案子。这件案子需要全部航海术的很正确的知识，因为，关于那类问题，我们博士院中的人们不会知道得很多，法官已经请了两个年老的三一院专家①，为了慈善的缘故，来帮助他。不过，朵拉又在早餐桌上泡茶；当她抱着吉普站在台阶上时，我从马车中悲喜交集地向她摘下了我的帽子。

那一天我对于海军法庭怀有怎样的感觉；当我听审时，我怎样在头脑中把我们的案件弄糊涂；我怎样在桌子上作为高等裁判权的标记的银桨上看出"朵拉"的名字；当斯本罗先生抛下我回家时（我有过一种癫狂的希望，他会再把我带回去），我怎样觉得，仿佛我自己便是一个水手，我所属的那条船已经开走，把我留在一个荒岛上；我不要费力去作无结果的描写了。假如那个昏睡的老法庭可以醒过来，把我在法庭中所作关于朵拉的白昼梦以一种可见的形式表现出来，或许可以显示我的真相。

我并不是说，我只在那一天作那些梦，乃是一天接一天地作，一星期接一星期地作，一学期接一学期地作。我去那里，不是去听正在进行的案件，只是去想朵拉。当那些案件在我面前缓缓地拖下去时，假如我想过一下，那只是在婚姻案中（想着朵拉）想知道，结了婚的人们怎会不幸福；在遗产案中考虑，假如案中的财产由我承继，我对于朵拉立即采取的首先的步骤是什么。在我那狂热的第一个星期中，我买了四件华美的背心——不是为我自己；我并不羡慕那种东西；是为了朵拉——开始在街上带草色的羔皮手套，也使我从来没有过的鸡眼②生了根。假如我在那时期所穿的靴子可以找了来，与我的脚的天然大小比一下，就可以用一种最动人的方式表明我那时的心境是怎样的了。

虽然，因了向朵拉表示敬意，而把自己弄成可怜的跛子，可是我每天依然怀着碰见她的希望走许多许多里路。我在诺乌德大道上不仅不久像

---

① 三一院的会员；三一院是英国专管领港执照、建筑灯塔一类事的机关。——译者注

② 脚上被过紧的靴子磨成的茧子。——译者注

那一区的邮差一样著名,我也同样走遍了伦敦。我徘徊设有最好的女人用品商店的街市,我像一个不安静的鬼魂般萦绕商品陈列所,我早就十分疲倦了,却依然辛辛苦苦地在公园中走来走去。有时,经过很长的间隔,在稀少的机会,我见到她了。我或者看见她在车窗中摇摆的手套,或者遇见她,跟她和摩德斯通小姐走一小段路,并且跟她说一说话。在后一种情形下,我事后总是很悲哀,觉得我不曾说一句紧要的话;或者觉得她完全不知道我的虔诚的程度,或者觉得她一点也不关心我。不待说,我不断地期待再被请去斯本罗先生家。我不断地失望,因为再也未被请过。

克鲁普太太必然是一个眼光锐利的女人;因为当这恋爱只有几个星期时,连对艾妮斯,我也只能在信上写,我去过斯本罗先生家,"他,"我写道,"只有一个女儿,"没有勇气写得更露骨;我说,克鲁普太太必然是一个眼光锐利的女人,因为,即使在那个最早的阶段,她就发觉出来了。一个晚间,当我很烦闷时,她上来问(她当时正在患我前边说过的毛病)我肯不肯赏给她一点搀和着大黄和七滴丁香精的小豆蔻液,这是医她的毛病的最好的药剂——假如我身边没有那样一种东西,那就赏给她一点白兰地,这乃是其次的最好的药剂。她说,她并不十分嗜好这种东西,不过这是其次的最好的药剂。因为我甚至从来不曾听见过第一种药剂,而壁橱中时常备有其次的一种,我给了克鲁普太太一杯其次的,她开始当着我的面(免得我疑心她把它用在任何不正当的用途上)喝了。

"提起兴致来吧,先生,"克鲁普太太说道,"见你这样子,先生,我受不住呵,我自己是一个作母亲的呀。"

我不大懂,怎么可以把这件事运用在我身上,但是我对克鲁普太太笑了笑,尽力作出亲切的样子。

"喂,先生,"克鲁普太太说道。"原谅我吧。我知道这是什么事了,先生。这里头有一个年青的小姐呦。"

"克鲁普太太?"我红着脸接过来说道。

"噢,哎呦呦!要有希望,先生!"克鲁普太太用点头表示着鼓励说道。"不要失望,先生!假如她不对你笑,有的是别人。你是一个讨人喜欢的青年绅士,科波福尔先生,你一定要知道你的价值,先生。"

　　克鲁普太太总叫我作科波福尔先生:第一,没有疑问,因为这不是我的姓;第二,我不禁想,因为它和一个洗衣日①糊糊涂涂地联想在一起。

　　"你怎会想到这里边有什么年青的小姐呢,克鲁普太太?"我说道。

　　"科波福尔先生,"克鲁普太太带着大量的感情说道,"我自己是一个作母亲的呀。"

　　有一些时候克鲁普太太仅能把手放在紫花布的胸衣上,用一口一口的药来抵挡她那复发的病痛。她终于又说话了。

　　"当你那亲爱的姨婆为你租现在的住处时,科波福尔先生,"克鲁普太太说道,"我说过,我现在找到一个我可以照顾的人儿了。'谢天谢地!'我说道,'我现在找到一个我可以照顾的人儿了!'——你吃得不多,先生,喝得也不多。"

　　"你的推测就建立在这上面吗,克鲁普太太?"我说道。

　　"先生,"克鲁普太太用一种近似严厉的腔调说道,"在你以外,我洗过别的青年男人的衣服。一个青年男人可以太关心自己,也可以太不关心自己。他可以把他的头发梳得太勤,也可以梳得太不勤。他可以穿太大的靴子,也可以穿太小的。这全由那青年人原来养成的性格而定。但是他若走了任何一个极端,先生,在这两种情形里都有一个年青的小姐。"

　　克鲁普太太带着那么坚决的态度摇头,我没有一时有利的阵地留下来了。

　　"就是在你以前死在这里的那个人,"克鲁普太太说道,"他陷入了恋爱——和一个酒馆女招待——虽然喝得胀了起来,还立刻买进一些背心哩。"

　　"克鲁普太太,"我说道,"我必须请求你,不要把跟我有关的年青小姐跟一个酒馆女招待或那一类的什么连在一起吧。"

---

① 科波(copper)可作洗衣钢锅解,科波福尔(copperful)是满满一锅衣服的意思。——译者注

"科波福尔先生,"克鲁普太太接过去说道,"我自己是一个作母亲的,也不至于那样。假如我打搅了你,先生,我请你原谅。我从来不愿闯进不欢迎我的地方。不过你是一个年青的绅士,科波福尔先生,我对你的劝告是,提起兴致来,要有希望,也要知道你自己的价值。假如你学一点什么,先生,"克鲁普太太说道,"那,假如你去玩一玩九柱戏,你或许觉得它可以转移你的思想,也于你有益呢。"

说着这些话,克鲁普太太,假装着很珍重那一杯白兰地的样子——已经完全喝干了——郑重地行了一个礼,退却了。当她的影子没入门口的黑暗中时,我当然觉得克鲁普太太有一点冒失。不过,同时,从另一观点来看,我愿意接受她的劝告,把它看作使我在将来格外注意保守秘密的一种提醒,一种警告。

第四十三章　另一回顾

让我再一度停下来想一想我生平一个可纪念的时期。让我站在旁边,看那些日子的幻象,伴同我自己的影子,排成朦胧的队伍,在我身边走过。

一个一个的星期、月、季过去了。这些似乎不过是一个夏季的白天或冬季的晚上。我同朵拉散步的公地时而开满了花,一片金光灿烂的田野;时而目不能见的石南高高低低地被一片白雪掩盖起来。转眼之间,流过我们星期日散步场的河水在夏季的太阳下闪光,被冬季的寒风吹皱,或积起一堆一堆的漂浮的冰块。河水比往常迅速地向海奔驰,它闪光,发暗,滚滚而去。

在那两个小鸟一般的女人的家中,没有一丝改变。时钟在火炉上滴答,晴雨计悬在墙上。时钟和晴雨计都不曾准确过;但是我们虔诚地相信它们。

我已经依法达到成年。我已经取得二十一岁的尊严。不过这是一种可以强加在人身上的尊严。让我想一下我已有的成就吧。

我已经驯服那个粗野的神秘的速记术。我由它得到一笔过得去的进款。我因在那种技术上的一切成就得到很高的声价,我同其他十一个人向一家晨报报告议会的辩论。一夜一夜地,我记录着永远不实现的预言,永远不履行的宣告,只能使人迷惑的解释。我在字句中翻来滚去。不列颠,那个不幸的女性①,在我面前永远像一只缚起的鸡一般(被衙门的刀笔串起翅膀、被官样的文章捆起手脚。)我那处在幕后的地位,足以使我知道政治生活的价值。我是一个十足的不信任政治生活的人,而且永远不会改变信仰。

我的亲爱的朋友特拉德尔在这同一职业上尝试过,不过这不是特拉德尔干的。他十分愉快地承认他的失败,并且提醒我,他一向认定自己是迟钝的。他偶尔受雇于同一报纸,编纂一些题目干燥的事实,供更丰富的头脑去写作和润色。他得到律师的资格;并且以可称许的勤勉和刻苦又积聚了一百镑,交给一个契约师,作为在他的事务所习艺的学费。在他开业时,消费了大量很热的红葡萄酒;想到那个数字,我觉得内院必然从这上头获了利。

我已经以另一种职业问世。我战战兢兢地从事写作。我偷偷地写了一点什么,送去一个杂志,居然在那个杂志上发表出来。从那时起,我鼓起精神写了许多小品文字。现时,我经常地从这上头得酬。概括地来说,我很过得去了;当我用我左手的指头来计算我的进款时,我数过第三个手指头,达到第四个的中节了。

我们已经从布京汉街迁到一所愉快的小屋,离我第一次热情发作时看过的那一所很近。不过,我姨婆(她已经卖掉斗佛的房子,得到很多的便宜)不肯住在这里,却要迁入附近一所更小的小屋。这预示什么呢? 我的结婚? 是的!

是的! 我要与朵拉结婚了! 拉芬妮亚小姐和克拉丽莎小姐已经加以许可;假如金丝鸟有心神不宁的时候,那就是她们。以监督我的宝贝的服

① 英文以国家属女性。——译者注

装自任的拉芬妮亚小姐,不断地在剪裁褐色的纸的胸衣,不断地同一个臂下夹有长包裹和量尺的很体面的青年人发生争论。一个经常把针线插在胸前的缝衣匠在家食宿,我觉得她在吃饭、喝茶、睡觉时永远不除掉顶针。她们把我的爱人弄成人体模型。她们不断地派人找她去试穿什么东西。在晚间,我们在一起每过五分钟,就有一个讨厌的女人来敲门,并且说道,"哎,朵拉小姐,请你上楼去!"

克拉丽莎小姐和我姨婆游遍伦敦,寻出一件一件的家具,教朵拉和我去看。假如没有这种视察的仪式,让她们立即把东西买下来,那就更好了;因为,当我们去看一个炉栏和烤肉板时,朵拉看见一个顶上带小铃铛的给吉普住的中国式的小房子,于是爱上那东西。在我们把那东西买到手以后,为要使吉普习惯那新住宅,费去很长的时间;不拘走进或走出,它总使得所有的小铃铛响起来,因而大起惊慌。

辟果提来效劳,立即开始工作。她所担任的部门似乎是一遍又一遍地清洁一切东西。她不断地擦摩一切东西,直到擦得像她那忠实的前额一般放光,然后罢手。就在这时,我开始看见她那孤零零的哥哥在夜间穿过黑暗的街道,一面走,一面在往来的面孔中间张望。我决不在那样的时候同他谈话。当他那庄重的身形向前走过时,我十分知道他所寻求的是什么,他所怕的是什么。

当我有时间时,为了形式起见,我依然偶尔去博士院。这一天下午,特拉德尔来博士院找我,他的神气为什么那么庄重呢?原来我那幼稚的梦想就要实现了。我就要去索取结婚证书了。

这是那么重要的一个小小文件;当那文件放在我的写字桌上时,特拉德尔一半羡慕一半敬畏地注视它。那上面大卫·科波菲尔和朵拉·斯本罗两个名字像是旧日甜蜜的梦境似地连接在一起;角上是对人生各种交易怀抱善意的关切、双亲一般俯视我们的结合的印花局,还有以最廉的价格在印成的文字上为我们祝福的坎特布雷大主教。

不过,我是在一个梦中,在一个恐慌的欢喜的匆忙的梦中。我无法相信我就要结婚;但是我不能不相信,我在街上遇见的每一个人,必然多少看出,我就要在后天结婚了。当我去宣誓时,主教代理认识我;仿佛我们中间有一种共济会似的谅解一般,很容易地办妥了。特拉德尔并无到场的必要,但是他依然以傧相的身分出现。

"我希望下次你到这里来,我的亲爱的伙伴,"我对特拉德尔说道,"是为你自己办同一件事。我也希望你不久就要来。"

"谢谢你的吉利话,我的亲爱的科波菲尔,"他回答道。"我也这样希望。知道她肯等待我不论多么久的时间,也知道她实在是最可爱的姑娘,乃是一种安慰——"

"你什么时候去脚车前接她?"我问道。

"七点钟,"特拉德尔看着他那朴素的老银表说道——在学校里的时候,他一度从这个表中取出一个轮子来作水车。"快到威克菲尔小姐的时间了,是不是?"

"稍早一点。她的时间是八点半。"

"我敢对你担保,我的亲爱的伙伴,"特拉德尔说道,"想到这件事就要得到这样快乐的结局,我几乎觉得仿佛我自己就要结婚一般欢喜。使苏菲来参加这快乐的典礼,邀她同威克菲尔小姐来作伴娘,这伟大的友情和关照实在使我感谢不尽。我十分领会这一点。"

我听见他的话,也同他握手;我们谈话,散步,吃饭,诸如此类;但是我不相信这一切。没有一样是真的。

苏菲按时来到朵拉的姑母家。她生有最讨人喜欢的脸,——并非绝对的美,但是非常的可爱,——是我向来见过的最和蔼最天真最坦白最动人的一个人。特拉德尔怀着很大的骄傲把她介绍给我们;当我随他到一个角落去庆贺他的选择时,他足足把他的一双手搓了十分钟,他头上的每一根头发都翘起来了。

我已经从坎特布雷的脚车上把艾妮斯领进来,她那高兴的美丽的脸第二次出现在我们中间。艾妮斯很喜欢特拉德尔,看他们相见,看特拉德尔把那世间最可爱的姑娘推荐给她时脸上的光彩,乃是非常有趣的。

我依然不相信。我们度过一个愉快的晚间,而且是极端的快活! 不过我还是不相信。我不能镇静下来。我的幸运到来时我不能加以检查。我觉得我处在一种朦胧的不安定的状态中；仿佛我在一两个星期前就起了一个大早，此后再也不曾睡过。我不能辨别昨天是什么时候。我似乎有许多个月把那个证书带在衣袋中走来走去。

第二天，当我们大家成群地去看那所房子时——我们的房子——朵拉的和我的——我也完全不能把自己看作它的主人。我似乎在别的什么人许可下去那里。我很盼望真的主人不久就要回家，并且说，他见了我很高兴。像那样美的一所小住宅，一切东西都是非常漂亮的，非常新的；地毡上的花儿仿佛是新采下来的，壁纸上的绿叶仿佛是刚生出来的；洁白的纱帘，发红的蔷薇色的家具，已经挂在小钉子上的带蓝结子的朵拉的园游帽——我现时清清楚楚地记得，当我初次认识她时，我怎样爱那戴同样帽子的她呀；琴匣很自然地竖在一个角上；每一个人都要被吉普的那座"宝塔"绊倒，这东西在这所宅子里是太大了。

另一快活的晚间，像所有其余的晚间一样虚幻，我在离开以前，溜进常去的房间。朵拉不在那里。我猜她们还不曾把新衣试完呢。拉芬妮亚小姐向里偷看，神秘地告诉我，她就要来了。不过她并未就来；后来我听见门外一阵沙沙声，随后有人在叩门。

我说道，"进来！"但是那个人又在叩门。

我走到门前，想知道来的是谁；在那里，我遇到一双明亮的眼睛，一个发红的脸；那是朵拉的眼睛和脸，拉芬妮亚小姐已经把明天的衣服帽子等等给她穿戴起来，教我看。我把我的小媳妇搂在怀中；拉芬妮亚小姐发出一小声尖叫，因为我把帽子弄翻，朵拉同时哭笑并作，因为我太欢喜了；我也比往常更不相信了。

"你觉得好看吗，大肥？"朵拉说道。

好看！我自然觉得好看。

"你底确很喜欢我吗？"朵拉说道。

这话题对于那顶帽子是那么充满危险性，拉芬妮亚小姐又发出一小声尖叫，请我注意，朵拉是只供观赏的，绝对碰不得。于是朵拉在一种愉快的张皇状态下站了一两分钟,供我赞赏;然后摘去帽子——没有帽子显得非常自然!——拿在手里跑走;随后穿着她旧时的衣服跳着回来,问吉普说,我是否娶了一个美丽的小媳妇,它是否饶恕她的嫁人,然后跪下来,教它站在那本"烹饪术"上,这是她出嫁前的最后一次。

我回到附近的寓所,比过去更觉恍惚;早晨起得很早,骑马去海给特大道接我姨婆。

我从来不会见我姨婆有过那样的装束。她穿的是紫色的绸衣,戴的是白帽子,看起来令人惊奇。珍妮已经替她穿戴好,在那里看我。辟果提正要去教堂,从望台上观礼。预备在神坛前把我的宝贝交给我的狄克先生,已经把他的头发卷过。约定与我在旋门前相会的特拉德尔呈现令人眼花缭乱的、交相辉映的淡黄色和浅蓝色;他和狄克先生身上都给人一种仅剩下手套的印象。

没有疑问,我看见这个,因为我知道那是这样的;不过我是迷乱的,似乎什么都看不见。我也不相信任何什么。不过,当我们的敞篷马车驰过时,这神仙婚礼依然使我怜悯那些无份参加的、一味跑出商店、从事日常职业的不幸的人们。

我姨婆一路握住我的手不放。当我们停在快到教堂的地方、让前座上的辟果提下车时,她把我的手挤了一下,然后给我一吻。

"上帝保佑你,特洛!我自己的孩子断不会更亲爱了。我今天早晨想念可怜可爱的吃奶的孩子呢。"

"我也想念。也想念你待我所有的好处,亲爱的姨婆。"

"不要说啦,孩子!"我姨婆说道;然后怀着满溢的热情把手伸给特拉德尔,于是特拉德尔把手伸给狄克先生,于是狄克先生把手伸给我,于是我把手伸给特拉德尔,于是我们来到教堂门前。

我相信,教堂是十分安静的;但是就它加在我身上的镇静效果来说,却像一架开足的蒸汽织布机呢。我已经昏乱得无法镇静了。

下余的都是多多少少不相连贯的梦。

我梦见,他们同朵拉进来;教堂招待员像教练官一般在圣坛栏干前排列我们；即使在那时，我依然奇怪，为什么教堂招待员一定要最讨厌的女人来作，是否宗教上对于快乐的传染有一种惧怕，不得不把那些惹人不快的人们安置在去天堂的路上。

我梦见，教士和书记出现了；一些船夫和别种人们荡了进来；我后面有一个古舟子，发出强烈的甜酒气味；仪式以深沉的声音开始，我们都非常注意。

我梦见，扮演辅佐女傧相的拉芬妮亚小姐第一个哭，用呜咽向死去的皮冶尔致敬（据我推测）；克拉丽莎小姐嗅一个醒神药瓶；艾妮斯照顾朵拉；我姨婆脸上流着泪竭力表现成严肃的典范；小朵拉颤抖得很厉害，用低微的声音作答。

我梦见，我们并肩跪下来；朵拉的颤抖愈来愈减轻，永远握住艾妮斯的手；仪式平静地庄严地完结了；仪式过后我们带着四月①的哭笑态度互相打量；我的年青的太太在圣器室动了悲感，大哭她那可怜的爸爸，她那亲爱的爸爸。

我梦见，她不久又高兴起来，我们都在登记簿上签了名。我进看台去找辟果提，带她来签名；辟果提在僻处搂抱我，告诉我说，她见过我自己的亲爱的母亲结婚；一切完毕，我们都走了。

我梦见，我很骄傲地热情地臂上挽着我那可爱的太太走下通路，穿过一层朦胧的雾似的人们、讲台、纪念碑、座位、洗礼盆、风琴，教堂窗子等，雾中震荡着多年前故乡教堂中沉闷的空气。

我梦见，当我们走过时，他们低声说，我们是多么年青的一对，她是多么可爱的一个小媳妇。我们大家在回去的车上都非常欢喜，非常健谈。苏菲告诉我们，当她见人们向特拉德尔索取证书时（我把证书交他保管），她几乎晕了过去，因为她相信他会把证书遗失，或被扒手偷去。艾妮斯快活地大笑；朵拉那么喜欢艾妮斯，她不肯与她分开，依然握住她的手。

我梦见，有一席早餐，有许多可吃、可喝、美味、滋养的东西，像在别的

---

① 四月为万物萌生的时节，象征蓬勃激动的气象。莎士比亚有"四月在她的眼里，这是爱人的春天"之句。——译者注

梦中一样,我觉不出一点味道地吃喝;我可以说,我吃的喝的只是爱情和结婚,对食物并不比对别的更相信。

我梦见,我怀着同一睡梦的意味发表了一篇演说,除了使人深信我不曾说过以外,一点也不知道我要说什么;我们很和睦,很快活(虽然总在一场梦中);吉普吃结婚饼,吃后使它不舒服。

我梦见,一对出租的马已经预备好,朵拉走开去换衣服。我姨婆和克拉丽莎小姐同我们留下来;我们散步;我姨婆在早餐时作过一篇感动朵拉两位姑母的演说,觉得非常开心,也有一点自负。

我梦见,朵拉已经预备好,拉芬妮亚小姐在她身旁翱翔,不顾放弃给过她那么多乐趣的漂亮玩具。朵拉作了一长串惊人的发见,她忘记了这样那样的小东西;于是大家跑去各处找寻。

我梦见,当朵拉终于开始向花团锦簇的人们道别时,她们都围拢过来。我的宝贝在那些花中几乎不能出气,然后笑着叫着走出来,投入我那嫉妒的怀抱。

我梦见,我要抱吉普(它要与我们一同去了),朵拉说不可以,一定由她来抱,否则它会觉得她不再喜欢它了,现在她结婚了,会使它伤心呢。我们臂挽着臂走开,朵拉停下来,向后看,并且说道,“假如我得罪过任何人,或对不起任何人,不要记住吧!”于是哭起来了。

我梦见,她摇摆她的小手,我们又向前走了。她又停下来,向后看,跑向艾妮斯,在一切别人之外,给了艾妮斯最后的亲吻,并向她道别。

我们一同坐车走了,我也从那个梦中醒了。我终于相信了。我身边是我非常爱的亲爱的亲爱的小媳妇呀!

“你现在快活吗,你这傻孩子?”朵拉说道,“你准知道不后悔吗?”

我已经站在旁边,看那些日子的幻象在我身边掠过。它们已经过去了,我又要接下去讲我的漫长的故事了。

第四十八章　家务

我在不妨碍按时履行报馆的职务以外,辛辛苦苦地写作我的书;书出来了,也很成功。虽然我对那震耳的称赞很敏锐地感觉到,我也不怀疑我比任何别人更赏识我自己的成就,我却不被称赞闹昏了头脑。我在观察人类的性格时永远看到,一个有任何正当理由信任自己的人,永远不在别人面前炫耀,以使别人信任他。为了这种理由,我在自尊中保持谦逊;我得到的称赞愈多,我愈要用力配得上。

虽然这一部书在一切别的要点上是我的回忆录,我却没有意思在这里头叙述我自己的小说的历史。那些小说表明了它们自己,我把它们交给它们自己去说明吧。当我偶然提到它们时,那不过是作为我的进展的一部分罢了。

在这时,既经有多少根据相信,天性和偶然使我成为一个作家,我怀着信心从事我的工作。假使没有那样的保证,我一定把它放弃,把我的力量用在别的活动上了。我一定要发见,天性和偶然实际上使我成为什么东西,只成为那一种东西,不成为任何别的东西。

我曾经那么一帆风顺地在报纸上和一切别的地方写作,当我得到新的成功时,我认为我有理由避免那些可怕的辩论了。因此,在一个快乐的晚间,我最后一次记下议会的风笛调①,我也永远不再听到它;不过我依然在报纸上认得出那全部漫漫会期内没有任何重要变化(除非或许比先前更多了)的老调子。

我现在写我结婚后大约一年半的时代了。经过几次不同的实验,我已经把家政看作徒劳无益的事放弃。家务听其自然,我们用了一个小听差。这个小家伙的主要功用是跟厨子吵架;他在这一方面是一个十足的

---

① 指议会中冗长可厌的演说。——译者注

惠廷顿①,只是没有他的猫,也很少作伦敦市长的机会。

我觉得他好像在一阵冰雹似的锅盖击打的中间度生活。他的全部存在就是一场斗争。他总在最不适当的时候——例如当我们举行小小晚餐会时,或几个朋友晚间过访时——喊救命,总在飞舞的铁器追逐中,跌跌绊绊地跑出厨房。我们想要辞掉他,但是他很依恋我们,不肯走。他是一个好哭的孩子,当我们一示意同他断绝关系时,他就哭得那么厉害,我们只好把他留下。他没有母亲——除了一个姊姊以外,我也不能发见他有任何亲属;当我们一把他从他姊姊手上接过来时,他姊姊就逃去美洲;于是他像一个可怕的小掉包孩子②一般住在我们家中。他对于他自己不幸的境遇有一种锐敏的感觉,因而时时用外衣的袖子擦眼睛,或俯在小手巾的一角上擤鼻涕。他永远不肯把那块小手巾完全取出衣袋来,永远加以节省,加以秘藏。

这个以每年十镑六先令雇来的不幸的小听差是使我不断烦恼的根源。我眼看他长大——他像红花豆一般长大——我痛苦地忧虑他将来开始刮脸的时候,以至他秃顶、白头的时候。我看不出摆脱他的希望;在我想像将来时,我时常想,当他是一个老年人的时候,他会变得多么讨厌。

这个不幸的家伙使我脱离困难的办法最出于我的意外了。他偷了朵拉的表(这东西像我们一切别的东西一样,没有它一定的地方),换了钱,全数用在不断搭乘往来于伦敦和阿克斯布里治的脚车的外沿的上面(他从来是一个愚蠢的孩子)。据我记得,他在第十五次旅行上被捉去包街;从他身上搜出四先令六便士,还有他不会吹奏的一枝旧横笛。

假如他不忏悔的话,那件事的可惊及其后果一定减少我许多不愉快。但是他实实在在地非常忏悔了,而且用的是一种奇特的方式——不是整批的,却是一部分一部分的。例如,在我必须到案指证他的第二天,他泄

---

① 十四世纪伦敦市长,据传说,他以一个穷小子来伦敦,把他仅有的财产,一头猫,卖给北非洲巴巴利的国王,因而致富。——译者注

② 西方民间传说,仙女会用丑陋的孩子换去美丽的孩子。——译者注

露了关于地下室一个篮子的秘密。我们相信篮子里装满了酒，实际上里边除了瓶子和木塞以外没有别的了。我们以为他现在已经安了心，已经说出他所知道的关于厨子的最坏的事了；但是在一两天后，他的良心受了新的苛责，他又暴露厨子有一个小女孩，每天早晨来拿走我们的面包；他也说出，他自己怎样受了送牛奶的人的贿赂，用煤来供给他。又过了两三天，警察当局通知我。他供出了厨房垃圾中的牛腰肉和破布袋中的被单。又过了一小会，他在一个完全新的方向说了实话，承认知道送酒人偷窃我们住宅的计画，那个人立即被逮捕。作了那样一个受害者，我觉得非常惭愧，我宁愿给他多少钱，使他不要说下去，或行一笔大贿赂，使他有机会逃走。关于这一点，他一无所知，还以为他在用每一种新发现来补报我（纵然不说恩待我），这真是一种使人气恼的事情。

后来，我一看见带了新的情报来的警察暗探，我自己先逃走了；这一种偷偷摸摸的生活，一直过到他受了审，判了流刑，才算告一段落。即使在那时，他也不能安静，不断地写信给我们；非常想在离开以前见一见朵拉，于是朵拉去探访他，当她发现自己身在铁栏里时，她晕倒了。简而言之，在他被解走以前，我不能安安静静地生活。我后来听说，他在"乡间"什么地方作了牧羊人，我不知道那是什么地方。

这一切引起我一些认真的反省，使我对我们的错误有了一种新的看法；虽然我很体贴朵拉，我也不禁在一个晚间告诉她。

"我的爱人，"我说道，"想到我们缺乏秩序和条理，不仅使我们自己受累（我们已经惯了），也连累了别的人，我觉得很苦恼。"

"你已经好久不出声，现在你又要淘气了！"朵拉说道。

"不，我的亲爱的！让我来对你解释我的意思。"

"我认为我不需要知道，"朵拉说道。

"不过我想要你知道，我的爱人。放下吉普。"

朵拉用吉普的鼻子来触我的鼻子，并且说了一声"呸！"来驱逐我的严肃态度；但是未能办到，就命令言普进它的塔，然后坐在那里，握着手看我，脸上露出无可奈何的神气。

"事实是,我的亲爱的,"我开始说道,"我们身上有传染病。我们传染周围所有的人。"

倘非朵拉的脸色提醒我,她十分想知道,我是否提议一种新的预防注射或别种药品,来治疗我们这种不卫生状态,我大概要用这个比喻说下去了。于是我抑制自己,把我的意思说得明白些。

"因为不学习更加谨慎,我的宝贝,"我说道,"我们不仅丧失钱财和安乐,有时甚至丧失和气;我们也引起严重的责任问题,因为我们纵容坏所有来替我们做事的人,或与我们有任何交易的人。我开始怀疑,这罪过不完全属于一方面,这些人们所以都坏,因为我们自己并不十分好。"

"哦,多么厉害的罪名,"朵拉睁大眼睛叫道,"说你见过我偷金表呦! 嗷!"

"我的最亲爱的,"我规劝道,"不要胡说! 谁有半点关于金表的意思?"

"你有过,"朵拉接过去说道。"你知道你有过。你说过我不好,并且拿我同他比。"

"同谁比?"我问道。

"同那个小听差,"朵拉呜咽道。"嗷,你这残忍的人,拿你的爱妻同一个受流刑的听差比! 你为什么不在我们结婚以前把你的意见告诉我? 你这硬心肠的人,你那时为什么不说,你相信我比一个受流刑的听差更坏? 嗷,把我看得多么坏! 嗷,天哪!"

"那,朵拉,我的爱人,"我一面说,一面想轻轻地移开她按在眼睛上的小手巾,"你这样说话法,不仅非常可笑,而且非常错误。第一点,这不是真的。"

"你时常说他是一个说谎的人,"朵拉呜咽道。"现在你又这样说我了! 嗷,我可怎么好! 我可怎么好!"

"我的宝贝情人,"我说道,"我真必须求你放明白一点,听清楚我过去所说的话,和现在所说的话。我的亲爱的朵拉,除非我们知道对我们所雇用的那些人尽责任,他们永远不会知道对我们尽责任。我恐怕我们供给人们做错事的机会,那是永远不应当供给的。纵然我们有意在我们全部家务上像我们这样散漫——我们并非有意——纵然我们喜欢那样,高兴那样——我们并不喜欢——我相信,我们也没有这样混下去的权利。我们的确在使人变坏。我们应当想到这问题。我不能不想到这问题,朵拉。这是我无法摆脱的反省,这反省有时使我非常不安。喂,亲爱的,不过如此。唉,不要傻里傻气!"

朵拉有好久不准我移开那条小手巾。她坐在那里,在小手巾后面一面呜咽,一面嘟囔:假如我觉得不安,为什么我要结婚?为什么我不在我俩去礼拜堂的前一天说,我知道我会不安,我最好不那样干?假如我不能容她,为什么我不把她送去帕特尼的姑母那里,或送去印度的朱丽亚·密尔斯那里?朱丽亚一定高兴见她,一定不把她唤作受流刑的听差;朱丽亚断乎不会那样称呼她。简而言之,朵拉是那么苦恼,那情形也使得我那么苦恼,我觉得重复这种努力(虽然非常温和)是没有用处的,我必须采取一种别的途径了。

还有什么别的途径可以采取呢!"陶冶她的思想!"这是一句听来很乐观很有希望的普通话,于是我决定陶冶朵拉的思想了。

我立即开始了。当朵拉很带孩子气、我非常想逢迎她时,我用力作出严肃的样子——使她不安,也使我不安。我同她谈盘踞我的思想的问题;我也读莎士比亚给她听——使她疲乏到极端。我习惯仿佛十分偶然地给她一点有用的知识或合理的意见——当我一说出来时,她就惊得跳起来,仿佛那是一些爆竹。不拘我怎样不经意地自自然然地想陶冶我的小媳妇的思想,我总看得出,她对于我的动机有一种先天的感觉,因而成为最锐敏的忧虑的俘虏。尤其显然的是,她觉得莎士比亚是一个可怕的人。这陶冶进行得很慢。

我不同特拉德尔约好,硬教他来帮忙,每当他来看我们时,我就向他爆发我的地雷,目的在使朵拉间接受教。我像这样供给特拉德尔的实际知识的数量是庞大的,资料是最好的;但是除了使朵拉精神沮丧而且时时忧虑就要轮到她以外,没有别的效果。我发见自己陷入一个学校教师、一个圈套、一个陷阱的地位;时时对朵拉的苍蝇扮演蜘蛛的脚色,时时从我的洞中跳出来,使她感受无限的惊扰。

我依然希望,经过这个过渡期间,朵拉和我中间可以得到完全的和谐,我可以把她的思想陶冶得使我十分满意,因此我一连坚持了好几个月。不过,我终于发见,在这时期内,我虽然一身都是决心,像遍体都是刺的豪猪或刺猬,我得不到一点效果,我开始想,或许朵拉的思想已经陶冶完成了。

经过进一步的考虑,这情形似乎是那么可能,我放弃了我那说来容易作来难的计画,决心此后以我的孩子妻为满足,不再想用任何方法来改造她,我衷心厌倦了自作聪明,也怕见我的宝贝受拘束;于是,一天,我为她买了一副耳环,为吉普买了一个项圈,回家去讨人喜欢了。

朵拉为了这两件小礼物开心,欢欢喜喜地吻我;不过,我们中间有一个暗影(虽然很轻微),我立意把它除去,假如那样一个暗影必须在什么地方存在的话,我在将来要把它保留在我自己的胸中。

我坐在沙发上、我的妻旁边;为她带上耳环;然后告诉她,我恐怕我们近来不如先前和睦,这错误是属于我的。我实实在在这样觉得,也实实在在是这样。

"事实是,朵拉,我的命根,"我说道;"我过去想作聪明人。"

"也使我聪明,"朵拉怯怯地说道,"是不是,大肥?"

我用点头回答那抬起的眼眉所表示的好看的询问,并且吻那张开的嘴。

"没有一点用处,"朵拉摇着头说道,把耳环摇得叮叮当当地响。"你知道我是一个怎样的小东西,也知道我一开始要你怎样称呼我。假如你不能那样办,我恐怕你永远不会喜欢我。你敢说你有时不想,最好当初——"

"干什么,我的亲爱的?"因为她不肯说下去了。

"没有什么!"朵拉说道。

"没有什么?"我重复道。

她搂住我的脖子,一面笑,一面用她所爱好的一头鹅的名字唤她自己,一面把她的脸藏在我的肩头上。她的卷发是那么丰盛,要想撩开来看一看她的脸,是很不容易的。

"我不想最好当初干脆不要去陶冶我的小媳妇的思想?"我嘲笑着自己说道。"那问题是这样的吗? 不错,我诚然那样想。"

"你过去所要干的是那个吗?"朵拉叫道。"噢,多么可怕的孩子!"

"不过我再也不要试了,"我说道。"因为我非常爱她的本来面目。"

"不说谎——真的?"朵拉爬近我一点问道。

"为什么我要改变我宝贝了这么久的东西呢!"我说道。"你永远不能比你的本来面目表现得更好,我的亲爱的朵拉;我们不要从事自作聪明的实验,只要返回我俩的老路子,要快活。"

"要快活呀!"朵拉接下去说道。"是的! 整天整日! 事情有时出一丁点错,你不会介意吧?"

"不,不,"我说道。"我们应当尽我们的力量。"

"你不再对我说,我们把别人弄坏,"朵拉哄诱道;"是不是? 因为你知道,那是非常讨厌的。"

"不,不,"我说道。

"在我看来,愚蠢比不快乐更好,是不是?"朵拉说道。

"朵拉的本来面目比世界上一切别的更好。"

"世界上! 啊,大肥,那是一个大地方呢!"

她摇了摇头,把她那愉快的明亮的眼睛转向我,吻我,大笑起来,然后跳开去为吉普带新项圈。

我从事改变朵拉的最后一次尝试就这样结束。我在进行时是不快活的;我不能忍耐我自己的孤单的智慧;我不能使这尝试与她先前作孩子妻的请求调和起来。我决定独自尽可能地安安静静地改善我们的行为;但是我预先看出,我的力量是非常渺小的,否则我一定又要退化成蜘蛛,永远伏在那里等机会。

我所提到的暗影不再在我们中间了,却完全留在我自己的心中。那暗影怎样减退呢?

旧日的不快活的感情弥漫我的生活。假如那感情有了多少改变,就是比先前加深了;但是那感情依旧是不明晰的,像在夜间依稀听到的一个忧愁的乐曲。我非常爱我的太太,我也是快活的;但是我过去一度朦胧地期望的幸福,不是我所享受的幸福,总缺少一点什么。

为要实践我对自己作过的约定,把我的思想反映在本书中,我又仔细地考察它,揭露其中的秘密。我依然把我所怀念的东西看作——我从来这样看——我幼年的幻想的梦,看作不能实现的东西;看作我(像一切人一样)当时怀着一种天然的痛苦发觉这是不能实现的东西。不过我知道,假如我的太太给我更多的帮助,能分享我无人共有的许多思想,对我更为有益,而且这也是可能的。

我奇妙地在两种不能调和的结论中间保持平衡,对于它们的互相对立并没有清楚的认识。一个结论是,我所感受的事是一般的,不能避免的;另一个结论是,这是属于我个人的,是可以两样的。当我想到幼年不能实现的梦时,我想到我所度过的成年以前的比较好的情况;于是同艾妮斯在那可爱的老住宅中所度的满意的日子,像鬼魂一般(那是可能在另一个世界继续存在的,永远永远不能在这里复活了),在我面前浮起。

有时,我想到,假如朵拉和我从来不曾相识,可能发生什么情形,将要发生什么情形呢? 不过,她与我的存在既然是那么合而不可分,那种幻想是最无谓的,不久就像飘浮在空中的游丝一般消失了。

我从来爱她。我现在所描写的东西,在我的思想的最深处昏睡,半醒,然后又睡去。这东西在我身上没有凭据;我看不出它在我所说的一切话所做的一切事上有任何影响。我忍受我们所有小小的忧虑,执行我所有的计划;朵拉握住笔;我们双方觉得我们照事实的需要调整了我们的任务。她实在爱我,以我自豪;艾妮斯在给朵拉的信中,有时写几句诚恳的话,表明我的老朋友们听见我逐渐增长的声誉并且仿佛听我演说书中的内容一般讲我的书时所感到的骄傲和兴趣,这时朵拉在她那明亮的眼睛中含着欢喜的泪把那些话读出来,并且说,我是一个可爱的聪明的著名的大孩子。

"缺欠修养的内心的第一个错误冲动。"这时我不断地想到斯特朗夫人这几个字,这几个字几乎永远呈现在我头脑中。我时常在夜间醒来时还想起这几个字;我记得我甚至在梦中从屋壁上读到这几个字。因为我当时知道,当我最初爱朵拉时,我自己的心是缺欠修养的;假如我的心有过修养,在我们结婚以后,它就断乎不会感到它在暗中所感到的东西了。

"在婚姻中,没有比思想和宗旨不合更大的差异。"我也记得这些字。我曾用力使朵拉适应我自己,后来发觉这是办不到的。我只好使自己适应朵拉;同她分享我所能分享的,而且要快活;把我必须负起的负在我自己的肩上,而且依然要快活。当我开始思想时,这就是我的内心所要受的修养。这修养使我第二年比第一年快活得多;而更好的是,使得朵拉的生活满有阳光。

但是,当那一年过下去时,朵拉是不健康的。我曾经希望有比我更灵巧的手帮助陶冶她的性格,我曾经希望她怀中有一个婴儿的笑脸会把我的孩子妻改变成一个大人,那是不能实现的。那个小天使在它的小监狱门前鼓了一会翼,然后无拘无束地飞走了。

"当我再能像往常一样到处跑时,姨婆,"朵拉说道,"我要使吉普赛跑。它变得很迟钝很懒惰了。"

"我疑心,我的亲爱的,"我姨婆一面在她旁边安静地工作,一面说道,"它患了比那个更重的病呢。上了年纪,朵拉。"

"你以为它老了吗?"朵拉惊慌地说道。"喲,看起来有多么奇怪,吉普会变老的!"

"这是我们上了年纪时免不掉的病痛呵,小人儿,"我姨婆高高兴兴地说道;"说实话,我也觉得不像先前那样不感受这种病痛了。"

"不过吉普,"朵拉怀着同情看着它说道,"连小吉普也免不掉! 喲,可怜的东西!"

"我猜它还可以支持不少时候呢,花儿,"我姨婆拍着朵拉的脸说道,这时朵拉从长椅上探出身子来看吉普,吉普用后腿站起来、用尽气力向上挣扎着表示反应。"今年冬天它的房子里要铺一块绒布,一旦它跟春天的花儿一同恢复活泼,我也不觉得奇怪呢。保佑这头小狗吧!"我姨婆叫道,"假如它有猫那么多条性命①,而且将近全数失掉时,它也要用它最后的气力向我叫呢,我相信!"

朵拉已经把它扶在沙发上;在那里,它真把我姨婆恨到那样凶猛的程度,它不能直立起来了,叫得侧过身子去。我姨婆愈看它,它愈申斥她;因为她近来带上了眼镜,为了某种不可思议的理由,它认为眼镜应当受攻击。

朵拉用了很多的安抚,使它躺在她身边;当它安静下来时,朵拉一面用手一次一次地抻它的一只长耳朵,一面如有所思地重复道,"连小吉普也免不掉!噢,可怜的东西!"

"它的肺力很好,"我姨婆愉快地说道,"它的憎恨也一点未减退。没有疑问,它还可以活许多年。不过假如你要一头狗同你赛跑,小花儿,它已经不适宜于那样干了,我可以给你一头。"

"谢谢你,姨婆,"朵拉有气无力地说道。"不过不要吧,对不起!"

"不要?"我姨婆摘下眼镜来说道。

"除了吉普以外,我不能养别的狗,"朵拉说道。"那样太对不起吉普了!此外,除了吉普以外,我不能跟任何别的狗作朋友;因为它不曾在我结婚以前认识我,也不曾在大肥第一次来我们家时向他叫。除了吉普以外,我恐怕我不能关心任何别的狗了,姨婆。"

"当然!"我姨婆又拍着她的脸说道。"你说得对。"

"你不生气吧?"朵拉说道。"是不是?"

"哈,多么敏感的小宝贝!"我姨婆亲热地俯向她说道。"想我会生气呢!"

"不,不,我并非真那样想,"朵拉接过去说道;"不过我有一点疲倦了,使我暂时糊涂起来——我从来是一个小糊涂虫,你知道的;不过,谈起吉普来,使我更加糊涂了。它曾经在我一切遭遇中认识我,是不是,吉普?

_____

① 西方传说,猫有九条性命。——译者注

因为它改变了一点,我就冷待它,我受不住——是不是,吉普?"

吉普更偎近它的主人,懒懒地舔她的手。

"你还未老得要离开你的主人吧,吉普,是不是?"朵拉说道。"我们还可以多作一会伴!"

我那美丽的朵拉,在随着来的星期日,当她下来吃饭时,看见老特拉德尔(他在星期天时常与我们一同吃饭),她是那么高兴,我们觉得她在几天以内就要"像她先前那样到处跑了"。但是他们说,还得等几天;到时,还得等几天;后来她依然不能跑,也不能走。她的样子很美丽,也很快乐;但是过去围着吉普跳舞时那么灵活的一双小脚却是沉重的,没有动作的。

我开始每天早晨把她抱下楼,每天夜间抱上楼,她在当时搂着我的脖子大笑,仿佛我为了打赌才那样做。吉普围着我们叫,跳,在前头走,在楼梯口喘着回过头来监视我们。我姨婆(最好的最愉快的护士)总抱着一抱被巾和枕头跟在我们后面。狄克先生不肯把他那持蜡烛的职务让给任何活人。特拉德尔时常在楼梯底下向上看,负责把朵拉开玩笑的信息传给世界上最可爱的姑娘。我们排成一种非常快活的行列,我的孩子妻是那行列中最快活的一个。

不过,有时,当我抱起她来,觉得她在我怀中变轻时,我就发生一种可怕的空虚的感觉,仿佛我在走向尚未发见的、使我的生活麻痹的冰天雪地中,我避免用任何名称或沉思来证实这感觉;直到一个夜间,当我的这种感觉非常强烈时,当我姨婆喊出"再见,小花儿",向她告别时,我独自坐在我的写字桌旁想,噢,这是多么不吉利的名字,花儿在树上盛开的时候就枯萎了! 我哭起来了。

第六十二章　一盏明灯照亮我的路

岁时临近圣诞节,我已经回来两个多月了。我时常看见艾妮斯。一般人给我鼓励的声音虽然是宏亮的,它在我身上引起的感情和努力虽然是热烈的,但是我听见她最轻微的赞词时,就仿佛别无所闻一般。

每星期至少一次,有时更多,我骑马去那里,度一个晚间。我时常在夜间骑马回来;因为那种不快活的旧感觉这时不断地缠绕我——当我离开她时,格外使我怅惘——因此我宁愿起身走出去,免得在厌倦的失眠和苦恼的梦中流连过去。在那些次骑行中,我度过许多荒凉的忧愁的夜间最长的部分;当我行走时,旅居国外时长久盘据我的头脑的那些思想又抬头了。

假如我说,我听那些思想的回音,或者更能表达那事实。它们从遥远的地方对我讲话。我曾经把它们推开,接受我那不可避免的地位。当我对艾妮斯读我所写的东西时,当我看她倾听的脸时,当我感动得她笑或哭时,当我听她对我所居住的想像世界那些虚无飘渺的故事所发出的那么诚恳的声音时,我想原来我会有怎样的命运——不过止于那样想,正如我与朵拉结婚以后我曾想我愿我的太太成为怎样的人。

艾妮斯对我怀有一种爱情,假如我加以扰乱,我就非常自私非常拙笨地侮辱了它,因而永远不能恢复;我的成熟了的信念是,我既然造成了我自己的命运,并且赢得了我急于求得的东西,因此我就没有权利诉苦,必须忍受;我对艾妮斯的义务和我这种成熟了的信念,构成我所感觉的一切和我已经知道的一切。不过我爱她;模糊地想到将来有一天,我可以无可非难地招认我的爱情;那时这一切都成为过去;那时我可以说,"艾妮斯,当我回家时,情形是那样的;现在我老了,从那以后我绝对不曾爱过!"也成为我的一种安慰。

她不曾有一次对我表示她自己有任何改变。她从来在我眼中是什么样,这时依然是什么样;完全没有变化。

从我回来的那一夜起,在我姨婆和我中间,有一种与此有关的东西,我不能称之为一种约束,或对本问题的逃避,大致是这样一种默契:我们一同想到那个问题,但是不把我们的思想形诸语言。当我们依照我们的老习惯在夜间坐在火炉前时,我们时常陷入这种情况;那么自然,那么明了,仿佛我们已经无保留地那样说过。不过我们保持一种不间断的缄默。我相信她那一夜已经了解或部分地了解我的思想,她也完全知道我为什么不把我的思想作更明显的表示。

因为圣诞节就要来了,艾妮斯还不曾对我公开新的秘密,在我头脑中几度兴起的疑念——是否她已经知道我实际的心境,因为怕给我痛苦,所以不说出来——开始沉重地压迫我。假如是那样,我的牺牲等于一无所有,我对她最明显的义务未能履行,我不断地在采取我曾经退避过的每一可怜的动作。我决定把这情形弄明白;——假如我们中间有那样一种障碍,即刻用坚定的手破除它。

那是一个寒冷的凛冽的冬季的日子,——我有多么耐久的理由记得它! 几个钟头前下过雪;雪积得并不厚,不过冻硬在地面上。在我窗外的海上,风从北方猛烈地吹来。我在想那吹过瑞士积雪的人迹不到的山野的风,我也在想那僻静的地带和荒凉的海两者中哪一方面比较寂寞。

"今天骑马出外吗,特洛?"我姨婆在门前探进头来说道。

"是的,"我说道,"我就要去坎特布雷。这是一个骑马的好日子。"

"我希望你的马也这样想,"我姨婆说道;"不过它目前正垂着头和耳朵站在门前,仿佛它觉得马房里好呢。"

我顺便提一句,我姨婆允许我的马留在禁地上,但是对于驴子一点也不曾放宽。

"他等一下就要提起精神来了!"我说道。

"无论如何,这旅行对他的主人有益,"我姨婆看着我桌上的文稿说道,"啊,孩子,你在这里度过许多钟头了! 我往常读书的时候,从来不曾想到,写书是怎样的费力。"

"有时读起来也很费力,"我接下去说道。"至于写作,它也有它迷人的地方呢,姨婆。"

"啊! 我知道了!"我姨婆说道。"野心,爱好称赞,同情,还有许多别的,我猜? 喂,去你的吧!"

"关于艾妮斯的爱情,"我镇静地站在她面前说道——她拍过我的肩头,坐在我的椅子上——"你有更多的消息吗?"

"我相信我有,特洛。"她在回答以前向上看了一会我的脸。

"你的印象明确了吗?"我问道。

"我以为明确了,特洛。"

她怀着一种猜疑,或怜悯,或悬虑,那么不眨眼地看我,我抱定更坚强的决心,向她表示完全愉快的脸色。

"还有呢,特洛——"

"是!"

"我相信艾妮斯就要结婚了。"

"上帝保佑她!"我高高兴兴地说道。

"上帝保佑她,"我姨婆说道,"和她的丈夫!"

我立即附和了一句,辞别了我姨婆,轻轻地下了楼,上了马,跑开去了。我比先前有更多理由做我决心要做的事了。

我把那冬季的旅行记得多么清楚! 风从草上刮下来的擦脸的冰屑;在冻硬的地面上打出调子来的马蹄声;僵硬的耕过的土壤;微风搅动时轻轻地旋进石灰坑的雪片;停在高冈上喘息的铃声叮当的运陈草的喷气的牛马;仿佛画在一块大石板上一般的衬着暗黑的天空变白了的高原①的斜坡和冈峦!

我发现艾妮斯独自一个人在家。这时那些小女孩们已经回了她们自己的家,她自己正在火炉旁边读书。她看见我进来时放下她的书;照常欢迎过我以后,拿过她的手工篮,坐在一个老式的窗子前。

我挨近她坐在窗台上。我们谈我正在做着的事,什么时候完工,以及我上次造访后获得的进展。艾妮斯很高兴;笑着预言,我不久就要变得太出名了,她不能同我谈这样的题目了。

"所以我尽可能利用现在的时光,你知道,"艾妮斯说道,"在我还可以谈的时候同你谈呢。"

当我看她那注意工作的美丽的脸时,她抬起她那柔和的明净的眼睛,看见我在看她。

---

① 英国南部有二高原,此处所指为南高原。——译者注

"你今天有心事呢,特洛乌德!"

"艾妮斯,我好不好把我的心事告诉你? 我就是为了这个来的。"

她照我们过去认真讨论问题时的样子,放下她的手工,把她的全部注意力集中在我身上。

"我的亲爱的艾妮斯,你怀疑我对你是忠实的吗?"

"不!"她带着一种吃惊的神气回答道。

"你怀疑我像从前一样待你吗?"

"不!"她像先前一样回答道。

"我回来的时候,最亲爱的艾妮斯,我想告诉你,我欠你何等的恩情,我对你怀有怎样的热情,你还记得吗?"

"我记得,"她轻轻地说道,"十分记得。"

"你有一件秘密,"我说道。"告诉我吧,艾妮斯。"她垂下眼睛,周身颤抖了。

"即使我不曾听说——不从你嘴里听说,艾妮斯,却从别人嘴里听说,这似乎奇怪——我也不会不知道,有一个你付以你那爱情的宝藏的什么人。不要把跟你的幸福那么关系深切的事瞒我吧! 假如你能像你所说的、也像我所知道的那样信任我,让我在这件比别的一切更重要的事上作你的朋友、作你的哥哥吧!"

她含着一种诉求的(几乎是责备的)眼光从窗前站起来;仿佛不知道去什么地方一般跑过房间,用双手遮起脸,好像打在我心上一般地痛哭起来。

不过这些眼泪在我心中唤醒一种东西,引起一种希望。不知道什么缘故,这些眼泪与植根在我记忆中的那平静的忧愁的微笑联合起来,与其说是用恐惧和悲哀、毋宁说是用希望来震动我。

"艾妮斯! 妹妹! 最亲爱的! 我有什么不对的地方?"

"让我去吧,特洛乌德。我不大舒服。我不大自在。我要慢慢对你说——在别的时候。我要写信给你。现时不要对我说。不要! 不要!"

我用力记起前一晚当我对她谈她那不要酬报的爱情时、她说过的话。

似乎我必须立刻寻遍那一个世界。

"艾妮斯,我不忍心见你这样,想到我使得你这样,尤其使我难堪。我的最亲爱的姑娘,我觉得比人生任何东西更亲爱的姑娘,假如你不快活,让我分担你的不快活。假如你需要帮助或劝告,让我设法把它给你。假如你心上实有一个担子,让我设法把它减轻。我现时活在世上,不是为了你,艾妮斯,是为了谁?"

"嗷,饶了我吧! 我不自在! 在别的时候吧!"是我仅能听出的话。

引我不加思索地说下去的是不是一种自私的错误呢? 既然有了一线希望,是不是有一种我过去不敢想的机会出现了呢?

"我一定要说下去。我不能让你这样离开我! 看上天的面,艾妮斯,让我们不要在经过这些年后、经过这些遭遇后彼此误解吧! 我一定要明明白白地说。假如你有一种迟疑,以为我会妒嫉你所给予的幸福,以为我不肯把你让给你自己选定的更亲爱的保护者,以为我不肯从远处欣赏你的快乐,那你就把那种想法驱除吧,因为我不是那样的! 我不曾完全徒然地受苦。你不曾完全徒然地指教我。在我对你的感情中,没有自私的成分。"

她这时平静了。过了一小会儿,她把她那苍白的脸转向我,然后低声断断续续但是很清楚地说道:

"为了你对我的纯洁的友谊,特洛乌德——我实在不怀疑你这友谊——我不能不告诉你,你错了。我不能做别的什么。这些年来,假如我有时需要帮助和劝告,我已经得到了。假如我有时不快活,那感觉已经过去了。假如我心上有过一个担子,那个担子已经减轻了。假如我有任何秘密,那——不是新的;那也——不是你所猜想的。我不能宣布,也不能分与。这秘密久已属于我,也必然永远属于我。"

"艾妮斯! 住下! 一会儿!"

她正要走开,不过我把她拦住。我用胳臂揽住她的腰。"这些年来!""不是新的!"新的思想和希望在我的头脑中旋转,我的生活的一切颜色都在改变。

"最亲爱的艾妮斯！我非常崇拜和尊敬的人——我那么专心爱着的人！我今天来这里的时候，我觉得什么也不能使我这样招认。我觉得我能把我的心事终生掩藏起来，直到我们年老的时候。但是，艾妮斯，假如我具有一线新生的希望，我有一天可以用亲于姊妹、十分不同于姊妹的东西称呼你！——"

她的眼泪落得很快；但是不像她方才落下的眼泪，我看见我的希望在她的眼泪中闪光。

"艾妮斯！我的永远的指导者，最好的扶持者！假如你过去，当我们在这里一同长大的时候，多关心一点你自己，少关心一点我，我相信我那粗忽的幻想永远不会离开你。不过你比我好得多，我觉得你在一切幼年的希望和失望上对我都那么重要，因此在一切事上信任你倚赖你成为我的第二天性，暂时排挤了第一的比较大的像我现在这样爱你的那一个天性！"

依然哭泣，但不是悲伤的——而是愉快的了！由着我搂在怀中，这是她从来没有过的，也是我过去相信她永远不会的！

"当我爱朵拉的时候——发痴一般地爱她的时候，艾妮斯，你是知道的——"

"是的！"她诚恳地叫道。"我喜欢知道！"

"当我爱她的时候——即使在那时，没有你的同情，我的爱情就不圆满。我那时得到你的同情，我的爱情圆满了。当我失掉她的时候，艾妮斯，假如没有你，我会成为什么样子呢！"

更偎进我的怀中，更接近我的心脏，她把颤抖的手放在我的肩上，她那可爱的眼睛从泪水中对着我的眼睛闪光。

"亲爱的艾妮斯，我出国，为了爱你。我留在国外，为了爱你。我回国，也是为了爱你！"

这时，我尽可能告诉她，我曾经有过的斗争，我曾经达到的结论。我尽可能把我的心事真实地完全地披露给她。我尽可能对她说明，我过去怎样希望我已经更了解我自己，也更了解她；我怎样决定服从这种了解所得到的结论;即使在那一天,我依然怀着对这结论的忠心来那里。假如她爱我(我说),肯接受我作她的丈夫,她那样作时,并不由于我有任何价值,只由于我对她的爱情的真实,以及我的爱情成熟时所遭遇的那种困难;也正因为这个,我才宣布我的爱情。噢,艾妮斯,就在那时候,在你那忠实的眼光中,我的孩子妻的灵魂就已经张望我,加以赞许;也因了你,使我记起那在盛开时凋谢了的小花儿!

"我非常幸福,特洛乌德——我的心非常饱满——不过有一件事我必须说。"

"最亲爱的,什么?"

她把她那柔和的双手放在我的两肩上,平静地注视我的脸。

"不过,你知道那是什么吗?"

"我不敢猜测那是什么。告诉我吧,我的亲爱的。"

"我从来是爱你的!"

噢,我们是快活的,我们是快活的! 我们不为我们所经过的痛苦(她的痛苦大得多了)流泪,我们只为我们永远不再分离的欢喜流泪!

在那冬季的晚间,我们一同在野外散步;那寒冷的空气似乎分有了我们内心的幸福的平静。当我们一面徘徊、一面向天空张望时,先出的星开始闪光,我们感谢上帝,把我们导向这种宁静。

在夜间,当月亮在照耀时,我们一同站在同一老式窗子前;艾妮斯对着月亮抬起她那安静的眼睛;我随从她的目光。这时,在我的心灵前,展开漫漫的大路,我看见一个衣衫褴褛、颠沛流离、孤苦伶仃的孩子向前跋涉,他终于把这时在我的心旁跳跃的一颗心唤作他自己的。

当我们来到我姨婆面前时,已经是第二天将近晚餐的时候了。据辟果提说,她在楼上我的书房中,使我的书房整齐有序是她自负的地方。我们见她戴着眼镜坐在火炉旁。

"哎呀!"我姨婆从黄昏中张望着说道。"你带回来的是谁呀?"

"艾妮斯,"我说道。

因为我们约好一开始什么也不说,我姨婆感到不少狼狈。当我说"艾妮斯"时;她向我投了满怀希望的一瞥;但是因为见我像往常一样,她带着失望的神气摘下眼镜,然后用眼镜摩擦她的鼻子。

不过,她亲热地问候艾妮斯;我们不久就坐在楼下点起灯来的客厅中用晚餐了。我姨婆有两三次戴上眼镜,再看看我,但是每次总怀着失望摘下来,然后用眼镜来擦鼻子。这情形使狄克先生大为不安,他知道这是一种不好的现象。

"顺便说一句,姨婆,"我在饭后说道;"我曾对艾妮斯谈你告诉我的事。"

"那么,特洛,"我姨婆红着脸说道,"你做错了,也失了信。"

"你不会生气吧,姨婆,我相信?当你听说艾妮斯不为任何恋爱的事不快活时,我相信你不会生气了。"

"胡说霸道!"我姨婆说道。

当我姨婆似乎要被惹恼时,我觉得最好是打断她的烦恼。我把艾妮斯揽到她的椅子背后,于是我们两个俯向她。我姨婆拍了一下手,从眼镜中看了一眼,即刻发了歇斯迭里病,这是我认识她以来第一次,也是唯一的一次。

歇斯迭里病惊动了辟果提。我姨婆一恢复过来,即刻扑向辟果提,一面叫她老蠢货,一面用全力搂抱她。在那以后,她搂抱狄克先生(他觉得很光荣,但是也大为吃惊);在那以后,告诉他们缘故。于是他们一起都快活了。

在我姨婆上次与我短短的谈话中,我不能发见她是好意地撒谎呢,还是真误解了我的心情。她说,她曾经告诉我,艾妮斯就要结婚,这就很够了;她说,我这时比任何人更知道这是多么真实了。

我们在两个星期内结了婚。特拉德尔和苏菲,博士和斯特朗夫人,是参加我们那安静的婚礼的仅有的客人。我们在他们兴高采烈时离开他们；一同坐车走了。我把我从来所有一切有价值的希望的泉源搂在我的怀中，我自己的中心，我的生活的范围，我自己，我的太太，我对于她的爱都建立在磐石上了！

"最亲爱的丈夫！"艾妮斯说道。"现时我可以用那个名字称呼你了，我还有一件事要告诉你。"

"告诉我吧，爱人。"

"这是在朵拉死的那一夜发生的。她派你来找我。"

"是的。"

"她告诉我说，她留给我一种东西。你能猜出那是什么东西吗？"

我相信我能。我把已经爱我那么长久的太太搂得更紧一点。

"她告诉我说，她向我作最后一种请求，也留给我最后一种职务。"

"那就是——"

"必须由我来占据那个空位置。"

于是艾妮斯枕在我的胸前，哭起来了；我跟她一同哭，虽然我们非常快活。

中　编

中短篇小说

跪在上升的太阳下

[美]E.加德维尔

I

一个寒颤透过郎尼全身。他把手从他那瘦削的下颌移开,记起了克伦说过的话,这记忆使他现时觉得,他站在阿契·甘诺德面前,让他的脸被人看见,仿佛是在犯罪。

在那个下午,他和克伦同路去加油站,他当时对克伦说,他怎样迫切地需要口粮。克伦停了一会儿,把一块石头从路上踢开,然后说,假如你替阿契·甘诺德作工久了,你的脸可以瘦得劈开你自己的棺材板。

朗尼转过身来,坐在汽油唧筒旁的空箱子上,这时他不禁希望他能像克伦一样不怕阿契·甘诺德。克伦虽然是一个黑人,在他需要东西吃时,他绝不迟疑地去要口粮;当他和他的家人所得不足数时,克伦一直去向阿契声明。阿契忍受下来,不过他发誓说:一得到机会,他就要把克伦从那地方赶出去。

朗尼不待转身便知道,克伦同两三个别的黑人站在加油站的一端,并且在看他。不过为了某种理由他不能面对克伦的眼睛。

阿契·甘诺德站在阳光中,向靴筒上磨他的折刀。他一再看朗尼那条卧在路中央等着朗尼回家的猎犬南子。

"那是你的狗吧,朗尼?"

朗尼吓了一跳,手伸向下颌,遮起那会控诉阿契克扣口粮的瘦脸。

阿契劈劈拍拍地搓手指,猎犬摇着尾巴站起来,等待招呼。

"阿契先生,我——"

阿契叫狗。狗开始伏地爬向他们,阿契的手指每响一次,它的尾巴摇得更快一点。当它相距几尺时,它仰过来,四爪朝天躺在地上。

在加油站附近逗留的达德雷·斯密士和吉木·维渥尔笑了。他们方才倚在墙上,这时挺起身子看阿契要作什么了。

阿契把更多的烟草汁吐在靴筒上,又磨了磨那把折刀。

"不拘怎样,那是一条什么狗呵,朗尼?"阿契说道:"在我看来,这可能是一条捉狗呢。"

朗尼觉得出克伦·亨利的眼光钻进他的后脑。假如阿契·甘诺德向克伦的狗搓手指,并且像这样称呼它,他不知道克伦会作什么。

"它的尾巴在一只狸狗或鸟狗未免太长了,是不是,阿契?"朗尼身后什么人高声笑着说道。

这时大家都笑了,连阿契也在内。他们看朗尼,等来听他对阿契说什么。

"这是一头捉狗吗,朗尼?"阿契又搓着手指说道。

"阿契先生,我——"

"假如他没有作鸟狗或狐狗的影子,你也不必为了它害羞呵,朗尼,每个人住宅附近都要有一条狗,当你急需猪和兔子时,可以由他去捉呀。捉狗是一种很高尚的动物,我过去也曾以有一头自豪呢。"

大家都笑了。

阿契·甘诺德就要去捉南子的尾巴了,朗尼坐起来,把脖子扭到他触及加油站另一端的克伦·亨利的眼光。克伦带着不含糊的意义看他,他那天下午说,替阿契作工的人都不应当忍受短少的口粮,他这时眼中含有说话时同一的神气。朗尼低下头。他想不出一个黑人怎能比他更勇敢。像这样的时候是很多的,他肯牺牲他所有的一切来同他换一换位置呢。

"你这条狗的毛病,朗尼,是它的脚上太重了。替它减轻一点重量,使它变成捉狗,这办法你不以为很好吗?"

这时朗尼记起,克伦·亨利说过,假如阿契·甘诺德什么时候割去他的狗的尾巴,他会作什么。朗尼知道,克伦也知道,别人也都知道,那就会把阿契所等待的机会给了他。他曾经说过,只要克伦略一侵犯他的地盘,或略一同他顶嘴,他便作其余的一切。大家都知道阿契话中的意义,假如克伦不转身而逃,那就更加显然了。而克伦在本地住了十五年,从来不曾逃避任何人呢。

当朗尼惊服克伦时,阿契伸手捉住南子的尾巴。南子好像以为阿契同它玩耍。它回过头来舐阿契的手。他用刀柄敲它的鼻梁。

"这是一条很好玩的狗,朗尼,"阿契一面说,一面捉得更近尾巴根,"不过,像他这样大的狗,特别当他要作捉狗时,它的尾巴就太长了。"

朗尼艰难地咽唾沫。

"阿契先生,这是一条很好的追兔狗呵。我——"

"不要说啦,朗尼,"阿契一面说,一面在狗尾巴上磨刀刃,"我一生从来不曾见过一条需要这末长的尾巴来捉兔子的猎犬,在一条普普通通的捉狗,这尾巴是太长了。"

朗尼无望地看达德雷·斯密士和别的人们。他们都不肯作任何帮助。由他来阻止阿契是没有用处的,因为,阿契·甘诺德一旦决心要作一件事,他不肯受任何阻挠。朗尼知道,假如他略一表示忿怒或怨恨,阿契会在当晚日落以前把他赶出农场去。克伦·亨利是唯一肯帮助他的人,不过克伦……

加油站两边的白种人和黑种人都等来看朗尼要作什么。他们大家都希望他会为他的狗斗争一番。假如任何人有阻止阿契割断狗尾巴的勇气,就不会有这种事了。不过,事实很显然,阿契的佃户之一的朗尼怕说话。克伦·亨利可能那样作;克伦是唯一可能去阻止阿契的人,即便引起纠纷,也在所不顾。他们都知道,阿契会坚持驱逐克伦出境,或用乱枪打死他。

"我相信你没有问题了,是不是,朗尼?"阿契说道。"我似乎未听见任何反对。"

克伦·亨利向前走了几步,然后停下来。

阿契看着朗尼的脸笑了,同时把南子扯起来。那条猎犬又痛又惊地叫起来,阿契下死力踢它,使它不能出声。

朗尼退缩了。他不能忍心看任何人像那样踢他的狗。

"阿契先生,我……"

他的喉咙的收缩几乎使他有一些时候不能出气,他不得不张大嘴用力呼吸。他周围的别的白种人都不出声。没有人喜欢看一条狗像那样挨踢。

朗尼可以从眼角上看见加油站的另一端。他看见有几个黑种人走到克伦后面,握住他的工人裤,克伦向张开的两脚中间的地上吐唾沫,但他无意从他们手中挣脱。

"既然我不听见反对,我相信割掉它是没有问题了。"阿契一面说,一面吐唾沫。

朗尼的头俯向前方,他只能看见南子的后脚。他原是来乞求一片腌猪肉和一点糖酱,或别的什么。现时,不拘家里的人们饿得多末厉害,他不知道他能否有请求口粮的决心了。

"我总要先征求同意,"阿契说道。"假如有人反对,我便不要冒冒失失地割一条尾巴。那是不对的。不,你老,那断乎不是天公地道的。"

阿契把狗尾握紧,把刀刃放在离臂部两三寸的地方。在那些旁观者眼中,仿佛他嘴里在分泌唾液,因为烟汁开始流下他的嘴角。他抬起手背来擦嘴。

一辆喧声很大的汽车从红色的深沙上开来。当它开过时,大家都抬起头来,看车上是谁。

朗尼看了一眼,但他抬不起眼睛来。他的头又垂下来。垂到他觉得他那瘦削的下颌刺进他的胸膛。他当时想知道阿契是否注意到他的脸是多末瘦。

"我在舍下养有两三条捉狗，"阿契一面说，一面在狗尾巴上磨刀刃，仿佛那是一条磨刀皮带。惹得围拢他的人们都露出笑容，"不过我断乎看不出捉狗有长尾巴的道理。当我打发它们去捉一头猪或一头兔子来作晚餐时，长尾巴只能妨碍它们。"

一面用左手拉，一面用右手推，阿契·甘诺德割下那条狗尾巴来，割得那末快，那末容易，仿佛他在牧场上割一支赶牛回家的柳条软鞭。尾巴一松开那条狗便向前跳去，跳出阿契手伸得到的地方，开始嚎叫起来，叫得那末大声，半里以内都可以听见了。南子停下一次，向后看阿契，随即跳向路中央，一面跳跃，一面转圈子。它不断地嚎叫，不断地咬它那流血的尾巴根。

阿契仰起身子，一只手旋转那条切断的尾巴，一面向靴筒上擦折刀刃。他看那在红沙土中转着圈子追自己的朗尼的狗。

当时大家都无话可说。朗尼尽可能不看他的狗的痛楚，也强迫自己不看克伦·亨利。随后，他闭着眼睛想，他为什么这些年留在阿契·甘诺德的农场上，依短少的口粮为生，不断地瘦下去。他这时知道，克伦所说，阿契的佃户们的脸会瘦得足以削自己的棺材板，这话是多末真实。当他摸到牙床骨时，他的手垂下来，露出双颊的腱子。

像他这样饥饿，他知道，即使阿契当时给他一些口粮，也断乎不够他们下一个星期吃。他的老婆海提已经饿坏了，还在田里作工，他的父亲马可·牛桑耳聋了上二十年，总在问他，为什么家里永远没有足够的粮食，可以使他们结结实实地吃一顿。朗尼的头更向前垂下一点，他觉得出他的眼睛变湿了。

他那瘦削的下颔压在胸膛上，使他非常不舒服，他不得不终于抬起头来，以减轻它的痛苦。

当他抬起头来时，他首先看见的是阿契·甘诺德在左手里转南子的尾巴。阿契·甘诺德家中有满满一箱狗尾巴。自从有人记得起的时候起，他已经在割狗尾巴，在那许多年间，他已经收集了一大批，他是那末以此自豪，他把那个箱子锁起来，把钥匙用绳子悬在他的脖子上。在星期日下午,当传教士造访时,或当成群的人在前廊上偃卧讲故事时,阿契便把这些东西陈列出来,从记忆中指名每一条尾巴,仿佛他在上面附有签条一般。

克伦·亨利已经离开加油站,独自走向去农场的大路。克伦·亨利的住处在阿契的大房子下面一簇黑人木屋中,他回去时必须经过朗尼的房子。朗尼正要起身离开,他看见阿契在看他。他不知阿契是看他的瘦脸呢,还是看他是否站起来与克伦一同上路。

离开的念头使他想起他来这里的理由。在当晚晚餐前,他必得有一点口粮,不拘多末少。

"阿契先生,我……"

阿契瞪了他一会儿,好像他转过身来听一种先前不曾听过的声音。

朗尼闭起嘴来,想知道阿契是否要说一说他的样子是怎样瘦和怎样饿。但阿契却在想别的什么。他一面用手拍他的腿,一面高声笑起来。

"我有时希望黑人有尾巴,"阿契一面说,一面把南子的尾巴团成一个球放进衣袋。"我与其割掉一堆狗尾巴,不如割掉一堆黑人的尾巴。理由之一是可割的就更多了。"

达德雷·斯密士和他们身后的什么人发出短短的笑声。笑声的消沉与其发生同样突然。

听见阿契的话的黑人们,脚在沙子上移动,向后退却。只消几分钟后,加油站附近没有一个留下来。他们走上红木屋后的大路,终于看不见了。

阿契站起来,欠伸了一下。太阳在下沉,十月的空气中不再是适意的了。"得,我想我要回家去吃一点晚饭了,"他说道。

他缓缓地走到路中央,然后停下来看沿着沟子退却的南子。

"没有人与我同路吗?"他问道。"你是什么毛病,朗尼?回家吃晚饭,是不是?"

"阿契先生,我……"

朗尼不觉跳起来,他本想讨一点腌肉和糖酱,可能再讨一点玉米面;

但当他张嘴时,话不肯出来。他向前走了几步,然后摇起头来。假如他说一个"不"字,他不知道阿契会说什么或作什么。

"海提会找你呢,"阿契一面说,一面转过身来走了。

他把手伸进裤后袋,拿出南子的尾巴来。当他走向通远处大房子的大路时,他开始旋转那条狗尾巴。

达德雷·斯密士走进加油站,别人也都走了。

在阿契已经走了几百码以后,朗尼沉重地坐在瓦斯唧筒旁的箱子上,当阿契对他说话时,他曾经从箱子上起来。他这时沉重地坐下,双肩下垂,双臂落在伸出的两腿中间。

朗尼不知道他的眼睛闭了多末久,但当睁开时,他看见南子卧在他的两脚中间,舐被割断的尾巴。当他看它时,他觉得他那锋锐的下颌尖又刺进他的胸膛。不久他身后的门矸的一声关起,一分钟后他可以听见达德雷·斯密士离开加油站回家了。

Ⅱ

朗尼时醒时睡地过了几个钟头,他忽然清醒过来。海提又摇他了。他靠着臂肘欠起身子,想看穿室中的黑暗。他不知道那是什么时候,但可以断定离出太阳还有几乎两个钟头呢。

"朗尼,"海提又在寒冷的夜间空气中颤抖着说道:"你爸不在屋子里呢。"

朗尼在床上坐直。

"你怎知道他不在?"他说道。

"我自从上床后,一直睡不着,我听见他走出去。他已经去了这末久了。"

"或许他不过出去一会儿,"朗尼一面说,一面转过身来,想从卧室的窗子向外看。

"你知道我说的是什么,朗尼,"海提坚持道:"你爸出去得太久了。"

他们两个一声不响地坐了几分钟,听马可·牛桑的动静。

朗尼起来,点上一盏灯。哆嗦着穿上衬衫、工人裤,和鞋子。他把鞋带结成死结,因为他在黯淡的灯光中看不清楚。窗子外几乎是乌黑的,朗尼觉得出吹面的潮湿的十月风。

"看样子我得去救他了,"海提一面说,一面掀开被,就要起床了。

朗尼走回床边,把被扯回她身上,把她推回去。

"你想法睡一会儿吧,海提,"他说道:"你不能整夜不睡呀。我去找爸回来。"

他离开海提,吹熄灯,用手摸着墙,穿过黑的厅道,走向前廊去。当他到达前廊时,他依旧看不很远,不过他的眼睛比较习惯于黑暗了。他等了几分钟,同时在仔细听。

他摸下台阶,进入场院,走过屋角,在喊他父亲以前,又停下来仔细听。

"爸呀!"他高声叫道:"爸呀!"

他停在窗子前,这时他知道他所作的是什么了。

"我在这里喊是一桩蠢事,"他责骂自己道:"爸连打雷也听不见哪。"

他听见床上的沙沙声。

"他去的时间足够他到十字路口,或者还要远呢,"海提隔着窗子喊道。

"你躺下想法睡一会儿吧,海提,"朗尼吩咐她道。"我就要把他找回来了。"

他可以听见南子在屋子下面搔跳蚤,不过他知道它不能帮助他找马可。它要过好几天才能从失去尾巴的震惊中恢复过来呢。

"他已经去了很久呢,"海提说道,她安静不下来。

"那也没有什么关系,"朗尼说道。"我早晚可以找到他。你还是照我吩咐你的去睡吧,海提。"

朗尼一面向仓房走,一面听声音。在大房子那一方,他可以听见一些猪嚎叫,他但愿它们安静下来,使他可以听见别的声音。阿契·甘诺德的那些狗时时在叫,不过不比往常夜间更吵闹,他也习惯它们的叫声。

朗尼来到仓房前,向里外张望,转过仓房后,他进入田地,远达棉花田,他明知没有用,但他不禁时时喊他父亲。

"爸呀!"他喊道,想把黑暗看穿。

他继续向田里走。

"哪,爸究竟怎样了呢?"他一面说,一面停下来想再去哪里找。

当他回到前院以后,他第一次觉得不安起来。马可过去一星期间的行为并不比先前更奇怪,不过朗尼知道他对阿契·甘诺德克扣口粮的行为不满。马可甚至说过,照这样下去,他们全家都要在下去三个月内饿死了。

朗尼离开场院,走向通黑人木屋的大路。当他走到克伦屋前时,他转入通屋门的小径。他敲了几次门,然后停下来等待。没有反应,于是他敲得声音更高。

"谁呀?"他听见克伦从床上说道。

"是我,"朗尼说道。"我不得不见一见你,克伦。我在前院里呢。"

他坐下来,等待克伦穿衣出来。在他等待时,他尖起耳朵听空中任何可能有的声音,在大房子那方面的田圃中,他可以听见那些养膘的猪的嚎叫。

克伦出来,关上门。他在门槛上站了一会儿,对他床上的老婆说话,告诉她,他会回来的,不必发愁。

"谁呀?"克伦一面说,一面走进场院。

朗尼站起来,迎了过去。

"什么事呀?"克伦一面问,一面扣罩衫上的钮子。

"爸不在床上,"朗尼说道,"据海提说,他已经出去了大半夜。我去过田里和仓房周围,但是我到处找不到他的踪影。"

克伦这时扣好罩衫,开始卷一支烟。他缓缓地走下通大路的小径。天依旧很暗,至少再过一个钟头,才能见到破晓的光呢。

"或许他太饿了,不能再留在床上了,"克伦说道。"当我昨天见他时,他说,他是那末瑟缩和软弱,他不知道他能否支持得很久。看他的样子,好像他的皮肤和骨头不能再皱缩下去了。"

"昨晚饭时以后我向阿契讨一点口粮——不过一小块腌肉和一点糖酱。他说,他今早第一件事想办法给我一点呢。"

"你为什么不对他说,或给全份口粮或完全不给呢?"克伦说道。"假如你知道你什么都得不到,你可以搬走,找一个比较好一点的地主替他种田,是不是?"

"我已经多年忠心于阿契·甘诺德了,"朗尼说道。"我不高兴搬走,像这样离开他。"

克伦看了看朗尼,不过他当时未再说什么。他们走向通大房子的车路。那些养膘的猪依旧在圈里嚎叫,阿契的猎犬之一从车道旁的棉田里出来嗅他们的鞋子。

"那些养膘的猪总吃得饱,"克伦说道。"现时没有一口不到七百磅重,一天比一天大。除了吃投给它们的东西外,它们还吃掉许多去那里啄地的鸡。"

当他们走上通大房子的车路时,朗尼留心听那些猪的哼鸣。

"我们好不好叫阿契起来帮忙找爸?"朗尼说道。"我本不愿叫醒他,不过我怕爸会迷了路,走进洼子里去,永远出不来了。他连打雷也听不见呢。假如他走到那里边去,我就永远不能找回他了。"

克伦低声说了一点什么,走向仓房和猪圈去。他在朗尼前头到达猪圈。

"你还是快一点来好,"克伦一面说,一面转过身来看朗尼在什么地方。

朗尼跑向猪圈。他停下来,攀上铁丝篱的半腰。一开始他什么也不看见,不过他渐渐可以看见猪圈另一边移动的黑色猪群。它们像一群争一只死兔的饿狗一般相咬,相咆哮。

朗尼爬上篱顶,但是克伦捉住他,把他拉回来。

"不要像那样进猪圈,"他说道。"那些猪会撕碎你,它们是那末疯狂。

它们在争夺一种东西呢。"

他们两个跑过圈角,来到那些猪所在的一边。在他们下面的地上,朗尼瞥见一堆带白点子的黑色东西。他仅能看一眼,因为有一条猪踏上去了。

在克伦说得出话以前,他的嘴张合了好几次。他抓住朗尼的臂膊,摇他。

"看样子,那东西可能是你爸,"他说道。"说实话,朗尼,那东西很像呢。"

朗尼依旧不能相信。他爬上篱顶,开始用脚踢那些猪,想把它们赶走。它们不注意他。

当朗尼栖身在那里时,克伦去车房,带了两条横木跑回来。这两条横木是他不知怎样设法在黑暗中找到的。他递给朗尼一条,推了好久,才接过去,因为朗尼的注意力完全被那些猪吸引住了。

克伦跳过篱笆,开始向那些猪挥舞横木。朗尼在他身旁溜下来,向那些猪吆喝。一头猪转向朗尼,咬他,于是克伦用力打它的颈背,立即把它赶开了。

这时朗尼可以明了已经发生的事情了。他跑向猪群,用他那沉重的硬鞋子踢它们,用铁头的横木打它们的头。有一次他觉得被刺了一下,一低头便看见一头猪咬他的小腿。在他的腿被咬破以前,他刚好来得及打那头猪,把它赶开。他知道他的裤腿有一大部分被撕掉,因为他觉得出吹在他那赤裸的潮湿的小腿上的夜风。

克伦已经走到前头去,把那些猪赶退。没有别的办法。他们被围在一个咬人的圈子里,他们两个都得不断地挥舞横木,赶开那些猪。朗尼终于俯下来捉住马可的腿。借了克伦的帮助,朗尼把他父亲搬到篱边,然后举过另一边去。

他们有好一会儿喘得说不出话来,也不能作什么。那些咆哮的养膘的猪在篱边咬木头和铁丝,发出比先前更多的喧声。

当朗尼在衣袋中摸索火柴时,克伦擦亮一支。他把火光移近马可·

牛桑的头。

他们两个难以相信地看了看,随后克伦吹熄火柴。他们在黑暗中面面相觑,未说一句话。

克伦走出几步去,然后转过身来,到朗尼身边。

"这到底是他,"克伦一面说,一面坐在地上。"这是他,不错。"

"我想是的,"朗尼说道。他当时想不出别的话可说。

他们坐在地上,坐在马可两边,看那个尸身。他们旁边的尸身,从他们最初接触它的时候起,没有一丝活气。脸、喉咙、肚子都被完全吃掉了。

"你还是去喊醒阿契·甘诺德好,"克伦过了一会儿说道。

"为什么呢?"朗尼说道。"他这时无能为力了。太晚了,不能找人帮忙了。"

"没有关系,"克伦坚持道。"你还是去叫醒他让他来看一看好。假如你等到明天早晨,他可能打定主意说,这不是猪干的。现时正是叫他起来的时候,这样他可以看见他的猪作了什么。"

克伦转过身来,看那所大房子。黑暗的天空前那暗黑的轮廓使他迟疑不决。

"一个克扣佃户口粮的人,应当在下葬前坐守它。"

朗尼惶恐地看克伦。他知道克伦是对的,不过他怕听一个黑人像这样谈论一个白种人。

"你不应当像这样谈论阿契,"朗尼说道。"他睡在床上呢,他与这件事完全没有干系。他与这件事不比我有更多干系呀。"

克伦笑了笑,把那条横木投在脚中间的地上。搁了一会儿,他又把它拿起来,开始用来打地面。

朗尼缓缓地站起来。他过去从来不曾看见过克伦这样作,他也不知道怎样去想了。他未说一句话便走开去,局促不安地走向黑暗中的房子,去唤醒阿契·甘诺德了。

阿契是不易唤醒的。而且即使他醒来以后,他也不忙着起来。朗尼站在卧室窗子外,阿契躺在六七尺外的床上。朗尼可以听见他翻动和嘟囔。

"谁教你在半夜时来吵醒我?"阿契说道。

"嘿,克伦·亨利在这里,他说或许你喜欢知道呢。"

阿契一面在床上颠来颠去,一面用拳头捶枕头。

"你对克伦·亨利说,是我说的,有一天他就要触大霉头。"

朗尼执拗地等着。他知道克伦的主张是对的,阿契应当起来,到外边看看发生的事情。朗尼不敢回仓房前对克伦说,阿契不肯来。他不知道,但他有一种预感,克伦可能走进卧室,把阿契拉下床来。他不愿意发生那一类的事。

"你还在外头吗? 朗尼?"阿契喊道。

"我还在这里,阿契先生。我——"

"假如我不是那末想睡,我一定出去,拿一根棍子——我不知道有什么我作不出!"

朗尼在后面台阶迎见阿契。在去猪圈的路上,阿契不对他说话。阿契沉重地走在前头,并不关心朗尼是否跟了来。阿契所拿的灯笼把长而扁的黄色光线投在地面上;当他们走到克伦在马可的尸身旁等待的地方时,那个黑人的脸在夜色中像磨光的犁头一般闪光。

"马可究竟在夜间来我的猪圈里作什么呀?"阿契对他们两个大喝道。

克伦和朗尼都未回答。阿契向他们瞪眼,因为他们不回答。不过不管他看他们几多次,他的眼光每次总回来看他面前地上马可·牛桑残余的尸身。

"现时没有什么办法了,"阿契终于说道。"我们只好等到天亮去找丧事承办人了。"他走开几步去。"看样子你们本可以等到天亮。没有要我起来的必要。"

他转过身来,斜眼看克伦。克伦站起来,直视他的眼睛。

"你来作什么,克伦·亨利?"他说道。"谁教你在半夜时来我的住宅附近? 除非我派人去找,我不许黑人来这里。"

"眼见什么人被猪吃掉,而任什么都不作,我受不住,"克伦说道。

"你管你自己的事吧,"阿契吩咐他道。"并且在你对我说话时,摘掉你的帽子,否则你要后悔的。我可以随便如法炮制你。"

朗尼退开去了。他们周围有一种不安的感觉。克伦和阿契间的纠纷总这样开始。他先前已经见过许多次了。只要克伦转身走开,便没有什么事发生,不过有时他留在原来的地方,并且像白种人一般对阿契说话。

朗尼希望这一次不会发生。阿契在夜半被叫醒已经够忿恨的了,朗尼也知道,当阿契对一个黑人发脾气时,他什么都作得出。没有人见过他杀死一个黑人,但是他说他干过,他并且对人说,他不怕再干一次。

"我想你知道他怎样来这里被猪吃掉的,"克伦直视着阿契说道。

阿契旋风一般转过身来。

"你这是对我说话吗……?"

"我问你那个,"克伦说道。

"该死的东西,杂种……"阿契叫道。

他把灯笼甩向克伦的头。克伦避开,但灯笼底碰到他的肩头,灯笼碰碎了。灯油洒在地上,被燃烧的灯芯点起。克伦侥幸灯油未洒在他的脸上和罩衫上。

"喂,看哪……"克伦说道。

"你这个黑杂种,"阿契一面说,一面冲向他去。"我要教训你同我顶嘴。你终于恶贯满盈。我已经受够你的气,我不再受下去了。"

"阿契先生,我……"朗尼一面说,一面稍微跨向他们中间。没有人听他。

阿契停下来,看地上灭下去的灯油光。

"你十分知道他为什么被养膘的猪吃掉,"克伦保持着原来的位置说道。"他饿的不得不在半夜时起床,在黑暗中来这里想找一点东西吃。或许他想找熏肉间。不拘怎样,没有什么不同。他像在你这里作工的别人一样靠短少的口粮过活,他太老了,除了你的熏肉间外他不知道别的找食物的地方。你十分知道,就这样他在黑暗中在这里迷了路,跌进猪圈里边。"

灯油完全灭了。在那最后的黯淡的光线中,阿契俯下来,抓起朗尼投在地上的横木。

阿契把那条横木举过头顶,然后用全力向克伦打下来。克伦避开,但是阿契又赶快抽回来,在克伦来得及避开之前,一下打在他臂肘上的部分。克伦的臂膊垂下来,没有生气地摇摆。

"你这个该死的黑杂种!"阿契喊道。"你的时候到了,你这个黑杂种!我久已在等待教训你的机会。这将是你一课永远不会忘记的教训。"

克伦用脚探索地面,终于触到另一条横木。他俯下去拾起来。他把横木举起来,但并不想打阿契,只想用来遮开阿契向他的头的打击。他继续保持原来的地位,不肯让一寸给阿契。

"放下那条横木,"阿契说道。

"我不能站在这里让你像那样打我,"克伦抗议道。

"毫无问题,这正是我要知道的,"阿契扭着嘴说道。"黑小子,你的时候已经来了,毫无问题!"

他又要打克伦,但克伦跑向仓房。阿契追了几步便停下来。他抛开横木,转身跑向住宅去。

朗尼走向篱笆,想要知道他作什么才好。他知道他不能公然站在克伦一方面,虽然克伦帮助过他,特别是在克伦以他愿有而不能有的样子对阿契说过话以后。他是一个白种人,为要保全他的性命,他不敢有反对阿契的念头,不拘发生什么事。

不久一道灯光透过住宅的一个窗子,他听见阿契对他的老婆嚷嚷,叫她起来。

当他看见阿契的老婆去打电话时,朗尼知道要发生什么事了,她在唤起邻人们和阿契的朋友们。当他们听到将举行的事情时,他们不厌烦在夜间起床了。

他听见克伦从仓房后面叫他。朗尼离开场院,在黑暗中摸向他那里。

"什么事呀,克伦?"他说道。

"我想我的时候已经到了,"克伦说道。"阿契·甘诺德怒极了的时候,便像那样讲话。当他把吉木·莫芬带去洼子时,他便像那样讲话——吉木永远不曾回来。"

"阿契不会那样对付你,克伦,"朗尼不安地说道,不过他知道那是谎话。

克伦不出声。

"在他改变主意和冷静一点以前,或许你还是逃去那些洼子好,"朗尼说道。"你可能是对的,克伦。"

朗尼觉得出克伦的眼睛向他冒火。

"假如你肯帮助我,就没有那样作的必要,"克伦说道。"你不肯救我吗?"

当朗尼领悟克伦话中的意思时,他颤抖了。他背向仓房,靠在上面,因为他眼前发花了。

"你不肯救我吗?"克伦又问道。

"我不知道阿契会说什么,"朗尼吞吞吐吐地对他说道。

克伦走开几步。他背向朗尼,张望田野对面他的家所在的区域。

"我可以去那边的小树林,留到他们不高兴找我的时候,"克伦一面说,一面转过来看朗尼。

"你还是去什么地方好,"朗尼不安地说道。"我知道阿契·甘诺德。当他决心作一件他要作的事时,他是很难对付的。我一点也不能拦阻他。或许你还是离开本地好,克伦。"

"我不能那样作,把我的家庭丢在野地那边,"克伦说道。

"假如你不那样作,他就要捉到你了。"

"只要你肯帮我一点忙,他捉不到的。我只消去那里的小树林藏一些时候,似乎你可以帮我那样作,因为当你爸在猪圈里时,我曾帮你找他呀。"

朗尼一面点头,一面听大房子里的声音。当克伦等待保证时,他继续不断地向克伦点头。

"假如你要救我,"克伦说道,"我可以一直去那边的树林子,等到他们忘记这件事的时候,你不要对他们说我在什么地方,你可以说我逃向洼子去了。他们没有警犬永远找不到我的。"

"好的,"朗尼一面说,一面听阿契走出住宅的声音。他不愿在仓房后被发见,阿契会指责他同克伦说话的。

朗尼一回答,克伦便转过身去,逃进黑夜中。朗尼跟了他几步,好像他突然改变帮助他的念头,不过那时克伦已经在黑暗中消失了。

朗尼等了几分钟,同时倾听踏断四分之一里外的树林里的脚树的克伦。当他不再听见克伦时,他绕道仓房来见阿契。

阿契拿着他的双管猎枪和在宅内摸到的灯笼走出来。他的衣袋被枪弹塞得胀起来。

"那个该死的黑小子在哪里,朗尼?"阿契问他道。"他要去什么地方?"

朗尼张开嘴,但是说不出话来。

"你知道他去哪一方,是不是?"

朗尼又想说一点什么,但是没有声音。当他觉出他向阿契点头时,他跳起来。

"阿契先生,我——"

"那末,好啦,"阿契说道。"我现时只是要知道这个。达德雷·斯密士、托木·郝金斯、弗兰克·侯华德、代夫·侯华德,还有别的人们,就要来这里,你可以留在这里,把他躲藏的地方指给我们。"

朗尼狂乱地想说一点什么。随后他伸手捉阿契的袖子,想拦住他,但是阿契已经走了。

阿契绕过房子,跑到前院。不久,一辆车沿路驶来;它的前灯把全地方(连猪圈在内)都照亮。朗尼知道这大概是达德雷·斯密士,因为他住的地方最近,只有半里路。当他转上车路时,几辆别的车也在望了,有上行的,也有下行的。

朗尼颤抖了。他怕阿契就要教他指出克伦隐藏的地方。那时他知道阿契会吩咐他的。他已经应许克伦不那样作。不过,无伦如何,他不能使自己相信,阿契·甘诺德所要作的会超过鞭打克伦一顿。

克伦不曾作应受凌迟的事。他不曾强奸白种女人,他不曾枪打白种男人;他不过同阿契顶过嘴,未摘帽子。不过阿契怒到什么都可以作;他恨克伦恨到非加以凌迟不可了。

在他明白过来以前,全体人群把他包围起来。阿契抓紧他的臂膊,对着他的脸叫喊。

"阿契先生。我……"

朗尼在黯淡的曙光中认出每一个人。他们都很紧张,看样子他们好像通宵狐猎最后一圈上的人们。他们的猎枪和手枪插在腰间,准备屠杀。

"你是怎末一回事,朗尼?"阿契对着他的耳朵喊道。"醒一醒,说克伦·亨利藏在什么地方。我们准备好去捉他了。"

朗尼抬起头来,看见弗兰克·侯华德把黄色十二号弹投入枪筒中。弗兰克俯向前方,想听见朗尼对阿契说克伦藏在什么地方。

"你这次不要杀掉克伦吧,是不是,阿契先生!"朗尼问道。

"杀掉他?"达德雷·斯密士重复道。"假如不是为了等机会杀掉克伦,你以为我这一向等什么。自从这个黑小子来到本县,他已经在找死。他是一个坏蛋,死来到他头上了。"

"这不完全是克伦的罪过,"朗尼说道。"假如爸不来这里跌入猪圈,克伦完全没有干系。他是在帮助我,不过是这样。"

"住嘴,朗尼,"什么人向他吆喝道。"你发昏发到不知道你在说什么了。你像这样说话,你在为一个黑小子辩护呢。"

人们把他包围得那末紧,他觉得好像他要被挤死了。他不得不有一点空气,恢复他的呼吸,脱出那个人群。

"好啦,"朗尼说道。

他听见自己说话,但他不知道他说的是什么。

"不过,当爸找东西吃迷了路时,克伦帮助我找他呢。"

"住嘴,朗尼,"什么人又说道。"你这该死的傻瓜,住嘴吧!"

阿契抓住他的肩头,摇得他的牙齿震响。这时朗尼知道他说过什么了。

"哪,听清楚,朗尼,"阿契喊道。"你一定是昏了头,因为你十分知道,你清醒时不会像一个黑奴党那样讲话。"

"对啦,"朗尼周身颤抖着说道。"我当然不会有心像那样说话。"

他依旧觉出阿契那强有力的手指使他肩头作痛的把握。

"克伦想了洼子吗,朗尼?"达德雷·斯密士说道。"不是,朗尼?"

朗尼想摇头;他想点头。这时阿契的手指挤他那细瘦的脖子。朗尼看那些眼带凶光的人们。

"克伦藏在什么地方,朗尼?"阿契挤着问道。

朗尼向仓房走了三四步。当他停下来时,他身后的人们又拥上来。他觉出他被推到仓房后面,推过仓房去。

"好,朗尼,"阿契说道。"现时向哪一边走?"

朗尼指向小溪旁的树林,洼子在相反的方向。

"他说,他要藏在那边小溪旁的小树林里,阿契先生,"朗尼说道。"我认为他现时在那里。"

朗尼觉着他被挤向前方了,他在高低不平的地面上蹒跚,尽力避免被撞倒,被践踏。没有人谈话,每一个人似乎都翘起脚尖来走。黎明的灰色光逐渐强到既足以遮起他们,又照出前面的路。

在他们将到林边时,那些人散开了,朗尼觉出他是逐渐缩近克伦的圈子的一部分。

朗尼是自由的,没有人阻止他,但他不能向前后移动。他开始明白他作了什么事。

克伦大致在前面树林里一棵树上,不过那时他已经完全被包围了。假如他要突围而逃,他一定像一头兔子一般被打死。

朗尼坐在一段木头上,想要知道作什么好。再过几分钟,太阳就要升高,一到它升高时,那些人要贴近小溪和克伦了。在那所有的猎枪和手枪中间,他不会有任何逃脱的机会。

他有一两次看见透过脚树丛的火柴光,有一些人躺在那里等待。一片纸烟气触到他的鼻孔,他觉出他在想克伦能否嗅到,不拘他在树林里什么地方。

他周围各地依旧没有声音,他知道阿契·甘诺德和其余的人们都在等太阳,几分钟后太阳就要从他身后的东方上升了。

那时已经亮到可以清清楚楚地看见那高低不平的地面,纠结的脚树丛,以及松树上起皱的树皮了。

人们已经开始向前爬,像追踪一头鹿一般举着枪。树林并不大,以人们前进的速度,他们的圈子可以在几分钟内缩起。在破晓以前,克伦依旧有机会溜出圈外去,不过朗尼觉得他依旧在那里。当时他开始觉得,克伦所以在那里,是因为他把他留在那里,以便人们找起来容易。

朗尼觉出他自己向前移动,被牵进愈来愈小的圈子。不久他可以朦胧看出他周围的人们。当他们经过一棵树一棵树前进时,他们的眼睛在搜索碧绿的松树梢。

"爸呵!"他用低低的沙声说道。"爸呵!"

他向前走了几步,时而看脚树丛,时而看树梢。他觉出他翘着脚尖向前跳跃,他的身体也斜向那一方。好像不带猎枪时掩袭一头兔子。

他又忘记他在那里作什么。他腿部的跳跃动作似乎愈来愈有力。他向前俯得几乎可以用指尖触到地面。他这时不能停止了。他与那一圈人合上步子。

那十五个人愈来愈离得近。曙光亮到可以照出表面上的时间。太阳开始把上面的天空染上颜色。

朗尼这时已经越过别人前头去。他不能控制自己。他不能控制腿上的力量。

他久已无力买枪弹,因此他已经忘记他怎样喜欢打猎。

人们沉着的潜行的声音在他的耳朵里变成一种节奏。

"那杂种在这里!"什么人喊道,于是干枯的脚树丛劈劈拍拍响成一片。朗尼冲向前头去,几乎同别人一样快地来到那棵树下。

他可以看见举着枪的每一个人,也可以看见,在高高的天空,在上升的阳光中放光的克伦·亨利那轮廓鲜明的脸。他的身体紧抱着纤细的松树梢。

朗尼不知道谁先开枪，不过下余的人们并不怠慢。猎枪和手枪围着树干闪光和冒烟，这时是一片震耳欲聋的喧声。

他闭上眼睛，他怕再看上面的脸。枪声继续不停。克伦竭力抱树，后来，随着遥远的裂木声，树梢和克伦穿过下部的树枝跌下地来。那个挣扎的残破的身体咕咚一声跌在地上，这声音使得朗尼的心脏暂时停止了跳动。

他翻过身来，想扶一棵树。这时枪声又开始响了。那个破碎的身体一次一次地投掷，好像一袋用自动猎枪射杀的小猫，一阵一阵的枪弹从四面八方射到里面去。一片灰尘从地上腾起，含着窒息的火药气飘过头顶。

朗尼不记得那射击继续了多久。他觉出他自己从一棵树跑向另一棵树，把捉粗糙的松树皮，疯狂一般摇摆向空地去。当他来到林外时，天空已经由灰变红，当他在犁过的田地的硬土块上跌跌绊绊地奔走时，他尽可能注视前面的房子。

有一次他跌倒了，他觉得几乎不再能站起来，他面向滚圆的红色的太阳，挣扎着跪起来。温暖给了他站起来的力气，他模糊不清地自言自语。他想说一些他先前从未想说的话。

当他到家时，海提正在场院中等他。她已经听见树林中的枪声，她已经看见他在田地的硬土块上蹒跚，她也已经看见他跪在那里直视太阳。海提一面颤抖，一面跑向朗尼，问是什么事。

一进入他自己的场院，朗尼转过身来，向后看了一下。他看见人们攀过阿契·甘诺德家的篱笆。阿契的老婆站在后廊上，在同他们谈话。

"你爸在哪里，朗尼！"海提说道。"树林子里那枪声究竟为了什么？"朗尼向前摇摆，一直来到前廊。他跌在台阶上。

"朗尼！朗尼！"海提说道。"醒一醒，告诉我这到底是什么事。我从来不曾见过这种样的情形。"

"没有事，"朗尼说道。"没有事。"

"得，假如没有什么要紧的事，你可不可以去大房子要一点腌肉皮？我们没有任何作早饭的东西了。你爸走了一个通宵后要比往常更饿了。"

"什么?"朗尼说道,他一面把声音提高到叫喊的程度,一面跳起来。

"哈,我不过说,去大房子要一点腌肉皮,朗尼。我说的只是这个。"

他抓住他的老婆的肩头。

"肉?"他一面喊,一面粗暴地摇她。

"是呀,"她一面说,一面惊慌地挣开。"你不能去阿契·甘诺德那里要一点腌肉皮吗?"

朗尼又陷落在台阶上,他的两手垂在伸开的两腿中间,他的下颌垂在胸膛上。

"不,"他用几乎听不出的声音说道。"不,我不饿。"

二

凌　迟

[美]约翰·斯坦倍克

市公园中,大的感情波动,人们的旋转和叫喊,逐渐归于寂静。有一群人依旧站在榆树下,被两段地外一盏蓝色街灯模糊地照出来。人们感到一种疲倦了的安静;人群中有一些人开始溜向黑暗中去。公园草地被人群的脚踏碎了。

麦克知道,事情完全过去了。他觉得出他内心的怅惘。他像一连几夜未睡那末疲乏,不过那是作梦一般的疲乏,一种朦胧安适的疲乏。他把便帽拉到眼睛上面,然后移开去,但在离开公园以前,他转回去看最后一眼。

人群中央,有人点上一卷报纸,举了起来。麦克可以看见火焰绕着悬在榆树上的赤裸的灰色尸体的双足上腾。黑人死后变成淡青色,他觉得似乎奇怪。燃烧的报纸照亮那些静默的不动的向上看的人们的头;他们不从吊死的人身上移开眼睛。

麦克对那个想烧尸体的人感到一点不满。他转向微光中站在他旁边的一个人。"那是没有什么好处的。"他说道。

那个人一听不响移开去。

报纸作成的火把熄了,相形之下,使得公园几乎变黑了。但是另一卷立即点起举向那一双脚。麦克移向另一旁观者。"那是没有什么好处的,"他重复道。"他现时已经死了。他们一点也不能奈何他了。"

那第二个人嘴里嘟嘟囔囔,但眼睛并不离开那张燃烧的报纸。"这是一件好事，"他说道。"这样可以省掉本县一大笔钱，也免得下流的律师挑眼。"

"我也那末说，"麦克同意道。"不要下流的律师。不过想烧掉他是没有什么好处的。"

那个人继续看火。"哦，也不会有很多坏处呀。"

麦克四下里张望。他觉得很不快活。他不曾看够。这是一件后来他要记得起对人谈的事，但那迟钝的疲倦之感似乎把那画面的鲜明意味割除了。他的脑筋对他说，这是一件可怕的重要的事，但是他的眼睛和感情不同意。这不过是很平常的。半个钟头前。他与别人一同咆哮，争取参加扯绳子的机会，那时他是那末满怀高兴，他觉得他哭起来了。但是现时一切都死了，一切都不是真的；那个黑色的人群是由静止的人体模型合成的。在火光中，那些脸像木头一般没有表情。麦克也感到他自己心中的僵硬和空虚。他终于转过身子，走出公园去。

就在他离开人群外缘那一刹那，他起了一种冷淡的孤寂之感。

他匆匆地沿街走下去，希望身边有别人一同走。那条宽阔的街道是寂寞的，空虚的，像方才的公园那样无实感的。那两条电车钢轨在电灯下面沿街伸开去，暗黑的商店窗子反映出夜半的街灯。

麦克的胸部开始轻轻地作痛。他用手指去摸；那里的筋肉痛。这时他记起来了。当人群冲向关起的狱门时，他在第一线。一道四十个人深度的推进线像撞锤尖一般把麦克挤在门上。他当时不大觉得，即使在现时，那痛楚也似乎是具有孤寂的迟钝性质。

两段地前，霓虹光作成的"啤酒"两个字悬在人行道上。麦克跑过去。他希望那里有人，可以谈谈，除去这种寂静之感；他也希望那些人不曾去看凌迟。①

① lynching——美国人加于有色人种的私刑，种类繁多，而归结于吊死或烧死。据传说，此刑由 Lynch 作始，故以为名。译为"凌迟"，不仅声音相近，亦因施刑者，于杀囚前后，别加苛虐，有类古之凌迟也。——译者注

　　小酒馆中只有掌柜一个人,他是一个中年的小个子,留有阴郁的上髭,具有一个老耗子的表情,乖巧,柔顺,胆怯。

　　麦克一走进,他连忙点头。"你的样子好像睡着走路呢,"他说道。

　　麦克怀着惊奇打量他。"我也觉得我好像睡着走路呢。"

　　"得,假如你愿意,我可以使你喝一个醉。"

　　麦克迟疑了。"不必啦——我有一点渴。我来一杯啤酒吧。……你当时在场吗?"

　　那个小个子又点他那耗子一般的头。"直到末尾,直到他万事皆休,一切都完。我以为很多人会口渴,所以我回来,又开了店门。到此为止,除了你没有人来。或许我猜错了。"

　　"他们可能过一会儿来,"麦克说道。"公园里依旧有很多人呢。不过,他们冷下去了。其中有人想用报纸烧掉他。那是没有什么好处的。"

　　"没有一点好处,"那个小掌柜说道。他拈他那薄薄的胡子。

　　麦克敲进啤酒里几粒塘蒿盐,然后长饮了一口。"好啊,"他说道。"我有一点乏了。"

　　掌柜隔着柜台俯向他,他的眼睛亮起来。"你从头到尾都在那里吧——去监狱等等?"

　　麦克又喝了一口,然后透视他的啤酒,看一颗一颗的泡子从杯底的盐粒腾起。"从头到尾,"他说道。"我是首先进监狱的一个,我也参加扯绳子。有一些时候市民们不得不用私刑。下流的律师一出面,就把一个坏蛋弄出去了。"

　　那颗耗子脑袋颠上颠下。"你说得对;"他说道。"律师总可以把他们弄出去的。我以为那个黑小子确乎是有罪的。"

　　"噢,当然,有人说他甚至招认了呢。"

　　那个头又从柜台上探过来。"那是怎样发生的,老兄?事情过去以后,我才到那里,只留了一小会儿,就回来开店门了,预备有人可能要喝一杯啤酒呢。"

　　麦克喝干他的杯子,然后推开来添酒。"哈,当然人人知道这事就要发生了。我在监狱对面的酒馆里,整个下午都在那里。一个人进来说,'我们还在等什么呀?'于是我们走过街去,很多别人在那里,也有另外的很多人来。我们都站在那里喊。于是执行官出来,发表一篇演说,但我们把他吼喝下来。一个拿二十二号枪的人沿街走来,把街灯打灭。得,这时我们冲狱门了,把狱门撞开了。执行官什么都不要作。枪杀一大些忠实的人们,来救一个黑种坏蛋,对他是没有什么好处的呀。"

"况且就要选举了,"掌柜插嘴道。

"嘿,执行官开始喊了,'不要抓错人哪,诸位,千万不要抓错人哪。他在下面第四间呢。'"

"那是有一点惨,"麦克慢慢地说道。"别的囚犯们非常害怕。我们可以隔着栅栏看见他们。我从来不曾见过像那样的脸。"

掌柜糊糊涂涂地倒给他一小杯威士忌,然后又倒回去。"不能多怪他们。设想你去里边关三十天,一伙用私刑的人们冲进来了。你一定怕他们抓错人的。"

"我是这样说。那是有一点惨。得,我们到了那个黑小子的囚房。他像醉得不省人事一般闭着眼睛站立不动。有一个人用拳头把他打倒,他又站起来,随后别人又打他,他倒下去,头撞在士敏土地板上。"麦克俯在柜台上,用食指扣那光滑的木头。"当然这是我的意见,不过我认为那一下把他打死了。因为我参加剥他的衣服,他始终不动一动,当我们吊起他来时,他也完全不抖动。不,你老。我认为,在第二个人打过他以后,他就一直死下去了。"

"得,到了都是一样。"

"不,不一样。你愿意把这事作得恰当其可。他是自找的,罪有应得。"麦克摸索裤袋,拿出一块撕破的蓝斜纹布来。"这是他身上穿的裤子的一块。"

掌柜俯近来仔细看那块布。他突然向着麦克翘起头来。"我可以给你一圆钱,把这东西卖给我吧。"

"噢,不成,你买不到!"

"得,我可以给你两圆,买半块吧。"

麦克犹犹疑疑地看他。"你要这东西作什么用?"

"来! 把你的杯子递给我。喝一杯啤酒,算我的。我要把这东西钉在墙上。下面挂上一张卡片。来这里的人们会喜欢看一看的。"

麦克用折刀把那块布割成块,然后从掌柜手中接过两个银圆。

"我认识一个写招贴的人,"那个小个子说道。"每天来这里。他可以替我写一张可爱的小卡片,挂在那东西下面。"他露出慎重的神气。"你以为执行官会捉什么人吗?"

"当然不会啦。他为什么要惹麻烦呢? 今晚那人群中有不少票呢。到他们走光的时候,执行官会过来,把那个黑小子割下来,清理一番。"

掌柜向门口看。"我以为人们要喝酒的,大概我猜错了。时候不早了。"

"我相信我该回家了。我觉得乏了。"

"假如你向南走,我可以关起店门,同你走一段路。我住在南八路。"

"哈,离我的住处只隔两段地。我住在南六路。你一定经过我的住处。奇怪我从来不曾见你走过呢。"

掌柜洗净麦克的杯子,解下长围裙。他戴上帽子,穿上外衣,走到门口处,扭熄红色的霓虹招牌和室内的电灯。两个人在人行道上站了一会儿,回头向公园看。城市是静的。公园里没有声音。一个警察从一段地外走来,用他的手电灯照进商店窗子。

"你看?"麦克说道。"就像什么事都不曾发生过呦。"

"嘿,假如人们要喝一杯啤酒,他们一定去了别的地方喽。"

"我对你说过啦,"麦克说道。

他们沿空虚的街道摇摆下去,然后转向南方,离开商业区。"我姓威尔契,"掌柜说道。"我来本市不过两年左右。"

麦克又起了孤寂之感。"有趣——"他说道,过了一会儿,"我生在本市,生在我现时住的房子里,我讨了老婆,不过没有孩子。我们两个都生在本市。人人认得我们。"

　　他们向前走过几段地。商店落在后边,带葱茏的花园和整齐的草地的漂亮房子排列在街道两旁。街灯把高树的影子投在人行路上。两条守夜狗缓缓地走来,彼此相嗅。

　　威尔契轻轻地说道——"我想知道他是一个什么样的人——我指的是那个黑人哪。"

　　麦克怀着他那孤寂之感回答。"报纸上都说他是一个坏蛋。我读过所有的报纸。它们都那末说。"

　　"不错,我也读过。不过,你反而要知道他的情形。我认识几个很好的黑人呢。"

　　麦克转过头来,抗议道,"哈,我也认识一些非常好的黑人。我同一些黑人一道作过工,他们像你所重视的白种人一样好。——但不是没有坏蛋哪。"

　　他的激动使小威尔契静默了一些时候。后来他说道,"我以为,你不知道他是什么样的人呢?"

　　"不知道——他一味僵硬地站在那里,闭着嘴,合着眼,两手下垂。后来有一个人打他。我以为,当我们拖他出来时,他已经死了。"

　　威尔契在人行道上侧着身子靠过来。"这一带有很考究的花园。要用好多钱来维持。"他走得更近一点,因而他的肩头触到麦克的臂膊。"我从来不曾看过凌迟。你觉得怎样——后来?"

　　麦克避开那接触。"你什么也觉不出。"他低下头,把脚步加密,那个小掌柜几乎非跑跟不上了。街灯少下去。比较暗,也比较安全了。麦克突然说道:"使你觉得有一点寂寞,有一点疲倦,但也有一点满足。好像你作完一件好事——但是疲倦,也有一点想睡。"他的脚步慢下来。"看,那个厨房里有一盏灯。那就是我住的地方。我的老婆在等我呢?"他停在他的小住宅前面。

　　威尔契怯怯地站在他旁边。"当你想喝一杯啤酒——或醉一下子时,来我的地方吧。店门一直开到半夜。我待朋友很公道。"他像一头老耗子一般匆匆忙忙地溜走了。

麦克喊道:"再见。"

他绕过他的住宅,进了后门。他那瘦弱的暴躁的老婆坐在开着的煤气炉前取暖。她把含怨的眼睛转向站在门口处的麦克。

随后她的眼睛睁大,盯住他的脸。"你同一个女人睡过,"她沙声说道,"你同什么女人睡过?"

麦克大笑起来。"你以为你很精明,是不是? 你是一个精明人,是不是? 你凭什么说我同女人睡过?"

她忿忿地说道,"你以为我不能从你脸上的神气看出你同女人睡过吗?"

"好啦,"麦克说道。"假如你是那末精明,那末练达,我什么都不对你说了。你可以等明天的早报。"

他看出那双不满足的眼睛露出犹疑的神气。"是那个黑人吗?"她问道,"他们干掉那个黑人了吗? 人人都说他们要去干了。"

"既然你是那末精明,你自己去打听吧。我什么也不要告诉你。"

他穿过厨房,进入浴室。墙上悬有一面小镜子。麦克摘下便帽来,照他的脸。"真的,她说对了。"他想道,"我底确觉得刚好是那样。"

三

小　蛙

[美]约翰·斯坦倍克

图拉利西陀的来源已经归于湮没，他的发现乃是天堂牧场的人们不肯相信的神话。他们不肯相信这个，正如他们不肯相信鬼一般。

弗兰克林·高梅兹有一个雇工，一个墨西哥的印度人，名字叫班超，此外别无所知。每三个月一次，班超带了他的积蓄，赶车去芒得雷，依一定的次序认罪，忏悔，免罪，然后喝醉。当酒馆收市时，假如他能避免坐牢，他就睡在他的四轮马车里。那匹马把他拉回来，刚好在天亮以前到家，他来得及用早餐，然后去作工。班超到家时总是睡着的；但是，有一早晨，他慌慌张张地赶进牲栏，不仅醒着，而且极声叫喊，因此他在牧场上引起非常大的注意。

弗兰克林·高梅兹穿上衣服，出来见他的牧场工人。班超的话本是乱糟糟的，经过整理后的故事是这样的：班超赶车回家，像往常一样清醒。临近布雷克地方时，他听见路旁艾丛中一个婴儿哭。他停下马去查看了，因为我们不常遇见这样的婴儿的。他确乎发见一个躺在艾丛空地上的小孩。看他的体积，约有三个月大，据班超想。他拾起他来，然后点上一支火柴，看他找到的究竟是什么样的东西，就在这时——万分可怕！——那个婴儿不怀好意地使眼色，并且用深沉的声音说道，"看！我有很锋利的牙齿。"班超不曾看。他把那东西抛下，跳上马车，向家中飞跑，一面用鞭柄末端打那匹老马，一面像狗一般嚎叫。

弗兰克林·高梅兹捋了好久胡子。他认为，班超的性格，虽然在酒力的影响下,断乎不是歇斯迭里的。他毕竟醒过来这事实,足以证明艾丛中一定有一种东西。到后来,弗兰克林·高梅兹备上一匹马,骑了出去,带回那个婴儿来。几乎有三年之久他不再说话,查看之下,他并没有什么牙,不过这事实都不能使班超相信他不曾说过先前那怕人的话。

那个婴儿生有短而肥的臂,长而关节松弛的腿。他的大头坐落在宽得异乎寻常的两肩上,中间不再有脖子。那个婴儿的扁平的脸,连同他那奇特的身体,自然而然地使人唤作图拉利西陀,小蛙,不过弗兰克林·高梅兹时常唤他作开欧特①,"因为,"他说道,"在那个孩子的脸上,有开欧特脸上所有的那种古老的智慧。"

"不过那两条腿、两条臂、两只肩呢,你老,"班超提醒他道。因此图拉利西陀这个名字留下来。永远不曾发见抛弃这个畸形的小东西的是什么人。弗兰克林·高梅兹把他收留在牧场里,由班超照顾他。不过班超对那个小男孩总不免有一点怕。年月和严格的忏悔都不能扫除图拉利西陀最早的说话的效果。

那个小男孩长得很快,不过在五岁以后他的脑筋便不再发达了。在六岁上,图拉利西陀能作一个成年人的工作了。他那长手指比大多数成年人的手指更灵巧,更有力。在牧场上,他们利用图拉利西陀的手指。硬结子不能长久难住他。他生有植苗的手,柔和的手指,永远不伤害一株幼苗,也不碰坏一条接枝的表皮。他那无情的手指可以毫不费力地扭断一只火鸡的头。图拉利西陀也有一种有趣的技能。他可以用指甲在沙岩上刻出非常确切的动物来。弗兰克林·高梅兹在住宅周围陈设有山犬、狮子、鸡、松鼠的小雕像。一只两尺大的飞旋的鹰用铁丝悬在餐厅的天花板上,班超(他从来不把这个小男孩完全看作人)把他这种雕刻的才能看作来自他那神怪的来源的神怪性质。

天堂牧场的人们虽然不相信图拉利西陀那神怪的来源,他们在他面前却觉得不安。他的眼睛是原始的,冷淡的;他的脸上有一种穴居人的神

---

① Coyote——美国西部平原所产的山犬。——译者注

气。他的身体的大力量和他那希有的神秘的才能使他与别的孩子们隔绝，也使得成年的男人和女人不安。

只有一件事可以激起图拉利西陀心中的怒火。假如任何人，不拘男女老幼，不小心地处置或弄坏他的手制品之一，他就怒起来了。他的眼睛放光，下死狠地打那亵渎神物者，当这种情形发生时，有三次，弗兰克林·高梅兹绑起他的手脚，在他平时的善良性格恢复以前，不去理他。

图拉利西陀在六岁时还不曾进学校。此后五年间，县督学和学校监督特别为这问题用力。弗兰克林·高梅兹同意，他应当进学校，甚至有几次打发他去，但图拉利西陀永远不曾到那里。他怕学校会是不愉快的，因此他仅躲避一两天完事。直到他十一岁上，用了起重机一般的肩力，绞刑手一般的腕力和臂力，法律的协和力量才把他勉强送进学校。

正如弗兰克林·高梅兹所预知，图拉利西陀完全不曾学到什么，但他立即表现一种新的才能。他不仅能在沙岩上雕刻，他也能画。当教师马丁小姐发见他的才能时，她给他一条粉笔，教他在黑板上画一圈动物。图拉利西陀所见过的一切动物都在那里了；飞在上面的是各种山雀。一条响尾蛇在一条牛后面爬；一头山犬骄傲地翘着尾巴嗅一头猪的脚跟。有雄猫和山羊，乌龟和小栗鼠，每一个都画得惊人的精细和正确。

马丁小姐受了图拉利西陀的天才的感动。她在课室中称赞他，对他所画的每一种动物发表一篇短演说。她在自己头脑中考虑因发见和培植这个天才而将得到的光荣了。

"我还可以画许多呢，"图拉利西陀告诉她道。

马丁小姐拍他那宽阔的肩头。"你可以画，"她说道。"你每天都可以画。这是一种伟大的天赋呢。"随后她觉悟她方才说过的话的重要性。她一面俯下来打量他那冷冷的眼睛，一面低声重复道，"这是一种伟大的天赋呢。"马丁小姐向上看了一眼时钟，清脆地说道，"第四级算学——上黑板。"

第四级挣扎出来，拿起粉擦，开始擦去那些动物，给他们的数字腾地位。他们擦不上两下，图拉利西陀便突击了。这是一个伟大的日子。马丁小姐,在全学校的协助之下,竟不能把他按住,因为发了怒的图拉利西陀具有一个成年人的力气,而且是一个疯人的力气。随着来的战斗破坏了教室,推翻了书桌,洒出成河的墨水,抛散教师的花球。马丁小姐的衣服撕成一条条,负起战斗压力的大孩子们受了很重的创伤。图拉利西陀用手、脚、牙、头作战。他不承认任何光荣的法则,结果他胜利了。全学校,由马丁小姐殿后,逃了出来,校舍归发狂的图拉利西陀占领。他们逃走以后,他锁起门来,擦去他眼睛上的血,然后修补那些被毁掉的动物。

那天晚上马丁小姐造访弗兰克林·高梅兹,要求把那个男孩子鞭打一顿。

高梅兹耸了耸肩。"你真要我鞭打他吗,马丁小姐?"

教师的脸被抓破了;她的嘴是苦的。"我当然要,"她说道。"假如你见过他今天的行为,你不会责备我的。我对你说,他需要一种教训。"

高梅兹又耸了耸肩,然后把图拉利西陀从寝棚里叫出来。他从墙上取下一枝大马鞭。随后,当图拉利西陀向马丁小姐殷勤地微笑时,弗兰克林·高梅兹用力打他的背。马丁小姐的手不禁作出打的动作。打完以后,图拉利西陀用长的探索的手指摸了摸自己,然后依旧微笑着走回寝棚去。

马丁小姐怀着恐怖看那责罚的结果。"啊,他是一头兽,"她叫道。"这简直像鞭打一条狗呢。"

弗兰克林·高梅兹脸上露出一点轻视她的神气。"一条狗会畏缩,"他说道。"现时你知道啦,马丁小姐。你说他是一头兽,不过他确乎是一头好兽。你教他作画,随后你又毁掉他的画,图拉利西陀不喜欢那样——"

马丁小姐想插嘴,但他匆匆忙忙地说下去。

"这个小蛙本不应当进学校。他能作工;他能用手作奇妙的东西,但他不能学作学校中简单的小事。他并不疯。他是上帝未十分完工的人们中的一个。

"我把这些话告诉督学,他说,法律要图拉利西陀入学校,到他十八岁时为止。离现时还有好几年。我的小蛙要在第一级连坐七年，因为法律说，他必须这样。我管不了啦。"

"应当把他锁起来，"马丁小姐插嘴道。"这东西是危险的。你应当看见他今天的样子。"

"不，马丁小姐，应当让他自由。他并不危险。栽培花木，谁也比不上他。挤牛奶又快又轻，谁也比不上他。他是一个好孩子。他驯练怒马用不着骑，驯练狗用不着打，但法律说，他必须在第一级连坐七年，读ABCD。假如他是危险的，在我打他时，他可以很容易地杀掉我呢。"

马丁小姐觉出，有一些事她不懂得，她也为了这些事恨弗兰克林·高梅兹。她觉得她是下流的，而他是宽厚的。当她第二天早晨去学校时，她发见图拉利西陀在她前面。墙上一切隙地都画满了动物。

"你看?"他一面说，一面回头向她笑。"又有很多了。我还有整本大套的别的呢，可惜墙上没有地方画了。"

马丁小姐不去擦那些动物。班课在纸上作，在学期末尾，她以身体不好为理由辞了职。

新教师摩根小姐很年青，也很漂亮；太年青，而且危险的漂亮，当地有年纪的人们这样想。高级班的学生有一些已经到了十七岁了。大家很悬心，这末年青这末漂亮的教师能否在学校中维持什么秩序。

她带给她的职业一种提心吊胆的热情。学校吃了一惊，因为它已经习惯于满面倦容的老处女了。摩根小姐以教书为享乐，以学校为出现奇迹的令人兴奋的地方。

从一开始，摩根小姐就非常注意图拉利西陀。她知道了他的一切，曾经读过关于他的书，并且选修了一些与他有关的课程。既经听说那场战斗，她把黑板顶上留出一条地方，由他画动物，画完之后，她用自己的钱买一大本画图簿子和软铅笔。此后他也不去费力学拼字了。每天他在他的画图板上劳作，每天下午他把一幅奇妙的动物图呈交教师。她把他的图画钉在课室里黑板上方的墙上。

学生怀着热情接受摩根小姐的改革。课室变得令人兴奋了，连那些以苦恼教师著称的学生,也不再对烧掉校舍的可能性感觉兴趣。

摩根小姐实行了一种办法,使得学生们崇拜她。每天下午她对他们诵读半个钟头。她分段诵读艾凡豪①和护身符②,葛雷的钓鱼小说③,寇乌德的打猎小说④,海狼旷野的呼声⑤,——都不是讲小红母鸡、讲狐狸、讲鹅的婴儿故事,而是令人兴奋的成年人的故事。

摩根小姐读得很好。连那些顽皮的学生都受了吸引,直到他们因怕错过一段而永远不逃学,直到他们目瞪口呆地俯向前方。

但是图拉利西陀继续他那精细的绘画,仅只时时向教师眨眼,想了解那些陌生人的行为的遥远的记载何以能使人感觉兴趣。他认为那都是实事的记录——否则为什么把它们写下来呢。故事与功课相同。图拉利西陀不肯去听。

过了一些时候,摩根小姐觉得,她太过讨好大一点孩子了。她自己喜欢神话,喜欢想那些因相信神仙而终于看见神仙的人们。在她那些同调的博学的相识者中间,她时常说,"美国文化的贫乏,一部分由于对神仙存在之浅薄的拘执的否认。"有一个时期她把下午的半个钟头用在神话故事上。

这时图拉利西陀发生了一种变化。当摩根小姐诵读小鬼、仙童、小神、小仙、仙换儿的故事时,他的兴趣逐渐集中,他手中的铅笔慢下来了。随后她诵读地仙的故事,他们的生活和习惯,于是他完全放下铅笔,俯向教师来拦截她的话了。

放学以后,摩根小姐步行半里路,去她住宿的农场。她喜欢独自一面走路,一面用软鞭斩蓟稍,或向艾丛中投石子,惊起里面的鹌鹑。她觉得她应当有一条跳跃的搜索的狗,分有她的兴趣,了解地洞和爪迹的魅力,

---

① Ivanhoe——十九世纪初英国斯葛德所作小说。——译者注
② The Talisman——未详——译者注
③ Zane Grey——现代美国通俗小说家。——译者注
④ J. O. Curwood——现代美国小说家。——译者注
⑤ 两书皆杰克·伦敦所作小说。——译者注

领会陌生的忧郁的鸟声,欣赏来自土中的暗香。

一天下午,摩根小姐爬上一座垩土峭壁,要把她的名字刻在白色平面上。当她向上爬时,她的手指被荆棘刺破,她不刻名字了,却刻道:"我到过这里,把我的这一部分留下,"然后把她那流血的手指按在易于吸收的垩石上。

那一晚间,她在一封信中写道:"在生存和繁殖的平淡需要之外,人类最需要留一点关于自己的记录,或许是他底确存在过的一种证据吧。他把他的证据留在木头上,留在石头上,或留在别人的生活上。这一种深伏的愿望每人都有,从在公厕中写秽语的男孩子,到在种族的精神上刻他的形像的佛陀。人生是那末不真实。我觉得,我们认真怀疑我们的存在。因此想去各处证明它。"她把这封信留了稿。

在她读过地仙故事的那一下午,当她回家时,路旁的草摇摆了一会儿,图拉利西陀那丑陋的头出现了。

"噢! 你吓我一跳,"摩根小姐叫道。"你不应当像那样冒出来呀。"

图拉利西陀站起来,一面羞怯地微笑,一面在大腿上擦帽子。突然间摩根小姐觉得心中害怕起来。路上没有人——她读过呆子们的故事。她勉强控制她那颤抖的声音。

"你——你要作什么呀?"

图拉利西陀一面更粗野地微笑,一面更用力擦帽子。

"你是随便躺在那里呢,还是要作什么呢?"

那个男孩子挣扎着想说话,但后来归结于他那保护笑容。

"得,假如你不要作什么,我要走了。"她真预备逃跑了。

图拉利西陀又挣扎了。"关于那些人们——"

"哪些人们?"她尖声说道。"关于哪些人们?"

"关于书里那些人们——"

摩根小姐松了心,一直笑到她觉得她脑后的头发散了开来。"你的意思是——你的意思是——地仙吗?"

图拉利西陀点头。

"你要知道他们作什么?"

"我从来未见过一个,"图拉利西陀说道。他的声音既不升也不降,继续保持一种低调。

"没有什么人见过呢,我以为。"

"不过我知道他们。"

摩根小姐的眼睛含着兴趣斜起来。"你知道? 谁告诉你的?"

"没有人。"

"你从来未见过他们,也没有人告诉你? 那末你怎能知道他们呢?"

"我仅只知道。或许听人说过他们。总之我从书里知道他们就是了。"

摩根小姐想道:"我何必对这个奇特的发育不全的孩子否认地仙的存在呢? 假如他真相信他们,他的生活不会更丰富更幸福吗? 那又有什么害处呢?"

"你找过他们吗?"她问道。

"未,我未找过。我仅只知道。不过现时我要找了。"

摩根小姐觉出自己被那情形迷住了。这里有纸可以用来写,有峭壁可以用来刻。她可以刻一个比从来书上的故事真实得多的故事。"你要去哪里找呢?"她问道。

"我要掘进洞里去,"图拉利西陀冷静地说道。

"不过地仙只在夜间出来的,图拉利西陀。你应当在夜间守候他们。假如你找到一个,一定来告诉我呀。你肯那样作吗?"

"我一定来的,"他同意道。

她离开在她身后凝视的他。她一路上想象他在夜间怎样搜寻。这想象使她高兴。他甚至可能找到地仙,可能同他们生活同他们说话呢。用了几句暗示性的话,她便使他的生活变空虚,变奇妙,脱离他周围那愚蠢的人生。她深深地妒嫉他的寻求呢。

在晚间,图拉利西陀穿上外衣,拿起一把铲子。当他正要离开器具贮藏室时,老班超碰见他。"你去什么地方,小蛙?"他问道。

图拉利西陀急得跳脚,"我去暗黑的地方。这有什么新奇?"

"不过你为什么带铲子? 或许有金子吧?"

那个男孩子因了他的宗旨的严肃性板起脸来。"我去掘住在土里头的小人们。"

这时班超惊惶失措了。"不要去,小蛙,听你的老朋友的话,听你的教父的话,不要去呦! 我从艾丛中找到你,把你从你的亲属魔鬼中救出来。你现时是耶稣的小兄弟了。不要回你自己的人们那里去! 听一个老年人的话吧。小蛙!"

图拉利西陀狠狠地看地面,用这新消息加强他的旧见解。"你方才说他们是我的一族,"他大声说道。"我不像学校里的或这里的别的人们。我知道这一点。我想念深居清凉的土地下的我自己的人们。当我走过一个松鼠洞时,我想爬进去,藏起自己来。我自己的人们像我一样,他们已经招呼我了。我必须回他们那里去,班超。"

班超退后一步,举起交叉的手指来。"那末,回你父亲魔鬼那里去吧。我不够资格打退这种邪魔外道。要有一个有道高僧才成。不过,看哪! 至少我可以对你和你的全种族作这记号。"他向面前空中画了保护的十字。

图拉利西陀忧郁地微笑,然后转过身来,向山中跋涉了去。

图拉利西陀的心中充满回家的快乐。他一生是一个陌生人,一个孤寂的流浪者,而现时他在回家了。照以往的样子,他听大地的声音——远处牛铃的叮嘡,受惊的鹌鹑的喋嗫,今夜不肯唱歌的山犬的低鸣,百万昆虫的夜曲。但图拉利西陀在听另一种声音,两足动物的行动,隐藏的人们的低声。

有一次他停下来,叫道,"我的父亲,我回来了,"他得不到回答。他对松鼠洞低声说道,"你们在哪里啦,我的人们? 这不过是图拉利西陀回来了。"但没有回答。更坏的是,他不曾觉得地仙在近处。他知道附近一头母鹿喂小鹿;他知道艾丛后一头野猫等兔子,虽然他不能看见它们,他也能知道它们,但他不曾从地仙得到任何消息。

一颗糖形的月亮从山中升起。

"现时兽类要出来找东西吃了,"图拉利西陀用半呆子的含糊的低声说道。"现时人们也就要出来了。"

艾丛终止于一道小谷的边缘,代替它的是一座果园。树上的叶很密,地也耕得很好。这是勃特·曼娄的果园。当那地方没有人的时候,图拉利西陀时常在夜间去那里,躺在树下地上,用柔和的手指选择星儿。

他一走进果园,他知道他在临近老家了。他听不见他们,但他知道地仙就在附近,他一遍一遍地叫他们,但他们不来。

"或许他们不喜欢月光吧,"他说道。

在一棵大桃树下面,他掘起洞来了——宽三尺,深得很。他整夜地掘,停下来听一会儿,然后又往清凉的土里掘。虽然他什么都听不见,他却深信他在接近他们。直到天亮时,他才停下来,去艾丛里睡。

早晨勃特·曼娄出去看一个山犬陷阱,因而发现树下那个洞。"这是什么事呀!"他说道。"一定是孩子们掘过地道。这是危险的! 这东西会把他们埋在里边,或有人会跌进去受伤呢。"他走回家,拿了一把铲子,把那个洞填平。

"曼尼,"他对他那最小的儿子说道,"你不曾在果园里掘洞吧,是不是?"

"啊——啊!"曼尼说道。

"得,你知道谁掘的吗?"

"啊——啊!"曼尼说道。

"得,有人在那里掘了一个深洞。那是危险的。你告诉那些孩子们不要掘,否则他们会被埋在里头呢。"

天黑了,图拉利西陀走出艾丛,又来掘他的洞了。当他发见洞被填平时,他粗野地咆哮,但后来他的思想改变了,他笑了。"那些人们在这里,"他快活地说道。"他们不知道这是谁,他们受了惊。他们像小栗鼠一般把洞填平。这次我要藏起来,当他们来填洞时,我便对他们说我是谁。那时他们就会爱我了。"

于是图拉利西陀又来掘洞,掘得比先前深多了,因为大部分的土变松了。在天亮以前,他躲进园边的艾丛中,躺下来守候。

勃特·曼娄又在早餐前出去看他所设的陷阱了。于是他又看见那个掘开的洞。"这些小鬼头!"他叫道。"他们仍然在掘,是不是? 我猜曼尼毕竟在内。"

他把那个洞研究了一会儿,然后开始用脚把土推进去。一声粗野的咆哮使他转过身来。图拉利西陀扑向他来,像青蛙一样跳起他的长腿,像[抢]木棒一般抢起他的铲子。

当吉美·曼娄来唤他父亲去用早餐时,他发见他躺在土堆子上。他的嘴和前额在流血。一铲一铲的土从洞里飞出来。

吉美以为什么人杀死他父亲,准备埋藏起来了。他慌慌张张跑回家中,用电话召集了一队邻人。

半打人爬到洞顶上。图拉利西陀像一头受了伤的狮子一般挣扎,在他们用他的铲子打他的头以前,他不肯住手。随后他们绑起他来,送进监牢。

萨力纳斯的一个医学会检查那个男孩子,当医生们问他问题时,他漠然地对他们微笑,不作回答。弗兰克林·高梅兹把他所知道的告诉那个会,并请求负责看管他。

"我们实在不能照办,高梅兹先生,"法官终于说道。"你说他是一个好孩子,就在昨天他想杀一个人。你应当知道,我们不能放松他。早晚他会杀掉什么人。"

略作考虑之后,他把图拉利西陀交付纳帕的犯罪疯人院。

四

红马驹(节选)

[美]约翰·斯坦倍克

一、礼　物

在天刚亮的时候,彼利·布克从寝棚里出来,仰面看着天,在门廊上站了一会儿。他是一个阔身材八字脚的小个子,生有海象的上髭,四方手,手掌是饱满的,多筋肉的。他的眼睛是沉思的,潮灰色的,他那从斯铁岑帽下突出的头发是钉子一般的,饱经风雨的。彼利站在门廊上时,他依旧把衬衫向蓝色工人裤里塞。他松开他的裤带,然后又勒紧。那条裤带用了每一个洞洞后面残破的发亮的地方,表明彼利的腰围一些年来的逐渐扩大。当他仔细看过天气以后,彼利用食指塞起一个鼻孔,然后用力喷另一个鼻孔,照这样把每一个鼻孔出清。随后他搓着手走向马房去。他一面梳和刷栏里的两匹鞍马,一面不断安静地对他们说话;他刚刚作完,牧场屋的铁三角①便响起来了。彼利把梳子和刷子插在一起,放在栏干上,然后去用早餐。他的动作是那末从容不迫,而又不浪费一点时间,所以当他来到屋子前面时,狄夫林太太还在敲三角。她向他点她那白发的头,然后退回厨房去。彼利·布克坐在台阶上,因为他是一个牧工,由他先进餐室是不得体的。他听见宅内把脚踏进靴子的狄夫林先生。

---

① 号召农场上的人们来宅中用饭的信号。——译者注。

那三角的尖锐的乱调使得小男孩约弟动作起来。他的年纪还小,只有十岁大,生有尘污的黄草一般的头发,羞怯的温和的灰色眼睛,一思想便有动作的嘴。三角把他从睡眠中唤醒。他不曾想到不服从那严厉的音调。他从来不曾:他所认识的人从来没有一个不服从。他拨开眼前的乱发,剥去他的睡衣。他一会儿便穿上衣服——蓝色条纹棉布衬衫和工人裤。天时已经到了盛夏,当然不用费事穿鞋子了。在厨房里,他等到他的母亲从水槽前离开,走回炉旁去。然后他去洗脸,用手指把湿头发梳向后方去。当他离开水槽时,他的母亲突然转向他。约弟羞怯地向旁处看。

"我不久就得剪你的头发了,"他的母亲说道。"早餐已经摆上桌子。快进去吧,好让彼利也可以进来。"

约弟坐在长桌旁。长桌上铺有白色的油布,有几处已经洗得露出经纬线了。煎鸡蛋一行一行地摆在大木盘上。约弟取了三个鸡蛋,放在他的碟子上,然后取了厚厚的三片烤脆的咸肉。他仔细地从一个鸡蛋黄中挑出一滴血来。

彼利·布克迈着重步走进来。"那东西对你没有害处呀,"彼利解释道。"那不过是公鸡留下的一个记号。"

约弟那高高的严肃的父亲这时进来了,约弟从地板上的喧声知道他穿上了靴子,不过他依旧从桌子下面望过去,加以证实。他的父亲拧熄桌对面的油灯,因为这时窗子外面透进了大量的晨光。

约弟不曾问他的父亲和彼利·布克那一天骑马去什么地方,但他愿意他可以同去。他的父亲是一个重视纪律的人。约弟在一切事上无问题地服从他。这时加尔·狄夫林坐下来,向鸡蛋盘伸过手去。

"预备好出门的牛吗,彼利?"他问道。

"在下面的牛栏里,"彼利说道。"我大可以独自一个人带了去呢。"

"你当然可以。不过一个人需要同伴。此外你的喉咙也不大好。"加尔·狄夫林今天早晨很高兴。

约弟的母亲把头探进门内来。"你以为什么时候可以回来,加尔?"

"我不能说。我必须见萨力纳斯的一些人。可能去到天黑呢?"

鸡蛋、咖啡、大片烤面包很快地消失了。约弟随着那两个大人走出屋子。他眼见他们跨上马,把六条老奶牛赶出栏外,然后向着萨力纳斯走上山去。他们去把那几条老奶牛卖给屠户。

当他们既经在岭端以后消失时,约弟走上宅后的小山。那两条狗愉快地耸着肩露着齿从宅角跑过来。约弟拍它们的头——生有又粗又大的尾巴和黄色眼睛的横木墨特和曾在杀死一头山犬时失掉一只耳朵的牧羊犬司马雪。司马雪那一只好耳朵比一条守羊犬的耳朵竖得还高。据彼利·布克说,那是常有的事。在那狂热的问候之后,那两条狗以一种公事公办的态度把鼻子俯向地面,走到前面去,时时向后看着,唯恐那个少年不来。他们从养鸡场走过,看见同鸡一道吃东西的鹌鹑,司马雪追了一下鸡,免得在追羊时感觉生疏。约弟从宽大的菜地中走上去,那里绿色的玉蜀黍长得比他的头还高。南瓜是绿的,还很小。他上达艾丛边缘,冷泉从那里的管子流出,流进一个圆木桶里。他俯下来,贴近带绿苔的木头喝水,那里的水味道最好。随后他转过身来,向后方看那个牧场,看那绕有天竺葵的矮矮的刷白粉的房子,看那柏树附近的彼利·布克独自居住的长寝棚。约弟可以看见柏树下的大黑镬。那是去猪毛的地方。太阳现时渡过山岭,在宅子和马房的白粉上闪光,使得湿草柔和地发亮。在他身后,在那高艾丛中,有一些鸟儿在地面上奔走,从枯叶中间发出很大的喧声;松鼠在小山上尖叫。约弟一所一所地看那些农场建筑。他感到空中有一种不确定的意味,一种改变和遗失的感觉,一种获得新的和不熟悉的东西的感觉。在山坡上,两个大黑雕飞向地面,它们的影子流利地迅速地在它们前面滑过。附近有一头动物死了。约弟知道这一点。可能是一条牛,可能是一头兔子的残骸。那两个雕不错过任何东西。约弟恨它们,因为一切高尚的东西都恨它们,但因为它们能清除腐尸,所以不便伤害它们。

过了一会儿,那个少年又从山上蹓跶下来。那两条狗久已抛下他,去艾丛中作它们自己所要作的事了。他又从菜园中走回,他停了一会儿,用脚跟踏碎一个绿色的甜瓜,但他并不因此而快活。这是一种不应当作的事,他知道得非常清楚。他把土踢到那个烂瓜上,把它掩盖起来。

回到家中,他的母亲俯在他那粗糙的两手上,查看他的手指和指甲。在打发他去学校时,把他弄清洁并没有什么好处,因为路上可能遭遇的事太多了。她对着他的手指上那些黑色的龟裂叹气,然后把他的书和午餐给他,打发他走上去学校的一英里路。她注意到他的嘴今天早晨时时在动作。

约弟出发了。他用散布在路上的小白石块填满他的衣袋,他时时投击在路上晒太阳晒得太久的鸟儿或兔子。在过了桥的十字路口,他遇见两个朋友,于是他们三个一同走向学校,迈着可笑的步子,作出呆头呆脑的样子。学校刚开学了两个星期。学生中间依旧有一种反感。

当约弟又走上山顶,向下望牧场时,已经是下午四点钟了。他张望那两匹鞍马,但马棚是空的。他的父亲还不曾回来。于是他不慌不忙地走去作下午的杂工。在牧场屋中,他看见他的母亲坐在门廊上补袜子。

"厨房里有你两个炸面卷,"她说道。约弟溜向厨房去,回来时已经吃掉半个炸面卷,他的嘴里装得满满的。他的母亲问他,那一天他在学校中学过什么,但她不去听他那被面卷阻塞了的回答。她拦住他道,"约弟,今晚你一定得把劈柴箱装得满满的。昨晚你把劈柴横放,结果只有半满。今晚把劈柴直放。还有,约弟,有一些鸡在藏蛋了,否则会被狗吃掉。在草里查看一下,看你能不能找到一些下蛋的巢。"

约弟一面吃东西,一面出去作他的杂工了。当他抛出谷粒时,他看见鹌鹑下来同鸡一道吃。为了某种理由,他的父亲以使得鹌鹑来自豪。他从来不许在房子附近放枪,恐怕鹌鹑会走掉。

当柴箱装满时,约弟拿了他的二十二号枪,去艾丛旁的冷泉处。他又喝过水,然后向各种东西——向石头,向飞着的鸟,向柏树下的大黑猪镬——瞄准,但他并不开枪,因为他没有枪弹,在十二岁以前,他是不会有的。假如他的父亲见他向着房子瞄准,他就要把子弹再延期一年。约弟记得这一点,因此他不再在山下瞄准。用两年来等子弹已经够长久了。几乎所有他父亲的赠品都附带有多少把价值打折扣的条件。这是良好的训练。

晚餐等他的父亲回来,一直等到天黑。当他终于同彼利·布克进来时,约弟可以嗅出他们气息中的勃兰地香。他暗暗地欢喜,因为当他父亲发出勃兰地气息时,有时同他谈话,有时甚至讲当他年幼时在那草昧时代作过的事。

晚餐以后,约弟坐在火炉旁。他那羞怯的有礼貌的眼睛探索室角,他等待他父亲说出他所贮藏的话,因为约弟知道他藏有一种消息。但是他失望了。他父亲用严厉的手指指他。

"你还是去睡的好,约弟。我在早晨就要用得着你了。"

这并不太坏。只要他必须作的事不是常务,他便喜欢作。他向门口看,他的嘴不知不觉地发出了一个问题。"我们在早晨要作什么呀,杀一头猪吗?"他轻轻地问道。

"你不必关心。你还是去睡的好。"

当门在他身后关起时,约弟听见他父亲和彼利·布克吃吃地笑,他知道这是一种玩笑。后来,当他躺在床上时,他想听出邻室的细语声,他听见他父亲抗议道,"不过,如斯,我并不会为了他多出钱哪。"

约弟听见在马房附近追老鼠的猫头鹰,他也听见一条轻轻触房子的果树枝。当他入睡时,一头牛正在叫。

当三角在早晨作响时,约弟穿衣服比往常穿得更快了。在厨房里,当他洗脸和向后梳头发时,他的母亲忿忿地对他说话了。"在饱饱地吃过早餐以前,你不要出去。"

他走进餐室,坐在白色的长桌旁。他从托盘里取了一个冒汽的热饼,把两个煎鸡蛋摆在上面,用另一个热饼盖起来,然后用叉子把[它们]全部压烂。

他父亲和彼利·布克进来了。约弟从地板上的声音知道,他们两个都穿着平底鞋,但他从桌子下面偷看过去,加以证实。他父亲把煤油灯拧熄,因为白昼已经到来,他的样子是严肃的,含有教训意味的,但彼利·布克完全不看约弟。他避开那个少年的羞怯的问讯的眼睛,把一整块烤面包浸在他的咖啡里。

加尔·狄夫林闷闷地说道,"你在早餐后跟我们来!"

当时约弟食不下咽了,因为他感到空气中有一种劫数的意味。彼利侧起茶杯碟,把洒在里边的咖啡喝干,在斜纹布衣服上揩过手,随后那两个人从桌旁站起来,一同走进早晨的阳光中,于是约弟在他们后面一点恭恭敬敬地跟随。他用力不使他的思想跑开去,用力使他的思想保持绝对的静止状态。

他的母亲叫道,"加尔! 你不要让那东西使他不去上课呀。"

他们走过柏树,那里有一条杀猪用的横木从一条树枝上垂下来,又走过那个黑铁镬,可见并不是宰猪。太阳在山上照耀,投出树和建筑物长而黑的影子。他们跨过满带残梗的田地,取近路去马房。约弟的父亲取下门钩,他们走进去。他们来时向着太阳走。对照起来,马房像夜间一般黑,干草和牲畜使得它温暖。约弟的父亲走向唯一的厢栏去。"来这里!"他命令道。约弟现时可以开始看见东西了。他向厢栏里看,随即很快地向后退。

一匹红马驹从栏里向外看他。它那紧张的耳朵伸向前方。它的眼睛含有一种不服从的神气。它的毛是粗而厚的,像狽毛,它的鬃是长而乱的。约弟的喉咙收缩起来,使他不能呼吸。

"它需要好好地刷一刷,"他父亲说道,"假如我什么时候听说,你不喂它,或不清除它的栏,我便即刻卖掉它。"

约弟不忍得再看那匹马驹的眼睛。他向下把他的手看了一会儿,然后很羞怯地问道,"我的?"没有人回答他。他向马驹伸出手来。它的灰鼻子高声地喷着气凑上来,随后把嘴唇缩起,那有力的牙齿衔住约弟的手指。马驹上下摇头,似乎快活得大笑起来。约弟打量他那受了伤的手指。"得,"他怀着自尊心说道——"得,我相信他很会咬。"那两个成年人大笑起来,多少放了心。加尔·狄夫林离开马房,走上一座小山,不同人接触,因为他心里不安,但彼利·布克留下来。对彼利·布克谈话比较容易。

约弟又问道——"我的?"

彼利的腔调像一个行家。"当然!假如你当心它,好好驯练它,那便是你的了。我要把方法教给你。它还不过是一匹马驹。一时你不能骑它呢。"

约弟又伸出他那受了伤的手,这一次那匹红马驹让他摸鼻子了。"我有一个胡萝卜就好了,"约弟说道。"我们从什么地方把它买来的,彼利?"

"在一个执行官的拍卖场里买来的,"彼利解答道。"萨力纳斯有一个赛马会倒闭了,欠了债。执行官在卖掉他们的动产。"

马驹伸出鼻子来,把额毛从它那犷野的眼睛上摇开。约弟拍了拍那个鼻子。他轻轻地说道:"没有一个——鞍子?"

彼利·布克笑了。"我已经忘记了。来吧。"

在马具室,他取下一个红摩洛哥皮的小鞍子。"这不过是一种样子货,"彼利·布克轻蔑地说道。"不能在树丛里用,但是卖得便宜。"

约弟也不能平心静气地看那个鞍子,他完全不能说话了。他用指尖摩娑那闪光的红皮子,过了好久他才说道,"不过在它身上会好看的。"他想到他所知道的最雄伟最美丽的东西。"假如它还不曾有名字,我以为我要叫它作盖比兰山,"他说道。

彼利·布克了解他的心情。"这是一个很长的名字。为什么你不就叫它作盖比兰呢?这是鹰的意思。这是一个适合它的好名字。"彼利高兴起来。"假如你肯收集马尾毛,将来我或许可以替你作一条毛绳呢,你可以用来作缰绳呵。"

约弟要走回厢栏去。"我能带它去学校吗,你觉得怎样——给同学们看看?"

但是彼利摇头。"它还不曾受一点驯练呢。我们费了不少时候才把它带到这里来。几乎必得拖它。不过你还是去上课好。"

"今天下午我要带同学们来这里看它,"约弟说道。

在那个下午,六个学生用了半个钟头,垂着头,摇摆着前臂,呼呼地喘着,用力跑过山来。他们掠过房子,抄过满带残梗的田地,一直跑进马房。随后他们不安地站在马驹前,于是他们用含着新的羡慕和新的敬意的眼睛看约弟。在今天以前,约弟是一个穿工人裤和蓝衬衫的少年——比大多数人安静,甚至使人疑心他有一点怯弱。现在他是不同了。他们感到一千世纪来徒步者对骑马者的羡慕。他们本能地知道,一个骑马者在精神和身体方面都比一个徒步者伟大。他们知道,约弟已经神秘地超出那与他们平等的地位,被置在他们以上。盖比兰把头伸出栏外,嗅他们。

"你为什么不骑它呢?"学生们叫道。"你为什么不像赛会时的样子用结子结起它的尾巴来呢?""你什么时候骑他呀?"

约弟的勇气提高了。他也感到骑马者的优越。"它还不到年纪呢。要过好多时候才能骑呢。我就要用长络头来驯练它了。彼利·布克就要教给我方法了。"

"哦,我们连牵它出来走一下都不可以吗?"

"它还未带过络头呢,"约弟说道。他想在第一次带马驹出外时不要任何人参与。"来看一看那个鞍子吧。"

他们对着那个红摩洛哥皮的鞍子说不出话来,完全惊得不能批评了。"这东西在树丛中没有多大的用处。"约弟解释道。"不过这东西在他身上是好看的。当我进树丛时,我或许不用鞍子来骑呢。"

"没有鞍角你怎能捉一头牛呢?"

"或许我要再买一个鞍子供日常使用。我父亲可能要我帮他照管牲口呢。"他让他们摸那个红鞍子,把缰绳上的铜颈链和络头与额带在颏颊相交处的大铜钮扣给他们看。这整件东西是太奇妙了。过了一会儿他们不得不走了,每一个学生都在内心检点自己所有的东西,看有不有到时足以换骑一次红马驹的贿赂。

他们去后,约弟高兴起来。他从墙上取下刷子和梳子,移开单间的栅栏,小心地走进去。马驹的眼睛放光了,转入踢人的方位。但约弟照彼利·布克常作的样子摸他的肩头,擦他那高高拱起的脖子,他同时用深沉的声音慰抚道,"呵——伙计。"马驹渐渐地弛缓它的紧张。约弟一面梳,一面刷,一直刷到栏内堆了一堆死毛,马驹身上现出一种深红的光彩。每刷完一次,他觉得他可能刷得更好一点。他把鬃毛结成一打小辫子,把额毛也结起来,随后他又解开,又把马毛刷直。

约弟不曾听见他的母亲走进马房。她来时是含怒的,但当她向里看那匹马驹和在马驹身上工作的约弟时,她感到一种奇特的骄傲在内心腾起。"你已经忘记柴箱了吗?"她轻轻地问道。"离天黑不远了,家里没有一条柴,鸡也不曾喂呢。"

约弟赶快收起他的工具。"我忘了,你老。"

"得,此后要先作你的杂工。那末你就不会忘记了。假如我不留意你,我预料你现时就要忘记许多事了。"

"我可以从园子里拿胡萝卜给它吗?你老?"

她不得不想一下了。"噢——我以为可以,假如你只取那些大的。"

"胡萝卜对马毛有益呀,"他说道,她又感到那种希奇的骄傲。

马驹到来以后,约弟再也不等待那个三角唤他起床了。甚至在他母亲醒来以前,他便爬下床,偷偷地穿上衣服,静静地走去马房看盖比兰,这已经成了他的习惯。在那些灰色的安静的早晨,当土地、树丛、房舍、树木都像照像底片一般带银灰色和黑色时,他偷偷地经过睡着的石头和睡着的柏树走向马房去。栖在树上躲避山犬的火鸡睡昏昏地剥啄。田野带着一层灰色的霜一般的光闪耀,兔子和田鼠的踪迹在露水中清楚地现出。那两条忠实的狗顽强地从它们的小房子里走出来,颈毛耸立,喉中发出深沉的吼声。随后它们嗅出约弟的气味,于是它们——生有大粗尾巴的墨特和未成年的守羊犬司马雪——那僵硬的尾巴翘起来,摇摆了一种问候的表示,然后懒懒地走回它们温暖的卧榻。

约弟觉得,这是一种希奇的时刻,一种神秘的旅途——一场梦的延续。当他初得到马驹时,在前往的途中,他喜欢用盖比兰不在棚里或从来不曾在过那里的思想来苦恼自己。他还有一些别的自诱的可意的小痛苦。他想像老鼠在红鞍子上咬出破烂的窟窿,把盖比兰的尾巴咬细,咬稀。他时常跑过那去马房的最后一小段路。他拨开马房生了锈的门鑷，走进来，不拘他怎样安静地开门，盖比兰总从厢栏的横木上看他，盖比兰也轻轻地嘶鸣，踏前脚，它的眼睛里有像橡木余烬的大红火星。

有时，假如那一天要用那些作工的马，约弟发现彼利·布克在马房中备马和刷马。彼利同他站在一起，用长久的时间看盖比兰，他告诉约弟关于马的许多事情。他解释，马非常悬心它们的脚，所以我们应当练习提起它们的腿，拍它们的蹄子和踝骨，以除去它们的惧心。他告诉约弟，马怎样爱谈话。他应当不断地同马驹谈话，把各种事的理由告诉它。彼利不能断言，马能懂对它说的一切话，但无法说它懂得多少。假如马所喜欢的人对它解释事情，它从来不乱踢。彼利也可以举一些例子。例如，他知道一匹几乎累得要死的马，当它听说只有一点点路便到目的地时，它便振奋起来了。他也知道一匹吓得不能动弹的马，当它听说吓它的是什么东西时，它便恢复了动作。当彼利在早晨谈话时，他把二三十条草梗子切起三寸长，插在他的帽箍里。这样，在一天之内，假如他要剔牙或仅只要嚼一种东西，只消一伸手，便可以抽一条了。

约弟聚精会神地听，因为他知道，全地方都知道，彼利·布克是一个长于养马的人。彼利自己的马是一匹生有锤子头的开由斯马[①]，但他在家畜比赛会中几乎总得头奖。彼利可以捉一头公牛犊，用他的套索在鞍角上作一个半结，然后跳下马来，于是他的马便像钓鱼人耍一条鱼一般耍那头牛犊，把套索拉紧，直到把牛犊制服，然后告一段落。

每天早晨，约弟梳过和刷过马驹以后，放下马栏的横木，盖比兰从他身旁冲过，从马房跑进围栏。它一圈一圈地飞跑，有时它向前跳，直着腿着地。它颤抖着站下来，耳朵向前直竖，眼睛转得露出眼白，装出受了惊的样子。它最后喷着鼻走向水槽去，把鼻子浸入水中，浸到鼻孔处。约弟于是得意了，因为他知道，那是判断一匹马的方法。不中用的马只使嘴唇

---

① Cayuse——美国西部印第安人豢养的小野马。聚居奥里冈的印第安人也叫作开由斯人。——译者注

触水,但雄壮的好马把整个鼻子和嘴浸入水中,仅留出呼吸的空间。

随后约弟站在那里看那匹马驹,他看出他从来不曾在别的马身上注意到的东西,光泽的滑溜的腰窝筋肉,像攒起的拳头一般的臀部筋肉,还有阳光加在红毛皮上的闪光。虽然有生以来时时见马,约弟先前却不曾很仔细地看过。现时他注意到表示感情的甚至赋给面部以感情变化的耳朵动作。马驹用它的耳朵谈话。你可以借了它的耳朵的姿式确定地说出它对一切事的感觉。它的耳朵有时是硬直的,有时是软垂的。当它发怒或害怕时,它的耳朵向后指;当它盼望、惊奇、喜悦时,它的耳朵向前指:它的耳朵的确定方位表示它所怀抱的感情。

彼利·布克不曾失信。在早秋时分,驯练开始了。最先是戴络头,这是最困难的,因为是第一件事。约弟拿着一个胡萝卜,一面引诱,一面应许,一面扯绳子。马驹感到那紧张时,它像一头小骡子一般屹然不动。不过不久它学习了。约弟牵着它在牧场上散步。他逐渐练习抛下绳子,那匹马驹终于不待牵引便随从他去任何地方了。

随后是长绳驯练,这是一种比较慢的工作。约弟拿着长绳站在一个圆圈中央。他鼓舌作响,马驹被长绳牵着在一个大圆圈内走。他又鼓舌使马驹小跑,然后又使它快跑。盖比兰咕咚咕咚地绕来绕去,非常开心。到后来他叫道,"响,"马驹便住下了。不久盖比兰在这上头已经很熟练了。不过它在许多方面是一匹淘气的马驹。它咬约弟的裤子,踏约弟的脚。它的耳朵时时抿向后方,意在重重地踢那个少年一下。每作过这样一种坏事之后,盖比兰安静下来,似乎在暗中大笑。

彼利·布克晚间在火炉前搓毛绳。约弟把马尾毛收集在一个袋子里,他坐下来,看彼利搓绳子,先把几条毛捻成一条线,再把两条线搓成一条索,然后把几条索辫成一条绳。彼利把搓好的绳子放在他的脚下地板上揉,使它圆而且硬。

长绳驯练很快地达到纯熟境界。当约弟的父亲看那匹马驹止步、开步、小跑、大跑时,他感到一点不安。

"它几乎就要成为一匹把戏马驹了,"他表示不满道。"我不喜欢把戏马。除去一匹马所有的——威仪,使它耍把戏。嘿,一匹把戏马有一点像一个戏子——没有威仪,他有他自己的品格。"他的父亲又说道,"我以为你还是使它早点习惯鞍子好。"

约弟跑去马具室。他已经在一个锯木架上跨过一些时候的鞍子了。他把踏蹬的长度改来改去,总不能适合。有时,跨上马具室的锯木架,周身挂满扣环和曲棒和鞋带,约弟神游室外了。他把他的枪横在鞍头。他看见田野一片一片地飞过,他也听见奔驰的马蹄声。

第一次给马驹备鞍子,乃是一种令人惴惴不安的工作。在可以结起肚带以前,盖比兰拱起背来,举起前足,把鞍子抛掉。在马驹终于让鞍子留在身上以前,不得不重放一次又一次。结肚带也是困难的。约弟每天把肚带收紧一点,直到马驹终于完全不关心鞍子,然后告一段落。

随后是衔嚼子了。彼利说明在盖比兰习惯嘴里衔东西以前,怎样用一条甘草作嚼子。彼利解说道,"我们当然可以强迫它作任何事,不过,假如我们那样作,它不会成为一匹理想中的好马,它将总有一点害怕,它也不会有自发的精神了。"

马驹第一次带嚼子时,它的头摆来摆去,它用舌头舔嚼子,舔得血从嘴角上渗出来。它想把络头在马槽上磨掉。它的耳朵旋来旋去,因了害怕,也因了一般的倔强,它的眼睛变红了。约弟高兴了,因为他知道,只有卑劣的马才不憎恨驯练呢。

约弟一想到将来他第一次坐在鞍子上的时候,他颤抖了。马驹大致会把他抛下来。这里边没有什么可耻。假如他不即刻爬起来再跨上去,那才算可耻呢。有时他梦见他躺在土里哭,不能再跨上去了。梦中的羞耻直到日中才忘记。

盖比兰在迅速地发长。它已经失去先前的长腿相;它的鬃毛愈来愈长愈来愈黑了。在不断地梳刷下,它的皮毛像橙红漆一样光滑。约弟把蹄子油过,仔细地修过,免得会裂开。

发绳就要搓好了。约弟的父亲给了他一副旧马刺,把框子收紧,把皮

带剪短,把小链提高到适合的程度。于是一天加尔·狄夫林说道:

"马驹长得比我预料的快。我以为到感恩节时你可以骑它了。你有自信骑得住吗?"

"我不知道呢,"约弟含羞说道。离感恩节只有三个星期了。他希望天不下雨,因为下雨会把红鞍子点污。

盖比兰这时认识约弟,也喜欢约弟了。当约弟走过带残梗的田地时,它便叫起来。当它在牧场上时,它的主人吹口啸叫它,它便跑过来。每次总有它一条胡萝卜。

彼利·布克一遍一遍地给他骑马的指示。"你一旦跨了上去,便用你的双膝夹紧,双手离开鞍子,假如你被摔下来,不要就此住手。不拘是多末本事的人,总有一匹马可以摔下他来。你只要在它自鸣得意以前再爬上去。过不多久,他便不再摔你,过不多久它也不能摔你了。就要这样作。"

"我希望事前不要下雨,"约弟说道。

"那是为什么呢? 不要摔在泥里吗?"

一部分为了那个,他也怕盖比兰在跳跃中会滑倒,跌在他身上,压断他的腿或臀骨。他先前见过人们遭到那样的事,见过他们在地上像压伤的虫子一般扭动,因此他害怕。

他在锯木架上演习左手拿缰绳右手拿帽子的样子。假如他这样把两只手占住,到他觉得要跌下来时,他便不会抓鞍角了。万一他抓了鞍角,那后果是他不乐意想的。他的父亲和彼利·布克可能永远不再同他说话,他们会非常难为情了。在学校里呢——想起来是太可怕了。

当盖比兰备上鞍子时,他开始把全身的重量加在一只鞍蹬上,但他不把他的腿跨过马背。感恩节前那样作是不许的。

每天下午他把红鞍子放在马驹身上,把肚带勒紧。马驹已经学习在勒肚带时把肚子胀得非常大,到皮带扣好时然后松下来。有时约弟把它牵到树丛边,教它从绿色的圆桶中喝水,有时他牵它由带残梗的田地走上冈子,它从那里可以看见萨力纳斯的白市镇,大谷中几何形的田地,被绵羊啮过的橡树。他们时时穿过树丛,进入小小的圆形空地,完全与外界隔绝,旧日生活中可见的东西只有天空和树丛圈了。盖比兰喜欢这种旅行,这一点可由它把头抬得非常高表明出来,也可由它满带兴趣地震动鼻孔上表明出来。当他们两个远足回来时,他们呼吸他们穿过的清香的艾丛。

时间拖向感恩节,冬天却来得很快。云气披拂下来,整天悬在那一带地方上面,扫荡冈顶,风在夜间尖叫。枯干的橡树叶整天从树上飘下,终于把地面遮蔽起来,但树没有改变。

约弟希望在感恩节以前不下雨,雨毕竟下了。褐色的地面变黑,树上灿然闪光。残梗的末端霉得变了黑;草堆因沾湿变成灰色,屋顶上的苔藓整个夏季灰得像壁虎,这时转成鲜明的黄绿色。在那个下雨的星期中,约弟把马驹关在厢栏中,不使沾湿,只在下学后,他带它出去一小会儿,运动一下,在上栏水槽中喝一点水。盖比兰不曾有一次沾湿。

湿天气一直继续到生出新的小草来。约弟穿着雨衣和短筒胶皮靴子去上学。一天早晨,太阳终于灿烂地出现了。在厢栏里进行他的工作的约弟,对彼利·布克说道,"我今天去上学时,或许可以把盖比兰留在户外的栏里了。"

"好心把它留在阳光里吧,"彼利使他安心道。"牲口都不喜欢关得太久呢。你父亲和我就要回山上去清除水源里的叶子了。"彼利一面点头,一面用一支细草梗剔牙。

"不过,假如雨来了——"约弟提头道。

"今天不像要下雨,雨已经下够了。"彼利卷起袖子,扣上臂钮。"果真下雨的话——那末,一场小雨不会淋坏一匹马呀。"

"得,果真下起雨来,你把它牵进去,可以吗,彼利? 我但怕它会招了凉,到时候我不能骑它呢。"

"噢,当然! 假如我们回来的时候凑巧,我可以照顾它。不过今天不会下雨的。"

于是约弟去学校时把盖比兰留在外面栏里。

彼利·布克在许多事上都是不错的。他是不能错的,不过在那一天的天气上他错了,因为午后不久云气拥过山来,雨开始下注了。约弟听见雨在学校屋顶上开始。他本想举手请求去厕所,一到外边,便跑回家,把马驹牵进去。那样在校和在家都要受责罚。他放弃了那个念头,用彼利所说雨不会淋坏一匹马的话来安心。当学校终于放学时,他从暗黑的雨中跑回家去。大道两旁的土隄喷出一小股一小股的泥水。雨在一阵一阵的寒风中倾斜和旋转。约弟从大道上带石子的泥水中跑回家中。

他从岭巅便看见凄惨地站在栏里的盖比兰了。红毛几乎变黑,流下一行一行的水。它低着头,尾向着风雨、站在那里。约弟跑到地方,敞开马房的门,捉着湿淋淋的马驹的额毛把它牵进来。他随后找到一条粗麻布袋,擦那浸水的毛,擦腿和足踝。盖比兰忍耐地站在那里,但他像风一般一阵一阵地颤抖。

约弟尽可能把马驹擦干,然后去住宅取来热水,把麦粒浸在里边。盖比兰并不很饿。它尝了尝那热麦糊,但它不大感兴趣,他依旧时时颤抖。它那潮湿的背上腾起一些些蒸汽。

当彼利·布克和加尔·狄夫林回到家中时,天几乎黑了。"雨刚下时我们停在卞·赫契处,整整一下午雨不曾住过。"加尔·狄夫林解说道。约弟满怀责难地看彼利·布克,彼利觉得疚心了。

"你说不会下雨,"约弟责备他道。

彼利眼向旁边看。"很难说,在一年的这时候,"他说道,不过他的辩解是不充分的。他没有犯错误的权利,他也知道的。

"马驹沾湿了,湿透了。"

"你把它擦干了吗?"

"我用一条袋子擦过它,我也给过它热麦子。"

彼利同意地点头。

"你以为它会招凉吗,彼利?"

"小雨从来不会有什么害处的,"彼利使他安心道。

这时约弟的父亲参加了谈话,略略地教训那个少年一番。"一匹马,"

他说道,"不是什么叭儿狗一类的东西。"加尔·狄夫林恨软弱和多病,他非常轻视不中用的东西。

约弟的母亲把一大盘煎肉、煮马铃薯、煮南瓜放在餐桌上,室中弥漫了这些东西的蒸汽。他们坐下来吃。加尔·狄夫林依旧数说,太多娇惯使牲畜和人软弱。

彼利·布克因了他的错误不开心。"你把它用毡子盖起来了吗?"他问道。

"没有。我找不到毡子呀。我把一些口袋放在它背上了。"

"那末,等我们吃完了,我们去把它盖起来吧。"这时彼利觉得好一点了。当约弟的父亲既经去里边烤火,他的母亲在洗碟子时,彼利找到一个灯笼,点起来。他和约弟走过泥泞去马房。马房是黑暗的,温暖的,甜香的。那些马依旧在格登格登地嚼夜草。"你拿住灯笼吧!"彼利吩咐道。于是他摸马驹的腿,测探腹部的热度。他把他的面颊贴在马驹灰色的嘴上,然后卷起眼帘来看眼球,掀起嘴唇来看齿龈,把手指伸进两只耳朵。"它似乎不大精神呢,"彼利说道。"我要擦它一顿。"

彼利随即找来一条口袋,用力擦马驹的四条腿,擦胸部和背部。盖比兰非常不精神。他忍耐地擦下去。最后彼利从鞍子房拿来一条旧棉被,盖在马驹背上,用绳子在颈部和胸部扎起来。

"哪,到早晨它就好了,"彼利说道。

当约弟回到宅内时,他的母亲抬起头来看。"你睡得迟了,"她说道。她用她那粗硬的手握起他的下颔,把他那纠缠的头发从他眼前拨开,然后说道,"不要为马驹发愁。它就要好的。彼利同这一带的马医一般本事。"

约弟不曾知道她看得出他发愁。他轻轻地从她身边挣开去,跪在火炉前,烤到肚子作痛。他把全身烤透,然后上床,不过入睡是一件难事。似乎过了好久以后,他还醒在那里。室内是黑的,窗口却有一种类似天亮前的灰白色。他爬起来,摸到他的工人裤,想伸腿进去,就在这时,别室的时钟敲了两下。他放下他的衣服,回去睡了。当他再度醒来时,天已经大亮了。他第一次睡得连三角声都不曾听见。他跳起来,披上衣服,结着衬衫的钮扣走出门外。他的母亲从他后面看了一会儿,然后静静地去作她的工作,她的眼神是沉思的,慈蔼的。她的嘴时时笑一笑,但她的眼神一点也不曾改变。

约弟跑向马房去。他在中途便听到他所怕的声音,一匹马的空洞的嘎声的咯嗽。他于是飞跑起来。到了马房,他看见彼利同马驹在一道。彼利用他那有力的厚手擦它的腿。他一面抬起头来,一面愉快地微笑。“它不过招了一点凉,”彼利说道。“我们要在几天内把它治好。”

约弟看马驹的脸。眼睛是半睁半闭的,眼帘是沉重而枯干的。眼角上黏有一层浓液。盖比兰的耳朵松垂在两边,头垂得很低。约弟伸出手来,但马驹并不移近。它又咯嗽起来,全身用力抽缩。一行薄薄的液体从它的鼻孔中流下来。

约弟回头看彼利·布克。“它病得很重呢,彼利。”

“不过招了一点凉,如我先前说过的,”彼利坚持道。“你去用一点早餐,然后去上学吧。我可以照顾它。”

“但是你可能不得不作别的事呀。你可能丢下它呢。”

“不,我不会的。我绝对不会离开它。明天是星期六。到时你可以整天守着它了。”彼利又错了,他因此觉得很难堪。他这时不得不疗治马驹了。

约弟走回宅内,无精打采地坐在餐桌旁。鸡蛋和咸肉是冰冷的,油腻的,但他并未觉出来。他吃下往常的份量。他甚至不曾请求留在家中,不去上学。他的母亲在收他的碟子时把他的头发拢到后边。“彼利会照顾马驹的,”她使他安心道。

他在学校中整天恍恍惚惚。他不能回答任何问题,也不能读一句书。他甚至不能对任何人说马驹害病,因为那样会使他更难过。当学校终于放了学时,他怀着恐怖向家走。他缓缓地走,让别的学生们抛下他。他但愿他可以继续走下去,而永远不到牧场。

彼利照他的应许留在马房里,马驹却变坏了。它的眼睛这时几乎闭起来了,它的鼻子里有一种东西塞住,呼吸时尖声作响。一层薄膜遮起眼睛可以看东西的部分。马驹是否还能看东西是很难说的。他时时喷鼻,但那动作似乎把鼻子塞得更紧了。约弟灰心丧气地看马驹的皮毛。毛是粗糙的,散乱的,似乎完全失去了旧日的光泽。彼利静静地站在厢栏旁。约弟不高兴问,但他不能不知道。

"彼利,它——它好一点吗?"

彼利把手指从栏干中间伸到马驹牙关下方,摸来摸去。"摸这里,"他一面说,一面把约弟的手指引向牙关下的大肿瘤。"到这东西再大起来时,我要把它割开,那时它就好一点了。"

约弟赶快向旁边看,因为他听人说过那种瘤子。"它是怎末一回事?"

彼利不愿意回答,但他不得不。他不能错第三次。"马瘟,"他简单地说道,"不过你不必为这个发愁。我要把它医好。我见过比盖比兰病得更重的都可以好。我现时要薰它了。你可以帮忙。"

"好的,"约弟悲惨地说道。他跟彼利去马房,看他准备好蒸汽袋。这是一条帆布的长鼻袋,上面有挂在马耳上的带子。彼利装进三分之一的麸子,然后加上两把干忽布①。他在那些干东西上面倒上一点炭酸和松节油。"我要把这东西搅匀,你去家中拿一壶滚水来。"彼利说道。

当约弟带着冒汽的水壶回来时,彼利把皮带扣在盖比兰的头上,把那个口袋紧紧地套在它的鼻子上。随后他从袋旁的小孔把滚水注入那些混合物中。当一团热汽的云腾起时,马驹挣了一下,但后来那适意的气息穿过鼻孔,进入两肺,那强烈的蒸汽开始把鼻道清除。它高声呼吸。它的腿颤抖起来,它的眼睛闭起来,避开那辛辣的云气。彼利注入更多的水,使水蒸汽上腾了十五分钟,他终于放下水壶,从盖比兰的鼻子上取下口袋。马驹的样子好一点了。它随意呼吸,它的眼睛睁得比先前大一点了。

"看这办法使它觉得多末舒服,"彼利说道。"现时我们要再把它裹在毡子里。到早晨它可能差不多病好呢。"

---

① 忽布又名啤酒花、蛇麻,有利尿、消肿之功效。——编者注

"夜间我要守在它这里。"约弟提议道。

"不。你不必那样作。我要把我的毯子拿到这里来,放在干草中。你明天可以留在这里,假如它需要,就再薰它。"

当他们去宅内用晚饭时,天色已经暗下来了。约弟并不知道别的什么人已经喂过鸡,装好柴箱。他走过住宅,到暗黑的树丛边,从桶子里喝一点水。泉水冷得刺口,引起一个寒战。山上的天空依旧是亮的。他看见一头鹰,飞得那末高,它拥抱了太阳,像一个花火一般放光。两头山乌把那头鹰从天空逐下,它们攻击敌人时也在闪光。在西方,云气又移过来下雨了。

在全家人用晚餐时,约弟的父亲不曾说一句话,但当彼利·布克拿了毯子去马房入睡以后,加尔·狄夫林在炉子里生上很旺的火,然后说故事了。他谈生有马一般的尾巴和耳朵裸体在乡间奔驰的野人。他又谈摩洛·科乔跳进树里捉鸟的兔猫。他重温有名的麦克斯威尔兄弟的故事:他们发见一个金矿,那末仔细地掩藏起来以至他们再也不能找到了。

约弟双手捧着下颔坐在那里;他的嘴敏感地动作,他父亲渐渐地知道,他不十分用心听。"这不有趣吗?"他问道。

约弟大笑如仪,然后说道,"是的,你老。"这时他父亲既生气,又难堪。他不再说故事了。过了一会儿,约弟拿了一个灯笼,走下马房。彼利·布克在干草里睡了,马驹除了呼吸时肺里略带嘎声外,似乎好了很多。约弟停留了一小会儿,用手指抚摩那粗糙的红毛,然后拿起灯笼,走回宅内去了。当他上了床时,他母亲进来了。

"你盖得够了吗? 就要进冬天了。"

"够了,你老。"

"得,今夜休息一下吧。"她迟疑地向外走,不安地站下来。"马驹会好的,"她说道。

约弟疲乏了。他睡得很快,直到天亮才醒过来。三角响了,彼利·布克在约弟离开住宅以前便从马房上来了。

"它怎样啦?"约弟问道。

彼利从来急于吃早餐。"很好。今天早晨我要把那个瘤子割开。那时它可能好一点。"

早餐以后,彼利拿出他那带针尖的最好的刀子。他在一小块磨刀石上把那闪光的刀刃磨了好久。他一次一次地在他那起茧的拇指肚上试刀尖和刀刃,最后又在他的上嘴唇上试。

在去马房的路上,约弟见到新草长起来,残梗一天一天没入自生自长的新绿中。那是一个寒冷的晴明的早晨。

约弟一见到马驹,便知道它变坏了。它的眼睛闭起,被干了的黏液封闭了。它的头垂得非常低,它的鼻子几乎触到它的床草。每一次呼吸中有一声低微的呻吟,一种深沉的忍耐的呻吟。

彼利托起那个软弱的头,用刀子猛刺了一下。约弟看见黄色的脓汁流出来。他捧起那个头,由彼利用轻量的石炭酸膏把伤口揩净。

"哪,它会觉得好一点了,"彼利向他断言道。"使它难过的就是那黄色的毒质。"

约弟带着不相信的样子看彼利·布克。"它病得很厉害呢。"

彼利把要说的话想了好久。他几乎发出一种粗心的保证,但他刚好来得及挽救他自己。"是的,它病得很重,"他终于说道。"我见过更重的病好起来。假使它不得肺炎,我们可以医好它。你守住它吧。假如它变坏,你可以来叫我。"

彼利去后,约弟站在马驹旁,拍它耳后的部分,拍了许久。马驹不像健康时那样翘起头来。它呼吸中的呻吟愈来愈空洞了。

横木墨特向马房里看,它那大尾巴令人生气地摇摆,约弟非常嫉妒它的健康,于是拾起地板上一块黑色的硬土块,加意抛过去。横木墨特叫着走开去抚摸它的伤爪了。

上午过了一半,彼利·布克回来了,又作了一只蒸汽袋。约弟注意看马驹这一次是否像先前那样见好。它的呼吸松动了一点,但它并不抬起头来。

星期六拖下去。傍晚时,约弟去宅内拿来他的铺盖,在干草里作了一个入睡的地方。他不曾请求许可。他从他的母亲看他的样子知道,她几乎可以由他去作任何什么。在那一夜,他把一个点着的灯笼悬在厢栏上。彼利吩咐他每隔一小会儿便搓一搓马驹的腿。

九点钟时,风起来了,绕着马房嚎叫。约弟虽然发愁,但也想睡起来。他钻进毯子里睡了,但马驹呼吸性的呻吟在他的睡梦中震响。他在睡眠中听见一种破裂声,继续不断,终于把他惊醒。风冲进马房。他跳起来,向下望马栏的通路。马房的门已经被吹开,马驹不见了。

他抓起灯笼,跑进外面的大风中,他看见盖比兰跟跟跄跄地走进黑暗中,头向下垂,腿迈得很慢,很机械。约弟追过去,捉住它的额毛,它便由着他牵回厢栏里。他的呻吟声更高了,从它的鼻子里发出一种可怕的啸呖声。马驹呼吸的咝咝声愈来愈高,愈来愈尖。

天亮时,彼利·布克进来,他高兴了。彼利把马驹看了一些时候,仿佛他先前不曾见过它。他摸它的耳朵和肚子。"约弟,"他说道,"我不得不作一种你不要看的事了。你跑回宅内过一些时候吧。"

约弟狠狠地捉住他的前臂。"你不要枪毙它吧?"

彼利拍他的手。"不。我要在它的气管上开一个小洞,使它可以呼吸。它的鼻子塞住了。当它好起来时,我们可把一个小铜扣塞在洞内,便可以通呼吸了。"

约弟即使想离开也不能离开,眼见那红皮肤被割开来是可怕的,但是知道它被割开而不看见,那就可怕得多了。"我要留在这里,"他伤心地说道。"你真知道你不得不吗?"

"是的。我真知道。假如你留下来,你可以抱住它的头。只要不使你难过,就那样好啦。"

那把好刀子又拿出来,又完全像第一次那样仔细地磨。约弟把马驹的头举起,使它的喉咙突出,彼利则上上下下地摸那适当的地方。当那闪光的刀尖没进喉咙时,约弟呜咽了一次。马驹软弱地挣开去,然后猛烈地颤抖着站在那里。浓血喷出来,缘着刀子冲过彼利的手,进入他的衬衫袖子。那准确的方手在肉里锯出一个圆洞,空气从那个洞中冲出来,同时喷出一股血花。随着氧气的吸入,马驹突然长了力气。它跳动后脚,想要直立起来,但约弟把它的头按下,由彼利用石炭酸膏抹净那个新伤口。手术是好的。血止住了,空气从洞中喷出来,然后有规则地带一点泡音吸进去。

夜风带来的雨开始落在马房顶上。这时召集用早餐的三角响了。"你上去吃吧,我守在这里,"彼利说道。"我们要不使这个洞塞起来。"

约弟缓缓地走出马房。他是太不高兴了,不曾对彼利谈马房的门被风吹开、马驹走出去的经过。他没进潮湿的灰色晨光中,向住宅乱跑,从践踏所有水洼中取得不正当的乐趣。他母亲拿给他东西吃,替他换上干衣服。她不曾问他什么。她似乎知道他不能回答问题。但当他就要回马房时,她拿给他一锅蒸汽腾腾的食物。"把这个给他,"她说道。

但是约弟不去接锅子。他说道,"他不要吃东西,"随即跑出宅外去。到了马房,彼利教他把一个棉花球装在一支棍子上,当那个洞被黏液糊起时,便用来揩净。

约弟的父亲走进马房,同他们站在厢栏前面。后来他转向那个少年。"你跟我来好不好? 我就要赶车去山后了。"约弟摇头。"你还是来好,离开这里,"他父亲坚持道。

彼利忿忿地转向他。"不要干涉他。这是他的马驹,是不是?"

加尔·狄夫林不再说一句话便走开去。他的感情受了很重的伤损。

约弟整早晨使那个伤口张开,使空气自由出入。正午时马驹疲乏地侧卧在那里,伸出它的鼻子。

彼利回来了。"假如你今夜要守它,你还是睡一会儿好,"他说道。约弟恍恍惚惚地走出马房。天空已经晴作淡蓝色。虫子来到潮湿的地面,到处的鸟儿忙着去捉。

约弟走到树丛边,坐在生苔的水桶上。他向下看住宅,看旧寝棚,看暗黑的柏树。这地方是熟悉的,但奇怪地改变了。这不再是那个地方,这不过是发生的事的框子。这时一阵寒风从东方吹来,表明雨暂时是过去了。在脚旁，约弟可以看见新草的小臂在地面上伸开来。泉水旁的泥地上有成千鹌鹑的足迹。

横木墨特惴惴不安地走过菜田，约弟记起他抛泥块的情形，于是用臂揽起狗的脖子，然后吻它那黑色的宽鼻子。横木墨特静坐不动，似乎他知道一种重大事件发生了。他的大尾巴郑重其事地拍地面。约弟从墨特的脖子上撕出一个饱胀的扁虱，放在两个拇指甲中间挤死。这是一种讨厌的事。他在寒冷的泉水中洗手。

除了风继续不断地飕飕外，农场是很安静的。约弟知道，假如他不去吃午餐，他母亲不会在意。过了一小会儿，他缓缓地走回马房。墨特爬进它自己的小房子里，独自轻轻地哼哼了好久。

彼利·布克从箱子上站起来，移交了那个棉花团。马驹依旧侧卧在那里，它喉咙上的伤口呼噜呼噜地响。当约弟看出它身上的毛是多末枯干没有彩泽时，他终于知道，马驹没有希望了。他先前见狗和牛身上没有彩泽的毛，这是一种靠得住的象征。他闷闷地坐在箱子上，放下厢栏的横档。他把那个掀动的伤口注视了好久，他终于打起盹来，下午很快地过去了。在天黑以前，他母亲送来一大碟子炖菜，放下来便走了。约弟吃了一点，当天黑下来时，他把灯笼放在马驹脑袋旁的地板上，以便他观察伤口，使它张开来。他又打盹了，一直打到夜间的寒气把他冻醒。风很猛烈地刮起来，带来北方的寒冷。约弟从他干草里的床上拿出一张毯子，把自己裹起来。盖比兰的呼吸终于平静下来，他喉咙上的洞轻轻的抽动。猫头鹰飞过干草棚，一面叫，一面找老鼠。约弟把双手盖在头上睡去了。他在睡眠中知道，风大起来。他听见风在马房周围撞来撞去。

他醒来时天已经大亮了。马房的门敞开了。马驹不见了。他跳起来，跑进晨光中。

马驹的足迹是很清楚的，从小草上霜一般的露水中拖过，那是一些疲乏的足迹，其间有蹄子拖过时留下的细线条。足迹趋向山半腰的树丛。约弟随着足迹跑起来。太阳闪照这里那里穿出地面的锋锐的白石英。当他追随那清楚的足迹时,一个影子在他面前横过。他仰起头来,看见高高的一圈黑雕,那缓缓的旋转的圈子愈降愈低了。那些庄重的鸟不久便没入岭后了。这时约弟跑得更快了,受到恐慌和愤怒的推动。足迹终于进入树丛,顺着高艾丛中间一条弯曲的路径走去。

到了岭巅,约弟透不过气来了。他停下来,高声地喘息。血液在他的耳朵里轰鸣。这时他看见他所找的东西了。在下方,在树丛里一小片空地中,躺有那个马驹。约弟从远处可以看见缓缓地痉挛地抽动的四足。它周围站有一圈黑雕,在等待它们十分知道的死的那一刹那。

约弟向前跳跃,冲下山来。潮湿的土地减低他的脚步声,树丛遮掩他的身形。当他到达时,一切都过去了。第一只黑雕坐在马驹头上,刚刚抬起它那滴着黑眼汁的嘴。约弟像一头猫一般冲进那个圈子。那一群黑朋友一团云地腾起来,但马驹头上那个大的起得太晚了。正当它跳开去想飞时,约弟捉住它的翅膊尖,把它拖下来。那东西几乎像他一般大。那只自由的翅膊用了一条棒槌的力量打在他脸上,但他捉住不放。雕用爪子抓他的腿,用翼肘从两边打他的头。约弟用他那只自由的手无目的地摸索。他的手指摸到挣扎着的鸟的脖子。那两只红眼睛注视他的脸,平静,无畏,凶猛;那只秃头两边转来转去。这时那个嘴张开来,吐出一股污秽的液体。约弟抬起膝盖,压在那头大鸟上。他用一只手把鸟脖子按在地上,用另一只摸到一块锋利的白石英。第一下打在鸟嘴旁,黑血从那扭曲的带毛的嘴角涌出来。他又打下去,未打中。那红色的无畏的两眼依旧注视他,残酷,大胆,沉着。他一次一次地打下去,终于把那头雕打死,终于把它的头打成一个红色的球。他继续打那头死鸟,直到彼利·布克把他拉开,紧紧地抱住他,使他的摇摆平静下来,然后告一段落。

加尔·狄夫林用一条红手帕把那个少年的脸上的血擦去。约弟这时变得软弱而安静了。他父亲用脚尖踢开那头雕。"约弟,"他解释道,"马驹并非雕杀死的。你不知道吗?"

"我知道的。"约弟疲乏地说道。

发怒的是彼利·布克。他已经把约弟抱起来,已经转身把他抱回家去。但这时他转向加尔·狄夫林。"他当然知道的，"彼利忿忿地说道。"耶稣基督啊，你不知道他会觉得怎样难过吗？"

二、大　山

　　在仲夏午后那强烈的热度下，小男孩约弟无精打采地在牧场中四处张望，找一点事情作。他到过马房，向房檐下的燕子窠抛石头，直到每一所小泥房裂开来，落下其中的草和污秽的羽毛。随后他在牧场屋用陈干酪装好一个老鼠夹子，放在那条善良的大狗横木墨特曾被夹中鼻子的地方。约弟这样作，并非由一种残忍的动机；那长而热的下午使他觉得无聊。横木墨特把它那不懂事的鼻子伸进夹子，挨了一下打，一面痛得尖叫，一面鼻子上带着血一瘸一拐地走开去。不拘它伤在什么地方，墨特总要一瘸一拐地走。这是它的一种习惯。当他年轻时，有一次，墨特被一个山犬夹子打中，自此以后，就是挨了骂，它也一瘸一拐地走。

　　当墨特嗥叫时，约弟的母亲从宅内喊道，"约弟！不要折磨那条狗了，找一点事情作吧。"

　　这时约弟觉得难为情，于是他向墨特投了一块石头。随后他从廊子上拿起他的弹弓，走向树丛去，想要打死一头鸟。那是一个好弹弓，装有从商店买来的胶皮带，不过先前约弟时常打鸟，从来不曾打中一个。他从菜田中走过，一面走，一面用他那赤裸的脚趾踢尘土。在路上他发现了一颗十全十美的弹弓石，圆而略带偏，重得可以抛过空中。他把它装在他那武器的皮袋里，然后走向树丛。他的眼睛缩小，他的嘴有力地动作；那一下午他第一次注意集中。小鸟儿在艾丛阴影中跳动，爬搔树叶子，躁动地飞几尺远，然后又来爬。约弟把弹弓的胶皮弦拉向后方，小心地前进。一头小鸫鸟停下来看他，缩起身子预备飞了。约弟侧起身子移近，一步比一步慢。当他相距二十尺远时，他仔细地举起弹弓瞄准。石头唰的一声响了，那头鸫鸟仰面飞起，打了个正着。小鸟跌下来，头被打破了。约弟跑过去，把它拾起来。

"得，我要了你的命，"他说道。

那头鸟死后比生前小很多。约弟觉得有一点恶心，于是他拿出小刀来，切掉鸟头。他随后把它开了膛；割下它的翅膊；最后把一块一块的尸体都抛过树丛。他并不关心那头鸟，也不关心它的生命，不过他知道，假如年纪大的人们见他杀死那头鸟，他们会说什么；他因他们那有力的见解觉得羞愧。他决定尽可能快地把这一切都忘记，永远不再提起。

这季节山上是干的，野草变成金黄色，但在水管子通圆桶和圆桶漏水的地方，有一片鲜艳的绿草，既深，又好看，又湿润。约弟从生苔的桶子里喝了一些水，然后在那寒冷的水中洗掉手上的鸟血。随后他仰卧在草上，向上看那湿油油的夏季云。他闭起一只眼睛来，把距离缩短，把云团带到伸手可及的地方，使他可以伸出手指去拍。他帮助微风把云团从天空推下；他觉得因了他的帮助云团走得快起来了。有一个肥胖的白云团，他帮助它移向山的边缘，用力挤它过去，看不见了。约弟想知道它这时看见什么。他坐起来，以便看那向后叠起的大山，愈后愈黑，愈狰狞，直到高矗西方的一道参差不齐的山岭，然后告一段落。奇怪的神秘的大山；他回忆他在这方面所有的一点知识。

"那一边是什么呢?"有一次他问他父亲道。

"更多的山，我猜。作什么?"

"再过去那一边呢?"

"更多的山哪。作什么?"

"往后去永远是更多的山吗?"

"噢，不。你终于来到海边。"

"不过山里边有什么呢?"

"只有峭壁，树丛，石头，干燥无味。"

"你去过那里吗?"

"未去过。"

"有人去过那里吗?"

"有少数人，我猜。那是危险的，有峭壁，等等。嘿，我从书上读过，芒特雷县山中比美国任何别的地方更多未开辟的地方。"他父亲似乎以应当如此自豪了。

"最后是海吗?"

"最后是海。"

"不过,"那个少年追问道,"不过在中间呢? 没有人知道吗?"

"噢,有少数人知道,我猜。不过那里一无可取。没有多水。只有石头,峭壁,灌木。作什么呀?"

"能去就好了。"

"去做什么呢? 那里什么都没有啊。"

约弟知道那里有一种东西,一种很奇妙的东西,因为没有人知道,一种秘密的神怪的东西。他可以从内心里觉出是这样的。他对他母亲说道,"你知道那些大山里头有什么吗?"

她看了看他,然后看了看那狰狞的连山,于是说道,"只有那头熊,我猜。"

"什么熊?"

"那头去山后看他能看见什么的熊呵。"

约弟问牧场工人彼利·布克,会不会有迷失在山里的古代城市,但彼利同意约弟的父亲。

"不像有,"彼利说道。"那里没有东西可吃呀,除非有一种能吃石头的人住在那里。"

这便是约弟从来得到的全部消息,这消息使他觉得那些山既可爱,又可怕。他时常想那情形:一岭又一岭,接连若干里,最后是大海。当山峰在早晨变红时,它们邀他去它们中间;当太阳在晚间移过边缘,那些山变成紫色一般的失望时,这时约弟便怕它们了,这时它们是那末冷静,那末疏远,它们那泰然自若成为一种威胁。

这时他把头转向东方的盖比兰山,这是一些愉快的山,它们的摺皱处有牧场,峰顶上有松树。人们住在那里,曾同墨西哥人在山坡上打过仗。他回过头来看一眼那些大山,相形之下,使他略略发抖。他下面的杯形牧场是向阳的,安全的。房子放出白色的光,马房是褐色的,温暖的。远处山上红色的牛吃着草缓缓地向北方移动。连寝棚旁黝黑的柏树也是照常的,安全的。鸡用迅速的旋转舞的步子爬搔场院的尘土。

这时一个移动的身形捉住约弟的眼光。一个人从通萨力纳斯的路上缓缓地走过山额,向住宅走来。约弟站起来,也向着住宅走去,因为假如有人来,他要在那里看。到那个少年已经来到住宅前的时候,那个走着的人才来到山半腰,那是一个双肩很平的瘦人。约弟仅能从他的脚跟着地时那艰难的颤抖上知道他老了。当他走得更近一点时,约弟看出,他穿的是蓝斜纹布衣服和同一料子的外衣。他脚上穿的是农夫的鞋子,头上戴的是平边斯铁岑帽。他肩上背有一个满装块状东西的粗麻袋。过了一会儿,他近得可以看出面貌来了。他的脸黑得像干牛肉。一抹上髭覆在他的嘴上,背着暗黑的天空作蓝白色,现在脖子上的头发也是白的。他的脸皮缩近头骨,现出的轮廓是骨头的,不是肉的,使得那个鼻子和下颌露出锋锐和脆薄的样子。一双眼睛是大的,深的,黑的,眼皮紧包在上面。眼帘和瞳孔是分不出的,非常黑,但眼球是褐色的。脸上完全没有皱纹。这个老头子的蓝斜纹布外衣上的铜纽扣一直结到喉咙处,正如所有不穿衬衫的人们的样子。袖子里伸出强壮的两腕和两手,瘦骨嶙峥像桃树枝子。指甲是扁平的,无锋的,闪光的。

老头子移进大门,在约弟面前放下他的口袋。他的嘴唇颤动了一下,从中间发出一种柔和的没有个性的声音。

"你住在这里吗?"

约弟害羞了。他转过身来,看住宅,又转回去,望他父亲和彼利·布克所在的马房。"是的,"他说道,不能从任何一方得到援助了。

"我已经回来了,"老头子说道。"我是吉坦诺,我已经回来了。"

约弟负不起这全部责任。他突然转过身来,跑进宅内去求援了,风门砰的一声在他后面关起来。他母亲正在厨房里用发针通一个漏筛胶闭起来的孔,专心致志地咬起下唇。

"一个老头子，"约弟兴奋地叫道。"一个老派山诺①，他说他已经回来了。"

他母亲放下漏筛，把发针插在洗碗板上。"什么事呀？"她平心静气地问道。

"外边有一个老头子。出去吧。"

"哦，他要什么呢？"她解下围裙绳，用手指按了按她的头发。

"我不知道。他是走来的。"

她母亲抻了抻衣服，然后走出去，约弟跟在她后面。吉坦诺不曾移动过。

"喂？"狄夫林太太问道。

吉坦诺摘下他的黑帽子，用双手端在他前面。他重复道，"我是吉坦诺，我已经回来了。"

"回来？回哪里？"

吉坦诺那直挺挺的身体向前歪了一歪。他的右手比画了一下那个山圈儿，斜坡地，大山，然后回到他的帽子上。"回牧场。我生在这里，我父亲也是的。"

"这里？"她问道。"这不是一个古老的地方啊。"

"不是的，那里，"他指着西方的山岭说道。"在那后面，在已经不存在的一所房子里。"

她终于懂得了。"你是说那几乎被冲光了的老房子吗？"

"是的，太太。当牧场荒废时，他们不再在房子上用石灰。雨水把它冲倒了。"

约弟的母亲静默了一会儿，奇特的想家的念头驰过她的脑筋，但她很快地把这种念头驱除。"你这时来这里要什么呢，吉坦诺？"

"我要住在这里，"他平静地说道，"住到我死的时候为止。"

---

① Paisan——西班牙语，义为农民。此老人殆为移居美国的西班牙农夫。——译者注

"不过我们这里不需要更多的人手了。"

"我再也不能用力工作了,太太。我可以挤一头牛的奶,喂鸡,劈一点柴;不能更多了。我要住在这里。"他指点他身旁地上的口袋。"这就是我的东西。"

她转向约弟。"跑去马房叫你父亲来吧。"

约弟跑开去,随后他率领加尔·狄夫林和彼利·布克回来了。那个老头子像先前那样站在那里,但他现时是在休息了。他的整个身体弛成一种持久的姿式。

"什么事呀?"加尔·狄夫林问道。"约弟为什么这样兴奋哪?"

狄夫林太太指了指那个老头子。"他要住在这里呢。他要作一点工,住在这里呢。

"噢,我们不能留他。我们不需要更多人手了。他太老了。彼利把我们所需要的一切都作了。"

他们方才就像他不存在一般谈论他,这时,突然间,他们两个都迟疑了,一面看吉坦诺,一面觉得难为情。

他清了清喉咙。"我是太老了,不能工作了。我回到我出生的地方。"

"你并不生在这里呀,"加尔锋利地说道。

"不。在山后的土房子里。那是你们来以前唯一的牧场呢。"

"在那所完全坍塌的泥房子里吗?"

"是的。我和我父亲。我这时要住在这里牧场上了。"

"我告诉你,你不能住,"加尔忿忿地说道。"我不需要一个老头子。这不是一个大牧场。我没有力量负担一个老头子的食物和医药费。你一定有亲戚和朋友喽。去他们那里吧。到陌生人的地方像是讨饭呢。"

"我生在这里,"吉坦诺平心静气地不屈不挠地说道。

加尔·狄夫林不喜欢残忍,但他觉得他不得不。"你今晚可以在这里吃,"他说道。"你可以睡在那个老寝棚的小房间里。到早晨我们可以给你早餐,随后你就必得走了。去你的朋友们那里吧。不要死在陌生人的地方。"

吉坦诺戴上他的黑帽子,俯下去提口袋。"这便是我的东西,"他说道。

加尔转开去。"来吧,彼利,我们要作完马房的事。约弟领他去寝棚的小房间。"

他和彼利转回马房去。狄夫林太太走进宅内,回过头来说道,"我要送两张毯子来。"

吉坦诺含着问询的意思看约弟。"我领你去那里吧,"约弟说道。

寝棚的小房间里有一张带谷糠垫子的小床,一个放铁皮灯的苹果箱,一张没有靠背的摇椅。吉坦诺小心地把他的口袋放在地板上,然后坐在床上。约弟羞怯地站在房间里,逡巡不去。他终于说道。

"你从那些大山里来吗?"

吉坦诺缓缓地摇头。"不是,我过去在萨力纳斯谷作工。"

那一下午的思想不肯放松约弟。"你进过那边的大山吗?"

那双黑色的老眼发了呆,它们的光转向活在吉坦诺头脑中的那些年月。

"有一次——当我是小孩子时。我同我父亲去过。"

"远远的,进到山里头去吗?"

"是的。"

"那里有什么呢?"约弟叫起来道。"你见过什么人或什么马吗?"

"未见过。"

"噢,那里有什么呢?"

吉坦诺的眼睛依旧发呆。一撮皱纹涌上他的眉心。

"你在那里见过什么呢?"约弟重复道。

"我不晓得,"吉坦诺说道。"我不记得了。"

"很可怕很干燥无味吗?"

"我不记得了。"

约弟在兴奋中忘记了害羞。"你什么都不记得了吗?"

吉坦诺的嘴张开来,想说一个字,当他的脑筋搜索那个字时,他的嘴不曾合拢。"我以为很静——我以为很好。"

吉坦诺的眼睛似乎已经从过去岁月中找到一种东西,因为它们变得温和起来,似乎有一点笑意在其中徘徊。

"你不曾再回山里去过吗?"约弟追问道。

"不曾。"

"你不曾想去吗?"

但这时吉坦诺的脸变得暴躁起来。"不曾,"他说道,他从声音中告诉约弟,他不愿意再谈下去了。那个少年却入了迷。他不要离开吉坦诺。他的羞怯又回来了。

"你喜欢去马房看马吗?"他问道。

吉坦诺站起来,戴上帽子,预备跟了走。

这时几乎是晚间了。他们站在水槽旁,那些马正从山坡上荡下来喝晚水。吉坦诺把他那扭曲的双手放在栅栏顶上。五匹马下来喝水,然后站在那里,或嗅泥土,或在光滑的栅栏木头上磨擦肚子。在它们喝过水以后过了好久,一匹老马才从山额上出现,痛苦地走下来。它生有长长的黄牙齿:它的蹄子像铲子一样平而且薄,它的肋骨和臀骨从皮下突出。它拐到水槽处,带着很高的吮吸声喝水。

"这是老伊斯特,"约弟解释道。"这是我父亲从来有过的第一匹马。它有三十岁的年纪了。"他向上看吉坦诺的老眼,看有无反应。

"不再有用了。"吉坦诺说道。

约弟的父亲和彼利·布克出了马房,走过来。

"太老了,不能作工了,"吉坦诺重复道。"只能吃东西,不久就要死了。"

加尔·狄夫林听到末后几个字。他恨他对待老吉坦诺的野蛮,于是他又变得野蛮起来。

"不枪毙伊斯特是一种耻辱,"他说道。"那样可以免除它许多苦恼和风湿痛。"他偷偷地看吉坦诺,看他是否注意到那类比,但那双瘦削的大手一动不动,那双黑眼睛也不从老马身上移开。"我们应当解除年老的东西的烦恼,"约弟的父亲说下去道。"打一枪,砰一声,头上可能大痛一下,不过如此。那比僵硬和牙痛好。"

彼利·布克插嘴了。"它们作了一辈子工,它们得到休息的权利。或许它们喜欢一味走来走去呢。"

加尔本来不断地看那匹皮包骨的马。"你这时想像不出伊斯特往时的样子了,"他柔和地说道。"高脖子,厚胸膛,秀美的腰身。它可以平步跨过五道横木的大门。当我十五岁大时,我骑了它在一次平地赛跑中得胜。我随时可以由它弄到两百元。你想不出它过去是多末好看。"他止住自己,因为他恨软弱。"不过这时应当把它枪毙了,"他说道。

"它已经取得休息的权利,"彼利坚持道。

约弟的父亲起了一个诙谐的念头。他转向吉坦诺。"假如山坡上长得出火腿和鸡蛋,我也可以牧养你,"他说道。"不过我可不能在我的厨房里牧养你呀。"

当他同彼利·布克走向住宅时,他为了这句话大笑。"假如山坡上长得出火腿和鸡蛋来,对我们大家都是一件好事呢。"

约弟知道他父亲在刺探一个伤损吉坦诺的地方。他过去时常被刺探。他父亲知道一句话可以使那个少年苦恼的每一处地方。

"他不过说说罢了,"约弟说道。"他并没有意思枪毙伊斯特。他喜欢伊斯特。这是他从来有过的第一匹马。"

当他们站在那里时,太阳落在高山后边去,牧场也静下来了。吉坦诺在晚间似乎比较自在。他用嘴唇作了一种奇怪的尖声,把一只手伸过栅栏去。老伊斯特僵硬地移向他,吉坦诺抚摩鬃毛下那瘦削的脖子。

"你喜欢它吗?"约弟轻轻地问道。

"是的——不过它是没有什么用处了。"

牧场屋的三角响了。"吃晚饭了,"约弟叫道。"来吃晚饭吧。"

当他们走向住宅时,约弟又注意到吉坦诺的身体像青年人一样直。只有从他的动作的痉挛上,从他的脚跟的拖曳上,才看得出他老了。

火鸡笨重地飞上寝棚旁那株柏树的低枝。一头又肥又光滑的牧场猫拖着一头大得尾巴扫地的老鼠从路上走过。山坡上的鹌鹑依旧发出嘹亮的叫声。

约弟和吉坦诺来到后门台阶处,狄夫林太太从风门中看他们。

"快跑,约弟。进来吃晚饭吧,吉坦诺。"

加尔和彼利·布克已经在铺油布的长桌上吃起来了。约弟未移动他的椅子便跨上去,但吉坦诺拿着他的帽子站在那里,加尔终于仰起头来说道,"坐下,坐下。你在离开以前也可以填满你的肚子呀。"加尔唯恐他会软下来,让老头子留下,所以他继续提醒他,那是办不到的。

吉坦诺把帽子放在地板上,怯怯地坐下来。他不肯取食物。加尔只好递给他。"喂,吃饱呵。"吉坦诺吃得很慢,把肉切成很小的块子,把一点一点的马铃薯糊放在碟子上。

那情形依旧使加尔·狄夫林发愁。"你这一带有什么亲眷吗?"他问道。

吉坦诺带着多少骄傲回答道,"我的妹丈住在芒特雷。我也有一些表兄弟在那里。"

"噢,那末你可去那里住啊。"

"我生在这里,"吉坦诺略带责备的意思说道。

约弟的母亲拿着一大盘苔漂加布丁进来。

加尔对她吃吃地笑道,"我告诉你我对他说过什么吗? 我说,假如山坡上长得出火腿和鸡蛋来,我便牧养他,像老伊斯特那样。"

吉坦诺一动不动地看他的碟子。

"他不能留下,太可惜了,"狄夫林太太说道。

"你不要多事吧,"加尔不高兴地说道。

当他们吃完饭时,加尔、彼利·布克、约弟去起居室坐一会儿,但是吉坦诺既不告辞,也不致谢,穿过厨房,走出后门去了。约弟坐在那里,偷偷地看他父亲。他知道他父亲觉得多末难为情。

"这一带很多这种老派山诺,"加尔对彼利·布克说道。

"他们是很好的人哪,"彼利替他们辩护道。"他们可以比白种人工作到年纪更大的时候。我见过他们中间一个一百零五岁的人,他依旧可以骑马。你不曾见过在吉坦诺的年纪走二三十里路的白种人哪。"

"噢,他们结实,那是不错的,"加尔同意道。"且说一说,你也替他说情吗?听清楚,彼利,"他解释道,"就是不养活别的什么人,我也要经过很困苦的时期,才能保留这一片牧场,不被意大利银行没收。你是知道的呀,彼利。"

"当然,我知道,"彼利说道。"假如你有钱,那就不同了。"

"对呀,他也不像没有亲眷处可去呢。有一个妹丈和几个表兄弟就在芒特雷。为什么要我替他发愁呢?"

约弟一声不响地坐在那里听,他似乎听见吉坦诺那柔和的无法回答的声音,"不过我生在这里。"吉坦诺像大山一样神秘。在你所能看到的远处都是山脉,但在那上接天空的最后的山脉后边,有一片伟大的没有人知道的国土。你不看吉坦诺那双忧郁的黑眼睛,他不过是一个老头子。在那双黑眼睛后面,有一种没有人知道的东西。他从来不多说话,使你无法猜测那双眼睛后面是什么东西。约弟觉得自己不可抵拒地被吸引向寝棚。当他的父亲正在谈话时,他从椅子上溜下,静悄悄地走出门外。

夜色很黑,远处的喧声清清楚楚地传来。伐木队的回家铃从山后县公路上作响。约弟从暗黑的院子里穿过。他可以看见透出寝棚的小房间的窗子的灯光。因为夜是隐蔽的,他静静地走近窗子,向里张望。吉坦诺坐在摇椅上,背向窗子。他的右臂在他前面缓缓地一前一后地移动。约弟推开门,走进去。吉坦诺抖地直起身子,抓起一块鹿皮,想盖在他膝头的东西上,但鹿皮滑开去了。约弟站在那里,被吉坦诺手里的东西惊呆了,那是一把带篮形金柄的苗条可爱的长剑。剑刃像一线黑光。剑柄经过工致的镂刻。

"这是什么呀?"约弟问道。

吉坦诺仅只用愤慨的眼光看他,然后拾起滑落的鹿皮,紧紧地裹起那美丽的剑刃。

约弟伸出手来。"我可以看看吗?"

吉坦诺的眼睛忿忿地冒火,他只是摇头。

"你从什么地方得到这东西? 这东西是什么地方来的呀?"

这时吉坦诺意味深远地打量他,仿佛陷入深思中。"我从我父亲得来。"

"哦,他从什么地方得来呢?"

吉坦诺向下看他手里那长长的鹿皮包裹。"我不知道啊?"

"他不曾告诉过你吗?"

"不曾。"

"你用这东西作什么呢?"

吉坦诺似乎略吃一惊。"不作什么。我只是保存它。"

"我可以再看一看吗?"

老头子缓缓地打开包裹,让灯光沿着那闪光的剑刃溜了一会儿。他随即又把它包起来。"你去吧。我要睡了。"几乎在约弟关上门以前,他便吹熄了灯。

当约弟走向住宅时,他对一件事比对过去任何事知道得更真切。他断乎不对任何人谈那一把剑。对任何人谈那东西乃是一件可怕的事,因为那样会破坏一种脆弱的真理构造。那是一种分给人便会粉碎的真理。

在穿过黑暗的院子的路上,约弟遇见彼利·布克。"他们正想知道你去什么地方呢,"彼利说道。

约弟溜进起居室,他父亲转向他。"你去过什么地方?"

"我不过出去看我的新老鼠夹子捉到老鼠没有。"

"这是你去睡的时候了,"他父亲说道。

在早晨,约弟第一个来到早餐桌旁。他父亲随后进来,最后是彼利·布克。狄夫林太太从厨房向里看。

"那个老头子在哪里啦,彼利?"她问道。

"我猜他出去散步了,"彼利说道。"我看过他的房间,他不在那里。"

"或许他一早起身去芒特雷了,"加尔说道。"路很远呢。"

"不会,"彼利解释道。"他的口袋在那个小房间里。"

早晨以后,约弟走向寝棚去。苍蝇在阳光中飞来飞去。在这一天早晨,牧场似乎特别安静。当他断定没有人张望他时,约弟走进那个小房间,探视吉坦诺的口袋。里边有两件替换的棉线长底衫,两件替换的斜纹布衣服,三双破袜子。口袋里没有别的东西了。一种强烈的寂寞落在约弟身上。他缓缓地走回住宅,他父亲站在前廊上同狄夫林太太谈话。

"我猜老伊斯特终于死了,"他说道。"我不曾见它同别的那些马下来喝水呢。"

在上午过一半时,吉士·泰勒尔骑着马从岭头牧场下来。

"你不会卖掉你的老灰马吧,是不是,加尔?"

"不会,当然不会。作什么?"

"得,"吉士说道。"我今天早晨出来得很早,我看见一件有趣的事。我看见一个老头子骑一匹老马,没有鞍子,只有一条作马勒的绳子。他并不走大路。他一直穿入树丛。我以为他有一支枪。至少我看见一种东西在他手里闪光。"

"那是老吉坦诺,"加尔·狄夫林说道。"我要去看一看我的枪少了没有。"他走进宅内一秒钟。"没有啊,都在这里。他向哪一方走,吉士?"

"噉,很有趣。他一直走回山里去。"

加尔大笑起来。"他们永远不会老得不能偷东西,"他说道。"我猜他仅只偷去老伊斯特。"

"要去追他吗,加尔?"

"断乎不要,不过省得我去埋那匹马。我想知道他从什么地方弄到那支枪。我想知道他去那里作什么。"

约弟穿过菜畦,走向树丛边。他张望矗立的大山——一道岭,一道岭,一道岭,最后是大海。有一刹那他以为他看见一个爬上最远的山岭的黑点。约弟想念那把剑,也想念吉坦诺。他也想念那些大山。他感到一种依恋,那依恋是那末强烈,他想把它哭出胸膛来。他躺在丛林边圆水桶旁的绿草上。他用交叉的两臂遮起眼睛,在那里躺了许久,他满怀无名的忧愁。

下　编

传记与社科著作

杰克·伦敦传(节选)

[美]爱尔文·斯通

1

一八七五年六月初的一个早晨,旧金山的人们一醒来,就读到《纪事报》(*Chronicle*)上一段惊人的故事。一个女人开枪打自己的太阳穴,因为她的丈夫"把她赶出家庭,因为她不肯销毁她肚子里的胎儿——一页薄情史,一页家庭变故史。"那个女人是芙罗拉·威尔曼,俄亥俄州马西朗的垦荒者威尔曼家的害群之马;这个男人是詹尼教授(Professor W. H. Chaney),游行的爱尔兰占星家;那个胎儿后来成为驰名全世界的杰克·伦敦。

《纪事报》上的记载,虽然在末一行承认,这故事是由芙罗拉一方面的朋友透露出来的,却一贯地攻击詹尼。他受人指责说,他坐过土墓斯的监狱;埋葬过几个老婆,"头上一丛青草,脚上一块石头"①;强迫芙罗拉去替别人洗衣服和看孩子;卖掉她出钱买的家具;命令她离开家庭,她不肯走,就抛弃她。这些话的不合实际与《纪事报》的新闻标题相同,那标题是:"一个弃妇";实际上芙罗拉·威尔曼从来不曾与詹尼教授结婚。

芙罗拉本没有多少自杀的意思。她只受了一点皮肉伤。那一颗枪弹

---

① 莎士比亚剧本中的话。——译者注

给詹尼的伤害比给芙罗拉的大得多了,因为全国的报纸转载那个故事,使得詹尼的余生在痛苦和耻辱中度过。他不久就离开旧金山。杰克·伦敦永远不曾见过他的父亲。

当《纪事报》的新闻发表时,芙罗拉·威尔曼大约有三十岁。她是一个矮小的、丑陋的、强壮的女人,她经常戴眼镜和假发,因为一场伤寒症使她失去一大部分的眼力和头发。她生有大鼻子,大耳朵,苍白皮肤,不喜欢装饰。芙罗位出身于优良的威尔斯族,她的祖母,佐厄尔·威尔曼太太,率领四个孩子,在一八〇〇年后的一个仲冬,跨过阿利根尼山,由纽约州的加拿达圭到俄亥俄州的维恩县,这乃是一条需要精力、自信、和勇气的路程。

佐厄尔·威尔曼太太的两个儿子,希兰和马勺尔,禀赋了这些特性。马勺尔就是杰克·伦敦的外祖父。在旅行克里夫兰的时候,他们在晚秋乘船去浦廷湾里的一个岛子。那条船回来时不曾在那里停留,而且是年内最后一趟旅行,于是那两个少年被抛弃在那个荒岛上,既没有食物,又没有住处,而且冬天就要来了。用了他们仅能用石头和浮木作成的工具,他们作了一条筏子,这条筏子不仅把他们运上本土,而且一直驶到克里夫兰。

马勺尔·威尔曼定居在俄亥俄州的马西朗,他在那里修运河,取得新发明的专利权,其中主要的一种是威尔曼煤炉,因此积聚了不少资财,在马西朗建造了一所十分美丽的住宅,他的女儿芙罗拉就生在里边。

芙罗拉·威尔曼具有她那时代所有的好处。她学的是音乐,入过交际学校,读书很多,精通英文,态度也很文雅。因为是富有的威尔曼家的女儿,她大可以选择一个丈夫,照她的兄弟姊妹的样子,安安稳稳地度一种顺利的安定的生活。但是那架机器有一个地方滑脱一个轮齿;以马勺尔·威尔曼那样聪明的发明家,竟不能想出一种使他的女儿安分守己的办法。据她的朋友们说,她是一个聪明的有智力的女人,同时是一个神经病人,一个感情不安定的女人,她很难使自己受任何一定的约束,或遵循任何一定的方向。她在二十岁上所患的红热病,据说,使她的脑筋陷入失调状态。

在二十五岁上,芙罗拉把她所有的东西都装进一个手提包,离开了马西朗。一个未婚的少女这样行动,是未有前例的事。直到她死,她永远不曾与她的父母通信,她的父母也不曾给她信。没有疑问是有一番争论的,但是争论的确实原因只能加以推测了。独出心裁的《纪事报》记者说,"当詹尼教授由陆路走过传奇性的西部时,她来到这个口岸;"但是芙罗拉在三年以后才与詹尼在西雅图相遇。在那暗昧不明的三年中,她从这一个城市到那一个城市,靠教钢琴课维持生活,我们但愿能追随她的行踪;现有的证据使我们相信,那不会是一个很好的故事。

詹尼教授写道:"人们都知道,芙罗拉是我的太太,她过去却以李·斯密的太太的名义,住在同一公寓中。那是一个很高尚的地方,一天,当我回家时,我发现所有房客都向外搬,全公寓起了很大的激动。我一走进室内,芙罗拉就锁起门来,跪在我前面,一面呜咽,一面求我饶恕她。我说,我没有什么可饶恕的。最后,经过很多的迁延和辩论,她承认了李·斯密的关系,并且说,房客们所以搬走,因为她差不多同时以威尔曼小姐、斯密太太和詹尼太太著称。假如我顺从我最早的意见,我那时就离开她,可以免去多年的灾难。不过我自己的生活是乱七八糟的,想过一下,我饶恕了她。"

詹尼在西雅图的耶斯勒市长家初次遇见芙罗拉·威尔曼。耶斯勒来自俄亥俄,与威尔曼家相识。芙罗拉与耶斯勒市长和他的太太同住;他们告诉詹尼说,她来自很高尚的家族,但是她作过一件错事。这未说明的错事大概就是芙罗拉离家的原因。詹尼与耶斯勒家相好;他常去他们家;当他后来在旧金山遇见芙罗拉时,他们遂成了老朋友。

杰克·伦敦的父亲是什么样的人呢?关于他的祖先,我们一无所知,我们只知道他是一个纯血统的爱尔兰人,生在梅因的一所木屋内。他在海上消磨许多青春的岁月。他是一个短小精悍的人,在六十岁上,有人派了一个暴徒去打他,他还能把他打下楼梯去。他以写作、编杂志、演讲、教书、算命来度日。他收集了很多哲学、算学、天文学、占星术的书籍。他是一个语言学家,一个历史和《圣经》的优秀学者。在他的朋友、学生、门徒中间,他是以非常人物著称的;大家承认他是最好的算命者之一。在芝加哥时,据说,这个老年人,每天差不多有十六个钟头,把他那伟大的精力用在占星术上。他对占星术有一种热烈的真正的信仰。他把占星术看作正确的科学,与化学和算学相同,一种可以使人类脱离困苦的科学。

詹尼最大的弱点是女人。当他的朋友责备他道德堕落时,他就指着他的命宫图大叫道,"哎呀! 这是我命中注定的。"他很容易发脾气,难于相处,因为他一向是首脑,领袖,和先生。他一生大部分在贫困中度过,因为他不善于用钱,当他的学生们穷得付不出学费时,他就白白地教,而且不断地把他所有的一点资产送掉。

他的学生们证明,他的讲解从来很引人注意,因为他的话有内容,而且是用一种愉快的态度说出来的。但是在冷嘲热讽的方面,也很少人比得上他。假如他的朋友们能思想,他供给他们很多思想的材料,假如他们不能呢,他们和他的友谊就维持不久。在波特兰,奥里冈,他的每周演讲是很有名的。听众们坐在悬在一面黑板上的两尺大的命宫图前,詹尼则站在他们前面,用一支教鞭指点那种种的格局,并且要听众解释其中的意义。在一小时半的演讲以后,他就用有趣的故事使他们开心,因为他赋有一种爽朗的爱尔兰式的诙谐。

他的徒从之一,希尔兹堡的佐·特朗孙,后来成了杰克·伦敦的社会主义同志,他在一九〇九年写道:"他习惯说,'啊,我从此得到一个意见!'这是他的谈话中迷人的地方。他随即阐明一种美妙的真理,或一向没有人注意的事实。他在算学和占星学方面是奇妙的;他把解释古代著作的方法教给我。他是一个十足的文法学者,他是渊博的,学者风的,他有出奇的记忆力,他能一天写作十六个小时,不感到疲倦。他时常象我们现代社会主义者那样演讲;他谈到富者愈富,贫者愈贫,也谈到贫穷的原因和补救的办法。他教给我的东西比一切别人合拢起来教给我的更多,他是多才多艺的。一天他对我说道,'我要教你计算日蚀或任何你愿学习的科学。'简而言之,任何时候,我要知道什么东西,我就一直去詹尼教授那里。"

特朗孙并不隐藏詹尼的短处。他在音乐方面是无知的;他恨提倡妇女参政的人;他是无情的敌人,也是忠实的朋友,在争吵以后,他不能持公正的态度;他拿"自由思想者"①的钱,作反正教的演讲……也不能不沾惹年青的寡妇。

与芙罗拉·威尔曼合作以后,詹尼在弥申街和伐伦西亚街之间,当时叫作第一号路的地方建立家庭。他参加《常识》(*Common Sense*)杂志的编辑部(该杂志自称为落矶山以西唯一具有"自由思想"的杂志),写作论文,为勤学会(Philomarhean Society)发表了一套社会学的讲演,也替私人算命。

> "本教授已定居旧金山,从事占星。凡愿了解此种天空艺术者,本教授可加指引。语及此种天空艺术,当知伽利略②和牛顿③爵士皆为此中能手。——本市自称占星家者甚众,实无一人略通此道。彼以占星家自命者,盖皆察验茶杯和纸牌之卜士,至纯正之占星术,因彼辈之鱼目混珠,所受损失甚大也。——讲授时间为上午十至十二时和下午二至四时。如欲晚间接谈,可特别约定。"

詹尼并不是骗子。他把大部分时间用在占星术的教授、写作、和讲演上,毫无报酬,这一点表明他无意行骗。有几段逸话说明他在这一行所保持的地位:

"有一次一所房子被火烧掉。这火显然是人放的。房主求救于詹尼教授。詹尼说,放火的人有三个,并且说得十分确切,于是房主去见那三个人,对他们说,詹尼说的,火是他们放的。他们立刻承认了。假如是詹尼说的,否认也没有用处。

"一个过去生活不大严肃的中年妇人去请詹尼算命。算到一半,她就

---

① 一种宗教上的派别。——译者注
② 十七世纪意大利天文学家。——译者注
③ 十七世纪英国物理学家。——译者注

跳起来逃走了,口里叫着,'那家伙可以算出上帝的心思呢!'"

在星期日的晚间,詹尼在查特奥克里演讲占星术,芙罗拉在门口上卖入场券,一角钱一张。有一个时期,听众很多,固然其中有一部分是来寻开心的。

关于詹尼的思想和工作,最好的纪录见于他在《常识》上发表的论文:《贫穷的原因和补救的办法,怎样处置罪犯》——这都是二十来年后他的儿子杰克热心写作的题目。在《人类必能预见将来》一文中,他写道,"过去一种错误的教育指导我们说,将来是属于上帝的,人类若想窥探一下,就是亵渎了上帝。从小受过这样的训练,一旦听说将来可以预知,大概有十分之九的美国人要加以猜疑。他们所持的态度,与伽利略前的人们的态度相同。他们受过地平说的教育,一旦有人主张地是圆的,他们就加以憎恶,当伽利略因主张地球在轨道中运动被教皇和主教们监禁时,平民们觉得这个开始身殉科学的人是罪有应得的。"

研究一下詹尼的论文,就发见一种清楚的、有力的、愉快的文学风格,一种真正的渊博,一种敢于抒发己见的勇气,一种对人类大众的同情,以及教他们改善自己的心愿。他的观点是现代的,进步的;他在论犯罪的文章中说,防止犯罪是处分的必然性,而不是其严厉性。在另一论文中,他建议,勤学会员组织一个男人、女人、和儿童的兄弟会和姊妹会,每星期开会,成人们在会中写作和讨论问题,儿童们学习音乐,作文,和批评,这样他们就可以继续改善种族,在以后几代中,恶习和罪过就几乎可以完全绝迹了。

他的书法、作风、态度、热情、以至造句,有许多地方与杰克·伦敦的著作那末相似,使读者惊奇得揉眼睛。

芙罗拉不仅是一个占星家,也是一个热心的降神家。他举行降神会,赴会的人可以与死者交通,与过去的亲人通信息。由于死者处于有利的地位,赴会的人还可以向他们请教:怎样作生意,恋爱,怎样解决纷争,控制他们的丈夫或老婆。降神术在十九世纪七十年代是很流行的;成打的降神会在旧金山各地举行,信士们甚至在请管家时也要去请教亡魂呢。

芙罗拉和詹尼一同在旧金山过了一些快乐的日子,芙罗拉管理家务,教钢琴课,主持降神会,演讲降神学,在铺锯末的天幕门口收入场券,詹尼在天幕里讲演化学,天文学,通神学。他们在占星家中间有朋友,负盛名,在本行内居领导的地位。芙罗拉似乎爱过詹尼,急于同他结婚,但是詹尼忙于对勤学会员讲"物质的、智能的、道德的、精神的生活的现象",不愿受结婚一类的俗事的妨碍。

杰克·伦敦在二十一岁上写信问詹尼,他是否他的父亲。一八九九年六月四日,《纪事报》论文发表后二十四年,詹尼回信给他,称他为"亲爱的先生",同意"顺从他保持缄默和秘密的愿望",对于使芙罗拉起意自杀的事故,给出他自己的说词。"我从来未同芙罗拉·威尔曼结婚",詹尼写道,"但是她从一八七四年六月十一日到一八七五年六月三日与我同住。由于困苦,贫乏,和太多用脑工作,我在当时是不能人道的。因此我不能是你的父亲,也不能断定你的父亲是谁。"

杰克请他帮助他决定他的父亲是谁,于是詹尼复述一八七五年春季把芙罗拉的名字与另外两个男人连起来的谣传,但是随即声明,"他自己一无所知"。他随后写出从来最伤心的一番话。"有过一个时候我对芙罗拉怀有很浓厚的爱情;但是后来,我以我这强烈性格的全部强度恨她,甚至想,象许多别人在同一境况下所作的,杀掉她和我自己。不过,时间已经医好创伤,我对她不感到憎恶,同时对你感到一种温暖的同情,因为我可以想得出,假如我处在你的地位,我的感情会是怎样的。……《纪事报》上说,我把她赶出门外,因为她不肯打胎。我在梅因的姊妹们看见这段新闻,其中两个变成我的仇人。一个到死相信我是不对的。所有别的亲属,除了奥里冈波特兰的一个妹妹外,到现在都是我的仇人,把我看作他们的一种耻辱。我在当时发表了一个小册子,其中载有一个侦探作的报告,是由警察局长交给我的,表明加在我身上的诽谤,有许多是假的,但是《纪事报》和所有诽谤我的报纸,都不肯更正那错误的记载。于是我不再为自己辩白,多年来生活是一种担子。但是反响终于来了,我现时有几个重视我的朋友了。我已经过了七十六岁,非常贫穷。"

杰克·伦敦觉得不满足,又寄去一封迫切的询问信。詹尼依然不承认他是杰克的父亲,写了最后一封信。

"我们分离的原因是这样开始的:一天芙罗拉对我说道,'你知道作母亲是我一生的大愿望,你是太老了——有一天我找到一个合式的人,你不愿意我同他生一个孩子吗?'

"我说是的,不过他得养活她。不,她一定永远跟我一道住,作詹尼教授的太太。我那时觉得她不过试探我,并不以为她怀了孕。于是我大闹了一场,想警告她不要作那种尝试。于是惹出一番争吵,继续了一天一夜。天亮以后,我起来对她说,她永远不能作我的老婆。她立时软下来,因为她知道我是认真的。她跪着、呜咽着爬向我来,求我饶恕。但是我不肯饶恕她,我依旧想她的怀孕是假装的。不过她的脾气是一种大灾难,在那时以前,我就时常想,为了这一点,我应当离开她。

"当她离开时,她去拉特雷医生家;走进后院,不久就回来了,一只手拿着一支手枪,另一只手拿着一盒枪弹,前额左方带着一处伤,血从她脸上流下来。拉特雷太太问她时,她回答道,'这个小女人本来想杀死自己,但是没有成功。'

"随后是一场大的骚动。有一百五十个莫明其妙的人聚拢来,立誓要把我吊在最近的灯柱上。"

虽然詹尼印行的洗冤册子都不存在了,当时读过的人证明的确有这东西。据侦探报告,手枪是旧的,擦过油以后未放过;它所发出的是油的气息,不是火药的气息;当时在芙罗拉二十尺以内作工的一个木匠不曾听见枪声;假如照她的话开过枪,她脸上应当扑满火药,但是她周身没有一点火药的痕迹。

詹尼既不去看芙罗拉的伤痕是真的还是假的,也不在洗冤册子里提到这一点,大可令人注意。芙罗拉的继女伊丽莎·伦敦·希帕德和她的继孙约翰·弥勒证明芙罗拉太阳穴上的确有伤痕。詹尼显然要断定,假如芙罗拉受过一点伤,她所用的器具一支枪柔和得多——例如,一块踞齿形的金属物——不过他纵然证明了这一点,他也不会得到什么好处。

詹尼否认作父亲的身分,而象这样的疏忽,使他的否认成为不可置信的。芙罗拉说她从他受孕,假如他要驳倒她,表明他真的不能人道,他只需要说,"芙罗拉,你同我不曾有过性交,我怎能是你的孩子的父亲呢?"假如他不能人道,难道芙罗拉竟蠢到说她由他受孕吗?詹尼本来很有学识,他的话却是夹缠的;他一心想告诉杰克说,他是不能人道的,不能生育的;他却不曾否认芙罗拉在事实上是他的太太。

詹尼为什么否认他是杰克·伦敦的父亲呢?因为他的否认似乎是诚恳的,有理由相信他真以为自己不能人道,在有怀孕可能的月份,芙罗拉曾同别人发生过关系。不过纵然他不那样以为,他这时已经过了七十岁,无意在寿命将尽时开始一种父子关系了。因了他同芙罗拉·威尔曼的结合,他受过很大的痛苦,他不想再去触动苦恼了他这许久的往事。他觉得杰克·伦敦是一个陌生人,一个不相识的名字。对于芙罗拉和杰克·伦敦,詹尼但愿各不相扰。

詹尼否认他作父亲的身分是没有用处的。他写在给杰克的信封面上的杰克·伦敦这个名字,与杰克自己的签名分别不出。杰克从他的父亲禀承了他那有力的俊秀的爱尔兰式的脸,浅色的头发,高耸的前额,深陷的神秘的眼睛,敏感的嘴,有力的下颌,短而强壮的躯体。在芙罗拉怀孕时照顾她的郝尔医生证明,十六年后,他看见一个俊秀的强壮的少年人在渡船上散步,和詹尼教授一模一样,不待问他的名字,就知道这必然是詹尼的儿子。但更重要的是,杰克禀赋有詹尼的头脑和性格;从来没有一个父亲和儿子在气质和思想态度方面更相象的。

在自杀未遂之后,芙罗拉被送去威廉·斯罗坎家,这人是《纪事报》的作家和《常识》的发行人,在杰克降生以前,她就在那里受照顾。詹尼既然不能洗白他自己,遂去不曾对他失去信仰的波特兰的妹妹处。他在那里住了许多年,收集了一个完备的图书室,发表小册子和占星术,招收学生和信徒。后来他去新奥尔良,在那里发行了一个占星杂志,由两个青年学生供他的膳宿。他最后迁到芝加哥,终于在那里结了婚,自称天文学院院长,用口头算命来贴补生活,算命费每人一圆。在十九世纪结束以前,他逝世了,据他的一个学生说,应验了他死于某日葬于雪时的预言。

芙罗拉·威尔曼公开演讲降神学,直到她的儿子降生的日子,积极举行降神会。旧金山人记得她站在台子上,穿着巫婆的衣服,黑色假发垂到两肩上,俯下身子,象背上生有一个瘤子,她的胎儿突出到前面来。他们为这脆弱的未婚的孤苦零丁的女人发愁;几次募捐来帮助她。

一八七六年一月十四日,《纪事报》又一度印出詹尼的名字,不过这一次比较客气:"詹尼——本市,一月十二日 W·H·詹尼之妻生一男孩。"这个孩子只有八个月,名约翰·詹尼①;此后芙罗拉就嫁了约翰·伦敦。

约翰·伦敦生于宾夕法尼亚,属英格兰族。他进过地方学校,喜欢引经据典。在十九岁上,当他作宾夕法尼亚·伊利铁路段长时,他同安·珍·加菲特结婚。两夫妻生了十个孩子,一同过得很快活。伦敦离开铁路,变成一个农夫。当内战发生时,他加入北军作战,一直打到红热症毁掉他的一边肺为止。战后他在依阿华的莫斯珂附近取得一块政府的田地,在那里种田,作警察,作木匠和瓦匠。他是美以美教会的执事,礼拜天讲道以后,把牧师带回家里用午饭。

在安·珍·加菲特死后不久,他们的一个儿子被棒球打伤胸部。医生提议,把这个孩子带去加利福尼亚,那里的气候可以帮助他复元。医生忘记提,在该州一千二百里的面积内,有几种不同的天气。旧金山是伦敦知道的唯一的加利福尼亚的城市,他把他的病儿子和两个小女儿收拾起来,搭西去的车去那个城市了。经过十天的旧金山雾,那个孩子死了。

随后伦敦写信去依阿华,教一对夫妻来加利福尼亚,替他和他的两个女儿管家。那一对夫妻把那两个孩子照顾了几个月,就去了内地,那个男人在那里得到一个职业。伦敦的两个女儿又无人照顾了,他于是把她们送进海特街的基督教孤儿院,出钱由那里抚养。

约翰·伦敦那时是四十五岁左右,一个满脸胡须的漂亮人物,和气,文明,见过他的人都说他蔼然可亲。一个同事见他依旧为死去的妻儿伤

---

① 杰克与约翰同义,想是为了与继父的名字有所区别,遂改名杰克。——译者注

心,遂劝他去赴降神会。"来吧,约翰,看你能不能得到他们的信息。"伦敦不曾从他的亡妻得到什么信息,却为自己弄到一个新妻子。

伦敦在芙罗拉生产以前或以后见到她,已经无可查考,不过他知道芙罗拉不曾与詹尼结婚,是没有疑问的。芙罗拉在查特奥克堂亲自当众说出这一点,目的在给当时不在场的詹尼教授一种彻底的打击。当时大多数人奇怪,伦敦为什么娶芙罗拉。他虽然不特别强壮,却是健康的,生有愉快的性格,凡受他邀请的女人都喜欢他,特别是星期六下午陪同他去孤儿院看他两个女儿的那个动人的女演员。

约翰·伦敦在旧金山是孤独的,他是一个爱好家庭生活的人;他很想有一个老婆和自己的家庭,也想替他的女儿们找一个家和母亲。芙罗拉是喜欢交际的,她是一个健谈家,她为他弹钢琴,为他解闷。当他又患红热病时,她看护他。在约翰卧床两个星期后,芙罗拉在星期六下午的访问时间去孤儿院,对那两个女儿说,她们的父亲病了,她就要作她们的新母亲了。两个女儿不肯信她的话。

一八七六年九月七日,芙罗拉在结婚证上签名作芙罗拉·詹尼,然后带同八个月大的儿子,去市场街南工人区一个小公寓,与约翰·伦敦同住。当家庭安置好时,约翰去孤儿院,把两个女儿带回家,其中最大的是伊丽莎,一个八岁大的面貌平常说话老实的女儿,就她的年岁来说,是成熟的和有独立性的。伊丽莎由她的父亲把住宅指点给她看,并告诉她说,那个婴儿是她的弟弟。当她第一次俯下来看杰克时,她看见他脸上有苍蝇,因为芙罗拉不曾想到买一顶蚊帐,用来遮蔽婴儿。伊丽莎一声不响;她用纸作了一把扇子,然后坐在摇篮旁边,把苍蝇从婴儿脸上赶走。就在那一刹那,那个八岁大的讲求实际的女儿把杰克看作她自己的孩子,直到她把杰克的骨灰埋在俯视月谷的高山上的那一天,她永远忠于这一项职务。

芙罗拉一点也不喜欢作母亲的职务。她是浮躁的,多情善感的,喜怒无常的,太忙于她的音乐和演讲和降神,没有时间注意她的孩子,孩子害了肠胃病。由于医生的劝告,伦敦一家由城市迁去勃诺尔冈,芙罗拉在那里登广告征求奶妈。珍尼·普伦提斯太太,一个隔街刚死掉自己的孩子的黑种女人,作了杰克的奶妈,养母,和终生的朋友。珍妮妈是高大的、厚胸的女人,象煤一般黑,能吃苦,信宗教,以她的家和家人和她在社会上受尊敬的地位自豪。她把杰克放在她的宽膝盖上,对他唱黑人催眠歌,把她所有对她自己的孩子的(假如那孩子不死的话)热辣辣的爱情都用在杰克身上了。在伊丽莎和珍妮妈之间,小杰克这时得到很好的照顾。

一年以后,那个家庭迁回拥挤的工人区,纳托马街九二零号。这时杰克已经可以拖着一辆小红车蹒跚走路了。伊丽莎把她的小娃娃放在车里,杰克就拖起来在人行道上来回走。一天,当伊丽莎从学校回来时,发现她的娃娃已经轧坏了,因为芙罗拉把娃娃给了杰克,但是未把它扎在车上。

伦敦家人在一所三层楼的房子里住了一层,一连住了两年。芙罗拉招来一个房客,用他的房租雇了一个中国工人。约翰·伦敦作木匠和瓦匠,但是西部依旧患一八七六年的经济萧条,工作是少的。他替商品陈列所开货箱,又为胜家缝衣机公司作掮客,借以维持一种俭朴的生活。

当旧金山发生流行病时,杰克和伊丽莎都患了白喉。这两个被隔离在一张床上的孩子就要死了。伊丽莎从昏迷中醒来,听见芙罗拉问道,"为了省钱,医生,这两个能装在一个棺材里埋掉吗?"当杰克的母亲象这样安排她的儿子的丧事时,他的继父却在城里忙着找一个受过训练的护士以及可以救活这两个孩子的医生。他听说隔海湾的奥克兰有一个医生,以善治白喉出名,约翰于是搭最早的船过海,求他来旧金山。医生来了,把两个孩子喉咙里的白斑烧去,然后用硫磺灌他们……终于免掉这一宗双重的丧事。

杰克和伊丽莎一复元,那一家人就迁去奥克兰,旧金山一个多太阳的静寂的郊区,一个将要形成中心区的地方。他们在第三号街租了一所五个房间的小屋。芙罗拉整天不在家,她计划做可获暴利的生意来补助约翰·伦敦的零星收入。她的主要计划是向酒馆主人推销金叶子;用来包裹悬在柜台上的图画的框子。酒馆主人不相信他的图画框子包了金会更好看一点,她于是站在柜台上,亲自去包。

　　珍妮妈后来也迁去奥克兰,以便接近她的"白小孩",但是这时看顾杰克的责任完全落在伊丽莎肩上了。她若不同他留在家里,就得带他去学校。她对她的教师解释,她为什么不得不带她的小弟弟来,于是教师在讲台上摆了一个箱子作他的书桌,并给他图画书看。那时四岁大的杰克喜欢同别的孩子们在院子里游戏,那些孩子们给伊丽莎一只苹果,或把他们的指环给她带,以取得准许杰克与他们同坐的特权。

　　约翰·伦敦随后尝试在奥克兰的工人区,在第七号街和波拉尔达街,开了一个杂货铺。全家人住在铺子后面的四个房间里。杰克就从这里听到他们的家庭关系有一点不妥的地方。他本来希望将来写一部自传,题名"马背上的水手",在那潦草的笔记中,他说到一个六岁的孩子偷听到杂货店后的争论。在那场争论中,父亲责备母亲不应该有私生子,母亲哭着为自己辩护道,"我是那末年轻,他许给我一个美满的生活。"

　　杂货店兴隆起来。精于辨别农产的约翰·伦敦,周游四乡农场,收买最好的果子和菜蔬,芙罗拉和伊丽莎应接主顾,杰克则在溜过铺子时尽量吃糖食和干果。珍妮妈住在阿拉美达的一所小屋里,杰克每天在那里同她的孩子们玩几个钟头,在她的桌子上吃饭,由那个和蔼的女人伺候,看护,照顾,简直象她自己的儿子。杰克从她那里得到指教和安慰;当他不高兴在后院同别的孩子们玩耍时,他就爬上她的膝盖,听婴儿时代的催眠歌,或珍妮妈从她的种族承受来的神话故事。

　　这似乎是这一家一个幸福时期。只是芙罗拉不满足,因为她觉得他们的发展不够快。她把约翰介绍给一名叫斯托威尔的人,她劝她的丈夫把铺子的股份卖给他一半,以便他们推广生意,赚钱更快。伦敦和斯托威尔两家在附近一个稠密的住宅区的第十六号街和乌兹街租了一所现代化的大房子。铺子是扩大了,生意大到约翰·伦敦不得不把所有的时间用在去乡间办货上。斯托威尔经管铺子和收入的钱。伦敦不再知道铺子里的情形。一天他办货回来,发现他的铺子完全空了:斯托威尔已经把所有货物和装置卖掉,带了现款潜逃了。

又一度失败,约翰·伦敦恢复了他唯一心爱的职业,种田。他在阿拉美达的达芬波特农场租了二十亩地,种玉米和菜蔬,供给市场。杰克说,这是他童年一个孤独的时期,因为他没有游伴,不得不转向自己的内心生活。

伦敦是一个熟练的农夫,本可以从这上头得到成功,但是芙罗拉不是安稳度日的人。因为约翰把她当作一家的精明人,所以把生意交她经管。他从来想不出她把钱用在什么地方,因为她显然不曾还帐。芙罗拉以聪明女人自豪;她常想借新的冒险赚钱,其中有彩票和证券。她的居心是好的,不过她是偷偷来干的。此外,她主张家中每一件事都由亡魂指导。虽然伦敦在结婚后再也不去降神会,芙罗拉却把一群一群的降神家请到她家里来。在降神时,六岁大的杰克被放在暗室中央的桌子上,七双手放在桌子边上。于是杰克和桌子开始漂浮起来了。

由于这些降神会,由于他在奥克兰杂货店后听到的可怕的谈话,也由于他从双亲承受的感情不稳定和缺乏自制力,从芙罗拉承受的紊乱的神经系,那个少年时时患神经过敏,有时临近危险的程度。

芙罗拉是一个小个子——她可以在她的丈夫伸出的膀臂上行走——但是她所造成的场面却与她的体积不合比例。此外,她有一个"心"。她会在餐桌上患心脏病,于是三个孩子扶她上床,为她大忙一场。家务终于落在伊丽莎的双肩上,她在十三岁上就从事做饭,清除,和洗涤。

关于杰克童年的逸话很多,但是有许多是靠不住的,听这些话的时候,不能不加小心。除了偶发的神经病之外,他似乎是一个正常的健全的孩子,规规矩矩,从来不怀恶意。他是漂亮的,生有卷头发,蓝眼睛,白皮肤。他那敏感的嘴唇常为一点点事颤抖。他在阿拉美达入了学校,但是他有一大部分时间同约翰·伦敦在田间游玩。约翰是他的偶像。

在星期六晚间,全家人去奥克兰的提伏里戏院,看戏时有啤酒和夹心面包吃。约翰把杰克放在桌上,使他也能看那个喜剧,他会大笑和拍手。在星期内的一天,他在厨房里玩耍,伊丽莎一面擦地板,一面照顾他,他跌在污水槽锯齿一般的窟窿上,把他的前额割破,从头发梢破到鼻子。伊丽莎记起父亲怎样医治马腿上的伤口,她用蛛网把伤口填满,然后用焦油糊起。出事后第一个星期六,约翰用绷带裹起杰克的头,照旧带他去戏院,但是第二个星期六,芙罗拉不肯让他带绷带去。她对伊丽莎说,她或者把焦油从孩子的头上刮去,或者同他留在家里。伊丽莎和杰克都愿意去看戏;她站在厨房中央,把焦油连痂子揭去。杰克的前额上永远留有那个疤。

伦敦家这时有一头牛,许多菜蔬,和一个舒服的家。约翰选拔所有的产物,但把最好的卖给市场,把不大好的青菜送给周围比较穷的人家。他在产户中间以拥有第一等货著称,他本可以在达芬波特继续维持相当好的生活。但是他们不久就放弃了农场,迁去离旧金山口岸几里路的圣马条。据他们家的人说,他们所以迁居,因为他们要有更多的地方养马。是否约翰要离开农场,颇成问题;或许芙罗拉用暴利的养马计划挑动他,或许她只是忘记了还帐,因而他们不得不离开那地方。

在沿多雾的海岸的七十五亩地上,约翰·伦敦种马铃薯,放他那几匹马,租给人作牧地。杰克入了珂尔马下游的山冈子上的学校,一个先生和四五级学生只有一间课室。在没有事的时候,他和伊丽莎去海滨散步,拾取蛤蜊和淡菜。这是一个荒凉的不美丽的地方,海岸线是不柔和的。杰克在这里度过他的童年最寂寞的一年;他没有玩伴,农场离得很远,邻居不是意大利人,就是移居的爱尔兰人,芙罗拉不高兴同他们来往。仅有的开心的时候是,他同伊丽莎去附近农场看意大利人结婚或跳舞,或当约翰运马铃薯去市场时,他同他父亲坐在高高的马车上去旧金山。

在杰克的回忆中,这是他一生最饥饿的时期。他说,他是那末想吃肉,他有一次从一个女孩的饭篮中偷了有他的两个手指大的一块,当他的同学们把吃剩的肉抛在地上时,仅仅由于自尊心,他才不把那些肉从泥土中取出来吃掉。

当杰克八岁时,约翰·伦敦在利味摩尔,在奥克兰后方温暖的山谷中,以分期付款的办法,买了一片八十七亩的农场,于是这一家人搬入农场上的一所老房子。他围着农场栽了一行阿列布树,里边有葡萄园和果树园,他也种别的东西。自从他来到加利福尼亚以后,这是他第一次买到手的东西,他也想把这地方造成他的永久的家。杰克在这里开始从事简单的工作,拾蛋,取柴,从井里打水。当约翰把他的产物运去奥克兰市场时,他时常傍着他父亲(杰克唤约翰作父亲,虽然后来他晓得他们中间并没有血统关系,依然把他当作父亲看待)坐在高高的座位上。伦敦把一种热情输入那个少年的头脑,不仅要种田,还要实行科学的种法,从田地里生出最好的产物,从种畜中生出最好的牲畜。这是杰克误以为存在他的血统中的一种热诚。

在这里,杰克也发见他一生的真实癖好,这癖好实际上是由詹尼教授遗传给他的,这是永远不离开他的,给他意义和方向的一种天象图:书籍爱。他的教师借给他欧文的《阿尔罕布拉》①;他在不常有书的邻居家中碰到加菲尔德的传记,保罗·杜·沙鲁②的《非洲游记》,其中最重要的一部是奥伊达③的《西格纳》。《西格纳》是抒情诗一般的故事,叙述一个意大利的农家女和一个流浪的艺术家的私生子,由贫穷和艰苦中出身,成为意大利的大作曲家,杰克后来在本质上实践了这个故事。杰克说,读了《西格纳》,把他那狭窄的视线推广了,只要他敢向世界挑战,没有不可能的事。据伊丽莎说,他在这时说道,"你知道,丽,在四十岁以前,我不结婚。我要有一所大房子,要有一个装满书的房间。"在他四十岁时,他果然有了一所大房子,和装满书的几个房间。……

虽然杰克喜欢同约翰去农场,同姊姊伊丽莎读书,在利味摩尔过的这两年依旧是忧郁的。他太年轻了,不了解他家中有一些不妥当的地方;那个家实际上是由芙罗拉的头脑昏乱、她的降神、她的心脏病、以及她的要求所主宰,住在里边难得使人愉快。芙罗拉待杰克并不残忍,他也象普通儿童爱母亲那样爱她;不过她对杰克没有爱心,于是杰克转向伊丽莎求爱

---

① 摩尔人的王宫,建于西班牙的格拉拿达,为中世纪阿剌伯建筑最好的典型,美国十九世纪文学家欧文(Washington Irving)曾加以描写。——译者注
② 十九世纪法国的非洲探险家,后入美国籍。——译者注
③ 本名 Marie Louise dela Ramée,十九世纪英国小说家。——译者注

怜。但是芙罗拉招了一个名叫希帕德的、参加过内战的、中年人作房客,这人是一个带着三个孩子的丧偶的人。因此,在煮饭、管家、和抚养杰克之外,十六岁大的伊丽莎这时还要负责抚养希帕德的三个孩子,其中最大的是十三岁。

在第一年的末尾,约翰·伦敦又在奥克兰建立起优良蔬菜生产者的名望,他的产品永远卖得出。前途是那末光明,那个家庭居然买给杰克第一件从商店里买来的衬衫。除了家作的粗糙的底衣之外,杰克从来不知道别的。这一件衬衫简直使得杰克喜不自胜了。于是,芙罗拉又不满意他们那进展的速度了,又想出一个营业的计划。她把约翰带过海湾,去旧金山作了无数次旅行,使他结识了一个大饭店的经理,订了一个合同,由约翰开办养鸡场,由饭店经理收买他所有的鸡和鸡蛋。

完全不懂养鸡的约翰·伦敦,把农场的财产抵押出去,建筑大量的鸡棚和暖汽孵鸡室。有一个短时期,旧金山的饭店经理买去他所有的蛋和他肯卖的一切鸡。随后,三种灾难同时打在他头上:管鸡的伊丽莎嫁了希帕德,离开了农场;一场流行病杀掉一大批鸡;余存下来的也不肯下蛋了。因为伦敦的钱都投在阿列布树、果园、孵鸡室上,当抵押的利息到期时,他付不出来了。银行取消了赎取抵押品的权利。伦敦家人又在道路上流浪,他们的什物高高地堆在他们的马铃薯车上。

杰克·伦敦的脑筋象记载他周围每一小小震动的地震计……震动是很多的,因为在以后十三年内,这一家的生活是在贫穷和失败中度过的。他时常说,他不曾有过童年,他最早的生活记忆就是在贫穷的压迫中,这贫穷的压迫是长期的。

当约翰·伦敦永远放弃他十分心爱的农业、回奥克兰时,杰克是十岁了。杰克的面貌是俊秀的,白净的,生有深蓝色的眼睛。他依旧因失去伊丽莎而感受强烈的痛苦。他不是一个好打架的人,但加菲尔学校有加利福尼亚既成的习俗,每一个少年要同别一个少年战斗,所以他不久就学会用拳了。他最喜欢同他父亲沿阿拉美达海堤猎野鸭和钓鱼,他父亲把自己的小猎枪和钓鱼竿给了他。那家庭不断的失败和逃避,他在降神会上感受的恐怖,他的双亲某种病态的遗传,使他神经过敏,羞怯,谦逊。这一老一少,都感受芙罗拉加给他们的损害,都没有力量伸冤,彼此间生出愈来愈深的同情。他们尽可能一同避开去,整天孤零零地在海边上游荡。他们彼此十分相爱相信,不过这是一种染有忧愁的爱。

在奥克兰,那个家庭在东第十七号街上租了一所带吊窗的小屋。附近是加利福尼亚纺纱厂,该厂从苏格兰招了一些少女来作工。经理问伦敦,要不要备办这些少女的膳宿。伦敦现时是五十五岁,知道他再也不能返回田地,再也不能作自己的主人,变得沮丧起来;他还能干的职业也没有很多了。他同意去开办寄宿舍。

芙罗拉是有脑筋的,在每一个新事业的开始,她都把她的脑筋用在有利的方面。她派通晓良好产物及其价格的约翰去市场上办货,她则监督煮饭。那二十个苏格兰少女很满意,纱厂当局也很高兴,伦敦家得到那末大的一笔红利,几个月后,他们居然可以用押款的办法买下他们的小屋。当纱厂输入另一批少女时,芙罗拉坚持,她和约翰买下隔壁的空地,然后建造第二所平屋来收容她们。

有一些时候,一切都很顺利。第二所宿舍使他们得到更多的红利,因为芙罗拉依旧用心管理。后来她那与生俱来的不安定的心情克服了她。她失去兴致;他们赚钱不够快,经营宿舍没有味道……象她那样聪明的女人可以赚钱的事业是很多的。她开始用钱了——没有人知道用在什么上头——当这两批押款到了归还的日期,没有用来归还的现款。银行取去两所房子,因而取去约翰·伦敦谋生的最后的可靠的资产。

当伦敦宿舍兴旺时,小杰克有了一个伟大的发现——奥克兰公立图书馆。他读了五年书,只找到五部好书;这荒僻的乡间所供给他的别种书都是无人过问的廉价小说和旧报纸。杰克模糊地知道,此外还有别的书,甚至有更美丽的书,但他没想到怎样可以得到这些书。他永远不会梦见,有公共图书馆一类的东西,其中有成千部的书,都可以免费取阅。杰克手里拿着便帽站在那木房子的门口,睁大眼睛,不相信世界上能有这末多书,这一刹那乃是他的精神生命的开始。从那一天,虽然他要受许多苦,虽然他要有头脑的和心灵的烦恼,虽然他要被人当作流氓来打击,轻视,和驱逐,他永远不再感觉孤独。因为詹尼教授的儿子已经"得其所哉"了。

在公立图书馆中,他第一次遇见一个受过教育的女人,这人在书籍的世界是内行的。杰克沿着一排一排的书走过,用手指尖亲爱地抚摩那些封面,伊娜·古尔布力斯女士看见他眼里的光彩。在她来搭救他以前,他摸到斯摩雷特①的《皮克尔探险记》和高林斯②的《新马大拉》等成熟作品,加以诵读。古尔布力斯女士不久就知道,他最喜欢关于冒险、旅行、航海、探险的书籍,她大量地供给他。她是一个有教养的女人,加利福尼亚的桂冠诗人,杰克于是爱上了她。他每天努力把她给他的书统统读完,以便他在第二天还书时可以看见她。

杰克饱读他所渴慕的书;他在床上读,在饭桌上读,在来去学校时的路上读,在别的学生游戏的时候读。他具有活泼的想像力和神经系统,他的感情是熔解了的,容易倾注的。他有时升上陶醉的高峰,有时陷入失望的深渊,以书中人物的忧乐为忧乐。在那末短的时间,他读了那末多书,他变得暴躁了。他回答每个人的话是:"走开;你使我心乱。"他从旧的游记和虚构的航海故事中得到这样强有力的幻想:奥克兰正是一个出发点,只要他可以逃走,世界及其动人的冒险都在等待他。

约翰·伦敦这时失业了。一家大小迁到二十六号街附近的圣帕布罗路的贫民区。珍妮妈住得不远,杰克经常去她那里诉说他的困难和乐趣,在她的饭桌上吃饭,在她的水槽里洗脖子和梳头,然后肩头上受到鼓励的一拍,又被打发到世界上来。约翰·伦敦想找固定的职业,但是找不到,于是养活那一家人成为十一岁大的杰克的任务了。在天还未亮时,他就起来去批报纸,然后沿一定的路线派送;下学后他送另外一路。从这工作每月收入十二圆,他把全数交给芙罗拉。星期六他也在冰车上工作,夜间

---

① 十八世纪英国小说家。——译者注
② 十九世纪英国小说家,马大拉的马利亚是耶稣时的娼妓,说见《新约·路加福音》。——译者注

和星期日在球场立九柱戏的小柱。他没有时间读书了，因为他这时学习实际的人生，同别的报童竞争，看酒馆的吵闹，认识奥克兰湾形形色色的生活。奥克兰湾充满了由北冰洋来的捕鲸船，由南海来的猎珍船，鸦片走私船，中国民船，美国帆船，劫蚝船，希腊渔船，乌黑的货船，棚船，平底船，独桅帆船，渔巡船。正如他在十一岁时靠了冒险书逃出伦敦家庭，他在十三岁时就要由海湾和大海逃出那个家庭了。

约翰·伦敦终于在达卫斯码头找到一个夜间看守的工作，但这不是说，杰克可以花用他挣得的钱。因为他从来不能买陀螺、石弹、小刀一类的玩具，他用赠送的报纸换取香烟盒里的画片——得奖的名马，巴黎美女，得奖的角斗家——当他集满一套时，他就用来交换他十分需要、别的学生有钱可买的东西。他发展成一个老练的贸易专家，到他用小说稿来换取出版家的现款时，这一种技能就有了用处。他对于价值的辨别力是那末精明，别的学生请他把他们收集起来的破布、瓶子、口袋、煤油罐卖给中国船户，给他一份佣钱。

据伊娜·古尔布力斯描写，他在这时臂下夹着一束报纸，进入图书馆，姿式是不好的，样子是贫穷的，褴褛的，无人照顾的，他要求读一些好书，也读一切书名有趣的书。据古尔布力斯说，他有自信心，相信他会得到他所需要的。杰克的性格中由此现出最早的根本的矛盾：他是羞怯的，因他那私生子的身分和纷乱的家庭，感到劣等和不安；同时他从詹尼教授赋有强大的脑力，所以他是自信的。

在公立学校的几年中，他没有什么出类拔萃的地方。寇尔学校的同学弗兰克·阿德登说，杰克听人说，中国人出很大的价钱买野猫肉，使他们有力从事堂斗，于是他同弗兰克作了弹弓，去派德蒙山中猎取野猫，因为杰克要赚够离开学校的钱，去作一个作家，这是事后回忆的典型例子。下面是一段更有意思的逸话：这两个少年租了海湾上一条船，去猎取水鸟。杰克的二十二号口径的手枪跌入水中，他要能泅水的弗兰克没入五法寻去找。弗兰克不肯下水，杰克一怒之下把两支桨都投入海湾中，只好无可奈何地漂荡几小时。在寇尔学校时，每天早晨有全体合唱，教师看见杰克不出声。她问他为什么。他回答说,她不懂得唱,她会弄坏他的声音,因为她唱得不好。教师把他送去校长处受罚。校长打发他回来,附有一张纸条说,他可以免罚,不过他每天早晨要写一篇论文,以代替这十五分钟的唱歌。杰克把他每天早晨写一千字的能力,归功于在这课堂上造成的习惯。

他一生最爱的,除了书以外,便是海。他把剩余的每一分钟,都消磨在海湾上快艇俱乐部周围,希望得到一个机会在船上工作,同时在必须给家中的钱以外多赚一点。因为他勇敢,肯在最恶劣的天气爬上帆桁。也不怕湿,快艇主人渐渐地喜欢他了。他们给他些少钱,要他洗甲板,并把与小船有关的知识教给他。不久他就能在狂风中收帆了。

他在十三岁上,居然储存了两圆的镍币和银币,他凭良心不把这笔钱交给芙罗拉。他用这笔钱买了一条旧船,驾了它在海湾中徘徊,尝试作短的航行。他的航程不能不短,因为这条船没有能移动的龙骨,而且不断地漏水。他经常地翻船,与湾中别的船相撞,沉入水中,但是他从实习中训练自己。当他能觉出船下水涨时,当他的嘴唇能尝出海水的咸味时,他就非常高兴,为了演习起见,虽然船上只有他一个人。他也喊道,“转向下风!”

他十三岁在寇尔学校毕业。全班公举他作班史,在行毕业礼时演说,但是因为他没有体面衣服可穿,他连演习都不曾参加。入中学是谈不到的,因为约翰的职业愈来愈不固定了。杰克继续送报;他也在夜间在奥克兰的街上卖报,并且从事他所能找到的任何额外工作,例如在星期日的野餐后扫除伊多拉的酒馆和威塞尔公园。他是一个衣衫褴褛、刻苦耐劳、面含微笑的少年;一个容易动怒、非常敏感、强有力的斗士。

经过一年的时间,他从不使芙罗拉知道的特殊的零星的工作上,积存了足以购买一只旧轻艇的六圆钱。当他又凑够一圆七角五分钱时,他把那只船漆成好看的颜色;另一个月的零星工作,使他得到两圆钱,用来买一张帆;当他终于又积成一圆四角来买一双桨时,供他探险的世界在他面前展开了。他在旧金山湾上的航程一次比一次远,在退潮时去山羊岛钓鳕鱼、在晚间涨潮时回来;尾随渡船运水;当风卷强潮,用浪花溅湿他时,他就唱水手歌:"好得很","威士忌,约翰,威士忌";并在怒吼的西南风中乘着他那没有顶篷的轻艇横渡海湾,平底帆船的水手以为他说谎,因为这是不可能的。

他不仅是无畏的,也是蛮干的;天气越坏,他越高兴,因为他不怕海。他时常在脑袋里摸索,想知道他是怎样的人,他喜欢使自己相信:他是一个海盗,乘敌船横渡大西洋的强有力的水手的后裔,他是一个盎格鲁·萨克逊人,一无恐惧的好战种族的一员。因为他一无恐惧,因为他似乎与海有缘,他成为险恶的海湾上最高明的小船水手。

有一年之久,在卖报和作零工之间,他每天可以腾出一两个钟头在他所爱的小船上度过。但是在他满十五岁以前。约翰·伦敦被火车撞伤了。那一家人住在河口上一所旧木屋中,据说那地方是愈来愈污秽了。附近许多小房子是用沉水的或拆卸的船和旧建筑器材造成的。杰克的衣服是破烂的,住宅内没有现代卫生设备。他愈来愈感到肚子和头脑的饥荒。他在设在无用的铁道棚子里的罐头厂中得到一种稳定的工作,他在那里每小时收入一角钱。每天最短的工作时间是十小时;有时他工作十八到二十个小时。有时一连几个星期,他断乎不在十一点以前停工。随后他走很远的路回家,因为他买不起车票。他在十二点半入睡,到五点半时,芙罗拉就来摇他了,用力把他拼命捉住的被子拉下来。他在床末端缩作一团,依旧不放松被子。这时芙罗拉抖擞了一下,把被子拉到地板上来。那个孩子为要防御室中的寒气,跟着被子下来。看情形他要头朝下跌在地板上了,但是他内部的意识活动起来。他双足着地,醒过来了。

他在黑暗中穿上衣服,走到厨房里的污水槽旁,用硬得不能起泡的洗碟肥皂洗脸。随后他用潮湿的污秽的破手巾擦脸,脸上留下许多棉线屑,然后坐在桌旁吃面包,喝伦敦家人唤作咖啡的混浊的热汤子。户外是晴朗的,寒冷的;他在刚接触寒风时颤抖起来。天空的星还未开始变暗,城市卧在黑暗中。当他进入制罐厂的大门的时候,他总向东方看,一片白光开始爬过参差的屋顶线。

一八九一年一月一日,他在他的记事册中辟了一个"财政收支"栏。在现金项下他列入一角五分。在第一个和第四个月中间,他用五分买酸果,一角买牛奶和面包,在他收入十圆半工资以前,他不能买更多的东西了。关于那一笔工资,他用六元付房租,用其余的买奶油、煤油、蚝子、肉、干果、冰、面卷,以及买给芙罗拉的价值二角五分的药丸子。还有一笔五角钱的洗衣费,表明芙罗拉不肯量入为出。

他艰苦地度这冗长的岁月,没有时间到图书馆去,夜间倦得睁不开眼看书,这时他问自己,作一个劳动畜生,是否人生的意义。他生有詹尼教授那短而强壮的躯体,他能担当体力工作,不过他在气质方面是不适于机械劳动的。一个知识分子的儿子,禀赋了他父亲活泼的头脑和丰富的想象,他觉得作工是可憎的,他反对作工。他想知道,当他周围的青年男女心平气和地接受他们的命运时,为什么他这末厉害地憎恶作工。假如他有方法知道他是詹尼教授的儿子,他大致不会为这问题所苦恼了。

他记起他的小船,闲泊在码头上,繁殖介虫;他记起海湾上每天刮的风,他从来不曾见过的日出和日落;他跳水时海水在他身上的刺激。逃避可憎的苦工而依然维持他的家庭,唯一的办法是去航海。用他自己的话来说,他正当血气旺盛的青春期,醉心传奇和冒险,梦想犷野人间的犷野生活。

在一些星期日的下午,他驾了他的小船去海面上徘徊。因而认识了劫蚝贼。劫蚝贼是一群暴饮的冒险家,他们掩袭下湾私家蚝床,然后把他们的赃物以高价在奥克兰码头上卖出。杰克知道,他们每夜所得不下于二十五圆,一个自备船只的人一次可以净得二百元。当他听说弗兰克(老海盗之一)要出卖他的帆船酩酊号时,杰克打定了主意。他要买它!它从他父亲禀赋有脱离机械劳动的热烈愿望,又从他母亲禀赋有不肯象其他伙友那样忠于所事的精神。

但是,贫穷之外不知其他的他,去向那里弄三百圆呢?他一直去见正在作保姆的珍妮妈。她肯借钱给她的白孩子吗?她肯的!珍妮妈所有的,就是他的。

下一个星期日,杰克把船摇到酩酊号那里,参加了一个兴高采烈的会,提出买船的意思。星期一早晨,他在"最后机会酒馆"会见弗兰克,把珍妮妈闪光的二十块金圆交付,一喝完成交酒(他第一次喝威士忌),他就跑去船坞,起了锚,迎风鼓帆驶了三里路,进入海湾受风的地方。微风把它的气味吹进他的两肺,把海门间的波浪吹皱。渡船先它而来,用喇叭催促开吊桥。红烟囱曳船冲过去,把酩酊号甩在后面。一条糖船正在从屠马场拖向海面。日光在水上闪耀,人生是伟大的。反抗精神的鼓舞,冒险和传奇的颂扬,都在那里了。

明天他就要成为一个劫蚝贼了,成为那时代和旧金山湾上所能有的海盗了。他要在早晨装足食物和水,悬起主帆,趁退潮时驶出海口。那时他要张起帆来,趁早流沿海湾去龙须菜岛,在海面上下锚。他的梦想终于实现:他就要睡在水面上了。

4

当杰克回到奥克兰东十六街九六二号家中时,他发现约翰·伦敦已经死了。杰克深深地悲哀了,因为他从他的养父那儿所得到的完全是慈爱和友情。

到这时为止,约翰·伦敦是名实相符的家长;只要他那样衰老的年纪和脆弱的身体许可时,他就去赚一元钱。但是现时杰克是家中的男人了。芙罗拉又把约翰·伦敦带来加利福尼亚的小女儿所生的儿子小约翰·弥勒收作养子,因而增加了杰克的负担。芙罗拉成为这个五岁大的小男孩的溺爱的母亲,把杰克幼年不曾享受到的慈爱都用在他身上了。

杰克·伦敦要成为世界上唯一的一种人,一个作家。他的决心不是随便下的,并非因为他需要声望或名誉或财富或乐见他的名字印出来。他的决定来自他的内心,是由他的性格和才能的迫切要求促成的。当他在大路流浪时,他就在笔记簿中作人物速写,阿拉斯加景物的描摹,对话的记取,情节的构成,都从他的头脑中自然而然地流露,因为他赋有领悟和感受的才能,也长于用字句表达感情。既经知道他父亲詹尼是一个有文化修养的人,是书籍界和著作界的一分子,他的决心加强了。在育康河一千九百里的旅行中,在载他由圣米查尔到西雅图的船中,他曾经计划和编排到家后写出来的小说。他看过风景,见过克朗代克的斗争,这些东西叩击他的脑筋的大门,要他写出来。

杰克的责任感是周期性的。当他作报童时,当他在罐头厂作工时,他把所得的每一分钱用来买食品,付房租,为芙罗拉买药丸;后来他放弃他的稳定收入,去作劫蚝贼。有一个时期他用劫蚝得来的钱供养他的家庭,后来就用来纵酒了。当他带着苏菲·苏德兰号的工资回来时,他只买了几件旧衣服,然后把所有的钱给了他母亲;当他在麻纱厂、电力厂、洗衣房作工时,他一星期只留给自己七角五分钱。后来,尽了几个月的职以后,他的责任感消失了,他逃去大路和克朗代克,从事冒险的流浪。这时,在二十二岁的年纪上,有了成功立业的觉悟,他本可以作一点什么,表彰他出走的好处了。

但是他把迫切待写的小说断然推开。经过十六个月的冒险,他的责任感转回来了。假如他要把他的小说写在纸上,卖给各杂志,得有几个月的时间,使他的母亲及其养子挨饿,他不愿意这样。他们的需要是迫切的;他的找工作必然是迫切的了。

时代是艰难的。一八九三年的财政萧条,强迫他以每小时一角钱的工资进入麻纱厂,过了五年以后,远西依旧感受那种影响。杰克一面自言自语地说,在一个贪得无厌的社会,时代永远是艰苦的,一面一连许多天徘徊街头和码头,发现连最低级的体力劳动都找不到了。受过洗衣工作的训练,他去奥克兰各洗衣店找工作。他用去最后两元钱在报纸上登广告。他应征去陪伴年纪大的病人,照二十年前约翰·伦敦在旧金山的样子,挨家去贩卖缝衣机。他觉出他是市场上的一件廉价商品。他净重一百六十五磅,每一磅都受过劳苦的锻炼,不过他所能找到的依旧是过去在奥克兰高地维持生活的零工:割草地,剪树篱,洗窗子,在后院拍打地毯。赚一块钱一天的日子是难得的。

玛贝尔·阿普佳斯和爱德华·阿普佳斯为他设筵洗尘。他们请来辩论会中他的一些老朋友,同他握手,拍他的肩头,对他说,他们非常欢迎他回奥克兰。杰克感激这种热情的招待,用克朗代克的故事报答他们……然后把他们一个一个地拉开去,问他们是否知道找得到工作的地方。结果是没有人知道。

在他离开六个月以后,在他度过斯条亚营房和道生寻金者中间粗野的生活以后,杰克觉得玛贝尔比先前更加精美了。当会员们终于告别而去、爱德华懂事地退回他的卧室时,玛贝尔把灯光扭暗,轻轻地握起他的手,把他领到钢琴旁,一面弹琴,一面唱他初来时她唱过的歌,那时他那男性的粗豪和力量使她又爱又憎。他面对她靠在琴旁,那音乐和她那软弱的气息使他着迷。她看出他眼中闪出爱情的光。他也觉出她的爱情体现在那纤细悦耳的声音中,她也用情歌的字句对他承认她爱他。但是他知道这不是启齿的时候;在他能供给比旧衣服和挨饿更好的东西以前,他不能把她拖出书画音乐的文化家庭。

第二天早晨,他在一种奥克兰报纸上见到一个招考邮务人员的通告。他跑到中央邮局,参加考试,以八五·三八的分数及格。假如有一个空额的话,他一定肩悬邮袋在奥克兰街道上巡回了。

他所能找到的零工为数既不多,也不足以养家。据旧金山《观查者》的星期增刊说,该杂志所付最低稿酬为每千字十元。他既然有几篇文章可写,于是坐在芙罗拉放在他那十尺长八尺宽的卧室中的粗木桌子旁,写了一篇一千字的乘敝船旅行育康记。当天下午他把它寄给旧金山《观查者》的编辑。他并未想到他在开始一种文学生涯,他不过想在补上邮差以前赚十元钱来打发房东。他断定,在他能设法积蓄几百元以前,或在他不再有几口人待赡养以前,他向文学界的攻势不得不从缓了。

他那作家的头脑一旦得到写作的趣味,他就欲罢不能了。他立即为《青年人的友伴》写了一篇两万字的连载,使每章长度与该刊同类文字相等。他曾在图书馆中读过该刊的连载。他不知不觉把他头脑中的阿拉斯加故事写出了七篇。他仅仅把水门开了一点缝,就有被急流冲决的形势了。

邮局的就职通告不曾来。《观查者》不仅未寄他十元钱,连信也未回。没有一文买食物的钱了,杰克把伊丽莎供他去奥克兰高地的脚踏车当掉。当房东逼索房租时,他又当掉伊丽莎的丈夫给他作纪念的表,以及约翰·伦敦留给他作唯一遗产的雨衣。一个海上的旧友带来一套用报纸裹起的衣服,杰克没有向他索取的理由,于是用一些阿拉斯加的纪念品与他交换,把那一套衣服当了五元钱,用一大部分买邮票和信封,把他那堆积起来的稿本寄给各杂志。他依旧未想到他要成为一个职业作家;他不过是一个非常穷困的人,找不到工作,在补上邮差以前,只好不顾一切地用他仅有的才能赚饭钱罢了。

冬天来了。他依旧穿着轻飘飘的夏季衣服。食品零售商容许他拖欠到四元的数目,随即无法通融;欠肉商的帐高达五元,然后不能开口。忠心的伊丽莎把她自己餐桌上可省的食物拿给伦敦家,又给杰克一些零钱买稿纸和他依以为生的烟叶。杰克的体重减轻了,双颊上现出凹痕,他变得暴躁不安,不再是劳动市场上的廉价商品了。他每星期有一次机会在玛贝尔那里吃一顿好饭,但是他在餐桌旁用力抑制自己,免得他所爱的少女知道他是多末饿。但是希望是光明的,因为他记得,各杂志每千字付稿费十元,他已经写出的小说和论文由四千字长达两万字,卖出任何一篇都可以使他的家庭得救。在他的内心,总有卖掉几篇小说的希望,象支帐幕的竿子一般支持他。那样他就可以看清靠文学工作来谋生的路,他就可以不忙着去作邮差了。他并不要求很大的酬报或很多的金钱,他最大的希望是千字十元的稿费。照这样子,即使把他所写的东西完全卖掉,所得也不多于每月三百元,事实上连一百五十来元也没有可能。

他是那末萦心于他的小说,争取被采用的那一渺茫的机会,他觉得他难于停下写作去割草地或打地毯。那个家庭陷入极端贫乏中;因为芙罗拉是受过二十年间歇挨饿训练的坚强而有韧性的女人,才能忍受那样的穷困。杰克软弱下来,患了营养不足的病。他是那末寒酸和精神恍惚,他放弃每星期与玛贝尔同度的一个晚间。当他智穷力竭时,他愿意再去作每月三十元的递煤工作。一天一天过下去,不仅由于挨饿,也由于前途不定,他的身体和精神愈来愈衰弱,他的思想又转上自杀的路,正如他从卞尼细亚码头落水的那一晚,正如他倦于流浪的时候。据他说,假如不是舍不开芙罗拉和小约翰,那时节是利于自杀的。据杰克的多年好友弗兰克·阿德登报告说,"杰克写好了告别信。碰巧有一个朋友来告别,他也要自杀。"杰克于是劝他的朋友不要自杀,理由说得太充分了,同时说服了自己。

后来,将近十一月尾的一个阴暗的早晨,他接到《大陆月刊》一封薄薄的信。《大陆月刊》是布莱特·哈德在一八六八年在旧金山创办的,是一个驰名国内的文学杂志。他的阿拉斯加小说之一被采用了!他寄给他们《给猎人》,他们就要发表了!他的头脑象闪电一般计算数字……那篇稿子有五千字……他们付千字十元……信封里的支票应当是五十元……他得救了!……他可以继续写下去。他坐在床边上,用颤抖的手指头撕开信封,正如他那颤抖的想象正在撕开前途的光明面。

没有支票。只有编者的一个短简,上面说,他觉得这篇小说"可用",发表时可付稿费五元。用了五天写成的稿子只有五元可得,正如他过去在罐头厂、在麻纱厂、在电力厂、在洗衣房作工人,依旧是一天一元。他的眼光变钝,他的头脑发昏,他的身体软得不能动,他坐在那里颤抖。他是一个容易受骗的傻瓜。他上了当。他信了一篇星期增刊的论文的话。那些杂志所付的稿费并非一字一便士,却是十字一便士呢。谁也不能靠这样的稿费生活,不要说养家了。即使他写成许多杰作,卖掉所写的一切,他依旧没有希望。只有富人作得起作家,他只好去割草地和打地毯,等候邮局的差事。

就在那一下午,事有凑巧,他接到另一封薄薄的信。杰克的生活可以没有这一次巧合,他的小说却少不了它。这一封信来自东方题名《黑猫》的杂志。他曾寄给那个杂志一篇小说,是在加利福尼亚大学和贝尔芒学院洗衣房之间的短而狂热的时期写成的。《黑猫》的发行兼编辑是一个姓安布斯提特的人,这人曾经尽力鼓励美国青年作家。安布斯提特写信给杰克说,他的小说"长而乏力",假如杰克许可他把那篇四千字的稿子缩成一半,安布斯提特可以立即寄给他一张四十元的支票。

许可!这等于二十元一千字,或比他所希望的多一倍。他不曾上当。他不是傻瓜。他可以靠他所爱的工作养家。他写给安布斯提特说,只要他肯立即寄钱来,他可以把那篇小说切成两半。安布斯提特随下一班信寄来那四十元。据杰克说,这就是他未放弃写作的经过和原因。

他去当铺取回他的脚踏车,表,和雨衣。他把四元还食物商,五元还肉商。他为家中买下食物,付了两个月十二元的房租,买了一套旧冬衣,一些打字纸,一束铅笔,租了一架打字机。当晚他在芙罗拉的厨房里举行了一个晚餐会,第二天早晨去见玛贝尔·阿普佳斯了。他们并肩骑脚踏车驰过奥克兰,然后爬上勃克雷小山中他们所喜欢的圆丘。天气是晴好的,有朦胧的太阳和一阵一阵的微风。象用颜色织成的织物一般的紫雾隐入山隈。旧金山象一缕烟一般伏在高冈上。介入其间的海湾是一片融金的暗光,其中有一动不动的或随缓潮漂荡的帆船。远处银色的雾中隐约可见的、被金门放大的塔马尔白山,扰乱了冲向地面的云阵,金门以外,太平洋腾上它的天空线。

在这里,躺在他所爱过的第一个女人旁边的深草中,他对玛贝尔谈《大陆月刊》和《黑猫》采用了他的稿件。回忆着三年来杰克的进步,玛贝尔哭着表示欢喜,为他祝福。杰克的胳臂开始偷偷地伸到她后面,搂起她来,缓缓地轻轻地把她拉过来。她双手抱起他那温暖的晒黑的脖子;他的力量似乎注入她那脆弱的身体中。

玛贝尔·阿普佳斯和杰克·伦敦完全相反。他是强壮的,她是脆弱的。他蔑视习俗,她依以为生。他饱经男性世界的困苦和残忍,她受足细心的教养和保护。他破坏规则,她加以遵守。他是叫嚣的,生气洋溢的,她是安静的,退隐的。他不受任何人的控制,她则完全在她母亲的主宰下。她的母亲是一个自私的独裁的女人,干涉女儿的每一举动。杰克知道,阿普佳斯太太对玛贝尔怀有很大的希望。她要把她嫁给一个有资产的人,借以恢复阿普佳斯先生由英国带来、因投资失败而失去的家产。

　　杰克不怕阿普佳斯太太。无论如何,她不会比无帆的驯鹿号、苏菲·苏德兰号暴风中的舵轮、大陆快车的闷子车、或白马河的急流更难应付。

　　两个情人嚼着他前一晚预备下的夹心面包,同意他们要有一年的定婚期,此后杰克应当功成名就,他们就可以结婚了。他们可以成立一个他们自己的小家庭,他们要有一架一架的书,墙上有画,有一架供玛贝尔对他弹唱的钢琴,有一个供他写长短篇小说的房间,他的太太可以为他改正稿本上偶有的文法错误;他们可以有一种良好的生活,也有聪明的有趣的朋友,生小孩,旅行,非常非常快活。他们不知不觉过了一天,赞叹爱情的奇妙,惊奇把他们那末意外地牵在一起的命运。西方地平线上的云阵接纳了下降的太阳,穹形天空变成玫瑰色。玛贝尔偎在他的怀中,轻轻地唱"再见,可爱的日子"。当她唱完时,他又吻她,然后彼此挽起命运撮合的手,缓步下山,骑车回奥克兰了。

　　杰克把《黑猫》的四十元刚好用剩两元。他把这笔钱买了邮票,寄出过去东方各杂志退回的、他没有邮票再寄出的稿子。他再度投身写作,把用打字机打出的稿子立即寄出去。不过这是一道骗人的曙光。他的小说带着一定的退稿标记回来了。芙罗拉架子上的食物慢慢消失了。表、脚踏车、雨衣,最后连那套冬衣都又进了当铺。各杂志可能付一便士一个字,或一元一个字;当他连一行都卖不出时,那对他有什么益处呢?

　　一八九九年一月十六日,邀他去邮局工作的信来了。那工作应当是稳定的,可以干一辈子。每月工资六十五元。他能有充分的食物,一套新衣服(不需要穿旧的了)这是那个二十三岁大的少年不曾有过的奢侈品呢。他可以买他渴望的书籍和杂志。他可以照顾芙罗拉和小约翰,假如玛贝尔愿意来他家住一个时期,他们可以立刻结婚。

　　杰克和芙罗拉认真考虑那情形。假如他继续写作,他们就不得不多受若干年苦。但是假如他作了邮差,他的大量食品和新衣服和书籍杂志又有什么好处呢? 他并非为了衣食和开心生在世上,他是为了创造、贡献伟大小说而生的。忍受艺术家的贫困,在他是办得到的,因为他可以从工作中得到无上的欢喜,相形之下,一切其他享乐,如衣食等类,都是沉闷的、无益的了。但是有什么东西支持芙罗拉呢？假如她演一场话剧，晕倒，哭泣，哀求，杰克可能去邮局就职了。但是这一个把他弄成私生子的母亲，剥夺了他应享的慈爱的母亲，用贫穷、痛苦、纷乱作他幼年药石的母亲，坚定地对他说，他应当继续写小说，他具有成功的天才，不拘要过多少时候，她总加以支持。因为假如杰克成了成功的作家，芙罗拉·威尔曼，弗西朗的威尔曼家的害群之马，就可以得到辩白了。

既然那决心是不可挽回的，杰克用尽他生来的热情从事那工作。为要成为一个作家，他必须取得两件东西：知识和写作能力。他知道，假如他想得清楚，他就写得清楚，因为假如他所受教育不好，假如他的思想是昏乱的、混杂的，他怎能表达得清楚呢？假如他的思想是有价值的，他的著作也会是有价值的。他知道他应当把手放在人生内在的脉搏上，他的工作知识的总合会成为他用来量度和说明世界的工作哲学。他觉得，他不得不自修历史，生物学，进化论，经济学，以及一百种其他重要学问部门，因为这些东西可以扩大他的思想，延长他的回忆，推广他将来写作的范围。这些东西可以给他一种与任何别人的工作哲学不同的工作哲学，强迫他从事独创的思想，供给他一种发聋振聩的新的重要的东西。他无意写平凡的琐事，无意把糖衣的药丸子供给闭塞的头脑。

于是他一直走向书籍去，攻打其中智慧的卫城。他并不是填塞充分事实以应考试的学生，也不是在伟大的知识之火旁边烤手的过路者。他是一个热情的追求者，他觉得他所学到的每一新事实，所吸收的每一新学说，所冒犯的每一旧观念，所得到的每一新观念，都是一种个人的胜利，一种欢喜的原因。他发问，选择，排斥，把他所读的一切东西作深刻的分析。他并不受声望的蒙蔽和震慑。伟大的头脑，倘不能给他伟大的理想，就不足以感动他。这个人已经破除他所遭遇的一切传统，传统的思想在他眼中是没有意义的。因为他自己是偶象破坏者，别人破坏偶象的思想既不足以吓住他，也不会使他憎恶。他是诚实的，他是勇敢的，他能冷静地思想，他对真理有一种深厚的爱情，这是研究学问的人不可少的四种作风。

他虽然缺少教育,却具有生成的学者的心情。他觉得教育象一个航图室。他不怕陌生的书,他知道他不易迷路,他已经在书中用够了时间,足以知道他要发见的口岸了。当他遇到一本书时,他并不用小巧的撬子偷偷地撬开它的锁,然后盗取其中的内容。杰克·伦敦在开始读一本偶然到手的书时,却象一个作势跳跃的野人和饿狼。他把牙齿没进书的咽喉,凶猛地摇摆,既经把它克服,然后舐尽它的血,吞掉它的肉,咬碎它的骨头,直到那本书的所有纤维和筋肉成为他的一部分,用它的力量来补养他,然后告一段落。

他回到经济学的祖师亚当·斯密①,读《原富》,然后通过马尔萨斯②的《人口论》,里嘉图③的《分配论》,巴斯塔④的《经济调和论》,德国早期价值和剩余生产力的学说,约翰·穆勒⑤的《股分论》……通过历史的必然的途径,直达科学社会主义的创始者,来到他所熟悉的地带。在政治学方面,他回到亚里士多德⑥,继以吉本⑦的《罗马帝国兴亡史》,探索中世纪政教中间的冲突,路德⑧和加尔文⑨在政治改革上的影响,下达英国的霍布斯⑩,洛克⑪,休谟⑫,穆勒⑬,从他们的书中,领会现代政治观念的开始,应产业革命的需要而出现的共和政府。在形而上学方面,他读黑格尔⑭,康

---

① 十八世纪英国政治经济学家。——译者注
② 十九世纪英国政治经济学家。——译者注
③ 十九世纪初英国政治经济学家。——译者注
④ 十九世纪法国经济学家。——译者注
⑤ 十九世纪英国哲学家,政治经济学家。——译者注
⑥ 纪元前四世纪希腊哲学家。——译者注
⑦ 十八世纪英国历史家。——译者注
⑧ 十六世纪德国宗教改革家。——译者注
⑨ 十六世纪瑞士宗教改革家。——译者注
⑩ 十七世纪英国功利主义哲学家。——译者注
⑪ 十七世纪英国哲学家。——译者注
⑫ 十八世纪英国哲学家。——译者注
⑬ 十九世纪英国哲学家。——译者注
⑭ 十八世纪德国哲学家。——译者注

德①,巴克雷②,莱布尼兹③。在人类学方面,他读波兹④,和弗雷塞⑤。在生物学方面,他已经读过达尔文⑥,赫胥黎⑦,华莱士⑧,这时怀着更大的理解力回到他们。在社会学方面,关于失业,商业循环,商业萧条,贫穷的原因和救治,贫民区的状况,犯罪学,慈善事业诸问题,他把所能找到的书都读过了,愈来愈深入工会主义。

他对他所读的一切东西都作了详细的笔记,也定出一种卡片索引制,便于取得他所需要的材料。不过,他寻了很久的、联系不同思想倾向的方法,却是从斯宾塞⑨的《原理论》中获得的,从此以后,他才算形成一种工作哲学。他与斯宾塞思想的遇合,恐怕是他那满具冒险的生命中最大的一次冒险了。一夜,畅读过詹穆斯⑩和培根⑪的著作,写了一首散怀的小诗,他带着一册《原理论》上了床。一直读到天亮。他继续读了一整天,身体疲乏时,才由床上下来。他觉悟,他过去只掠过事物的表面,见到分立的现象,收集断片,采纳幻象,作出肤泛的结论。斯宾塞为他把所有知识组织起来,把一切东西合成一个整体,把一个具体的宇宙呈现在他眼前,象水手作出放在玻璃瓶中的船型。没有不可捉摸的东西;一切是无法避免的法则。杰克这发见比他过去在亨德生河上发见金子更使他惊心动魄,因为他知道,斯宾塞的一元论永远不会变成云石。

斯宾塞使他的认识豁然开朗。所有潜藏的物象都显露出来。当晚用餐时,他从盘子里的肉中看见放光的太阳,追溯它的力量到万万里外的源

---

① 十八世纪德国哲学家。——译者注
② 十八世纪英国唯心主义哲学家。——译者注
③ 十七世纪德国哲学家。——译者注
④ 十九世纪美国人类学家。——译者注
⑤ 十九世纪英国人种学家。——译者注
⑥ 十九世纪英国生物学家,进化论创始者。——译者注
⑦ 十九世纪英国生物学家。——译者注
⑧ 十九世纪英国博物学家。——译者注
⑨ 十九世纪英国哲学家和社会学家。——译者注
⑩ 十九世纪美国哲学家,实用主义创始者。——译者注
⑪ 十六世纪英国哲学家。——译者注

头,到他用来切肉的臂部活动的筋肉,到指使筋肉切肉的脑筋,到他看见在他的脑筋中放光的太阳,两者是用同一原料造的,两者是同体的。斯宾塞指示他,从广大空间最遥远的星,到我们脚下一粒沙的无数原子,一切东西都与其他的东西相关连,人类和个人不过是蠕动的原形质的物质的另一形相。

杰克有四个学术前辈,便是达尔文,斯宾塞,马克思,尼采①,他的工作哲学直接从十九世纪这四大思想家派生出来。在一八九九年,研读这些受攻击、受毁谤的革命家的作品,需要内心的毅力;要想了解他们,也需要明智和锐敏。杰克具有应具的勇气和智力;他的四个导师丰富了他的生命和哲学。他们加深他那健康的怀疑主义,他那为真理而求真理的热情,扫除黑暗世纪的尘垢,给他一种追求知识的无所顾忌的科学方法。在这一方面,杰克把他们的教训表演出来,传递下去。

尼采在杰克身上可能具有最大的感情影响,因为他们两个的经验比较近似。尼采生为教士的儿子,厌倦了过分的宗教仪文,杰克童年同样饱受降神术的恐怖,因而反对一切宗教行为,反对超自然力,死后生命和上帝管辖宇宙的信仰。"我相信,我死后正如你我方才打死的蚊子一样消灭。"他相信,全部基督教是一堆空洞的仪文和不可信的事实。他相信,任何宗教和所有宗教都是人类最大的敌人,因为宗教用教条麻醉人类的头脑,使人类盲目接受,不能独立地思想,使人类不能主张作世界主人的权利,因而无从改善他们的生活。杰克所感觉的宗教的虚伪,由尼采一一证实,尼采的说明是那末辉煌,他相信尼采已经为基督教掘好一个坟墓。

他也从尼采的著作中发现超人的理论,所谓超人比一切别人更高大、更强壮、更聪明,超人能克服一切障碍,统治奴隶大众。杰克觉得超人哲学很合他的口味,因为他自以为他是一个可以克服一切障碍的超人,一个最后可以统治(教育,领导,指引)大众的巨人。超人统治奴隶大众的哲学使尼采把社会主义鄙视作弱者和废物的政府,反对那使工人不安于自己

---

①　十九世纪德国哲学家。——译者注

命运的工会,这事实似乎并未使杰克不安。他就要同时相信超人和社会主义,虽然两者是互不相容的。他终生是一个个人主义者和社会主义者;他把个人主义留给自己,因为他是一个超人,一个有力征服的人面兽……把社会主义留给大众,因为他们是软弱的,需要保护的。一连许多年,他把这两匹方向相反的马驾驭得很成功。

在求学之外,杰克手上还有更迫切而干燥无味的谋生问题。他在图书馆的免费读书室里用去很多时间,批判地研究流行的杂志,把其中的小说与他自己的两两比较,想知道使那些小说卖得出的秘诀。他奇怪那末多没有生气的东西印了出来,那些东西并未贯注有光彩,生命,颜色。有那末多短篇小说,轻飘地巧妙地写出来,但是没有生命力,也没有现实感,这一点使他纳闷。人生是那末新奇,那末神妙,其中充满大量问题,梦想,英雄劳绩,但是那些印出来的东西只关心感情的俗套。他感到人生的紧张和压迫,人生的灼热和流汗和狂暴——当然这才是应当写出来的东西呀! 他要表扬敢死队的领袖们,疯狂的情人们,在紧张和压迫下在恐怖和悲惨中奋斗,使人生因他们的努力而噼噼啪啪响的巨人们。当时的杂志作家似乎害怕真实的人生,害怕其中更深刻的真理和现实。他们粉饰,规避,在他们的人物身上加上一层传奇的伪装,避免任何深入的东西。

经过一番分析研究,他断定,这种态度的主要理由是害怕:怕使他们的编者吃惊或不愉快,怕惹恼他们中西部的社会;怕冒犯那些报纸,既得利益,资本家控制的讲坛和教育制度;怕生气旺盛的东西,粗野的现实,最要紧的是怕不愉快的东西。他们这些写小说的人是无味的,孱弱的,他们的肚子里没有脏腑,他们的两腿间没有生殖器。他们没有创造力,没有工作哲学,没有真知灼见;他们所有的只是一种用在甜蜜蜜的传奇故事上的公式。他们是使文学贫乏的贫乏了的头脑。他把他们看作矮人;只有巨人才敢同真正的文学交锋。他要使编者和读者由他的长处来接受他。

　　他转向他认为真能照亮自己的足迹的作家：司各特①，狄更斯②，阿兰·坡③，吉普灵④，爱略特⑤，惠特曼⑥，斯蒂文生⑦，斯提芬·克兰⑧。他潜心于他所谓三大天才：莎士比亚⑨，哥德⑩，和巴尔扎克⑪。他从斯宾塞、达尔文、马克思、尼采学会怎样思想；从他的文学父母吉普灵和斯蒂文生学会怎样写作。他觉得他既然有了一种科学决定论的工作哲学，用以观照他所描写的人物，又有了一种文学表达力，用以阐明他的思想，他的作品可以成为健全的、新鲜的、真实的了。

　　杰克觉得世间最伟大的东西是文字，美丽的文字，好听的文字，有力的尖锐的锋利的文字。他时常带着一部字典读沉重的、渊博的大部书，把书中的字写在一片一片的纸上，插在梳妆台的镜缝里，以便他在刮脸和穿衣时记诵；他又把一串一串的字用扣针悬在晒衣绳上，以便他向上看或走过房间时可以看见这些新字及其意义。他每个衣袋里都盛有一串一串的字，当他去图书馆或玛贝尔家时，他便加以诵读，当他吃饭或临睡时，他也叨念它们。当一篇小说需要一个正确的字时，于是一个含有正确意义的字就从成百串中跳出来，使他感动得入骨。

　　但是他怎能使他的小说越过编者们的铜墙铁壁呢？这些编者们保卫他们的上流读者，不使受西部野蛮人的侵袭。没有人帮助他，给他一句劝告。他不认识一个编者或作者或尝试过写作的任何人。他独自在黑暗中作战，他用来作战的只有他的力量，他的决心，他的信念，他那以说故事维

---

① 十九世纪英国诗人和历史小说家。——译者注
② 十九世纪英国小说家。——译者注
③ 十九世纪美国诗人和小说家。——译者注
④ 二十世纪英国小说家。——译者注
⑤ 十九世纪英国女小说家，本名玛丽·安·伊文思。——译者注
⑥ 十九世纪美国诗人。——译者注
⑦ 十九世纪英国小说家和诗人。——译者注
⑧ 十九世纪美国从军记者和小说家。——译者注
⑨ 十六世纪英国剧作家和诗人。——译者注
⑩ 十八世纪德国剧作家和诗人。——译者注
⑪ 十九世纪法国小说家。——译者注

持生活的爱好。他把他的灵魂注入他的小说和论文中,照样折叠起来,把适当数量的邮票装进长信封中,封上口,外边也贴上邮票,然后投进一个邮箱。信封旅行过大陆,经过一些时间,邮差把它退还。他觉得另一端并没有人类的编者,只有一架有趣的机器,把稿子由这一个封套移进另一个封套,然后贴上邮票。

时间! 时间! 是他无尽的悲叹,在因为没有钱买食物、交房租而毁掉他以前,要时间来学习,要时间来通晓他的技巧。白天没有充分的时间作他所要作的一切事。他怀着歉意放下写作来读书,怀着歉意停止读书去图书馆读杂志,怀着歉意离开读书室去玛贝尔家,度仅有的一个消遣的钟头。最难过的是放下他的书和铅笔,闭起他那发炎的眼睛来睡眠。他怀着很大的愤恨限定自己每夜睡五个钟头。连在这末短的时间内停止生活的念头也使他怀恨;他唯一的安慰是在五个钟头前安排好的闹钟,钟声会把他从睡梦中震醒,于是在他前面又有十九个灿烂的工作钟头。他是一个着了魔的人,一个着了火的人。

终于,在一月,《给猎人》在《大陆月刊》上发表了。这是杰克作职业作家的第一手。那个编者不仅未寄给他应给的五元钱,也并未费事寄给他一份刊物。杰克站在百老汇的报摊前,满怀怅惘地张望,因为他的衣袋里没有一角钱,不能买一份来看他的小说印出的样子。他走去住宅区阿普佳斯家,从爱德华那里借了一角线,又走回市区……终于买了一本。

奥克兰的报贩很快卖完他们的《大陆月刊》,因为杰克在辩论会中的朋友们把那个好消息传播开来。奥克兰的报纸之一,过去嘲笑他作少年社会主义者,这时发表了一篇郑重而得意的短论,介绍在可敬的《大陆月刊》上发表了一篇小说的少年作家杰克·伦敦先生。虽然杰克处在穷困中,依旧穿着不称身的旧衣服,两餐并作一餐,他却觉出人们对他的态度有了确定的改变;假如他真能成为一个作家,他们就要忘记他的衣服、礼貌、思想的怪僻了。

《给猎人》并非杰克所写的阿拉斯加故事中最好的,因为他注重情节过于人物或自然。但是,默默儿手里拿着杯子站起来,看了一眼结了三寸厚的冰的油纸窗户，然后叫道："祝那个猎人今夜健康；祝他的食物不缺，祝他的狗能跑；祝他的火柴永不失火"，从那时起，受了吸引、一口气读完的读者知道，一个新的年青的生气勃勃的声音已经从美国文学中兴起了。

《大陆月刊》曾经向他提出，他们此后出七元五角的高价，买他们肯买的任何一篇小说；虽然他们还不曾寄给他第一篇小说的五元稿费，杰克就把《白色的寂寥》寄给他们，他们立即受下来，发表在他们的二月份上。杰克觉得这篇小说是最好的一篇，他应当至少得到五十元的稿费，但是他情愿为了靠不住的七元五角卖掉它，是有若干理由的：他希望东部的批评家和杂志编者看见这篇小说，为这篇小说所感动；他要继续向玛贝尔为他的工作辩护；这七元五角钱，假如他能拿到手，可以马马虎虎地维持他的家人一个月的生活。

《给猎人》曾使奥克兰人猜测杰克·伦敦能否成为一个成功的作家。《白色的寂寥》乃是叙述那个冰天雪地的经典作品之一，这作品使他们觉悟，他能写作。这一篇以敏锐的感觉、深厚的同情、壮丽的想象写成的小说，使人生出怜悯，恐怖，以及因鉴赏完美艺术形式而有的欢喜。杰克曾经诵读成百首的诗，并抄入笔记本中；他也曾每天写诗，为了表达的便利，也为了文字在他的头脑中唱歌，正如音乐调子在作曲家头脑中唱歌。他在《白色的寂寥》中表明，他是一个诗人，以一个具有他那种生活背景的少年，这一点是我们想不到的。"自然有许多妙用，使人类觉悟自己的有限性——不息的潮流，暴风雨的汹涌，地震的动荡——但其中最可惊、最可骇的是白色的寂寥。一切动作都停止了，天空是明朗的，天色象黄铜，最轻的低语似乎是亵渎，人变得怯弱了，惭愧自己的声音。以仅有的一点生命，旅行一个死了的世界的可怕的荒野，他因他的大胆战栗，他觉悟他的生命不过是一条蛆虫的生命。希奇的念头无端腾起，一切事物的秘蕴争取表现。"

杰克相信，劳动能比信仰移去更多的山①。他为自己限定每天写一千

---

① 信仰可以移山，说见《新约》。——译者注

五百字,不到他把这许多字用他那生硬的书法记下来,用打字机打出来,就不肯住手。他把每一件事先在头脑中写过,然后记在纸上,既经记在纸上,除了更换一两个字外,他绝对不肯改变。脚踏车、表、雨衣、冬衣又都进了当铺,全家人一星期一星期靠豆子和马铃薯活着,只在伊丽莎把自己餐桌上的食物拿给他们时,他们的食物才有变化。杰克在绝望中开始写八行诗和笑话,希望从各笑话杂志赚一元钱。

在那一春天,奥克兰邮局又有两次邀他去作工,有一次是在杰克家中没有一个五分币或一小片面包的时候。他从伊丽莎借了船钱,满怀斗志,渡过海湾,去找《大陆月刊》。该刊既不答复他的去信,也不寄给他《给猎人》的五元或《白色的寂寥》的七元五角。他一走进那个月刊社,就知道,这不是他过去想象的那种驰名全国的兴盛的刊物。这个刊物在财政方面已经奄奄一息,仅足以维持助编和经理伊木斯和裴因两个人的生活。因了这一次偶然的遇合,这两个人进入杰克的生活中,再也不曾退出来。伊木斯和裴因见了杰克·伦敦很高兴;他们用热烈的话称颂他的天才……并且应许明早第一件事是寄给他五元钱。那个挨饿的作家以动武为威胁,才从那两位文化人的衣袋中挖出五元零碎钱来。

杰克的家人已经陷入债务的深坑,几乎无法自拔,那五元钱度过了一个三月。《大陆月刊》为他们的四月号征求另一篇小说;在他们偿还《白色的寂寥》的稿费以前,杰克不肯给稿。又经过若干次的催索,他们偿还了,于是他寄给他们《狼的儿子》。在四月内,他也在旧金山的《市语》上发表了他的一首打油诗,《他快活得大笑起来》。芙罗拉和杰克被他们的债主和房东逼得那末厉害,他提议以一元的代价出卖五千字的小说,只要衣袋里有几分钱就好。虽然他的信心从他正在作着的工作得到支持,但是他也有患神经衰弱的时候;深伏在他体内的一切不确定性会抬起头来对他说,形势太恶劣了,他永远不能胜利了。

五月是他的第一个大月份。《市语》发表了一首诗《假如我作一个钟头的上帝》,《大陆月刊》发表了他的第四篇阿拉斯加的故事《四十里内的人们》(这是一篇以爱尔兰式的斗争和诙谐见长的有力的故事,)《伐摩尔》

杂志发表了《假期内》,《黑猫》的安布斯太特先生终于印出了《一千种死》。杰克坐在他那狭窄的暗淡的卧室里,从那四种刊物中翻出他的作品,用梳子一般的手指头爬搔他的乱发,他的暗蓝眼睛快活得放光。假如那屋子因缺火而寒冷,食橱里也没有食物,假如他的双颊下陷,他的衣服寒酸得不敢去见玛贝尔的母亲,又有什么关系呢?他和芙罗拉有很久的挨饿的传统;他们是顽强的人,能忍受别的人家忍受不住的困苦。他的品格已经受了劳苦的锻炼;他从少年时就激励自己嘲笑极端的困苦和危险。难道他长大起来反逊于一个海盗吗?他为自己定下了任何人想象得出的最艰难的任务,因而更要克服它,因为他认为,除了一切敌人中最可怕的敌人,都当不起他的勇敢。他从少年时就强迫自己冒险,并且以冒险为乐,但是并非出于勉强。他是一个名副其实的勇士,虽然他有时不得不把那种勇敢传奇化。或者当他坐在寂静的卧室中定每月文学计划时,独自一个人从事工作时,不得不象那样告诉自己。

六月,一个东部的日报,布法娄《快报》,发表了《由道生到海滨》,他那一千九百里乘敞船航行育康的记事。《家庭杂志》发表了他的《渡过克朗代克途中的急流》,《大陆月刊》继续发表阿拉斯加的故事,《在一个遥远的地方》。不过,他要等到七月,才能真正取得职业的地位,因为在七月,他的小说和论文出现在五个期刊上,这在一个仅仅写作了九个月的二十三岁的人,乃是一种奇迹了。《美国教育杂志》发表了他论语文和动词用法的两篇文章,表明他自修的造诣,《猫头鹰》《大陆月刊》和提罗生企业公司则发表他的短篇小说。

杰克觉得这个得意的月份与最初两篇小说的卖出同样是可庆祝的,于是从当铺取出他的脚踏车,去造访玛贝尔,与她一同驶到山里去。当他把他的成绩摆在她脚前时,他看出他的情人似乎是忧愁的。在回答她的直截了当的问题时,他老实承认,五次买卖的结果,仅剩下十元现款,另加上《大陆月刊》可能给的另一个七元五角,那个刊物依旧欠他两篇小说的稿费。玛贝尔头枕着他的膝盖恸哭起来。他们那一年的订婚期已经过去一半,在玛贝尔看来,杰克从那成功的小说所得到的微薄收入只足证明,他们永远不能靠他作着作家的收入结婚或生活。她自己固然愿意分担他的贫穷,不过阿普佳斯太太表示得十分明白,在他弄到稳定的生活以前,她不能与杰克结婚。

杰克带来一些新稿子,热心地读给她听,意在证明有钱的东部刊物开始收买,不过是时间问题。他相信他的作品是真实的,有力的,不同于美国任何其他作品。面对他这种蓬勃的自信心,玛贝尔终于鼓足勇气对他说,她不喜欢这种东西,这些小说描写生疏的生活、痛苦、死亡,因而是粗糙的,不细腻的,无人性的……社会永远不会欢迎它们。她比先前更爱他……为要证明这一点,她搂抱他的脖子,热烈地吻他……她可以永远爱他……她可以立刻同他结婚……他不可以懂事一点去邮局任职吗? ……或想法找一个报馆访员之类的稳定职业吗?

玛贝尔对他的著作没有信仰,使杰克很难过,但是并未减少他对她的爱情。正象东部暖室里的编者一样,她在一种讲求礼貌的贫血的传统中长大。得,他要作给他们看。他要把他们从他们的温文尔雅中轰出来!他要告诉他们短篇小说实际上是怎样的!

他回到他那粗糙的木桌旁,为自己卷成又长又粗的烟卷,比先前更用力工作。他在同一打字机上打出关于阶级斗争的煽动论文和儿童读的冒险故事;在同一稿纸上写出冰天雪地与命运斗争的惊人故事和发表在《市语》上的笑话。他怀着振奋的勇气研读他的书籍,对战争、国际贸易、政府和法庭内的贪污、竞争工业的浪费、罢工、排货、女权运动、犯罪学、现代医药、工程和现代科学的进步作了大量的笔记,在他那组织完善的参考图书室中堆起一列一列的资料夹子。没有一天的读书和写作少于十六个小时;只要他的身体状况许可,他就勉强自己工作十九个小时,每一星期工作七天。劳动能比信仰移动更多的山。

在几个月的专心劳作期间,他没有会朋友或社会活动的时间。玛贝尔和她的母亲已经迁去圣乔塞,圣大克拉拉流域一个小城。这时他开始觉得他太同人们隔绝了;他的天性中主要需要之一是恳挚有味的友伴。拉斯金俱乐部拥有海湾地区进步分子和知识分子的精华,当这个团体请他参加时,他热心地加入了。几个夜晚后,他忽然去参加社会党地方支部的大会,他在那里受到热烈的欢迎。杰克受到对会员演说的邀请,他就走上讲台,演讲《最高度问题》,他用力说明,当资本主义达到最高度发展时,它定而不可移地社会主义化了。他就在一个星期前写过一篇关于这问题的论文。论《最高度问题》的论文由一个东部杂志买下,但是永远不曾发表。这篇论文使杰克成名为经济学专家,因为这篇论文不仅显示他对经济史观的充分把握,也显示他对国际政治经济研究的深度。

喜见社会党支部欢迎他的演说,杰克答应那个支部的请求,一连几个星期夜晚讲教育问题。在第一次星期晚演讲后,他发见奥克兰报纸以认真友好的态度颂扬他的意见,这一点使他惊奇。社会主义和杰克·伦教一同变成可敬的了!

在九月,十月,十一月,杰克又攻下三个杂志——《康凯斯》《编者》《青年人的友伴》。他在拉斯金俱乐部和社会党地方支部的朋友们把他看作成功的作家。在他不去社会党地方支部演讲的星期日,他骑四十里路的脚踏车去圣乔塞见玛贝尔;在一星期内他有好几晚去赴会,演讲,和讨论。一夜他与吉木·惠太克(改行作小说家的传教士)和斯特劳·海弥顿(哲学的无政府主义者)结伴,渡过海湾,去土耳其街堂听奥斯丁·路易士讲社会主义。他在这里遇见安娜·斯特兰士基,一个热心的社会主义者,杰克称她为感情的天才。没有疑问,她是他所遇见的最优秀的女人。

安娜·斯特兰士基是斯丹福大学的学生,是一个生有暗褐色眼睛和黑色卷发的羞怯的、纤弱的、敏感的少女。她出身于旧金山一个拓荒者的家庭,她的父母的家庭是该市著名的文化中心。据斯特兰士基女士记载,有人指点给她,杰克是一个在奥克兰街上演讲、以写小说为生的同志。在演讲以后,她被介绍给他时,她说,她仿佛遇见了年青的拉萨尔①,马克思,或拜伦②,她立刻觉得她会见了一个历史人物。在客观方面,她说,她面对

---

① 十九世纪德国机会主义者。——译者注
② 十九世纪英国诗人。——译者注

一个生有带黑睫毛的大蓝眼睛的青年,他的嘴是好看的,张开来笑时,令人看出他没有门牙。前额、鼻子,双颊的轮廓、粗大的喉咙都是希腊式的。他的身体给人以健美的印象。他穿着灰色的衣服,带硬领的软白衬衫,黑领带。

杰克·伦敦和安娜·斯特兰士基之间开始了一种狂风暴雨般的友谊,其中充满关于社会、经济、妇女等问题的可怕的讨论。杰克对斯特兰士基女士说,他虽然是一个社会主义者,却要用资本家的手段战胜他们,使她大为震惊。一般人以为社会主义者都是失败者,弱者,无能者,但是他就要证明,一个社会主义者可以与他们中间最好的人同样成功,这样作时,他也就对主义尽了宣传的义务。斯特兰士基女士憎恶他这种思想,警告他说,真正的社会主义者不能存这种思想;积聚财富和成功——凡是旧秩序的受惠者,必然在精神和实际方面有一定程度属于那个秩序。杰克蔼地大笑,回答说,正在使他挨饿的东部编者们,当他们将来需要他的小说时,就要出很大的稿费了;他要从资本主义榨出他所能到手的最后一元钱。

杰克这时免除家庭债务和金钱的忧虑,感到人生的乐趣。他每月挣到十至十五元;发表他的作品的杂志的范围慢慢地扩大;他喜欢写作,思想,研究,联络,了解。在星期夜晚,他对社会党地方支部讲"领土扩展主义的政策"一类问题;他去赴拉斯金俱乐部的餐会,与加利福尼亚大学的青年讲师们、专家们、奥克兰图书馆新馆员(他的老朋友和赞助者伊娜·古尔布力斯的后任)结成朋友,成为他们中间的一分子。他去圣乔塞的阿普佳斯家度周末,对玛贝尔读他的新稿子,考虑她的批评,当他们在树林中野餐或在家内沙发上并坐时,偷几个情吻。完全由于他爱玛贝尔,他从来不想使她适合奥克兰那动乱的生活。使她置身于社会主义者大会的烟嚣中,想一下也是不合礼法的。不可以,她是超然于世界的斗争和混乱之上的冷静的女神;在他们结婚以后,她将是那些比较安静的朋友和论敌的温厚的女主人;当他气喘汗流地从那些噪杂的聚会中回来时,她的怀抱将是一个安静的避风港,他可以在里边弛缓一下,安静一下,领略一下和平。

她具有作超人的太太的资格。

终于，在那一世纪告终前不久，杰克·伦敦的大转机来了，正如他所预料，对于一切有信仰、有劳力、有才能的人，这个转机必然要来的。在过去几个星期内，他写了一篇题名《北方奥德赛》的长篇小说，忽发奇想，他把它寄给波士顿的《大西洋月刊》，美国最贵族、最顽固、最不易接近的文学杂志。依照所有前例，《大西洋月刊》应当在稿子上附一张受了惊的条子退还。事实并不如此。杰克却收到一个长而扁的信封，这信封的到达使他喘不出气来；编者称赞那篇小说，请他把开头几段缩成三千字，提议以一百二十元买发表权。正如《大陆月刊》的薄信封到达的那一早晨，杰克又一度瘫痪在床边上，两眼发呆了。一百二十元哪！足以还清家庭的债务，赎出典当的衣物，填满食橱，预交六个月的房租呢！他突然从床上跳下来，推开卧室的门，跑进厨房，捉住芙罗拉，把她提起来，一面旋转，一面叫道："妈，看！看！我干的！《大西洋月刊》就要发表我的大小说了。所有东部编者们都会看见的。他们也要来买了。我们转运了！"

芙罗拉·威尔曼吻了吻她的独生儿子，一面点头，一面从她那窄钢边眼镜后面狞笑。

杰克的预言比他所敢存的希望更真实。与波士顿的《大西洋月刊》相联的米夫林出版公司，见过《北方奥德赛》的原稿和杰克载在《大陆月刊》的其他阿拉斯加故事，同意在春季出一部他的短篇小说集。当他们考虑出版小说集时，米夫林公司的第一篇读者报告，大概是杰克文集第一篇专门批评。"他把矿区的俗语用得太多了一点，实际上他远够不上一个雅字，但是他的风格有鲜味，有气势，有力量。他给寒冷、黑暗、饥饿所造成的恐怖，给逆境中得到友伴的欣慰，给因与自然搏斗而显示的高贵品质，作了一幅生动的图画。本读者相信，作者亲自度过这样的生活。"

他不再需要以七元五角的代价卖一篇短篇小说了，从《大陆月刊》索取七元五角也愈来愈难了。一八九九年十二月二十一日，合同签订了，窒息美国文化的英国势力的要塞波士顿，负起了培植加利福尼亚-阿拉斯加边疆文学革命的责任。既然有保守的波士顿支持他那激烈的改革，他的著作得到一个公平待遇的机会,不就它不合常轨的方面来判断,而就其优点来判断了。

几夜以后,杰克坐在他的卧室中,坐在他的稿本、文件夹、书籍、和供将来一百篇小说用的笔记中间。几个钟头以后,二十世纪就要降生了。他觉得在午夜时他也降生了;他要和那个新世纪一同出发。

一百年前的这一夜,人类头脑昏乱地在黑暗世纪的乌烟瘴气中彷徨,以为世界是命定的,不变的;糊糊涂涂地相信,政府、经济构造、道德、宗教,以及一切其他人生部门,都是由"主上帝"规定的,其中没有一丝一毫道理可以受人干涉或变更。革命的德国哲学家黑格尔打破了这种僵硬的由国王和教士强加在不思想的大众身上的概念。达尔文和斯宾塞也从愚昧、恐惧、伪善、欺骗中兴起,把人类从宗教的枷锁中释放,马克思又提供一种武器,可以用来炸碎人类的束缚,创造一种适合它的需要的文明。一百年前的这一夜,人类还是奴隶;从这一夜里,一百年后,他们可以作主人吗? 他们现时有了解放自己的方法和装备;世界可以顺着人类的要求变成任何样子;人类所缺少的只是意志。他决心为提供那个集体的意志尽上他的一分力量。

他平心静气地估量他自己,他的工作,他的年纪,他的将来。他有一种强烈的群居的本能,他喜欢与他自己的同类交往,但是在社会中他觉得自己象一条出水的鱼。由于他的出身,他不能与习俗相安相容。他习惯于说出他所想的东西,不多也不少。十岁时加在他身上的贫乏的铁掌,使他富于感情,但是不溺于感情。贫乏使他讲求实际,因此他有时以粗暴、严肃、不妥协著称;贫乏使他相信,理性比想象更有力,科学的人优于感情的人。在他与安娜·斯特兰士基最初相识时,他写信给她道,"这样看我吧,一个迷途的客人,一头在你面前飞逝的伤翼的候鸟——一头粗野的横冲直撞的鸟,一头惯于长空大漠而不惯于笼中逸乐的鸟"。

他不耐烦装模作样。人们必须照他的本来面目看待他,否则就不要沾惹他。他大部分时间穿一件厚绒线衫,以骑车装束造访朋友。他的朋友们已经越过了吃惊的阶段,不拘他作什么,他们不过说道,"杰克就是这样子。"他不投合任何人,不巴结任何人,不讨好任何人,但是他被人爱慕,被人追求,因为,如安娜·斯特兰士基所说,"认识了他,立刻增进对所有人的热情。"他的话语和笑声和态度,使他所接触的人精神健旺;他参加一个团体,立刻使那个团体活泼起来。他具有一种电力,发出透过人们的电流,使他们清醒过来,因此,当他进入一个房间时,那里人们的身体和脑筋就活泼起来了。

他生平最大的嗜好大概是对于正确知识的追求了。"给我事实,喂,不可争辩的事实!"是贯彻他一生和全部工作的主旨。他信仰人生的物质基础,因为他见过精神基础后面的伪善,假冒,和疯狂。他要用科学的知识代替非理性的信仰;只有用正确的透辟的推理,才能把黑暗时代的上帝从人类背上除掉,才能把上帝推翻,用人类来代替他。他是一个不可知论者,他不信仰上帝,只信仰人类的灵魂。他知道人类会坏到什么程度,但是他也知道人类可以达到何等高尚的境界。"人类是多末渺小,又是多末伟大!"

他一贯主张人要有丈夫气概。"一个可以坦然挨打受辱而不还手的人——呸! 虽然他能发妙论,我并不关心他,我憎恶他。"一个没有勇气的人,在他眼中,是没有价值的。"敌人们! 没有必要呵。到无法避免的时候,打一个人,或者他打你,但是永远不要记仇。一了百了,然后宽恕。"他对朋友十分宽厚;他无保留地献身给他所爱的人们,在他们伤害他或犯错误时,也不抛弃他们。"我不觉得对朋友们的缺点的斥责成为我不爱他们的理由。"

他的生活的脊骨是社会主义。他从社会主义的信仰取得力量,决心,和勇气。他不希望人类在一天内变好,他也不以为在社会主义实现以前人类必须重生。他宁愿社会主义一点一点地实现,避免大规模的革命或流血,他愿尽自己的力量教育大众,接管他们自己的工业,天然资源,和政府。但是假如资本家阻挠这种革命过程,那末他就要在战地为主义作战了。有什么新文明降生时不经过血的洗礼呢?

与他的社会主义一体相连的是他的哲学信仰,赫克尔的一元论、斯宾塞的物质决定论、达尔文的进化论的结合体。"大自然没有感情,没有慈悲,没有怜悯。我们是伟大盲动力支配下的傀儡,但是我们可以知道某一些力的法则,也可以知道我们与这些力相关的趋向。我们是人种天择动作中盲目的因素。……我与培根一同主张,一切人类认识起源于感觉界。我与洛克一同主张,一切人类观念由于官觉的功用。我与拉普拉斯①一同主张,没有假设造物主的必要。我与康德一同主张,创造是一种自然的历史的过程。"

他希望在写作上追随他的先生吉普灵的足迹。"吉普灵接触事物的灵魂。他觉得没有尽头,简直没有尽头。他已经开辟了精神和文学的新疆域。"他公开反对"那个可怜的美国少女,那个受不住惊吓仅能喝比马奶更软的东西的美国少女。"他成长中的那十年,那世纪的最后十年是一个衰竭的时期,是一个无精打采的时期,维多利亚主义的势力已经僵化成那时期的主宰。文学被中西部的道德完全束缚起来;书籍和杂志的读者把奥尔科特(Louisa May Alcott)②和科勒力(Marie Corelli)③看作伟大的作家。有创见的作品不易通过,所写仅限于可敬的中等阶级或富人,善行永远受赏,恶行永远受罚;美国作家要象爱默生(Emerson)④那样写作,看人生的愉快面,避免粗暴的,严厉的,卑污的,真实的。美国的文学领袖依然是侯谟兹(Holmes)⑤、希提尔(Whittier)⑥、希金生(Higginson)⑦、郝厄尔兹(W. D. Howells)⑧、克劳弗德(F. Marion Crawford)⑨、缪耳(John

---

① 十八世纪法国天文学家和数学家。——译者注
② 十九世纪美国女作家,以所著"小妇人"著称。——译者注
③ 十九世纪英国小说家。——译者注
④ 十九世纪美国诗人。——译者注
⑤ 十九世纪美国女小说家。——译者注
⑥ 十九世纪美国诗人。——译者注
⑦ 十九世纪美国作家。——译者注
⑧ 十九世纪美国作家。——译者注
⑨ 十九世纪美国小说家。——译者注

Muir)①、哈里斯(Joel Chandler Harrls)②、密勒(Joaquin Miller)③等人的悦耳的诗的声音。住在空气稀薄的寒冷的高处的美国编者,付给巴利、斯蒂文生、哈代以未之前闻的高价,甚至出版法俄两国人大胆的暴露作品(自然要受编者的阉割),但是要求美国作家们重复假传奇的公式,只许把背景变换一下。

托尔斯泰和现实主义者正在俄国进行一场革命,莫泊桑④、福楼拜⑤、左拉⑥在法国进行,易卜生⑦在挪威进行,苏德曼⑧、霍普特曼⑨在德国进行。他读美国人写的小说,拿来与哈代⑩、左拉、屠格涅夫⑪的作品相比,这时他不再惊奇美国在欧洲被看作小孩子和野蛮人的国家了。作为美国文学祭酒的《大西洋月刊》曾经发表威金(Kate Douglas Wiggin)⑫和斯密士(F. Hopkinson Smith)⑬的小说,"那都是安静无害的,因为没有一丝生气了。"得,《北方奥德赛》这时就要在几天之内问世了;《大西洋月刊》和美国小说都不再是无害的死的了。他决心照高尔基在俄国、莫泊桑在法国、吉普灵在英国为艺术形式尽力的样子,在他自己的国家为文学尽力。他要把文学从亨利·詹姆斯⑭的高级社交客厅中取出来,放进人民大众的厨房里,那里可能偶而有一点气味,不过至少那是一种人生的气味。

在当日的美国文学中,有三种不能讲的东西,那就是无神论,社会主

---

① 十九世纪美国博物学家。——译者注
② 十九世纪美国作家,写过很多关于黑人生活的小说和民间故事。——译者注
③ 十九世纪美国诗人。——译者注
④ 十九世纪法国小说家。——译者注
⑤ 十九世纪法国现实主义小说家。——译者注
⑥ 十九世纪法国现实主义小说家。——译者注
⑦ 十九世纪挪威剧作家和诗人。——译者注
⑧ 十九世纪德国作家。——译者注
⑨ 十九世纪德国剧作家,小说家和诗人。——译者注
⑩ 十九世纪英国小说家和诗人。——译者注
⑪ 十九世纪俄国小说家。——译者注
⑫ 十九世纪美国小说家。——译者注
⑬ 十九世纪美国小说家和画家。——译者注
⑭ 十九世纪美国小说家和评论家。——译者注

义,和女人的大腿。他要致力于摧毁有组织的宗教,摧毁有组织的资本主义,把性行为看作从事种族延续的选择力的科学行为,而不是罪恶的丑陋的不能讲的东西。他无意成为宣传家,他究竟是作家,文学创造者。他要训练自己说故事,说得那末巧妙,把宣传和艺术融为一体。

为要达到的四项目的,他决定要使自己成为新世纪最有教养的人。为要知道他那巨人的工作有了什么样的开端,他看展开在他桌上和床上的他正在研究和注释的书。不错,他的路是对的:圣塔蒙(Saint Amand)的《一八四八年的革命》,布卢斯特(Brewster)①的《结构和风格的研究》,约但(Jordan)②的《进化论注释》,太雷尔(Tyrell)③的《北极地带》庞巴威克(Bohm-Bawerk)④的《资本与利息》,王尔德(Oscar Wilde)⑤的《社会主义下人类的灵魂》,摩理斯(William Morris)⑥的《社会主义的理想——艺术》,欧文(William Owen)⑦的《将来的团结》。

他母亲卧室里的时钟敲了十一下。行将消逝的世纪只剩下一个钟头了。他问自己,这是一个什么样的世纪,它把什么东西留给美国,美国在一千八百年以一群组织散漫的农业州开始,用最初几十年来开荒,用中间几十年来发展机器,工厂,开拓大陆,用末后几十年积聚世界从来最多的财富……随着财富和技术的发展,把劳苦大众锁在他们的机器上和贫穷上。

但是这个新世纪,啊! 要成为一个值得活的大时代。资源、机器、科学技能要用来服事人类,不要用来奴役人类。人类头脑要受自然法则的教育,要学习不可争辩的事实,不要受为弱者设立的宗教和为低能者建立的道德的麻醉。文学和人生要变成同义字。人类的真灵魂要在他的艺

---

① 十九世纪英国物理学家。——译者注
② 十九世纪美国动物学家。——译者注
③ 二十世纪加拿大探险家。——译者注
④ 近代英国经济学家。——译者注
⑤ 十九世纪英国诗人和剧作家。——译者注
⑥ 十九世纪英国诗人和画家。——译者注
⑦ 十九世纪英国空想社会主义者。——译者注

术、文学、音乐中显现,以上三种东西在襁褓时期就被国界、宗教、资本主义三位一体的怪物窒息了。

距今夜一百年后,当他的儿子们的儿子们坐在书桌旁回顾这刚过的世纪时,他们将看到一个何等雄伟的美国!帮助产生那个新美国,将是他的幸运。他要抛下就要结束的黑暗世纪的镣铐;他要拒绝穿带那使人类病苦的、陷入人类肉体的丑恶的高硬领,以及陷入人类头脑的丑恶的僵硬观念。他要弃绝十九世纪的古老风习,断然面向二十世纪,不怕它会带来什么。他要作一个现代人和现代美国人。距今夜一百年后,他的儿子们和他的儿子们的儿子们要怀着骄傲追念他。

9

杰克由雪梨启程,经过南美和巴拿马缓缓地回国,他的体力在路上已经有了进步;一回到故乡,温和的加利福尼亚气候不久就使他恢复了常态。他无意中读到一本题名《热带阳光在白种人身上的影响》的书,因而知道,他那莫名其妙的病不过是他的皮肤受了热带太阳紫外光线的灼伤,于是他在心理上完全复了元。到了八月,他又可以在他再度围起的溪水中游泳,骑华受奔①经行希尔牧场和拉摩德牧场,呼吸艾丛和松林有益于健康的气息,在故乡的土地上晒太阳。

他过去从所罗门群岛写信教伊木斯太太建筑的客舍,从来不曾建筑,他又迁入延龄村,住在他在国外时盖好的小房子。他对任何人不念旧恶,虽然解除了伊木斯太太的职务,但是为她买下十七亩大的菲希牧场,以便她有一块草地放她的牛。她后来同洛斯珂·伊木斯离了婚,改嫁了爱德华·裴因,杰克又在她的嫁装之外送给她五百元的礼物。

一面有聪明的中田为他做饭,照顾他,一面有茶弥安使他不受纷扰,杰克全心全意地从事改善他的业务的工作。他第一步把所有市场上的稿

---

① 马名。——译者注

子取回,然后通知编者们说,他要留在家中,他有非常好的新材料,他的货物买卖不再有任何纠纷。一连三个月,没有一行由杰克·伦敦签名的文字在一种杂志上出现,从本世纪开始时《北方奥德赛》出版以来,他第一次从美国读书界失踪。他在这几个月从事英勇的劳作,一天聚精会神地工作十九个钟头,一个星期工作七天。这乃是他开始写作时加在自己身上的同一课程。因为他知道,一个收揽众望的人第二度比第一度更困难。编者们和批评家们都在说,他完了,他已经泄尽了才华,读者已经厌倦了他。他自己知道,他不过刚碰到他所要写的优美动人的小说的表面呢。

《马丁·伊登》出版了,虽然这部书应当受欢迎,但是不友好的舆论界,或加以忽视,或加以咒骂,使得布力德不能从评论中找出赞美的话,供他的广告引用,杰克诉苦说,批评家们不了解他,书评家们指责他已经放弃了他的社会主义,把个人主义说得津津有味,事实上他这部书乃是对尼采超人哲学的一种控诉。他在送给辛克莱的那一部书的空页上写道,"我写作马丁·伊登的宗旨之一,就是攻击个人主义。我一定是失败了,因为没有一个书评家发见这一点"。他并不曾失败;他不过写出一部人生故事,写得那末动人,他那些互相矛盾的哲学已经消失了。假如他能知道,马丁·伊登就要启发一代美国作家,假如他能知道,三十年后,马丁·伊登要被千千万万嗜读小说的人看作美国小说中最伟大的一部,他就不会因他时常唤作他的最好的书所受的待遇而十分伤心了。

他负债愈重,他工作得愈好;他所处的形势愈不利,他愈热情地攻击他的敌人。他开始写作以克朗代克和旧金山为背景的长篇小说《灼人的日光》;他写了四篇最好的南海故事;他写出以爱尔兰口岸为背景的两篇动人的土话故事,《撒木耳》和《海农》。愤怒从来是他最强大的推动力之一;他的怒火达到白热度,因为他恼恨几乎毁掉自己,也恼恨批评家说他精华泄尽。发表过二十部书之后,他的创作兴致已经消失了,压力帮助他恢复每天的产量。在以后七年内,那压力永远是那末重,不免使人疑心,他知道他不能不负债,借以完成他的工作。"我在写一部长篇小说,每天一千字,不到末日来临,我不肯中断。"

到了十一月,他工作得那末认真,那末好,他把他的斗拳小说中最好的一篇,《一块肉》,卖给《星期六晚报》,收入七百五十元,并定了下一年供给他们十二篇小说的合同。《灼人的日光》写完之后,他把连载权卖给纽约《先锋报》,收入八千元。《先锋报》既经取得转卖给各报纸的特权,于是对杰克·伦敦和《灼人的日光》作了煊赫的介绍,有几百家报纸买下这部小说的连载权。这一有利的宣传抵消了他所受的咒骂和讥讽。

《灼人的日光》与《荒野的呼唤》、《海狼》、《铁蹄》、《马丁·伊登》、《约翰·巴雷肯》、《月谷》、《星游人》同属重要的美国小说。杰克在这部书的开头三分之一描写克朗代克淘金潮前阿拉斯加的历史,以及灼人的日光由环城向德牙与邮车竞走,这是以冰天雪地的北方为背景的最动人的文章。他在末尾三分之一写格伦·爱伦的风景美,表明他是大自然忠实的爱人,大自然也对他显示了她的美妙。不过,《灼人的日光》是所谓行动和冒险的小说,真正的成就在于他把他的社会主义织进中间的三分之一的手法,使社会主义成为书中行动和情节一个完整部分,使读者把他的社会主义当作那故事的必然发展不知不觉地接受下来。灼人的日光是一个尼采主义的人面兽的海贼,当他袭击旧金山的职业强盗时,他沉思道,"工作,正当的工作,是一切财富的来源。不拘是一袋马铃薯,一架大钢琴,或一辆七人旅行车,都是由工作生产出来的,劳动把这些东西生产出来以后,到了分配的时候,骗局就来了。成千成百的人坐在那里,计划怎样侵入工人与所生产的东西之间。这些计划的人就是商人们。他们所取得的一份的大小,不由公平的法则来定,而由他们自己的力量和卑劣来定。总而言之,'一切贸易都可以赚钱'。"

在一九一〇年未觉醒的美国人眼中,这部书是十足的异端,也正是真正的无产阶级的文学;因为其中的感想并非强加在故事上的,因为这些感想似乎是日光对地方情形的观察和结论的一个不可少的部分,这些感想同时是无产阶级的文学和艺术。《铁蹄》发表以后,有人指责杰克毁掉一个优美的小说家,变成一个平庸的宣传家;杰克回答说,他可以把宣传和艺术结合起来,使读者永远看不出两者结合的痕迹。在《灼人的日光》中,他这最困难的文学任务成功了。有几百万人对灼人的日光的勋业感到震惊,杰克在资产阶级读者和社会主义读者中间恢复了受尊敬的地位。

既经证实他不曾丧失丝毫创造力,又因茶弥安的怀孕而欢喜若狂,杰克开始实现他的另一伟大人生梦想了。他着手他预备度后半世的房子,在希尔牧场的山谷中选定一片宽广的地址,周围是杉树,葡萄园,梅子园,灌木林。他要在这里收藏他的四千卷书,安置一架一架的硬纸盒子,其中藏有他的政府报告,社会主义小册子,剪报,民族方言,人地名和习俗,以及他那些用红封面装订起来的诗歌。他要在这里排列他那些盛公私信件的钢丝盘,陈列他那三十层高的许多行窄黑箱子,其中珍藏他从大路和阿拉斯加、从朝鲜和南海得来的纪念品;保存他那几百种游戏器具。他要在这里款待他的朋友们,使他们舒服,在他们的卧室里,供给他们电灯自来水一类的现代设备;在清凉的地下室中,建造一个专为男人用的游戏室,他们可以在里边定政治计划,说故事,打弹子,玩扑克,喝酒,可以随意吵闹。他要在这里有一间美丽的音乐室,茶弥安和她的许多音乐朋友可以在里边奏乐;要有一间广大的餐室,他可以在里边用好的食物和好的谈话招待五十个人;要有一间他自己用的杉木镶边的卧室,其中可以摆一张巧妙的寝桌,供中田在就寝时收拾老爷的衣饰,他也不至于再把冰水洒在书上了。他要在这里终于有一间适当的工作室,其中有设置录音机的装备,有容纳一个职业秘书的地方。

他一心在建筑他的"历史性的家庭"。阿拉斯加的印度人曾经把从事征服的白种人唤作"狼";这一个字在杰克的思想上起了很大的作用,因为他总觉得自己是那从事征服的狼。他把这个字用在《狼的儿子》和《海狼》等书名中;在写给乔治·斯特灵的信中,他签名作狼;这时他要建筑白种大领袖的狼舍了。他十分希望茶弥安会生给他一个儿子,以便他在狼舍中开创一个传之永远的伦敦皇朝。

他决心使这所房子成为美国最美丽、最新式的家庭;为要达到这个目的,他愿意用任何数量的钱。这所房子要用月谷产得最多的大块红色石头来建筑。万年杉树要伐来作木料。他把旧金山的工程师们召集了来,用了许多时间研究蓝图,安排房间,设计与山势巧合的外形。他从圣大洛莎发现一个名叫弗尔尼的优秀的意大利石匠,吩咐他建筑一所存在若干世纪的房子。石头的每一寸都要用水洗过,用钢丝刷子刷过。多用士敏土,少用石灰,目的在使那些墙壁永远挺立。要有一个工人专门使墙壁湿润,免得士敏土干得太快,因而变成粉碎。每一层楼要有两层地板,有时三层。内壁要用硬木来造。外用木料要与内柱结合,以策安全。屋顶泻水沟要用铜皮,一切通内部的管子也要用铜皮。

作为极端个人主义者,他要为自己在美国建造最伟大的皇宫。作为社会主义者,他要给工人们好的职业,并且把二十三个房间的一大半用来招待客人们。为要加快建筑,他吩咐弗尔尼用三十个工人工作。

在一九一〇年春季,他作了一件最聪明的事:他邀请伊丽莎·伦敦·希帕德永远与他同住,照顾他的牧场。希帕德太太这时是四十二岁,与她那七十一岁的丈夫分居了。自从离开约翰·伦敦在利味摩尔的牧场,她受过物质的和精神的困苦,已经变成一个富于同情心的女人。她的面貌依旧是丑陋的,态度是诚恳的,头脑是精明的。她受过作律师的训练,目的在帮助她专卖局里的丈夫。她一点也不矫揉造作,凡与她接触的人都爱她。她多年来忠于杰克,象爱她自己的儿子爱尔芬那样专心地爱杰克。

杰克既然有伊丽莎为他管理家务,他所作的第一件事是买下科勒尔葡萄园,为她增加麻烦。当他乘斯拿克号出游时,伊木斯太太时常写信给他,谈论连接希尔、拉摩德、菲希等牧场的八百亩地。科勒尔葡萄园用去他三万元,他手里的钱很少,因为狼舍已经开工,预定也要用三万元。他既然没有钱支付,而且已经有那末多好地居住,耕种,享受,什么东西使他又买那八百亩地呢?用三万元买那末多好地,似乎是一个便宜价钱,这块地可以连结他另外两个牧场,使他在观察所及的地方作皇帝。……这都成为理由。不过他一向坚持,为什么"我喜欢",是没有理由可讲的。"哲学一连一个月向一个人唠叨,教给他应当作什么,那个人忽然说道,'我喜欢',于是哲学失去了作用。使醉汉喝酒、殉道者受难的是这个'我喜欢',使一个人追逐名誉、另一个人追逐金钱、另一个人追逐爱情、另一个人追逐上帝的也是这个'我喜欢'。他喜欢科勒尔葡萄园,他就买下来了。

到了一九一〇年六月,他又向东部寄发狂一般的信去要钱了。"我迫切地需要钱,因为我买了一块地,必得付一万元。我不顾一切牺牲把期限延长到六月二十六日,不过假如到那时我付不出,我不仅失去那块地,也失去预付的钱"。

茶弥安去奥克兰准备生小孩。杰克雇了一大队人清除一条新的骑行路,贯通他的几块牧场,环绕那所狼舍的地基。他预料,当他把茶弥安和她的儿子(他断定这一次一定是一个儿子)接回牧场时,她就要大吃一惊了。他用许多时间梦想他怎样把他的儿子放在马驹上,与他并辔穿过他那一千一百亩将来的国土。

六月十九日,茶弥安生了一个女儿。那个婴儿只活了三天。伊丽莎料理了葬事。杰克满怀苦闷,臂下夹着一卷报纸,荡进他过去常到的第七号街上的一个酒馆。酒馆主人穆尔当尼说,他要在墙上贴传单,率同四个助手来打他。杰克来不及逃走,挨了一顿好打。他把穆尔当尼交了官,但是法官不受理,说这是一场醉殴,法庭不关心这一类的事。警察法庭的访员们把这个"醉殴"的故事散播在全国各报上,而且添枝添叶地说,他的老婆病在医院里,他的孩子刚刚死掉,他居然去醉酒了。同情的人们写信对他说,那个法官不曾为他伸冤,因为酒馆的地皮是他的,于是杰克寄了一封愤慨的信给那个法官,并把若干钞本写给各报纸辛狄加。杰克在信中把这案件叙述一过,然后用下面的话作结:"在某一天,某一个地方,某种情形下,我就要捉住你的把柄,使你受十足的法律制裁。"随后他在海湾各报上登了一个广告,征求拥有酒馆地产的那个法官一切政治的、司法的、社会的劣迹。醉殴的栽诬固然是可恶的,但是当他给法官的信在全国发表时,人们却怀着失望之感摇头。他所能有的唯一的报复是作家常用的报复:他把这件事写成一篇小说,题名"怀疑的利益",在里边痛骂那个法官……把它卖给"邮报",收入七百五十元。

几天以后,他带着肿胀的发紫的眼睛去雷诺,在那里住了十天,为纽约《先锋报》报告训练营和约一杰的角斗。他喜欢看赛拳。训练营的同行大半是在别种运动中结识的朋友们，这十天使他忘记丧失孩子的痛苦。他这时有了先见，到死不会有儿子了。虽然他已经写出二十四部书，这见解使他觉得生活枯燥和空虚。

回到奥克兰，他用刚到手的钱买下"游人号"，这是他乘了巡游海湾的第四条帆船。一旦茶弥安复了原，他们一同在水上度一个假期，工作，游行，钓鱼来充晚餐。当他回到格伦·爱伦时，他那些想听南海传奇故事的邻人们，请他在当地的绰菲堂演说。因为他不肯从戏台上演说，主席去隔壁的杂货店，搬来一只肥皂箱，请他站在上面，以便听众看得见他。格伦·爱伦的农夫们并未听到他在塔希提、菲吉、或萨摩亚的冒险，他却用了一个钟头来证明德布斯的理论："谈到阶级斗争，没有好的资本家，没有坏的工人。每一个资本家是你们的敌人，每一个工人是你们的朋友。"

夏季几个月的生活使他忘记了死去的孩子和奥克兰的纠纷。他的最大乐趣是招呼他的爱犬褐色狼，骑华受奔越过田野去狼舍，察看建筑工作的进展，与弗尔尼和工人们谈话。他看出工人们象他一样爱那所房子，觉得这是他们帮助他创造的一件伟大艺术品，他心中很满足。工人们住在牧场上的帐篷里，下工以后，他们带着一壶酒和一只手风琴，攀上最高的冈子，对着温暖的密集的星星唱热情的意大利歌。在晴朗的晚间，杰克常来与他们同唱，喝他们一杯酸红酒，讨论当天发生的建筑问题。据弗尔尼说道，"杰克是我所见过的人中最好的人。他对每一个人都和气，从来不曾见他来时不带笑容。是很好的民主主义者——很高尚的君子，一个为家庭爱和为工人尽力的人。在四年内我们从来不曾听到他说我们工作得不好或太慢的话。"

当工人们要睡的时候，他与他们每个人握手，向他们道晚安，然后带着褐色狼呼吸着梅子、叶子、土壤的气息走过梅子园。

他完全忠心于茶弥安。他们与中田同乘四匹骏马的车，旅行北加利福尼亚、奥力冈、华盛顿的旷野。她依旧热心于一切冒险，与他一同骑马，游泳，驾船，为他弹琴和唱歌，用打字机打他的稿子，笔录他的书信。他也同贝西保持友好的关系，每月有几次去派德芒家中看孩子们，同她们游戏,带她们去戏院或马戏场。据贝西对报纸访员们说道,"伦敦先生尽可能为他的两个女儿作事。他一心一意地爱她们。当他在奥克兰时,他常来看她们,他们用许多个钟头一同游戏和谈话。她们爱她们的父亲,她们没有不应当爱他的理由。我心中对他没有仇恨。他待孩子们好,也就是待我好,这是他想不到的。"贝西·麦德恩的性格中总有一种悲剧的高尚意味。

由于老年的侵袭,芙罗拉比与约翰·伦敦同居的时代更加胡闹了。虽然杰克把她所住的房子买给她,把珍妮妈邀来照顾她,又给她五十五元的月费,她竟去奥克兰的邻居那里,对他们说,杰克·伦敦不供养她了,她需要钱来生活,因而要卖面包,他们肯不肯买家制的面包呢?一个富有的著名的儿子这样冷待一个老年的母亲,使邻居们大为怜悯,于是表示他们愿意每天买一块家制的面包。芙罗拉于是买了一个炉子,开始烤面包了。那个故事很快地由口头传开来,奥克兰吃了一惊。杰克想不出约束他的母亲的办法,只好写给她一封最亲切动人的信。"亲爱的妈妈:我只想把你的面包生意对你算一算。在最旺的月份,你得到七元五角的净利。你用了二十六元买火炉。假如,一连三个月,你用那七元五角净利的总数买火炉,你在那三个月就要一无所得。同时,因为你说,你不再能兼顾家务,你就必得雇别人来作你那一份,那就至少要用去你从面包上赚来的七元五角。……"他很了解他母亲,不能用她败坏他在奥克兰的名誉为理由来劝阻她;只能使她以为他所以劝得动她是由于她的生意经。

那封信发生了效力;芙罗拉放弃了面包生意。因为要有一种营业来消磨她那多种多样的精力,她又在百老汇路开设了一个报摊。他刚好来得及把这件事拦下。不久收账的人们开始带着芙罗拉买东西的帐单来牧场上要帐了。她所买的东西都是用不着的,其中主要的一项是钻石费六百元。杰克一向待她好,每一本新书出版时,他总题上热情的字句送给她,他从来不对人说,她用那些怪癖行为妨害他,不过他永远怕她那窄钢边眼镜和窥伺的眼睛后面酝酿的新计划。有时他开始想那可怕的可能性:他母亲从来不曾完全神志清醒过。但是人类的见解是那末纷歧,约翰·弥勒却以为芙罗拉是他所认识的女人中最优秀的女人,在他眼中,她是一个仁慈的、可爱的、完全讲道理的母亲和朋友。这时期从她学钢琴的人们则以为她是一个可爱的仁慈的老太太。

这时《邮报》付给他所能供给的任何小说的稿费七百五十元,《柯勒耶》付给他一千元,《先锋报》用七百五十元买一篇短篇圣诞小说,他同《大同》签了一个合同,供给他们一套小说,每篇七百五十元,叙述一个名叫乌烟·贝流的角色。麦美伦公司发表了短篇小说集《丢脸》,论文集《革命》,还有《灼人的日光》。《丢脸》得到舆论界的好评,因为《丢脸》、《信托》、《那地方》、《奥布伦的死》都是成功的诙谐的阿拉斯加小说,而《金潮》和《生火》乃是紧张的戏剧性的故事。自从《狼的儿子》、《他的祖先们的上帝》,他的两卷短篇小说出版以来,他第一次保持这样高的优秀的标准,《革命》是一部庞杂的论文集,所得到的反应很冷淡,但是,《灼人的日光》,却如各人所预期的那样,受到热烈的欢迎。

由于体力、意志力、注意力、才力的结合,他已经成就了只有巨人可以成就的事:在不到一年的时间内,他已经把自己从死亡和毁灭的深渊突然投上美国作家所能达到的最高峰。

在一九一一年六月,他厌倦了延龄村的暂局,又鉴于狼舍至少还要两年才能完成,他采取了一种办法使他得到生平最快活最丰富的一些岁月:他买下科勒尔葡萄园中间的十亩地,上面有一所废置的酿酒厂,一所倒坍的牧场屋,还有一些仓房。他教石匠和木匠添造了一间带大火炉的舒服的餐室,一条宽大的游廊,然后把厨房扩大,把卧室和寝廊翻新。他把卧室之一改作工作室,四壁排列盛书籍、文件、资料箱的架子。他那带窗帘的小寝廊俯瞰宅前僻静的热带花园,后面的游廊俯瞰一个大场院和一所大仓房。他把仓房的一部分改作九间他的朋友们的卧室。中田成了总管,又雇了两个日本人做饭和打扫房子。

牧场屋从一开始就是一种成功;这地方是没有拘束的,人们可以在里边随便玩笑。当他住在延龄村时,所有的房间、帐篷,以及每一张空床都住有他的朋友和熟人:乔治·斯特灵,克劳德斯雷·约翰斯,詹木斯·哈普尔,他的社会主义的和无政府主义的朋友们,报人们,水手们,流丐们,以及不属任何明显门类的同志们。他既然有了适当的设备,他就开始邀请广大的世界了;每一天都成为杰克宴客的星期三。艺术界、职业界,或思想界的人们,凡到西部来的几乎都要到他所谓美的牧场,住上几天。他从牧场上发出若干万封信,有不少是给同他争吵、攻击他或咒骂他的人们的,他在每一封信的结尾上总不忘记写,"美的牧场的闩绳总是放在外面的,也总有铺盖和食物供给我们的朋友们。来看看我们吧,你喜欢住多久就住多久。"接受邀请的人是那末多,他不得不印出由旧金山和奥克兰来格伦·爱伦的旅行指南。在那有伸缩性的餐桌周围,很少不到十个客人的时候;时常有二十多个。在一次餐会中,列席的有在印度发起反英的戴奥尔运动的戴奥尔(Hyhar Dyall),一个美国小说家,一个斯丹福大学的数学教授,一个邻近的农夫,一个工程师,布尔班克①,一个刚从槟榔屿回来的水手,罕芙丽公主(Princess Ula Humphery),一个住过苏丹宫的女演员,三个流丐,还有一个要从旧金山到纽约盖一所房子的疯子。不拘来自哪一行业,那些客人都要为别的客人吃惊。在他那些优秀的不劳动的朋友中,有一些在牧场上连住几个月,因为从来不洗澡,他们臭得那末厉害,他只好特为他们在树林中盖一所房子;不过,大家都在石餐室的同一大木桌上用饭。在以后五年内,作家们,艺术家们,政客们,欧洲政治家们和哲学家们,教士们,罪人们,大商人们,工程师们,主妇们,成千的人作他的宾客。他这时厌倦了旅行,让全世界来看他了。来格伦·爱伦站的每列火车,都有美的牧场上的一辆马车迎接,把客人们载上运葡萄的弯弯曲曲的泥泞路。

作主人,作家长,作绅士,眼见他的朋友们和伙伴们在他的餐桌上用饭,骑他的马跨他的山,睡他的床,他觉得满足和光彩。不过他最喜欢刺探来他的牧场上的人们,发现他们的动机,从他们的品格、智慧、弱点、语态、经历上取得资料。他的客人们众口一词地说,他的头脑的清楚,思想

---

① 十九世纪美国植物实验学家。——译者注

的敏捷和准确,知识的深度和广度,使人吃惊,也使人愉快;尤其难得的是,世界著名专家们带到他的餐桌上的学识,他能很快地加以提取,然后加以吸收。不拘一个客人带来的知识是多末少,到他离开牧场时,杰克已经得到他那一项知识。他时常谈论别人的专业,发巧妙的问题,热烈地争辩,向根本的概念挑战,改正他自己的印象,知识,观念,思想方法,有时在智力争论中,即使所争论的是对方的专门,也能把对方打败。他嗜好智力战;他的得意句子之一是,"我可以站在任何一方面"。

他具有真正学者的好奇心;他已经收集了很完备的一批社会主义书籍,小册子,报告,美国的杂志和报纸论文;他不断地从纽约和英国定购书籍,这些书籍沿着他的工作室的四壁堆到天花板。"我的书永远不会太多,所涉及的门类也永远不会太多。我也许永远不能把它们读完,不过它们经常在那里,我永远不知道在航行知识的世界时我会到达什么口岸。"第一流的学者们一贯地说,杰克·伦敦生有他们不曾见过的最丰富的头脑;这对于一个在十三岁上因无力入中学而去罐头厂作工的少年,要算作一种非常的颂辞了。

亚历山大·伊尔文说,杰克轻轻地说话,他生有大家闺秀的甘美而柔和的声音。即使面对顽固、无知、愚蠢的人,他总是客客气气。因为他的客人有许多是绝对陌生的,他不免要遇到上述那一些人。怀抱他所憎恶的哲学、被他认作文化仇敌的男人和女人,也来他的牧场,睡他的床,骑他的马,吃他的饭;不拘他们住多久,他们永远不怀疑他对他们有恶感。各学派、各等级、各行业、各出身都有人经过他的住处……他把他们那不同的品格织进他的作品。他取得他的客人们所能给的一切东西,不拘是智慧和愚蠢,坚定和软弱,讨厌和有趣。他断乎不要骂倒他的对手,用强力征服他,他所感觉兴趣的是讨论的滋养,不是胜利。

人人谈论他那强大人格的力量。从纳帕来的他的朋友们的女儿珍内特·温希普说,当他进入一个房间时,其中的客人们本来无精打采地陷入各自的椅子里,他就好象一道电流射过他们,不仅他们的身体,连他们的头脑和精神都立刻活动起来。他那过人的生命力不过是那原因的一部分；他具有那样一种温暖的、活泼的、光明的、有生命的品质，他用一种幸福的光彩和精神传染他所遇见的一切人。伊尔文用下面的话把杰克许多朋友的意见总结起来："杰克·伦敦是一座生命的大山。"

杰克时常在夜十一点回卧室，在他回来之前，中田把下面的东西陈列在他的寝桌上：信纸、铅笔、校样，他正在读的书籍和小册子，后进作家请他修正和批评的稿子，用来赶走睡眠的一些零食，一盒烟卷，润嘴的冰水瓶（不间断的吸烟使他的嘴发干）。直到夜深人静，他独自在寝廊上读书，作笔记，吸烟，喝冰水，流览印出来的文字，智慧的、虚伪的文字，正义的和人类自相残害的文字……直到疲劳象沙尘一般在他那发烧的眼帘下集拢起来，然后告一段落。他不断地鞭策自己求知识，不仅因为他爱知识，也因为他怕万一错过世界上一种新的或重要的东西。直到他死为止，他的寝桌上永远摆着塞吕①的两卷书，不曾移开过。塞吕的《非洲游记》是他八岁上居住利味摩尔牧场时最早到手的冒险书。那两卷书题名《海贼时代》。

在上午一点半钟时，他在书中放一支火柴作记号，然后把悬在门外的硬纸针盘拨正，指示他要中田唤醒他的钟点。他很少许可自己睡过五个钟头；针盘上所指最晚的时间是六点钟。普通在五点钟时，中田就端着他的咖啡来唤醒他了，喝过咖啡以后，他躺在床上，修改茶弥安打出的前一天的稿子，读各种政府的报告和他索取来的专门论文，校正出版家新送来的校样，记关于当天的工作或将来的小说的纲要。到八点钟时他坐在书桌旁；写他原定的一千字，偶而看一眼钉在墙上的那首诗：

我今事写作

　　但愿勿偷懒

倘须暮前死

　　工作应圆满

---

① 十九世纪法国旅行家和非洲内地探险家，晚年定居美国，入了美国籍。——译者注

他那一千字的定额在十一点钟时完成,然后着手清理事务和写信。他这时平均每年收到一万封信,他只能郑重地回答其中很小的一部分。每有一百来封信,他就要用许多天来诵读和教人笔录回信。

所有的客人们都得到通知,早晨的时间用来工作,要安静。在一点钟时,既经作完一天八小时的工作,他荡到后廊上来,他的头发是纷乱的,他的白衬衫敞开了领口,一个绿眼罩横在前额上,嘴上叼着一支烟卷,手上拿一束文件。他面带笑容地喊道,"哈喽,伙计们!"于是他、他那富于磁性的热力、他那爽利的年青的丰神、他那活泼的带传染性的人情味,充满了那个房间。他的到来是那一天的乐趣的开端。

假如谈得高兴,玩得开心,午饭可以继续一两个钟头,随后几匹鞍马牵到牧场屋和仓房中间的场院里来,大家上马以后,由他领路上索诺马山顶,跨过俯瞰旧金山湾的岭巅;假如是晴天,他率领他们驰到湖边。湖是他筑来灌溉的,在一个活水池上加了一道石堤。他们在新木筑成的更衣室中换上游泳衣,游水,划他从南海带回的独木舟,在码头上晒太阳,作跳蛙游戏,比武,角力,赛拳,把着普通衣服来划船的人投入湖中。黄昏时,他领导那一群人穿过杉树、梅树、橄榄树的森林,来到狼舍旁边,下了马,走入建筑架子中间,对他们说明,狼舍将是多末美丽,怀着骄傲指点那毫无瑕疵的石头工程,他说,他不需要保火险,因为他用的是石棉包裹的管子,木料上涂的是防火油漆,墙是石头的,屋顶是瓦的,因此他的房子不会发生火灾。

回到牧场屋,他们换好衣服,会晤新来的人们,吃一顿丰富的晚饭,讨论一番世界政治和哲学。斗牌是他所爱好的休息形式,不久他们就玩红狗或两角五分一局的彼得了。任何时象高德曼①那样的无政府主义者来牧场访问,杰克就在他们的餐碟上放一本书,封面上印有大字标题"巨响"。当那个坦然无疑的无政府主义者揭开那本书时,里边隐藏的爆竹就在他手中爆炸了。他时常用他们的惊惶失措来对他们说明,即使他们有

---

① 俄国无政府主义者,1886 年去美国,1919 年回国。——译者注

机会,他们也不能真用武力推翻全世界。带孔的水杯总留给平凡的来客,他们因坐在伟大的杰克·伦敦的餐桌上,拘束得不能呼吸,不必说吃饭了。

挪威的雕塑家和水手傅洛力契,是一个最会笑的人,杰克使他作他门下的雕塑家和滑稽家,据这个人说道,"当我到那里时,我发见他们象孩子一般玩耍。杰克比我们任何人笑得更多。"常作的游戏是使一个人靠近餐室的门,量他的高度,然后用槌子敲门后靠近他的头的地方。戏弄胆小的人们的办法最好笑:事先在客人卧室的地板上钻了洞,把系在床柱上的绳子穿进洞中。客人入睡以后,开玩笑的人从下面扯绳子,那张床就猛烈地摇摆起来。于是那个客人穿着睡衣冲到院子里,大叫道,"地震了!地震了!"在筑堤游戏中,新来的人被按在地上,然后向他伸开的两腿中间倒水,他的任务是挖土作堤。水积得多起来,那个人慌慌张张地来堵截,就在这时,开玩笑的人们捉住他的两脚,把他曳进他自己做的泥潭中。"杰克不过是一个长得太大的孩子。"一个从索诺马来的邻人勃林盖木说道。"他作什么事都用全力;即使在他开心解闷时,他也用全力。"玩笑开得这末厉害:有一晚,他的客人们不肯信他在所罗门群岛吃生鱼的故事,于是他提议,假如他抽到点数最少的牌,他就吃一条摆在桌子中央的盆子里的金鱼。大家都同意了,牌洗过了;点数最少的牌落在一个来造访的新郎手中。他把手伸进盆中,捉住一条金鱼的尾巴,提起来,吞进肚子里。……引起一片笑声和鼓掌声,那个新娘子大叫着说,她永远不再同他亲嘴了。

因了他同客人们所能有的乐趣,杰克加倍喜欢他的牧场。他的最经常的伴侣是乔治·斯特灵。这人生有瘦削的印第安人的面貌,由眼眉向后倾斜的前额(他把头发梳到前边来,加以掩盖);人是非常丑的,而敏感的脸上却有一种美,对人生痛苦具有强烈的同情。他的诗有许多写得很好,有许多是夸张的,满载《圣经》上的句子和没有意义的词藻。他的老婆本是贝西·麦德恩型的美丽而高尚的女人,他又天性仁厚到不许杀死宅内一头蜘蛛,但是当另一个女人俘获他的爱情时,他竟一无悔恨地伤他的老婆的心。不过,他与杰克不同,他受到一个有钱的叔父的保护,不大了解无产阶级的生活;一个成功的唐璜①健饮家,他几乎是消失中的波希米②诗人完全的典型。

据传说,在斗红狗或彼得时,乔治·斯特灵每输掉一局,就喝杰克一杯酒,以弥补那损失;杰克每输掉一局,就多写一个字,以捞回那两角五分钱。餐室中有一个食器柜,其中有一排酒瓶子,客人们可以随意喝,但是杰克自己每隔几个星期才喝一次,即使在晚餐前的鸡尾酒会中,也不常与他们一同喝。过去在东京,在斯拿克号旅行中,在雷诺,他曾同新闻同业一同喝酒;在休息的时刻,除了偶而为了交际外,他不在牧场上喝酒。

格伦·爱伦在那时是一个供消遣的村子,主要街道旁边有一些酒馆。任何时他要离开他的家庭,离开他那生活和工作的重担子,离开他那无时不在的朋友们,他就把四匹马套在车上,马套上装上特别的铃铛,疯狂一般驰下弯曲的泥道,向村子驰去。格伦·爱伦听到那些铃铛时,全村从死气沉沉中清醒过来。"杰克·伦敦下山来了!"一个村人喊道。于是消息立刻传遍全村,人们满面笑容地聚到街上来,酒保们拿出酒瓶子,提起精神来擦杯子了。当杰克来到大街上时,每一个人叫道,"嘻,杰克!"当他看到他认识的人时,他一面喊"哈喽,辟尔!"一面在空中摇摆他那顶宽边帽子。他把马拴在第一条柱子上,走进最近的酒馆,象他作水手时那样,请所有的人来喝酒。任何人都不许拿钱出来。大家都来同他开玩笑,听他说故事,把他们对他的新作品的感想告诉他,也把他们的新笑话告诉他,特别是他最喜欢听的关于犹太人的故事。过了几分钟,喝过几杯酒后,他就移到下一家酒馆,那一家的特别主顾正在等待拍他的背,与他握手了。又是由他出钱喝酒,又是一番大笑和亲密的交往。村子里大致有十多家酒馆,傍晚时他一一到过,喝掉一夸特威士忌,同一百来个人厮混和谈笑。随后他回到车旁,解开马,这时格伦·爱伦聚起来喊道,"再见,杰克! 快点来看我们吧!"他把车子赶上漫长的泥道,穿过他的果园,葡萄园,起伏

①　西班牙传说中的花花公子,屡经著名诗人和戏剧家采作主角。——译者注
②　原指吉卜赛人,现在用来形容不守传统习俗的文学家或艺术家。——译者注

的小山。据格伦·爱伦的人们说，一年中最愉快的日子是他们听见高高的山坡上铃铛响的日子，那时杰克·伦敦戴着看林人的帽子，系着蝴蝶领结，穿着白衬衫，驾着四匹马驰下大道，嘴唇上挂着快活的笑容，对每个人表示友好的敬意。每星期有一个下午，他套上两匹最快的马，用全速度跑十六里，到圣大洛莎，忽布、葡萄、和造酒业的中心产地；一个讲究喝酒的地方，不过在政治方面是那末反动，那里的居民不但以为杰克相信社会主义是错误，而且以为他发了狂。他马铃哗啦哗啦地响着跑上大街，停在伊拉·派尔的地产局前，喊道，"嘿，普海尔！来呀！"于是两个人一同驰向奥渥登旅馆的酒座，杰克坐在最后一个座位上，背朝外边，叫来一夸特威士忌。他用一个十二两的水杯喝酒；他总替派尔倒头两杯，此后派尔可以随意喝多少。

有人说派尔是杰克的酒友，派尔叫道，"我断乎当不起那个称号，没有人当得起。杰克是盖世无双的。他是真正有本事的；我喝一杯，他喝四五杯。不过，有趣；他在酒馆里的谈话百分之八十五与社会主义有关。他来圣大洛莎的理由是他能在那里尽量辩论。人们不喜欢他，因为他要对法官们、商会当局、商人们说资本主义制度是多末腐败。在他来圣大洛莎那许多年中，我从来不曾听见有人赞成他的意见。当我问他新社会主义国家的情形时，他想过一下，然后摇摇头说，'等我再喝下一杯去，我的头脑就流畅一点了'。果然如此，他又喝过一杯后，就开始谈，当商品为使用而不为利润生产时，消费者所费就很有限了。"

当他不与派尔在一起时，他走进奥渥登酒座，向四下里看一眼，走向他的座位，喝上一两杯，然后招人来谈话。他时常用下面的话开始："那，前些时你说，社会主义破坏个人的积极性，我已经想过这问题，已经得到一些新意见。……"同他喝过酒的朋友们记得他讨论战争，作为犯罪原因的贫穷，生物学，劳工组织，弗洛伊德的精神分析学，司法腐败，文学，旅行，以及将来的理想国。在六点钟时，同随便什么人喝光一瓶威士忌以后，他上了马车，赶回家去了。他永远不必为他的马费神，不过他喝了酒，就喜欢赶快车。彼来·希尔在奥渥登、菲特斯、包易士泉等酒座作过杰克的酒保,据他说道,"杰克能比别人喝得多,不过他从来不醉。他永远挺起身子,不改常态。当他离开一个地方时,他总是斯斯文文地离开。当他喝够了时,他就喝够了。我从来不曾见他发酒疯,或好与人争吵;他永远是高兴的,愉快的,除非遇到真能辩论的人,他不参加辩论,不过他比所遇到的任何人更聪明,他永远得胜。"派尔说,他从来不曾见杰克喝醉过。他赋有爱尔兰人的大酒量。喝酒能除去他的疲劳和神经紧张,松开他的舌头,活泼他的脑筋,给他一种休假,一种变换,一种休息。

杰克有一本书是从喝酒上想出来的,这一本书比他已发表的任何一本为他博得更多的名誉和诽谤。《约翰·巴雷肯》是一部自传小说;这本书尽可能叙述喝酒的事实,不过正如大多数自传小说,"关于《约翰·巴雷肯》,唯一的问题是我未把全部事实写进去。我不敢把全部事实写进去。"有一些时期,他感受沮丧的痛苦,当他精神萎靡时,他那私生子的身份毒害他的头脑和思想,使他忧郁(在他精神正常时,他可以忘记这件事,或不加以重视,)他时常用酒来浇这最难消除的块垒。他把这事实从书中略去。他用尽心机不使任何人看出这些反反复复的沮丧之感。发病的次数很少,一年不过五六次,因此他不象其他艺术家那样抑郁,但是当病发时,他就憎恶他的著作,他的社会主义,他的牧场,他的朋友们,他那机械论的哲学,于是竭力为人类自杀的权利辩护了。在那样的时候,他所负起的担子似乎太重了,他发誓说,他不能负担下去了;在那样的时候,他大量喝酒,喝得口齿不清,官觉迟钝,没有同情心,好与人争论。不过这种病象时常在一天内就过去了。

从文学的观点来说,《约翰·巴雷肯》的价值不在于符合他的生活样式。《约翰·巴雷肯》读起来象一部小说,新鲜,诚恳,朴素,动人,其中有关于"白色逻辑"的妙文,是一部关于喝酒的经典作。假如这部书完全出于虚构,它依旧使人信服,依旧是第一流的小说。先在《星期六晚报》发表,后来印成单行本,为成百万的人诵读。牧师们用它作反对喝酒的道德教训;节制会、禁酒组织、反酒馆同盟都把这部书据为己有,把其中的材料翻印成小册子,不计其数地传播开来。教育家们,政客们,报纸杂志家们,讲演家们，平素背道而驰的各机关，都在《约翰·巴雷肯》上连起手来，反对卖酒业。一部活动电影根据这部书制成，酿酒家们肯出大量的钱运动禁止这本书。激动得叫嚣得那末厉害，无数离开小学后未翻过一本书的人们，也来拼命地读《约翰·巴雷肯》。虽然书中明明说他戒了酒，而读者依旧加以歪曲，以为他是一个终日沉湎的醉汉呢。

《约翰·巴雷肯》发出新鲜而集中的力量，成为一九一九年美国实施禁酒令的主要因素之一。想一下，一个时常用酒来麻醉他那私生子的隐痛的人，一个从喝酒取得大量趣味、兴致、和友谊的人，一个没有丝毫戒酒意向的人，居然提供改良家以武器，造成美国禁酒时代的诸多恐怖，乃是充满讽刺的人生中一大讽刺呢。

一季一季地过去了，他眼见他的田地在春季耕过，种过，先变绿，然后在晚秋变黄，被干燥的秋季太阳晒成腐叶色，最后被冬季的雨水淹没。他以他的著作、他的新垦地，他的无数朋友自豪。因为他的生活中一切顺利，"那不变的笑容"永远不离开他那俊秀的爱尔兰型的脸。芬·弗洛力契说道，"我从来不曾见过有那末大的吸引力的人。假如一个传教士能有那末大的爱心，全世界都要信宗教了。当杰克谈话时，他是奇妙的；他的眼睛是大的，他的嘴是既敏感又富于表情的，他说出的话好象潺潺的流水。他是有内容的，他的头脑每一分钟跑六十里路，你追不上他。不拘他谈什么，他的嘴一张开，诙谐就来了，你不得不笑得要命。"

他是快活的，人人爱他，他的工作大踏步地进行下去。

当他初买希尔牧场时，他曾写信给克劳德斯雷·约翰斯道，"我并不要从事畜牧；这里唯一开辟出来的土地要用来长草。"但是他发见他在耕种和畜牧方面的兴趣增长得很快，每一种新发展把他导入若干新的工作。他定阅农业报纸和杂志。写信给加利福尼亚大学农学系和州政府，索取报告和指导。过了几个月，他觉出种田和畜牧是有趣的事业，他已经入了迷。厌倦了国外冒险，他现在开始国内冒险了；种田成了他的嗜好。他怀着素有的热情投身于那种新的事业，不久就发见，他所获得的知识已经使他多少象一个权威了。

他愈研究加州的农业,愈觉得它不对,愈认为全部农业制度是那经济制度一个复本,没有计划,浪费,需要用科学方法来改造。他有地,他有钱,他有知识和决心;他决定用这些东西来挽救加利福尼亚的农业。他继续研究下去,渐渐地在头脑里形成一种模范农场的影子,那就是他的继父约翰·伦敦要在阿拉麦达和利味摩尔创办的农场。他要用若干年来建设的模范农场将给全国农业指出一条向上的路,将使农人们从他们的土地和牲畜上得到品质优良的产物。

他研究清楚,科勒尔和拉摩特两个牧场已经乏了,没有用了,因为先前的主人们耕种了四十年,未施过肥料,未使它休息过。他发见当地的牲畜已经退化;所用的种牛都是弱小的,没有种系的;马、猪、山羊都是劣种的。加利福尼亚肥沃的山地未经利用;"我们应当发展科学方法,变山坡为生产区"。据他推论,假如他把土地和牲畜改良,假如他推翻周围农人们那些浪费的有害的方法,假如他只生产最高级的产物,他可以使那一州的那一区都从事农业。为要达到这个目的,他和伊丽莎把全副资产、精力、才干都用上去了。杰克把每一件事与伊丽莎商量,然后由伊丽莎发号施令,监督工作。

"目前我是六个破了产的牧场的主人,这六个破了产的牧场归我一人所有。六个破了产的牧场至少代表十八次失败;这就是说,至少有十八个旧派的农人损失了他们的钱,伤了他们的心,丢掉他们的土地。摆在我面前的问题是这样:用了我的脑,我的判断力,以及所有最新的农业知识,我能在那十八个人失败过的地方成功吗? 我已经把我自己、我的人格、我的财产、我的著作,以及我一切所有的东西都押在这一事业上了。"

他在开辟出来的田地上种植大巢菜和加拿大豆,一连三年不加收割,以滋养土壤。面对他的牧场屋有一些未经耕种的山坡;他派工人们去开辟,照他在朝鲜所见的样子铲出梯形来。他派二十二个工人在葡萄园里摘葡萄和挤葡萄汁。他对伊丽莎说,葡萄必须卖够成本,然后骑马去格伦·爱伦投当地禁酒票,因为他相信,酒馆是工人家庭的敌人。他相信几年内就要全国禁酒,同时知道葡萄园的土壤已经耗竭,不能有好的收成,因此他派工人们拔除七百亩葡萄树,在地里施上肥料,然后种上攸加利树,因为他相信,结所谓塞尔加细亚核桃的攸加利树,可充装饰和建筑的硬木用,会有很大的需要。第一年他种上一万株,第二年又种上两万株,直到他种了十四万株攸加利树,然后告一段落,一共用去种植费四万六千八百六十二元。"我现时不过种一种。二十年后,用不着我在它们身上费一点气力,它们就要很值钱了。"他以为他的投资象银行里的钱一样安全,并且可以为他赚到百分之三十的利息。

他在别的田里种甜菜,萝卜,红燕麦,谷类,雀麦,干草,紫花苜蓿。伊丽莎从加利福尼亚大学受函授课程,研究种植方法。他正在着手创办第一等的牲畜场,凡他认为用得着的东西,都要准备起来。路德·布尔班克从他在圣大洛莎的实验园带来一些无刺的仙人球。喜欢尝试任何东西的杰克种了一块地,供饲畜用。

作为养马的基础,他用两千五百元买了一匹得奖的运货种马,然后买了四匹良种的运货牝马,七百元一匹。因为他相信高大的工作马又要行时,他把旧金山脚夫用得不能用的牝马全数买下来。那些马因在石子上走路害了脚痛症。他需要更多的工作马料理田地,但是找不到他所要的那一种,于是特意去南加利福尼亚购买。当他找不到他所要的那一种大牛和小牛时,他在农业杂志上登广告征求,赴萨克拉门托牲畜比赛会,购买得奖的牲畜:一头得奖的牛,用去他八百元,用来传种,又买了八头好小牛,每头三百五十元。他在市场上买到一些良种的猪,八十五头安哥拉山羊,经过几期科学传种后,他计划以低价卖一些给邻近的牧场,以改良他们的牧畜的品质。他也计划照约翰·伦敦选菜的样子选牛肉和猪肉,要把最好的肉卖给旧金山的旅馆。为要收容他那繁殖迅速的牲畜,他建造新厩,新圈,买下格伦·爱伦一个全套的铁匠铺,搬到牧场上来。为要安置他那愈来愈多的工人们,他建造茅舍,木屋。

他写作关于新农业的论文,为一部"返回土地小说"准备材料,同各农学会和各实验农场交换无数的信件,对好奇的报纸访员发表关于他的新事业的谈话。他去洛杉矶买牲畜,住在他的老朋友雕塑家辟安诺家,对那里的访问者们说道:"加利福尼亚的土地种上四五十年就瘦得不中用了,而中国的土地种上几千年依旧肥沃,我开始研究其中的道理。我采取不从牧场取出东西的政策。我种出东西,用来喂牲畜。我买来那地方前所未见的第一架施肥机。我派工人们清除树丛,把树丛地变成耕地。我国临到不得了的情况,正确的农业方法一定取得好结果:十年之内,美国的人口已经增加了一千六百万。在那十年内,猪、羊、奶牛、肉牛,由于大牧场变为小农场,实际上已经减少了。养育优良的牲畜、保护和改良土壤的人一定能成功。"

借了经营他那一千一百亩地,他可以给工人们工作,使他们可以维持生活。他吩咐伊丽莎说,任何来找工作的人,在他赚得三四天的工资、吃过三四天公道的饭食以前,不得凭任何理由打发走他。假如没有工作给那个人作,她要找出工作,派他去清除山坡上的石头,或在田地中间修篱笆。他对监造狼舍的弗尔尼说道,"弗尔尼,在作过三四天工作以前,一定不要任何人走,假如他是一个好人,那就留下他。"伏尔桑和圣昆廷两监狱有找到工作就可以宣誓释放的罪犯,他们写信给他,请他雇用。他几乎时常对监狱当局说,他可以给宣誓释放的人一种工作,只有在他没有床位或住处时才加以拒绝。一个被拒绝的罪犯回信说道,"你不必怕让我在住宅附近工作呀。我不会偷东西的,我不过是一个杀人犯哪。"大多数时候有十个宣誓释放的工人住在牧场上工作。

到了一九一三年,他的畜牧事业达到最高峰,他所付出的工资达到每月三千元的高额。他雇用着五十三个人从事农场工作,三十五个人建筑狼舍,依以为生的几乎有一百个工人及其家属,或足足有五百个人。在发工资的日子,他骑马跨过田野和冈陵,从系在腰间的口袋里(他过去带去克朗代克的同一钱袋),取出金元来给工人们。他为工人们安排工作这见解给他无穷无尽的乐趣,与他从农业实验和加利福尼亚农业救主这念头上得到的乐趣一样大。

邻近的农人们讥笑他放弃三次收获,讥笑他们所谓"八小时社会主义者"牧场上的工作。他过去为了造斯拿克号受嘲笑,正如这时为了开办模范农场受嘲笑,那时他曾诉苦道,"一个人选择一种清洁而正当的方法赚钱和用钱,于是每一个人都攻击他。假如我去赌赛马,追歌女,就要有无穷无尽的任意的批评了。"对那些劝他不要用那末多钱来作实验的人们,他回答道,"我的钱是诚诚实实地赚来的,不是从工人身上榨取来的。假如我要用来给工人们职业,振兴加利福尼亚的畜牧业,我为什么没有权利用我的钱谋我自己特殊的享受?"

他也的确自得其乐。他骄傲地把每一个新客人领到牛奶棚,指示每一头牛的出奶纪录,肥沃的苜蓿田和五谷田,改良的肉牛,猪,和山羊。一头牲畜在牲畜赛会上得了奖,他就非常开心了。当他携带茶弥安和中田乘帆船或马车出外旅行时,他不断地写信指导和吩咐伊丽莎,她也写信把牧场上发生的事详详细细地告诉他。他写信给她道,"注意牧场上的猪喂了没有。雀麦田怎么会被水淹了呢?不要忘记用那匹种马呀。机器和水管子遮蔽得避开太阳的热度了吗?那些猪得了霍乱,使我很伤心。要修理二十栏牲棚的地基。现在是使用每一匹马和马驹的时候了,也是在放青外加喂的时候了。果园周围的石墙,要工人们专用大石头来修,这样他们可以修成一道好看的石墙。"每一种东西都要最大的最好的:狼舍,石墙,苜蓿和五谷,拉车马,牛,猪,羊……他那有力的单纯的君王感总使他觉得,他应当作人类之王(最后的要成为最前的,私生子要成为君王);他那同样有力的弥赛亚感使他要解放美国的文学,美国的经济,这时候要从破坏和衰落中搭救美国的农业了。

他每年从写作收入七万五千元,却支出十万元。他所有的每一件东西,连他的前途在内,都重重地押了出去。每月一日,他和伊丽莎坐在餐室角的书桌旁,一同看帐簿,发愁无法弄钱来应付需要。有一次他窘得非常厉害,伊丽莎不得不把她奥克兰的房子押了五百元,为牲畜买食料。他寄去东部的信不断地要钱。"请把你未付的小说稿费寄来吧,因为我正在加利福尼亚建造第一所石头谷仓。……""你得预支给我稿费五千元,因为我不得不建筑一个新的牛奶房。"……"我即刻需要一千二百元买打石机。"……"你得立刻寄给我一千五百元,因为我不得不修一道瓦筒泄水沟,免得我的头等沃土被水冲掉。"……"假如你肯预支这一套小说的稿费,你就使我可以用四千五百元的廉价买邻近的四百亩的傅兰德牧场了。"他给了东部的编辑们一套科学畜牧的教育,但是他们有时忿忿地叫道,"伦敦先生,假如你一定要添买一窝猪,我们简直不能帮忙,"或者说,"我们并不以为开垦你的新田地是我们的责任呵!"其中一个甚至大胆对他说道,"一个作家拥有一个农场,只要他不想去经营,倒也罢了!"经过若干延宕,烦恼,争论,打过若干焦急的愤怒的电报,他才能得到钱,总用在他所要作的事上,他建造了不是一个石头谷仓,而是两个;盖了牛奶房;买了打石机;装了若干里的水管子;买了傅兰德牧场(这时他的地产是一千五百亩了);在狼舍上装了价值两千五百元的瓦屋顶。经过了三年的操作,狼舍已经用去七万元,还有许多工程待完成,钱来的愈快,从伊丽莎那不情愿的手中流出愈快,因为,在杰克看来,更多的钱的意思是,他可以雇更多的人,开垦更多的地,增加新的牲畜,新的灌溉和泄水装备。他所欠的债从来不少于两万五千元;时常是五万元。

在他这时负责养活的工人之外,有不断增加的亲戚,亲戚的亲戚,朋友,朋友的朋友,宾客,难民,食客,各式各样的寄生者。慷慨在他是象呼吸一样自然。美国的每一个流丐都知道,杰克是他们过去同志中最显赫的人物,叨扰他一顿饭、一杯酒、一张床是不成问题的,他们大多数人把美的牧场列入他们的旅行指南。吉木·杜莱象杰克一样,作过大路的流丐,后来成为著名的小说家,据他说,有一晚,在洛杉矶,当一个穷汉向杰克讨一张床铺时,杰克把一块五元的金币塞入那个人的手中。据约翰·海因后尔说,他走进"最后机会酒馆",买了一瓶威士忌,只喝了一杯,然后把五元的金币留在柜台上,说道,"约翰,对伙计们说,杰克·伦敦来了,喝他一杯吧。"

囚犯们寄来他用不着的手织马勒。他寄给他们每条二十元,因为他不能谢绝一个想赚几元钱的坐牢的人。

几乎他所有的朋友们都借他的钱,不是借一次,而是继续地借。从来不曾有一元钱归还。他从邮局收到成千封讨钱的信,他打发了一大部分。完全陌生的作家们来信请求在他们写作长篇小说时得到补助;他就按月寄给他们钱。社会主义的报纸和劳动者的报纸经常感受财政困难,他为他所有的朋友们出钱定阅,也寄给他们却酬的论文和小说。当社会主义者或劳工组织者被捕时,他为他们出钱辩护。当各地罢工因缺乏维持费行将失败时,他为他们出钱办流动厨房。他听说有一个在世界大战中失去两个儿子的澳洲女人,不经请求,他每月寄给她五十元,到他死为止,不曾间断。一个纽约山中的老妇人写信向他诉苦,正值他银行中没有一元存款,他写给布力德一些感伤的信,求他寄钱给那个女人,从他将来的收入中扣除。当旧金山要开办歌剧学校时,他应许每月捐助若干。一个他不认识的来自奥力冈的社会主义同志写信说,他要把他那怀孕的太太和四个孩子留在牧场上,他自己去阿利桑纳医痨病。杰克用电报通知他说,他没有容纳他们的房子或床位。那一家人已经离开奥力冈;当他们来到牧场上时,杰克不再提那个电报,为他们找了一所房子,养活那一家人,照顾那位太太生出第五个孩子。六个月后,当那个父亲从阿利桑纳回来时,他才把那一家人交还给他。

社会主义同志们写给他成千封信,要求来牧场上居住。"只要给我一亩地和几只鸡,我就可以搞好了。"——"你不能留给我几亩地和一头牛吗?这是我的全部家庭需要。"他吩咐伊丽莎不要再雇人,但是一个工人带同老婆孩子来到牧场上,因为他听说,一个人总可以在那里找到工作,于是他自己把他雇下来。管帐的伊丽莎说,杰克所赚的钱有一半给了别人。凡会说一个好故事的人,都可以感动他,不过有一半他不待请求就寄钱去了。他只有一次拒绝给援助;赛拳家巴布·菲西蒙斯的老婆打电报给他,说,她即刻需要一百元,但是并未说她需要钱的理由。他正在绞脑筋筹三千元,交保险费和押款的利息,于是回电说,他已经破产了。两天以后,他见报上说,菲西蒙斯太太已在县立医院的慈善诊所动手术。他永远不饶恕他自己;自此以后,当人们向他要钱时,他自己没有,就出外去借。

　　他自己用钱很少,吃得穿得都很简单。他把大量的钱用在他的朋友们身上,用在招待客人们上,永远不望回报。当他出外赴宴会时,他在离家以前先吃半磅煎肉,因为他对别人的烹调不感兴趣。他在金钱问题上是那末固执,在他的牌桌上,任何客人都不许给别的客人借据。他收起借据,把钱付给赢家,然后把那张债券放在一个烟卷盒里。有一天,当弗洛力契经过杰克的书房时,一阵白纸片从窗口飞出来。他拾起了几片,知道杰克又撕碎一盒借据。

　　加利福尼亚人最富于地方色彩,杰克乃是加利福尼亚人的典型。正如大多数加利福尼亚人,他对朋友和相识是老实的,不装模作样,但是对他自己却是一个自大狂者。他计划在将来写成百篇的短篇小说,论文,长篇小说,他在那些笔记上一成不变地写道:"伟大的短篇小说","非凡的长篇小说","可怕的意见","难得的劳工材料","壮丽的故事"。正如大多数加利福尼亚人,他是健壮的,诚恳的,具有强烈的物质嗜好,崇拜美,力,巧,身体的享受,因而崇拜艺术和文化的果实。他象孩子一般爱游戏,爱玩笑。他最喜欢笑,不是轻轻地笑,或微微地笑,乃是轰然大笑。正如大多数加利福尼亚人,他是随随便便的,憎恶古板的人们,古板的观念,以及先入的偏见,不能忍受习俗的束缚,以破坏偶象为乐。正如加利福尼亚的西班牙的先辈们,他的家是一切流浪者(不问贵贱)的避难所;不吃过一顿饭,喝过一杯酒,睡过一晚,不打发任何人走。在有二十个客人坐下来分享他的食物时,他就最快活了。正如西班牙的先辈们,他喜欢宽阔的地方,不能忍受拥挤,要作一片领土的主人,那片领土要大到他骑马走好几天才能走完。

　　正如那些开辟加利福尼亚的挖金者,他排斥金钱,因为钱赚得那末容易,那末多,他借了挥霍钱对世人表明,他不要作钱的奴隶。他滥用他的田产,他的脑力,他的钱,他的友情。正如大多数加利福尼亚人,他要用尽力量作一切事:工作,游戏,笑,恋爱,休息,征服,创造。他是独立的,自主的,难于驾驭的;喜怒无常的,轻浮的,不检点的,刚复的,暴躁的,残酷的。正如大多数加利福尼亚人,他厌恶精神的和肉体的怯弱,他赋有强大的个人的勇气。"他具有一头熊的精神,"伊拉·派尔说道,"他不怕侵犯任何人或任何事。"正如大多数加利福尼亚人,他以为自己是一个拓荒者,一个开路者,一个更好的新文明的创造者。因为他周围的一切是那末有力,那末庞大,那末丰富,他对自己抱无限的信心,认定加利福尼亚土壤中生出的一切东西都是最伟大的。

因为他住在那末肥沃那末富于自发性的地方,他也是富于自发性的,很快地发生新的意见,新的热情,很快地发生爱情或忿怒。他崇拜美和自然,因为他被那壮丽的自然美所包围。不耐烦,无节制,躁急,傲慢,夸张,他内心具有对原始情态的爱好;但因生活在浪漫的环境中,他那粗暴的性格杂有对美和痛苦几乎象女性的敏感。豪放,诚实,暴躁,粗鲁,他不猜疑任何人,在他证明相反的情形以前,他相信每一个人都是诚实的。结果他时常是轻信的,易受欺骗的,易受愚弄的。他在无畏、健壮、顽强方面正象绘在州旗上作徽章的灰色熊①。他在信仰和友情方面是历久不变的,非常慷慨,痛恨人类的贫穷和不义,他是一个真正的异教徒,他的宗教是泛神的,崇信环绕他的自然美和自然力。他是一个不折不挠的乐观家,相信人类的进步,愿意用他的生命贡献人类一种合理的文明。

在一九一三年春季,他是世界上收入最多、名气最大、声望最高的作家,他填补了吉普灵在那世纪初所占的地位。他的长短篇小说被译成俄、法、德、瑞典、挪威、丹麦、荷兰、西班牙、意大利、希伯来等文字。他的照象不断地经过复制,千千万万人认识和爱好他那年青的、俊秀的、轮廓显明的脸。

关于他的谣言和逸话远播到鞑靼的旷野。他所说的每一句话,他所作的每一件事,都在报纸上演述出来;当他没有可演述的行为时,访员们编造出新闻来。"我记得,在一天之内,有关于我的三条消息登出来:第一条说,我的老婆同我在奥力冈的波特兰市吵了架,已经装起她的萨拉托加

---

① 加利福尼亚州旗上绘有一头熊。——译者注

箱子,搭去旧金山的轮船,回娘家去了。第二条谎话是,在加利福尼亚的攸利加镇,我在一个酒馆里被一个有钱的木商打了一顿。第三条谎话是,在华盛顿州的山村中,我捉到一条无法捉到的湖鱼变种,赢了一百元的赌注。事实上,在他们所说的那一天,我的老婆和我深居奥力冈西南部的森林中,远远地离开了铁道,汽车路,电报线和电话线。"

虽然他从不回答这些报纸上的谣言,也不为他自己辩护,他却时常为这种事烦恼,不开心。"一个大学女生荡进勃克雷内地的山中,受了一个流丐的攻击,你知道各报纸怎样说吗?它们说,那一定是杰克·伦敦!"旧金山的报界俱乐部从来不曾邀请过他,但是当那个俱乐部的会员们决定建筑会所时,他们却求他捐助两千元;他从拒绝请求上得到快乐,这是唯一的一次。

有一些论文和小册子用了他的名义发出,这比造他的谣言更坏了。一张题名"军人的理想"的传单给他惹的麻烦最多。"青年人:你一生最下流的目的是作一个好军人。'好军人'永远不要分辨是非。假如他奉命枪杀他的同胞,他的朋友,他的邻居,他毫不踌躇地服从。假如他奉命扫射拥挤在街道上要求面包的穷人,他也服从,眼见老年人染血的白发,女人胸前流出的鲜血,他既感不到悔恨,也觉不出同情。一个好军人是一个无眼睛、无心肝、无灵魂、杀人的机器。"

这篇传单写得很巧妙,在情调和文字两方面,非常象杰克作的。美国陆军军官们因在籍军人所受的侮辱而大闹起来。他们向国会提出抗议。邮政局决定控告他从邮局散传单。杰克竭力否认写作的责任,总算把官事拦下,但是那个"军事谣言"所引起的攻击一直继续到他死。

冒名的人们在美国各地出现,戴着他那著名的宽边帽子,系着蝴蝶领结,穿着短外衣,必然引起许多报纸记载了。他们冒他的名演讲,卖稿子,领导反墨西哥总统狄阿士的革命军,发假支票,以至同女人们调情。经常有人写信来说,他们在什么地方见过他,而那地方是他从来不曾到过的。这一切都使他觉得有趣,终于有一个冒名的人在旧金山出现,开始同一个名叫贝布的女人恋起爱来。贝布寄来格伦·爱伦一些明信片,问他道,

"你不再爱我了吗?"签名是"你的情人"。因为他的出生身份不明,陌生的人们认他作儿子,兄弟,叔伯,堂表亲。纽约的奥斯威果有一家,传出一篇故事说,杰克·伦敦实际上是哈利·山兹,在十四岁上逃出了家庭。各报纸把哈利·山兹和杰克·伦敦的象片并排印出来,使大家有机会看出两者的相似之处。

在对他的好评和有利的传说中,时常杂有对他的攻击。有人指责阿拉斯加的叙述失真,不知所云。与杰克同去育康的弗雷德·汤普生,在阿拉斯加住了二十年,看到上面的批评,吃吃地笑起来,他记起牢守阿拉斯加的人们怎样急于阅读杰克的克朗代克故事,以为这是写他们的最可靠的文字。

指控他抄袭的案子几乎无日无之。远在一九零二年,他就被控以窃取弗兰克·诺力斯已发表的一篇小说。后来听说,还有第三个人发表过同一题目的小说,经过调查之后,才知道,这三位作家同为这发生在西雅图的一件事的报告所苦恼。杰克曾根据斯坦雷·瓦特鲁的《阿布的故事》写成《亚当以前》,书出后,瓦特鲁在国际加以丑诋。杰克回答说,他受过瓦特鲁的好处,不过原始人并非私人专有的。流浪作家和编者弗兰克·哈力斯有一篇论文被杰克节引作《铁蹄》里伦敦主教的演说词,于是哈力斯把他的文字与杰克的并排印出来,证明杰克是一个文贼。杰克仅能答辩道,"我上了当,并非抄袭;我以为哈力斯引自一种历史文件呢。"

为要维持他的用度,以及牧场和狼舍的建设费,他不得不连续不断地生产卖得出的小说。假如他敢停下来透一口气,他的全部负担和债务的上层结构就要坍到他头上来。他的阿拉斯加故事的销路是最靠得住的,他一面不断地写作,一面叹气道,"我依旧想把我自己从克朗代克挖掘出来呢。"他的头脑是灵活的,丰富的,健旺的,他虽然用力使每一篇东西卖得出,他的阿拉斯加故事有许多篇写得很好,同时他的《南海故事》中的《麦珂伊的种子》和《避不开的白种人》,《骄傲之家》中的骄傲之家和《科纳的执行官》,也都写得很好。只有乌烟·贝流小说是为了赚钱写的。他写在纸上的小说久已在他的头脑中要求表现:钱的需要是写下它们的直接诱因。在他的早期的糊口论文之外，乌烟·贝流小说是他最早的没有文学价值的雇佣工作；这些小说把士敏土、木料、铜料供给他的家庭。他用诚恳的充实的商品报答这些种商品。"我不喜欢写作十三篇乌烟·贝流小说那工作，但是我在写那些篇小说时，并不曾妨害我的最好的小说。"

他的短篇小说开始失去精采，部分由于他厌倦了那短短的形式，觉得太受限制。他想专写长篇小说。他在这时期所写的两部，《约翰·巴雷背》和《月谷》，不仅是他的著作中最好的，也可以与美国从来最好的长篇小说并肩。"月谷"的第三卷叙述他的农业意见，应当写成专书，此外的部分乃是杰克·伦敦心和脑中所有的最伟大的思想和著作。他对洗衣女萨克逊和赶牲队的彼来的描写具有绝对的信心；泥水匠工会在威塞尔公园（杰克年幼时星期日下午曾在那里扫除酒馆）聚餐的场面的描写乃是爱尔兰-美国民俗的经典作；奥克兰铁道罢工的场面，在二十五年后，依旧是美国罢工文学的模范。

有时他不得不为了替各杂志找适当的故事着急。就在这种迫切的时期，他接到辛克来·刘易斯一封信。刘易斯就是那个瘦长的红头发的家伙，曾为《耶鲁新闻》作过一篇访问记，这时想要作一个作家了。刘易斯寄给他几个故事的大纲，供杰克采用……七元五角一篇。杰克研究之后，选用了《恐怖之园》和一篇别的，寄给刘易斯一张十五元的支票。刘易斯赶快回信，向杰克道谢，并对他说，这十五元这时是抵御纽约寒风的大衣的一部分了。

后来，刘易斯服务于美国聋哑教育促进会，又寄给他二十三个故事大纲。他在附信中希望杰克能采用相当大的一部分，以便他有机会恢复自由写作。他说，他只有牺牲了睡眠才写得成东西。杰克依定价用两元五角买下《幻灭之家》，每篇五元买下《浪父》《约翰·阿菲力之罪》《解释》《介绍》《侠客》《给男人灵魂的女人》；每篇七元五角买下《拳术家》《常识监狱》；十元买下《辛辛纳图先生》，一共寄给刘易斯一张五十二元的支票。不管刘易斯把这一笔钱用在什么方面，他骄傲地写给杰克说，他保持了红党或社会党的身份。杰克根据这些意见写出短篇小说《当全世界年青的时候》,中篇小说《不可测的莽人》,在《通俗》杂志连载。他写给刘易斯说,他有生以来第一次厌倦一篇故事,不知道怎样处理刘易斯的《暗杀局》。刘易斯的职业自尊心受了激动,写给杰克一长篇说明怎样改写这篇故事的纲领,不另索酬。

他对向上的作家们最为慷慨。向他求援的作家数量大得惊人,他们的稿子象蝗灾一般遮黑他的天空。他一生没有一天不收到满怀希望的作家的稿子,他们求他加以批评,改写,代卖。这些稿子由一页的诗篇到八百页的小说和论文,他极端细心地加以阅读,然后写给作者长篇批评,提供他费时若干年研究出来的文学技巧。他把自身最好的东西献给这些陌生人,既不吝惜时间,也不吝惜精力。假使他觉得这作品是好的,他就设法卖给一个杂志或出版家;假如他以为不好,他就把他这样想的理由告诉作者。他的诚恳的批评时常引起激烈的反诘;他并不因为事前知道几乎一定得挨骂而不肯指给这些作家们,他们的作品坏在什么地方,以及怎样可以改善。有一次,他在退还一个作家的稿子时,寄给他一篇严厉的批评,那个作家回他一封格外恶毒的信。杰克在一夜之间只睡了三小时,用大半夜的时间写给那个有志向上的作家一封精采的忍耐的信。那封信长达七页纸,倘是一篇小说,可以使他收入五百元了。他在信中劝告那个人怎样接受批评,借以改善他的作品。

他所忿恨的作家只是那些要求他指教成功捷径的人。杰克对那些人说道,"一个人既然梦想艺术,又觉得非有别人扶持不可,这人的作品命定是平凡的。假如你要交出真正的货色,你不得不自己用力。振作起来!尽上自己的力量!靠你自己!不要诉苦。不要对我或任何人说,你以为你的作品是多末好,你以为这作品象别的什么人的一样好。要使你的作品好得你没有时间或心思拿来与别人的平凡作品比较"。

在与编者和出版家共生意时,他是同样的慷慨和诚实。他从来喜欢"大方",也经常为对方商人的"小气"所苦恼。他是温文的,谦让的,容易相与的——不过一旦他断定某人在骗他或损害他的作品,他就不同他客气了。他就怀着一头怒熊的凶猛扑向那个侵犯他的人。

《灼人的日光》在一九一〇年发表,从那时起,他给过麦美伦一篇题名《盗》的剧本,一部题名《斯拿克号的航游》的南海论文集,四部短篇小说集,销路都不好。这时布力德对他说,短篇小说集的市场已经被普通杂志取而代之了。这一类的杂志成打地出现,满载使杰克成名的行动小说的摹仿品。布力德觉得无力应付他那经常预支稿费的要求。他所预支的数目不大有少于五千元的。经过十年来成功的合作,他在一九一二年与布力德和麦美伦分了手。他随后与世纪公司签了一个合同。那个公司发表了《乌烟·贝流故事集》《夜生者》《不可测的莽人》,但是不肯每月预支一千元,连支三个月,以便他写《约翰·巴雷肯》。他同世纪公司的关系从来是不愉快的,当《约翰·巴雷肯》成为三年来第一次大成功时,他打给他们一连串火气十足的电报,要求解除合同,以便他回麦美伦公司。

"所有出版家都同意,你们可以转让巴雷肯。唯一的障碍是得厚利的希望。你们肯为了一小把银子出卖你们自己和你们公司的商誉。请记住,我并不是一味认得钱的人,读巴雷肯的千千万万人后来就要读关于你们的事了。这件事的反响要使你们长久向世界谢罪,到你们在坟墓里变成灰时,现在尚未生出的人们的头脑中的反响要翻动你们的灰。我要你们回答,你们是人,不是挖钱器。……我受过你们梦想不到的苦;我有你们不能有的耐心。我轻视个人的利益和财政的自肥,这是你们不能理解的。任何时我可以从镜子里看我的脸,比你们从镜子里看你们的脸时,格外觉得欢喜。……我抬起眼来看我的书架子,上面有我写的已经出版的三十四部书。在这三十四部一整行书中,只有小小的一本——《不可测的莽人》,刚刚由你们出版。这是一个小出版家想发表一个大作家的作品。……依旧在等待对我一九一三年五月十日的长电的答复。你们已经有几天的时间,吃星期日的晚餐,看你们的老婆孩子,发善心,近人情。那末,喂,对我发善心、近人情吧,解脱了我吧。你们知道,我可以移交给一个新出版家的资产是巴雷肯。放松那几块钱的利润,让我不要赤身露体地离开你们吧。"世纪公司不肯答复,于是他发出最后一封绝望的电报:"我懂得任何人心中的怒气,但是阴沉是那末原始,那末象一匹劣马,在自命为现代的文明的人们,我无法理解这样一种态度。"

当世纪公司终于拒绝放弃《约翰·巴雷肯》时,他写道,"我生平受了太多打击,不会为了受打击怀恨了",于是认真与他们合作。不过,在《约翰·巴雷肯》出版以后,他回到麦美伦公司,不再冒险了。他对布力德说,他想废除世纪公司的合同,是他自己有一点蛮。

在一九一三年夏季,他和茶弥安造访加美尔的斯特灵家,度了几个快活的星期,在海滨游泳,在沙滩上晒太阳,采鲍鱼,在海滨用柴火炖鲍鱼吃,作了大量的打油诗,其中有一首是:

> 有人夸说鹌鹑好,
> 食之皆因逐时髦;
> 我虽房租付不出,
> 尚有鲍鱼堪一饱。

在他那美的牧场上,在清凉的早晨,他继续写他那一套长篇小说。他写成《爱尔西诺尔号上的叛变》,《大同》杂志用《海匪》的题目连载。书的前半含有一串行动,写得很好,特别是海上的知识,他因此被唤作美国的康拉德[1];另一半由主角来谈行动,写得很不好,因此这部书未能流行。

在下午,他沿着肥沃的田地旁边的小路骑马,流览在强烈的太阳下熟起来的田禾,在包易士泉的水池中同朋友们游泳,以结束一天的生活。在回家的路上,他在每一家酒馆前停下来,喝一杯酒,听一个故事,取一次笑。在黄昏时,他骑马到狼舍,同弗尔尼和工人们谈话。到一九一三年八月,他已经在他那将近完成的房子上用去八万元。各报纸严厉地攻击他,说他是建造皇宫的变了节的社会主义者。社会党员们发了怒,觉得他们被出卖了。据派尔说,杰克在因他的房子的考究而受责难时,总觉得不安。他对报馆访员们说,不拘他的狼舍是多末大,他不是一个资本家,因

---

① 近代原籍波兰的英国小说家。——译者注

为这是用他自己的工资来造的;当人人说狼舍是皇宫时,他回答说,这些考究的杉木和红石头都是属于他的,假如这地方象查斯丁尼①或该撒的皇宫,那是一种幸运的巧合,并不多费他什么。哈力生·菲雪②对他说,他拥有美国最美丽的住宅,这时他知道,他用在狼舍上的一切金钱和劳力都是值得的了。

八月十八日,清除的日子终于到了。电力工程师已经装完电线,木匠和铅管匠也完了工,弗尔尼的工人们在收拾用来擦木料的蘸松节油的棉麻屑。到第二天早晨,就要有一班人把杰克和茶弥安搬进他们的新家了。在那一夜,弗尔尼同杰克在牧场屋中工作到十一点,然后经过狼舍走回他自己的宿舍。在将近早晨两点钟时,他被惊醒了,一个农夫冲进来喊道。"弗尔尼,烧起来了! 狼舍烧起来了!"当弗尔尼来到谷边时,狼舍已经是一团火了。

几分钟内,杰克披头散发、上气不接下气地跑了来。他突然停在过去同意大利工人们唱歌喝酒的圆丘上。他前面是一片呼呼叫的大火,房子的每一部分同时烧起来。那时是八月中,没有水。他别无可作,只有站在那里流泪,眼见他那最伟大的人生梦想之一归于毁灭。

每一块木料都烧起来;连窗架都发出一种不自然的蓝色火焰。在环绕住宅的杉林之外,有一堆预备装饰杰克的卧室的杉木。那一圈杉树林并未着火,但是圈子外的木头却烧起来了。被指控纵火的有多人,大部分见于寄给杰克的匿名信。与伊丽莎离了婚的希帕德,就在那一天同杰克吵过嘴,他受了指控。一个因打老婆被杰克赶出牧场的工人,有人在附近看见他,也受了指控。一个坏脾气的工头受了指控。弗尔尼受了指控,妒嫉的社党人受了指控,失望的流丐们受了指控。弗尔尼觉得,这场火是自发性燃烧的结果;用来擦木料的蘸松节油的棉麻屑会发火的。这说法不能解释全部住宅同时烧起来的道理。假使火从任何一个房间发出,它不

---

① 六世纪东罗马帝国皇帝。——译者注
② 近代美国名画家。——译者注

能蔓延到石壁以外来。假如通了电流,有毛病的电线可以使所有房间同时起火……不过没有电线伸到住宅以外树林以外的杉木堆呀……。

杰克相信,住宅倘不是被人类的手烧掉,就是被命运的手烧掉,总之不要他享受他的劳动之果,不赞成一个社会主义者住一所皇宫。在那漫漫的痛苦的夜间,他只说过两次话。当火焰正旺时,他嘟嚷道,"我宁愿作被烧掉房子的人,不愿作那个烧房子的人"。到天亮时,只有烧不掉的石头外壳留下来,他静静地说道,"弗尔尼,明天我们要开始重新建造。"

他永远不曾重新建造狼舍。他心中有一种东西在那一夜烧光了,永远消灭了。

二

性教育新论（节选）

[德]布士克、雅各生

第八章　胎儿之发长

在赫特维喜(Oskar Hertwig)以前，便有人观察各种动物界卵与精虫的结合，但赫特维喜对海胆透明的卵这一过程的研究已经成为经典的了。表明卵总由一个精虫受胎的便是他。关于植物界同一过程的研究，德国植物学家普灵谢木(Nathaniel Pringsheim)是先驱者之一。

当精虫接近时，遮蔽卵的黏液膜上现出一个突起，精虫便从那里贯入，被它的尾巴的波动推向前方。精虫的头一经贯入，卵黄中便起了一种凝结作用，因而形成一种卵黄膜，阻止其他精虫入内。精虫的尾巴，既经完尽其功用，便断下来，留在卵外边。精虫的颈部变成一个中央小体，它的头部变成名为男性卵基的东西，卵的原来的核心构成女性卵基。男性卵基和女性卵基互相接近，终于在已经受胎的卵的中央合成一个新的核心。在这个核心以外，在发展中的胎儿的细胞中出现无数万的核心。大有理由相信，人类受胎的过程，与赫特维喜在海胆方面所观察的情形十分近似。这里同样应当有男性卵基与女性卵基结合，以形成一个新的核心。在形成核心之精虫元素和卵元素的细胞分裂过程中，一种缩减过程发生了(meiosis)，结果每一核心的染色体的数目减少了一半。因此，当男性卵基与女性卵基结合时，新核心中染色体的数目是该种族一个特征。"假如没有这一种减缩分裂，两个含有原来染色粒数量的核心遇在一起，于是受胎的卵中染色粒的数量就要比父母的生殖细胞和其他细胞中的染色粒多一倍了。每发生一次性生殖，便增加一倍，过了若干代后，核心元素便要大得与细胞的原形质非常不相称了，其中就要没有容纳核心的空间了。"(赫特维喜)我们现时知道，染色粒(男女生殖细胞中最重要的核心成分)乃是造成个人特征的那些遗传品质的传递者。

在卵受胎以后，当它的新核心依上面所说的方式形成时，它依所有动物细胞的特有方式分裂。它的核心分裂为两个女核心，随后这分裂过程重演下去，细胞的数目依几何的级数增加为二、四、八、十六、三十二、六十四，如此类推，在二十次分裂之后，细胞的数目终于超过一百万。像这样产生的细胞名为胚原形质。这些胚原形质开始形成名为桑椹期卵的桑子体。这是一种空洞的圆球，它的外壳含有前边说过的胚原形质，它的内部充满了液体。当它增大时，这些胚原形质(开始时松松地连在一起)，变得紧凑起来，构成最早的"细胞组织"(tissue)。这时发展中的胎儿不再像桑子，所以不再名为桑椹期卵，却名为胚囊了。由紧聚的胚原形质构成的外壁名为胚膜。有一些动物和植物，此种胚囊的形成代表成年的发展现象。不过，在所有其他动物界(人类在内)，胚囊壳陷入一部分，液体也消失了(否则会把陷入部分的细胞与外部分离)，因此胚囊变成由两层细胞作成的小囊——像部分陷入自身内的手套的一指。这个囊名为胚套。构成这东西的两层细胞名为内胚胞层和外胚胞层。胚套口名为"原始口"(primitive mouth)。取一个壳上有一个小孔的空橡皮球，把球的一半套入另一半，因而把其中的空气挤出来。这样作成的双层套子的外层相当于外胚胞层，内层相当于内胚胞层，球壳陷成的口子相当于原始口。这个胚套阶段又是许多动物的成长形式，但在人和其他哺乳动物的胎内发展上，却是过渡的。赫克尔及其赞助者便把他们的学说建立在这一事实上，他们的学说是，个人发展是种族发展的重复。

在这形成胚套的两层细胞之间(有时唤作原始胚胞层)，这时出现了一个中间胚胞层，其中所含的细胞是由内层取得的。将来身体所有器官都由这三层细胞生出来。最外的胚胞层,名为外胚叶,由以生出皮肤、指甲、毛发、中央神经系、感觉器官;最内的胚胞层,名为内胚叶,由以生出肠道和脉管;中间的胚胞层,名为中胚叶,由以生出骨头、筋肉、外围神经、生殖腺、腹腔,等等。

当胎儿的原始器官一旦开始形成时,它便用力把自己从胚胞囊上紧缩下来。它的身体周围现出一道沟子,于是从胚胞囊上分出一部分来,后来形成胎儿的胞膜和附属部分。那道沟子愈来愈深,终于胎儿只用一条茎与胎胞囊(此后改称卵黄囊)下余的部分相连。胎儿在腹部方面渐渐地与卵黄囊分开。同时在它的背部生出两个囊来:一个内部的,接近胎儿,名为羊膜;一个外部的,名为假羊膜。羊膜形成一个含有液体的空洞,胎儿便在其中发展。

在结束这一章短短的关于胎生学的书以前,应当谈一谈怀孕和生产的生理学。我们若非说得极其简短,便会超出本书的范围,结了婚的男人,若要求得关于本问题的详细知识,请去参考这一学科的专门著作吧。

我们已经说过,受胎的卵嵌入子宫黏液膜中,子宫黏液膜在卵上面生长起来。怀孕期的全部子宫黏液膜名为蜕膜,这是说,这层膜要在生产时脱落。怀孕子宫的总衬里名为"真蜕膜",直接遮盖胎儿的部分名为"反射蜕膜"。胎儿所需要的营养,借了名为胎盘的器官的媒介,从母体获取。胎盘由胚膜之一的血管交织而成,用子宫黏液膜中胀大了的血管把胎儿围绕起来。胎儿的血液循环和母体的血液循环依旧是分开的,但在母亲的血中循环着的产物,透过血管,进入胎儿的血中,反转来亦复如是。因了胎儿长大,在怀孕期终了时,子宫大得由五千到七千立方公分增大的器官自然而然地侵犯腹腔中留给别种器官的地位,不过对全体不常有严重的妨害。生产以后,子宫(借了"收缩"的过程)很快地缩回与先前相近的体积,腹腔收缩起来,在健康的女人,唯一明显的永久的怀孕痕迹是腹面闪光的白纹。这是由皮下脂肪伸张造成的龟裂的疤一般的余迹。怀孕也在生殖器官中留有一些解剖学上的改变,不过这是不能在这里叙述的。

第十一幅胎生(续)

(a)第三星期左右的人卵

(b)第十星期的人卵,长达
七公分

(c)人卵中未成形胎儿

(d)胎儿的上面观

(e)胎儿和胞膜

(f)两月的胎儿循环

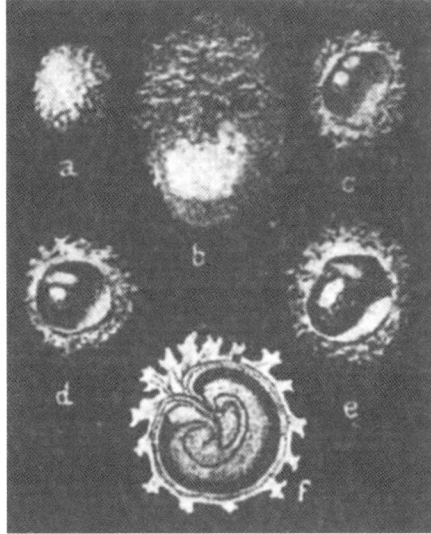

(g)四星期的胎儿

(h)六星期的胎儿

(i)十星期的胎儿

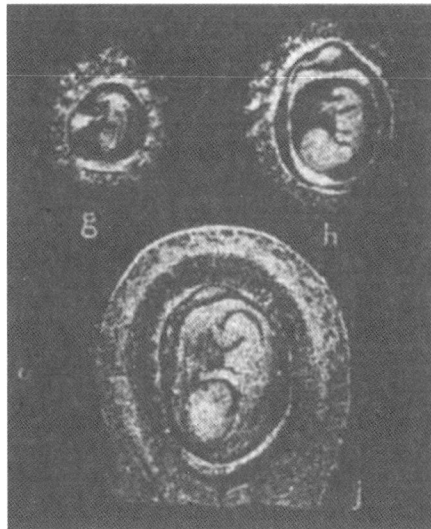

图二十九和三十 人类胎儿的发展
(原图藏德勒斯登的德国卫生博物馆)

末次月经第一日后约二百八十日,胎儿成长得可以降生了。生产得力于子宫有力的收缩,以及腹部筋肉和横隔膜的收缩。不过,第一步,子宫颈应当先松开。胎水受了子宫收缩的影响,把子宫颈逐渐挤开,直到宽得足以使小孩的头通过,然后作罢。随后是小孩生出的阶段,小孩的头必须向下穿过骨盘,把阴户挤开,到它可以通过的程度。用在生产上的时间差异很大,先前生过小孩的女人,所用的时间短得多。若在第一次生小孩的人,子宫颈的充分膨胀时常用去十二小时,小孩生出又得用两小时。生产时子宫收缩是极端痛楚的,名为产痛。产痛并非连续不断,乃是一阵一阵的,相隔的时间愈来愈短,当产痛愈剧烈时,生产的活动便愈有力了。

小孩既经生出,子宫用力在胎盘上收缩,胎盘从子宫的内面脱下,然后随名为胞衣的膜排出来。一开始有不少的血从破裂的血管流出,但当子宫收缩得十分有力时,血便停止了。假如没有这种收缩,流血可能是危险的,倘不立即加以治疗,可能丧生。子宫的复原普通需要两个半月,在这一段期间的头几个星期,阴道中继续排出一种混血的东西,名为产褥排泄。假使母亲亲自乳她的婴儿,月经普通在生产十个月后才能恢复。在乳分泌停止以前,月经大致是不会有的。不过,在没有月经的时期,并不能说,卵程也不进行。普通相信,乳儿的母亲自然而然地能避孕,实际上这所谓安全期是靠不住的。因此,结了婚的夫妇最好设法避免在生产后十个月内再度怀孕,继续怀孕太快的女人格外老得快。

那些不能使一个卵受胎的无数万精虫怎样了呢?其中有许多简单地随精液由阴道排出,或由于自然,或由于灌洗。虽然精虫在子宫和输卵管内部可以活一个长时间,但它们在阴道内很快地死亡,由于阴道内酸性反应的缘故。但就连进入子宫和输卵管的那一些,过一些时候也要死亡,由于女性分泌的化学作用,精虫所含的元素被吸入女性的血液的循环。樊德维尔认为,这些残余在享受性交利益的女人的新陈代谢作用上演有重要功用。至于那些沿输精管一路进入腹腔的精虫,据胡恩(Höhne)所作的实验(把精液注射入动物的腹腔),似乎这些迷路的精虫都被白血球吞食掉。人类生育的法则是一次生一个小孩,孪生是例外(大约每八十次中有一次）；至于一次生三四个的更为稀少。孪生的倾向似乎是遗传的，男女都可以遗传。孪生在人类有两种。一种是由于同时受胎相并嵌入子宫黏液膜的两个卵。另一种则由于分为两个胎儿的一个卵。前者名为双卵孪生，后者名为单卵孪生。据布木（Bumm）说，双卵型占百分之八十五，单卵型占百分之十五。

第二十一章　遗传

在人类中，正如在所有从事性的繁殖的动植物中，生殖细胞是遗传品质的媒介。某种品质由父母传递给子女，便是靠了这些细胞。读者已经知道，在任何种族的细胞核心中，染色体的数目是不变的，在卵的核心和精虫的核心结合以形成受胎的卵以前，一种"减缩分裂"使染色体的数目不至每一代增加一倍。因此，依据我们现有的知识，染色体必然是真正的遗传媒介。用来指名具有遗传品质的染色体的元素的名词是很多的，如遗传元素（heredity factors）、细胞原质（idioplasm）、遗传因子（genes）、微胞（determinants）等等。对于每一种可遗传的品质，受胎的卵必然含有两个微胞，双亲各供给一个。不过，依照来自双亲的微胞的性质和作用，一种遗传品质可能是显明的，可能是潜伏的。假如这种品质是显明的，便名之为"优势的"（dominant），假如它是潜伏的，便名之为"退守的"（recessive）。我们所有关于遗传的秘密法则的最早的知识，要归功于门德尔（Gregor Mendel，1822—1884）。门德尔是奥古斯丁教派的教士，后来作了布隆（Brunn）的主教。[①] 门德尔的研究创始于一八六四年，但在当时没有人注意，默默无闻到那一世纪的结尾，后来因了同一部门的其他研究者所得到的结果，才有人注意他的工作。从事独立研究的赤马克（Tschermal）、科伦斯（Correns）、德甫来（de Vries）偶然得到一世代前门德尔所发现的植物界的遗传法则。以"门德尔法则"著称的简单方式如

---

① 　参考一九三二年伦敦出版的伊尔提斯（Iltis）作的《门德尔传》。——英译者注

下:假如使具有一种不同品质的动植物交合,第一代子嗣几乎全具有双亲之一的品质,这便是那优势的品质,至于那退守的品质,似乎已经消失掉。不过,在下一代,我们便发现,四分之一的子嗣具有退守的品质,四分之三具有优势的品质。假如我们继续我们的实验,我们发现,在第三代所得到的杂种如下:其中四分之一表现纯优势品质,再下去各代继续不变;四分之一表现纯退守品质,再下去各代继续不变;但其余的四分之二却像第二代的杂种,以1:2:1的比例再度分开来。

有一个典型的例子,可使这个法则容易明了。秘鲁有一种奇特的植物,名为四点钟(Mirabilis Jalapa)。这种植物有两种显著的不同品质,一种开白花,另一种开红花,假如我们使开白花的四点钟与开红花的交合,第一代的杂种都开淡红花。我们再使第二代开淡红花的四点钟交合,第二代的四分之二开淡红花,四分之一开白花,四分之一开红花。假如我们使第二代开白花的与开红花的四点钟分别交合,开白花的子嗣完全开白花,继续无数代不变;开红花的子嗣完全开红花,继续无数代不变。但假如我们使第二代开淡红花的四点钟交合,所得到的子嗣与上一代的比例相同,便是,四分之二开淡红花,四分之一开白花,四分之一开红花。照这样,把所有第二代的四点钟研究一下,再把第三代的研究一下,我们可以把它们分作三组:其中四分之一完全表现优势的品质,此后各代继续不变;四分之一完全表现退守的品质,继续不变;但下余的四分之二却像第一代的杂种,再度依照1:2:1的比例分开。因此,一代一代地传下去,开淡红花的四点钟的数目逐渐减少,开红花和白花的数目逐渐增加。那些永远开白花或开红花的四点钟,已经完全失去杂种品质的微胞之一,开白花的四点钟已经失去开红花的微胞,开红花的已经失去开白花的微胞。这样的植物名为"形质稳定的"(homozygotic),含有红白两种微胞的杂种(以四点钟作例,这是要开淡红花的),名为"形质不稳定的"(heterozygotic)。不过我们已经知道,形质不稳定的杂种的子嗣,有一半再度变成形质稳定的。

由这些实验看来,在卵的核心和精虫的核心结合时,或在卵的核心和花粉的核心(如在植物界)结合时,由各自的双亲获得的微胞,遗传因子,或遗传元素,依旧是分明的。照前面的例子,红花微胞和白花微胞,不拘在受胎的胚珠的核心中,或在由其一再分裂所生的细胞中,并不融合起来。在四点钟的第一代,全体含有两种微胞,所以花是淡红的,既不是红的,也不是白的;但在下去各代,红花微胞和白花微胞,因为彼此的关联并不密切,在子嗣的半数中分开来。我们这里所举的是一个很简单的例子,所涉及的只是一种品质。一般的遗传过程是非常复杂的,因为各种品质的微胞在遗传素中作很不相同的混合,也因为其中有一些是优势的,另一些是退守的,以很分歧的方式影响后嗣的品质。我们若把这题目再叙述下去,不免越出本书的范围太远了。关于这些研究发展的情形,或现时关于遗传所作的远大的假定,我们都不能在这里细说。不过,我们要提一提德甫来所发现的令人惊奇的变态事实。这位研究家指出,遗传品质可以在生物中突然消失或新出现。

关于人类的遗传,可以从门德尔法则得到下面重要的结论。有许多种疾病和疾病的因素,其遗传性质现时已经确定,也可能断定某一些遗传品质,依门德尔的说法,是优势的,或是退守的。例如,几乎所有可能遗传的畸形和皮肤病和可能遗传的新陈代谢病,都是优势的品质;而诱发精神错乱的遗传因素似乎是退守的。一种退守的遗传,倘非双亲同具,便不表现出来。例如,假如一个并未显然患病只赋有可遗传的病的因素(一种退守的精神病的因素)的人,与一个来自健康的家系的人结婚,那种退守的遗传不会在他们的后嗣身上表现出来,但可能一代一代地继续传下去。直到有一天,一个来自有遗传因素的家系的人,与另一个来自具有同一因素的家系的人结婚,虽然父母两人都不患精神病,而这种病却要在他们的子嗣身上表现出来。[1] 因此,所有前代患过精神病的人,当考虑结婚时,应当调查意中人的祖先是否有过精神病的现象。像这一类的问题,以及关于一般遗传病的问题,成为结婚顾问所一个适当的研究题目。虽然许多

---

① 参考一九三一年伦敦出版的包尔、费雪、林兹合著的《人类遗传》。——英译者注

遗传学上的意见依然是假设的,不过就已经知道的来说,结婚以前,仔细调查对方的家系,是应有的手续。假如拟议中的结合,大有生育身体或精神不健全的子女的可能,常识和基本道德不许可这样的结婚。与这些见解密切相关的是,把我们遗传学上的知识用于配偶的选择以改良种族的企图。说到这里,我们便进入优生学的范围,留待下一章讨论吧。

董秋斯译事年表①

1899 年

董秋斯,诞生于清末直隶静海县(今属天津市)。原名董绍明,号景天,字秋士,笔名秋斯、求思、求实、求是、凌空等。

1928 年(29 岁)

在贫病交迫之中开始了翻译生涯,与蔡咏裳合译苏联作家革拉特珂夫的《士敏土》,1932 年 7 月,新生命书局再版该书的修订版,鲁迅为之作"代序"和"图序"。

1929 年(30 岁)

担任《世界月刊》主编,传播中国共产党的政策与主张;同时主编国际评论月刊《国际》。

所译革拉特珂夫(苏)的长篇小说《士敏土》由上海启智书局初版,署名董绍明译。该书后于 1940 年重译,1941 年由香港尼罗社出版。

1930 年(31 岁)

加入中国左翼作家联盟,担任月刊《国际》主编工作。

---

① 本译事年表参考了以下文献:汪庆华. 董秋斯翻译思想研究. 上海:华东师范大学硕士学位论文,2010;方梦之,庄智象. 中国翻译家研究 民国卷. 上海:上海外语教育出版社,2017.

与蔡咏裳合译的美国作家斯密司的《苏俄的妇女》由上海中华书局出版。

所译德国作家坎特尔的《女战士与社会考》由上海大江书铺出版。

1932 年（33 岁）

与蔡咏裳合译的美国作家斯特朗的《苏维埃式的现代农场》由良友图书印刷公司出版。

1940 年（41 岁）

所译英国作家奥兹本的《精神分析学与马克思主义》由上海读书出版社出版。1947 年再版，更名为《精神分析学与辩证唯物论》；1986 年更名为《弗洛伊德和马克思》，由生活·读书·新知三联书店再版。

与何封等合译德国作家恩格斯等的《卡尔·马克思：人·思想家·革命者》由上海读书出版社出版，该书收录有董秋斯翻译的《卡尔·马克思》《忆马克思》《星期日在荒原上的遨游》和《马克思与小孩子》。

1941 年（42 岁）

所译英国作家 A. 布尔顿的《矿穴的黑影》被收入《良心丢了》，由译文丛刊社编印至《译文丛刊》第一辑，海燕书店出版。

所译土耳其作家阿利的《磨房》被收入《祖国的土地》，由译文丛刊社编印至《译文丛刊》第二辑，海燕书店出版。

所译苏联作家高尔基的《关于列昂诺夫》被收入《孩子们的哭声》，由译文丛刊社编印至《译文丛刊》第四辑，海燕书店出版。

所译法国作家拉伐格的《普鲁·马吕奎的妻》被收入《孩子们的哭声》，由译文丛刊社编印至《译文丛刊》第四辑，海燕书店出版。

1945 年（46 岁）

担任《民主》周刊编委，发表埃德加·斯诺的《纳粹罪犯访问记》等译作，针砭时弊，传播先进思想。

所译英国作家拉达-莫加斯基的《墨索里尼的最后三天》在《世界知识》(1945 年第 4 期)发表。

在《民主》周刊(第 6—12 期)上发表《外国军火与中国内战》。

1946 年(47 岁)

加入中国共产党。

在《新文化》(第 2 卷第 11、12 合期)上发表译论《论翻译原则》,在《读书与出版》(第 1 卷第 8 期)上发表《关于间接翻译》,对翻译领域的许多问题提出了独到的见解,对新中国成立初期我国翻译学科的理论体系构建做出了巨大贡献。

所译美国作家约翰·斯坦倍克的《相持》由上海骆驼书店出版。

所译美国作家 E.加德维尔的《烟草路》由上海骆驼书店出版。

所译美国作家菲利普·S.斯佩尔曼的《一个美国兵的延安游记》由《新华文摘》(1946 年第 1 期)刊载。

所译美国作家约翰·赫尔塞的《记原子弹下的广岛》由上海合群出版社出版。

所译德国作家布士克、德国作家雅各生的《性教育新论》由上海生活书店初版。1991 年更名为《性健康知识》,由生活·读书·新知三联书店再版。

1947 年(48 岁)

所译英国作家狄更斯的《大卫·科波菲尔》由上海骆驼书店出版。

所译美国作家约翰·斯坦倍克的《人民的领袖》由《中国建设》(1947 年第 4 卷第 1 期)刊载。

所译美国作家约翰·斯坦倍克的《约翰熊》由《中国建设》(1947 年第 4 卷第 2 期)刊载。

所译美国作家约翰·斯坦倍克的《民团》由《中国建设》(1947 年第 4 卷第 4 期)刊载。1949 年被收入《跪在上升的太阳下》,更名为《凌迟》。

所译美国作家约翰·斯坦倍克的《小蛙》由《中国建设》(1947 年第 4

卷第6期)刊载。

所译美国作家德莱塞的《手》由《中国建设》(1947年第5卷第1期)刊载。

1948 年(49 岁)

所译美国作家爱尔文·斯通的《杰克·伦敦传:马背上的水手》由上海的海燕书店出版,1959年由中国青年出版社再版,更名为《马背上的水手:杰克伦敦传》。

所译美国作家约翰·斯坦倍克的《红马驹》由上海的骆驼书店出版。

所译美国作家 E.加德维尔的《星期六下午》由《中国建设》(1948年第6卷第1期)刊载。

所译美国作家 E.加德维尔的《塔克尔的结局》由《中国建设》(1948年第6卷第2期)刊载。

所译美国作家 E.加德维尔的《老阿伯的悲哀》由《中国建设》(1948年第6卷第4期)刊载。

在《读书与出版》(1948年第3年第9期)上发表《翻译的价值》。

1949 年(50 岁)

出任上海市翻译工作者协会主席,担任《翻译》月刊主编,促进党对翻译事业的领导,向国内输入当时其他社会主义国家的文学成果。

所译俄国作家列夫·托尔斯泰的《战争与和平》(上)由上海书报杂志联合发行所出版。

所译美国作家 E.加德维尔的短篇小说集《跪在上升的太阳下》由生活·读书·新知上海联合发行所出版,其中的短篇小说多已陆续刊载于《中国建设》上。

与林淡秋、萧三等合译的法国作家拉发格的《回忆马克思》由山东新华书店出版发行,其中收录有董秋斯翻译的《忆马克思》(拉发格著)、《星期日在荒原上的遨游》(李卜克内西著)和《马克思与小孩子》(李卜克内西著)。

1950 年（51 岁）

出任《翻译通报》月刊主编,致力于联系全国翻译工作者、促进翻译经验交流等工作。

在《翻译通报》上发表《怎样建立翻译界的批评与自我批评》(第 2 期)和《翻译批评的标准和重点》(第 4 期),指出翻译界中的不良现象并深入讨论翻译批评问题,为建立完备的翻译理论体系做出了贡献。

所译苏联作家列昂诺夫的《索特》由上海三联书店出版。1956 年由新文艺出版社再版,更名为《索溪》。

所译苏联作家 Y.萨温的《罗马尼亚的新文学》由《翻译》(1950 年第 2 期)刊载。

所译苏联作家 M.黎埔席兹的《柏林斯基美学中艺术对社会的责任》由《翻译》(1950 年第 4 期)刊载。

所译苏联作家 M.莫洛左夫的《莎士比亚俄文新译本》由《翻译》(1950 年第 4 期)刊载。

所译苏联作家苏·O.科里切夫的《母亲们的呼声》由《世界知识》(增一刊)刊载。

1951 年（52 岁）

在《翻译通报》(第 4 期)上发表《论翻译理论的建设》,明确论述"翻译是一门科学"之观点,为翻译理论建设和全国翻译计划实施指明方向,并提出了对《中国翻译史》和《中国翻译学》的编撰任务。

所译美国作家 E.加德维尔的《美国黑人生活纪实》由生活·读书·新知三联书店出版。

1953 年（54 岁）

担任《译文》月刊(后更名为《世界文学》)副主编,介绍外国文学作品及文学发展态势。

所译保加利亚作家艾林·彼林的《安德列希科》由《译文》(1953 年第

5 期)刊载。

1956 年 (57 岁)

所译英国作家多丽丝·莱辛的《高原牛的家》由《译文》(1956 年第 2 期)刊载。

1958 年 (59 岁)

所译俄国作家列夫·托尔斯泰的《战争与和平》(下)由人民文学出版社出版。

1959 年 (60 岁)

所译英国作家盖斯盖尔夫人的《异父兄弟》由《世界文学》(1959 年第 5 期)刊载。

1962 年 (63 岁)

所译英国作家安·特罗洛普的《玛拉奇的海岬》由《世界文学》(1962 年第 3 期)刊载。

1963 年 (64 岁)

所译以色列作家罗丝·吴尔的《安静的森林》由作家出版社出版。

1969 年 (70 岁)

12 月 31 日,董秋斯心脏病发作但无法就医,于家中含冤逝世,享年 70 岁。

1979 年

中国社会科学院举行了追悼大会,为董秋斯平反昭雪。

中華譯學舘·中华翻译家代表性译文库

许 钧 郭国良／总主编

第一辑	第二辑
鸠摩罗什卷	徐光启卷
玄 奘卷	李之藻卷
林 纾卷	王 韬卷
严 复卷	伍光建卷
鲁 迅卷	梁启超卷
胡 适卷	王国维卷
林语堂卷	马君武卷
梁宗岱卷	冯承钧卷
冯 至卷	刘半农卷
傅 雷卷	傅东华卷
卞之琳卷	郑振铎卷
朱生豪卷	瞿秋白卷
叶君健卷	董秋斯卷
杨宪益 戴乃迭卷	

图书在版编目(CIP)数据

中华翻译家代表性译文库. 董秋斯卷 / 胡开宝,杜祥涛编. —杭州:浙江大学出版社,2022.1
ISBN 978-7-308-21840-5

Ⅰ. ①中… Ⅱ. ①胡… ②杜… Ⅲ. ①社会科学—文集②世界文学—作品集③董秋斯—译文—文集 Ⅳ. ①C53②I11

中国版本图书馆 CIP 数据核字(2021)第 207408 号

中华翻译家代表性译文库·董秋斯卷

胡开宝　杜祥涛　编

出　品　人	褚超孚
丛书策划	张　琛　包灵灵
责任编辑	田　慧
责任校对	陆雅娟
封面设计	闰江文化
出版发行	浙江大学出版社
	(杭州市天目山路 148 号　邮政编码 310007)
	(网址:http://www.zjupress.com)
排　　版	浙江时代出版服务有限公司
印　　刷	浙江省邮电印刷股份有限公司
开　　本	710mm×1000mm　1/16
印　　张	25.5
字　　数	354 千
版　印　次	2022 年 1 月第 1 版　2022 年 1 月第 1 次印刷
书　　号	ISBN 978-7-308-21840-5
定　　价	88.00 元